创新创业理论与实践

——陇东学院大学生创新创业探索

刘万锋／主编

Chuangxin Chuangye Lilun yu Shijian

Longdong Xueyuan Daxuesheng Chuangxin Chuangye Tansuo

中国矿业大学出版社
·徐州·

内 容 提 要

本书为陇东学院大学生创新创业理论与实践方面的总结和凝练，内容包括创新创业探索与思考、创新创业课程、创新创业导师、创新创业项目及成果、创新创业风采、创新创业制度等六个部分。

图书在版编目(CIP)数据

创新创业理论与实践：陇东学院大学生创新创业探索/刘万锋主编. —徐州：中国矿业大学出版社，2021.12

ISBN 978-7-5646-5287-6

Ⅰ. ①创… Ⅱ. ①刘… Ⅲ. ①大学生—创业 Ⅳ. ①G647.38

中国版本图书馆CIP数据核字(2021)第274111号

书　　名　创新创业理论与实践
——陇东学院大学生创新创业探索
主　　编　刘万锋
责任编辑　何晓明
出版发行　中国矿业大学出版社有限责任公司
（江苏省徐州市解放南路　邮编221008）
营销热线　(0516)83884103　83885105
出版服务　(0516)83995789　83884920
网　　址　http://www.cumtp.com　**E-mail**:cumtpvip@cumtp.com
印　　刷　苏州市古得堡数码印刷有限公司
开　　本　787 mm×1092 mm　1/16　**印张** 30.5　**字数** 801千字
版次印次　2021年12月第1版　2021年12月第1次印刷
定　　价　88.00元

编委会名单

青年是国家和民族的希望，创新是社会进步的灵魂，创业是推动经济社会发展、改善民生的重要途径。青年学生富有想象力和创造力，是创新创业的有生力量。希望广大青年学生把自己的人生追求同国家发展进步、人民伟大实践紧密结合起来，刻苦学习，脚踏实地，锐意进取，在创新创业中展现才华、服务社会。

——习近平

推动大众创业、万众创新是充分激发亿万群众智慧和创造力的重大改革举措，是实现国家强盛、人民富裕的重要途径，要坚决消除各种束缚和桎梏，让创业创新成为时代潮流，汇聚起经济社会发展的强大新动能。

——李克强

创新助力精彩人生　创业成就青春梦想

陇东学院院长　辛刚国

习近平总书记指出："创新是社会进步的灵魂，创业是推动经济社会发展、改善民生的重要途径。"加强创新创业教育，是国家实施创新驱动发展战略、促进经济提质增效的迫切需要，是深化高等教育综合改革、提高人才培养质量的重要举措，是促进学生全面发展、推动毕业生更高质量创业就业的重要抓手。

长期以来，陇东学院高度重视大学生创新创业工作。学校于2016年成立了大学生创新创业指导中心，建成了占地3 600多平方米的大学生创新创业基地，同时不断加大创新创业工作经费投入，理顺了工作机制，提供了基本的场地和经费支持，为"双创"工作扎实有效开展奠定了坚实基础，取得了显著的工作成效。一是"双创"工作体系不断完善，真正把创新创业教育融入了人才培养全过程，以创新创业教育为基础，以实践实训平台建设为载体，以项目孵化为突破口，以各类创新创业大赛为抓手，为大学生创新创业搭建了广阔舞台。二是"双创"工作成绩引人注目，近年来组织参加国家和甘肃省各类学科技能竞赛1万余人次，获得国家级奖项97项、省级奖项1 061项，受到上级主管部门的充分肯定，陇东学院创新创业工作也走在了全省同类院校的前列。三是创新创业氛围浓厚，在校内外创新创业导师的精心指导下，各学院创新创业中心充分发挥组织引导作用，青年学生踊跃参加大学生创新创业训练计划项目，在"双创"实践中锻炼自己、提升个人综合素质，还有不少学生在创新创业实践活动中成就了精彩人生，敢闯会创的创新创业氛围逐渐形成。

梳理工作是为了进一步明晰工作思路，总结成绩也是为了取得更大的成绩。呈现在读者面前的这本书，是陇东学院大学生创新创业工作的纪实之作，全书分为创新创业探索与思考、创新创业课程、创新创业导师、创新创业项目及成果、创新创业风采、创新创业制度等六个部分，全面梳理了陇东学院近年来在大学生创新创业工作方面的理论思考、工作实践和主要成绩，是我校创新创业工作的一次全面梳理和全景展示，希望老师和同学们能从中汲取养分、获得灵感，积极投身到创新创业工作中来。我相信，本书的编印，必将对学校创新创业工作蓬勃开展产生深远的影响。

当前，高校创新创业教育已经从尝试探索阶段发展到细化分层、多元发展的新阶段。面向未来，新时代的创新创业教育要实现高质量发展，必须走出"就业教育"的初级阶段，在纵向上将创新创业教育贯穿大学生在校学习全过程，在横向上加强政府、企业、高校三者之间的合作，为培养具有创新精神、创业能力和社会责任感的优秀大学生做出更大的贡献。

习近平总书记指出："惟创新者进，惟创新者强，惟创新者胜。""创新是引领发展的第一动力。抓创新就是抓发展，谋创新就是谋未来。"青年学生富有想象力和创造力，是创新创业的生力军。作为省属地方性本科院校，我们将紧紧围绕建设高水平应用型大学的奋斗目标，不断深化教育教学改革，培养大学生的创新创业能力，不断提升应用型人才培养质量，让每一位青年学生借力"创新创业"这个引擎，实现人生梦想起航。

创新创业由"众"而积厚成势，因"创"而破茧成蝶，愿每个青年学生的大学生活因"创"而绚丽多姿，精彩纷呈！

目　录

第一章　创新创业探索与思考

学校领导讲话摘录

创新是一个民族进步的灵魂，是一个国家兴旺发达的不竭动力。当今世界面临百年未有之大变局，科技革命和产业变革的时代潮流奔腾而至，如果我们不应变、不求变，将失去发展机遇，甚至错过整个时代。培养具有创新意识和创新能力、具有一定的创业精神和创业能力的创新型人才是高校义不容辞的责任，希望大家提高政治站位，认真贯彻《国务院办公厅关于深化高等学校创新创业教育改革的实施意见》(国办发〔2015〕36号)，抢抓机遇，积极投身创新创业教育改革，提高我校创新创业教育水平。目前学校创新创业的场地、机制基本完善，创新创业指导中心要做好引导工作，争取在全省、全国创新创业大赛中取得更好成绩，推动学校的创新创业教育上台阶。

——摘自2021年5月8日校党委书记曹复兴在调研大学生创新创业中心党支部党史学习教育进展会议上的讲话

深化教育教学改革，实现人才培养高质量。坚持教学中心地位不动摇，牢固树立“课比天大”理念，落实新时代全国高等学校本科教育工作会议精神，坚持以本为本，推进落实“四个回归”。

要加强对学生创新创业教育，引导学生参加全国、全省创新创业大赛，培养学生的创新意识和创业能力。同时，要支持有能力、有眼光、有创新意识和创新想法的大学生大胆创业，创新创业指导中心要以学生为本，全面提高服务质量。

推动学校事业高质量发展，要做创新发展的“拓荒牛”。这就要求全校上下，尤其是中层干部，要在干事创业中抢抓机遇，拿出无所畏惧、勇往直前的冲劲和闯劲，面对危机敢于挺身而出，面对矛盾敢于迎难而上，面对大是大非敢于亮剑，以不达目的决不罢休的精神，创造无愧于时代的光辉业绩。要保持“敢为人先”的凌云壮志、“精雕细刻”的绣花精神，坚持摸着石头过河、逢山开路、遇水架桥，敢想敢干，将未开发的“荒地”开垦成“良田”，既要当好已有事业创新的突破者，也要当好未有事业创新的开拓者。

——摘自2021年3月11日院长辛刚国在学校工作会议上的讲话

中国“互联网＋”大学生创新创业大赛是中国深化创新创业教育改革的重要载体，已成为促进产学研紧密结合的关键纽带，对社会的发展产生了深远的影响。我校历来重视创新创业教育工作，特别是积极参与中国“互联网＋”大学生创新创业大赛。自2015年以来，学校组织学生连续参加了4届，都取得了比较好的成绩，共获得国家级银奖1项，省级金奖1项、银奖2项、铜奖4项、优秀奖3项，学校连续三年被省教育厅评为优秀组织单位。值得一提的是，杨春华、张小伟、苟小平和马永祥老师指导包金朋团队完成的“千万亩苹果防冰雹套袋新产品推广”项目代表甘肃省参加了在厦门大学举办的第四届中国“互联网＋”大学生创新创业大赛全国总决赛，并取得了银奖，为我校参加创新创业比赛以来的最好成绩。我希望通过本次比赛，能继续选拔推荐高质量的优秀项目参加第五届中国“互联网＋”大学生创新创业大赛甘肃赛区选拔赛，并以此为契机，点燃学生创新创业激情，放飞创新创业梦想。

习近平总书记指出：“创新是社会进步的灵魂，创业是推动经济社会发展、改善民生的重要途径。”我希望广大师生能提高认识、更新观念，把创新创业教育融入人才培养全过程，以创新创业教育为基础，以实践实训平台建设为载体，以引导激发为重点，以项目孵化为突破口，以各类创新创业大赛为抓手，为学生的创新创业提供更有利的条件，搭建更广阔的舞台，营造更优质的环境，让每一个青年学子拥有人生出彩、梦想成真的机会。

青年学生富有想象力和创造力，是创新创业的有生力量。希望广大青年学生能树立科学精神、培养创新创业思维、挖掘创新创业潜能、提高创新创业能力，在今后创新创业的道路上走得更长、走得更远。

——摘自2019年6月22日校党委委员、副院长刘万锋在第五届中国“互联网＋”大学生创新创业大赛甘肃赛区选拔赛陇东学院校赛上的致辞

党的十八届五中全会提出了“创新、协调、绿色、开放、共享”的五大发展理念，创新发展居于首要位置，是引领发展的第一动力。当前全球新一轮科技革命和产业变革孕育兴起的时代背景，既为我国加快建设创新型国家提供了有利条件，也给大学生创新创业创造了难得的机遇。学校顺势而为，成立了大学生创新创业教育工作机构，制定了工作制度，建立了创新创业平台，改革了课程体系，我校大学生创新创业工作呈现出崭新的局面。

希望广大同学以本次创新创业成果展为新动力，积极投身创新创业活动，踊跃申报创新创业项目，广泛参与创新创业比赛。

希望各二级学院以本次创新创业成果展为新契机，牢固树立创新创业教育理念，把创新创业教育融入人才培养全过程，促进专业教育与创新创业教育有机融合，建立完善的创新创业课程体系和实践体系，面向全体，精选课程，结合专业，分类施教，搭建平台，强化实践，全面加强学生的创新创业意识、素质和能力培养。

希望创新创业工作职能机构以本次创新创业成果展为新起点，坚持以学生为主体、以创新创业项目团队为抓手，进一步建立和完善大学生创新创业工作机制，有效组织开展各种形式的创新创业实践活动，营造浓厚的创新创业氛围，打通学校、社会、政府及企业的合作通道，广泛整合各类社会资源，提供优惠的政策、良好的条件和优质的服务，激发学生的创新创业热情，帮助学生树立创新创业意识，努力培养学生的创新创业能力，争取更大的工作成效。

——摘自2016年9月6日校党委委员、副院长孙立峰在陇东学院第一届大学生创新创业成果展示交流会开幕式上的致辞

李克强总理提出“大众创业、万众创新”号召，教育部大力推进大学生创新创业教育，今天通过观摩机械学院的创新项目，我感觉他们的思路和做法基本触摸到了应用型大学的真谛。

创新教育和创新训练是应用型大学建设的核心环节，分类化、定制化人才培养可能是未来学校人才培养的基本趋势，教学方法的改革、教学理念的更新势在必行，强化实践实训越来越成为提高培养质量的重要手段。创新创业教育将倒逼教育教学改革，培养方案、实践实训条件、对学生的考核评价和培养过程都将发生革命性变革，为学生成长成才提供全方位服务平台。

——摘自2016年5月5日院长许尔忠在创新创业工作现场观摩会上的讲话

陇东学院关于促进大学生创新创业工作的若干意见

大学生创新创业指导中心

2017 年 4 月 13 日

深化高等学校创新创业教育改革，是国家实施创新驱动发展战略、促进经济提质增效升级的迫切需要，是推进高等教育综合改革、促进高校毕业生更高质量创业就业的重要举措。近年来，学校认真贯彻落实中共中央、国务院以及省委省政府关于促进大学生创新创业工作的相关会议精神和政策要求，已基本建立起大学生创新创业工作机构、课程体系、师资队伍、实验实训平台、实践孵化基地等有效机制和基本条件，能够比较系统地开展创新创业工作。但也存在一些不容忽视的突出问题，主要是实践平台短缺，指导帮扶不到位，创新创业教育体系亟待健全；参与创新创业的师生数量不多，创新创业教育理念滞后，与专业教育结合不紧，与实践脱节；教师开展创新创业教育的意识和能力欠缺，教学方式方法单一，针对性、实效性不强。为了进一步促进学校大学生创新创业工作，特制定本意见。

一、充分认识大学生创新创业工作的重要意义

开展创新创业教育，是深入践行科学发展观、服务于创新型国家建设的重大战略举措，是深化高等教育教学改革、培养学生创新精神和实践能力的重要途径，是建设西部人才高地、实施人才强省战略的根本之策，是落实以创业带动就业、促进高校毕业生充分就业的重大举措，是应用型高校的努力方向和必由之路。全校上下要从战略的高度，充分认识开展大学生创新创业工作的重大意义，增强责任感和紧迫感，提高思想认识，狠抓工作落实，全面推进学校大学生创新创业工作深入开展。

二、进一步明确大学生创新创业工作的总体目标和主要任务

总体目标：到 2020 年，完善人才培养质量标准，创新人才培养机制，改革教学方法和考核方式，建立健全课堂教学、自主学习、结合实践、指导帮扶、文化引领融为一体的创新创业教育体系，人才培养质量显著提升，学生的创新精神、创业意识和创新创业能力明显增强，投身创业实践的学生明显增加。

主要任务：完善人才培养质量标准，创新人才培养机制，健全创新创业教育课程体系，改革教学方法和考核方式，强化创新创业实践，搭建创新创业平台，改革教学和学籍管理制度，加强教师创新创业教育教学能力建设，改进学生创业指导服务，完善创新创业资金支持和政策保障体系。

三、完善大学生创新创业工作机制

进一步完善大学生创新创业工作机制，理顺工作关系。学校建立教务部门牵头，学生工作、招生就业、团委等部门齐抓共管的学校创新创业教育工作机制。二级学院建立院长负

责，管实践教学副院长主抓，二级学院创新创业中心主任组织协调，学工办主任、辅导员和创新创业指导教师具体落实的工作机制，使学校和学院的创新创业工作规范化和制度化。将创新创业工作纳入教学单位业绩考核评价机制，明确各部门职责并严格考核。

四、深入开展大学生创新创业教育

1. 进一步完善创新创业课程体系

一是创新创业基础课，优化创新创业课程内容，使学生全面学习创新创业基础知识，以教育促创新、以创新促创业、以创业促就业；二是创新创业通识选修课，鼓励教师积极开设创新创业通识选修课，提升学生的创新创业素养和能力；三是创新创业专业选修课，各学院根据专业特点，在人才培养方案专业选修课模块下开设创新创业专业选修课，促进专业教育与创新创业教育有机融合；四是创新创业实践训练，以创新创业项目和学科竞赛为抓手，鼓励引导学生积极申报创新创业项目，参加各类学科竞赛，全面开展创新实践、科技创新、学科竞赛等创新创业活动，加强学生创新创业实践能力培养，全面提升学生创新创业实践能力。

2. 切实加强创新创业教育师资队伍建设

制订切实可行的师资队伍建设和管理方案，建立适应学校创新创业教育工作需要的教师队伍，聘请企业家、创业成功人士、专家学者和部分校内教师组建创新创业导师团队。建立系统化、多层次的创新创业师资培训体系，尝试设立沙龙式、体验式和网络式创新创业教育师资培训平台。利用岗前培训、课程轮训、骨干研修等形式，大力培养"双师型"教师。积极借鉴国内外高校经验，针对学校实际情况，深入研究创新创业教育的内容、方法和途径，促进创新创业教育教学改革，提高创新创业教育效果。

3. 加强学生创新创业能力培训

充分结合学校年度教学计划，科学制订覆盖全体有创业意愿的学生的创新创业培训提升计划，并通过学校的创新创业实践训练、社会专业机构专题培训，以及举办报告会、讲座、座谈会、主题沙龙、模拟训练、素质拓展等活动，有计划、有组织、分步骤地培养大学生的创新意识和创业能力，综合训练和培养大学生作为创业者所必备的能力和素质。

4. 改革学籍学分管理制度

实行创新创业学分制，把创新创业类的必修课程与选修课程纳入课程体系，并给予相应的学分，使所有学生都接受创新创业教育。参加大学生创新创业训练计划项目并通过评审或参加学科技能竞赛获奖均可获得创新创业学分。试行创新创业学分与专业课程转换制，制定学分转换办法。

五、进一步建设创新创业实践平台

加强大学生创新创业基地建设。整合学校各种创新创业资源，坚持"统筹兼顾、合理安排、保障基本、重点扶持"的原则，每年在大学生创新创业基地重点建设2～3个工作室，为工作室配置基础仪器和设备，提升各个工作室的功能，到2020年建成基本覆盖全校所有专业的工作室群，使工作室的条件和设备能够满足不同专业学生基本的创新创业活动需求。积极引导、支持和鼓励创新创业的"苗子"入驻基地开展创新创业实践活动。

加强信息服务平台建设。创建集创业咨询、教育实训、指导咨询、项目对接、企业孵化、交流合作为一体的创新创业信息服务平台，实现信息共享、咨询发布、网上学习、项目展示、市场对接、经验交流等功能。

加强交流合作平台建设。加强各学院的合作，建立导师库、优秀创新创业项目库、创新创业人才库和学科技能竞赛优秀选手库，鼓励学生跨年级、跨专业组建结构合理的项目团队。加强与企事业单位的合作，与企事业单位合作建设一批大学生校外实践教育基地、创业示范基地、科技创业实习基地，定期组织学生到实践基地现场锻炼、实践操作。加强与政府的合作，为创新创业学生提供政策咨询、注册登记、准入许可、创业培训、融资赞助、跟踪扶持等"一站式"服务。

六、健全创新创业工作管理激励制度

制定科学的大学生创新创业训练计划项目评价制度和跟踪制度，要重视项目的立项评审和阶段性检查。通过记录教师指导学生开展创新创业项目的参与及完成情况等信息进行考核评价。通过问卷调查、抽查访谈、定向访谈等途径定期与学生进行交流，通过对反馈信息的整理、总结及时解决创新创业活动中的困难，并取得预想的成效。

完善大学生创新创业训练计划项目经费管理制度。项目申请时应按阶段细化经费预算，立项评审时要重点研究项目经费的可行性，并根据项目实际情况划拨经费，一般项目经费不超过 3 000 元，重点项目经费不超过 10 000 元，主要用于项目基本条件建设，超出部分通过自筹解决。项目经费根据阶段性检查结果分期发放。

规范学科技能竞赛管理，打造"一院一赛"活动品牌。各学院要结合学科专业特色及优势，至少瞄准一项与培养学生专业实践能力有关的、教育主管部门主办的或在全国具有重大影响和广泛参与面的竞赛。扩大校级比赛的参与面，经过校内训练和比赛，选拔真正优秀的选手代表学校参加省级或国家级比赛。

建立合理的激励制度。规定教师指导学生开展创新创业活动的工作量认定标准、奖金分配原则等内容，保障教师获得合理工作报酬。对能以课堂教学或实验教学形式进行的创新创业活动，鼓励教师开设相应的创新创业选修课，并计入课时量；对于其他创新创业活动，按照一定标准补贴过程指导工作量。对创新创业工作开展较好的学院和创新创业实践中取得突出成绩的指导教师进行表彰。对学生设立创新创业奖学金，在学校三好学生、优秀学生党团员等荣誉的评选中创新创业成绩应占一定比例。

七、营造良好的创新创业文化氛围

加大对大学生创新创业帮扶政策的宣传力度，通过讲座、咨询窗口、公告栏、宣传册、网站、短信、微信等多种方式，大力宣传加强创新创业教育的必要性、紧迫性、重要性以及创新创业优惠扶持政策。采取切实措施，引导学生转变观念，鼓励大学生自主创业，树立学生创新创业成功典型，及时总结推广好经验、好做法，对优秀创新创业项目及时推广，在校园内积极培育创客文化，努力营造创业光荣、包容失败的良好氛围。

凝心聚力 开拓创新
深化创新创业教育 助力学校高质量发展

大学生创新创业指导中心主任 许斌

2021 年 5 月 14 日

在全党上下认真学习贯彻党的十九届五中全会精神和开展党史学习教育之际，我们召开 2021 年创新创业工作会议。旨在贯彻落实党中央和省委省政府关于创新创业工作的文件精神，落实“立德树人”根本任务，凝心聚力，以造就富有创新精神、敢于承担风险的创新创业人才，鼓励和引导广大青年学生积极投身创新创业，推动学校创新创业工作迈上新台阶，以优质的创新创业成果助力学校高质量发展。我代表学校将五年来的创新创业工作向大家做汇报。

一、五年工作回顾

五年来，学校坚持以习近平新时代中国特色社会主义思想为指导，全面贯彻党的十八大，十九大和十九届二中、三中、四中、五中全会精神，贯彻落实全国全省教育大会及新时代全国高校本科教育工作会议精神，落实“立德树人”根本任务，全校上下齐心协力、开拓创新，为学校的转型发展和高水平应用型大学建设贡献了力量、注入了活力，为“十四五”开好局奠定了坚实的基础。

（一）主要工作

1. 建立健全工作机构

认真贯彻落实《国务院办公厅关于深化高等学校创新创业教育改革的实施意见》（国办发〔2015〕36 号）文件精神。2015 年 12 月学校成立了创新创业教育工作领导小组，院长任组长，分管副院长任副组长，相关部门负责人和各二级学院院长为成员；2016 年 6 月学校成立了处级建制的大学生创新创业指导中心，主要负责组织开展大学生创新创业工作；2016 年 11 月各二级学院成立了创新创业中心，主要负责组织开展本学院大学生创新创业教育教学和实践实训活动。目前，已基本形成了由学校大学生创新创业教育工作领导小组、大学生创新创业指导中心、二级学院创新创业中心组成的“三级组织”联动的创新创业工作机制。

2. 修订完善规章制度

2015 年，学校制定了《陇东学院创新创业教育改革实施方案（试行）》，构建了以“创新创业”为引擎，学校创新创业工作领导小组、大学生创新创业指导中心、二级学院创新创业中心“三级组织”联动，创新创业通识课、基础课、实践实训课“三类课程”相互渗透，专业实践实训平台、综合孵化服务平台和校企合作创投平台“三个平台”互倚，创意、创新、创业“三种实践”互促的“一擎四轮”创新创业人才培养模式。初步形成了以学校为管理主体，学院为实施主体，学生为创新创业主体的创新创业工作机制，基本形成了以学促创、以创带学、学创结合、学以致用的良好工作局面。

大学生创新创业指导中心先后出台了《陇东学院创新创业导师管理办法(试行)》《陇东学院创新创业工作考核办法(试行)》《陇东学院大学生创新创业训练计划实施管理办法》等制度。制定了《陇东学院大学生创新创业项目管理办法》《陇东学院大学生创新创业基地入驻项目管理办法》《陇东学院创新创业经费管理办法》等内部管理制度。各学院也结合工作实际制定了相关的管理制度。这些规章制度的执行为创新创业教育教学向纵深发展提供了保障。

3. 强化师资队伍建设

学校分三批从校内、校外高校和企业遴选了95名具有创新创业意识、创新创业热情和创新创业经验与能力的骨干教师担任创新创业导师。5人取得MATRIZ一级认证培训证书、8人取得职业生涯指导师或全国就业指导资格认证。这支精专结合的导师队伍共同承担了学校的创新创业教育教学，指导学生开展各种形式的创新创业实践活动。

4. 完善“双创”课程体系

以2019版人才培养方案修订为总揽，紧紧围绕“优化结构、转变方式、内涵提升、特色发展”的工作方针和建设“特色鲜明、优势突出与区域经济社会发展良性互动的应用型大学”的奋斗目标，以“本科标准＋职业能力＋创新创业”构建应用型人才培养体系，以“产教融合、校企合作、协同育人”设计优化各专业的人才培养模式，以“人文情怀＋科学素养＋工匠精神”作为人才培养的价值追求，不断完善人才培养质量标准，创新人才培养机制，强化创新创业实践，搭建创新创业平台，建立健全课堂教学、自主学习、结合实践、指导帮扶、文化引领融为一体的创新创业教育教学体系。目前，大学生创业基础和大学生职业生涯与就业指导2门创新创业通识课程已在线面向全校学生开出，113门创新创业基础课和50门创新创业实践实训课程针对二级学院各专业全部开出，相对完善的创新创业教育教学课程体系已基本形成。

5. 壮大实践实训平台

应用型人才培养是对人才培养方向的调整、对培养过程的再造、对培养方式的重构。为适应国家创新驱动发展战略需要，学校通过多年探索实践，架构了符合自身特点的“本科标准＋职业能力＋创新创业”应用型人才培养体系。经过多年的研究与探索，已初步形成了三个平台相互依存、依次递进的“三位一体”创新创业实践实训体系。

重点依托大学生创新创业基地建设了“民俗文化”“数字传媒”“机电设计”“电子商务”“软件开发”等5个众创空间，建设了大学生就业创业能力提升训练基地、陇东民俗文化创意产业孵化中心、大学生机器人创新工场、陇东地区BIM人才精准服务平台、企业模拟实训室、工程管理虚实一体电子沙盘、商科实训中心和大学生创新创业孵化基地等8个校级创新创业实践实训平台，19个院级大学生创新创业实践实训平台也不断完善，为学生的创新创业搭建了全方位、开放的综合孵化服务平台。

通过校企、校地联建共建，完善了大学生创新创业基地功能分区，累计有64个创新创业团队顺利入驻，成功孵化小微企业36个。9个校外大学生创新创业实践基地成功挂牌。完成了“菜鸟驿站”和“近邻宝校园物流服务中心”项目合作协议的签订工作。与西峰区学院路街道工委介子路社区开展“党建联建共驻共建”创新创业实践基地1个，依托9个二级学院组建9支项目团队，成功孵化2个小微企业。与庆阳市人力资源和社会保障局、庆阳市商务局、庆阳市教育局、庆阳市科技局、庆阳市就业局等单位密切协作，为学生搭建了创新创业实践平台。

6. 项目建设高效推进

支持教师及学生以对外转让、合作转化、作价入股、自主创业等形式将项目成果产业化；支持以知识产权、管理和技术等要素入股创办企业。目前师生已申报发明专利600余项，成功转化6项。

通过积极申报"甘肃省高校大学生就业创业能力提升工程"项目，为学校争取项目经费945万元，有力地支持了学校创新创业教育基础条件建设。

鼓励教师积极开展创新创业教育教学改革研究，在教育理念的思考、实践体系的创建、实践平台的拓展、管理体制和运行机制的优化等方面进行了有效探索与实践。"基于专业社团与学科技能竞赛的创新创业教育探索与实践"等10项创新创业教育教学改革研究项目获省级立项建设。"机械设计制造及其自动化专业"获批省级高等学校创新创业教育试点改革专业。经济管理学院马永祥教授获"2019年度省级创新创业教育教学名师"荣誉称号。共获资助经费22万元。

引导学生积极参加大学生创新创业训练计划项目，共有80项获国家级大学生创新创业训练计划立项、127项获省级大学生创新创业训练计划立项、718项获校级大学生创新创业训练计划立项。截至2020年12月，241项已完成结项。

7. 各类创新创业大赛成绩斐然

积极组织师生参加创新创业大赛，努力为师生提供成果展示平台。组织师生参加全国大学生机械创新设计大赛、中国"互联网＋"大学生创新创业大赛、"甘肃银行杯"大学生创新创业大赛、全国大学生电子商务"创新、创意及创业"挑战赛、"中国创翼"青年创业创新大赛等各级各类创新创业大赛和"挑战杯"全国大学生课外学术科技作品竞赛及各类学科竞赛，共获得国家级、省级奖项86项。在第四届中国"互联网＋"大学生创新创业大赛全国总决赛中我校"千万亩苹果防冰雹套袋新产品推广"项目获"青年红色筑梦之旅"赛道银奖。

（二）面临的形势与机遇

中国教育正在发生格局性的变化，高等教育进入全面提质创新的新时代，高质量发展是"十四五"乃至更长时期我国经济社会发展的主题。2018年6月的《一流本科教育宣言（成都宣言）》、2018年9月的《国务院关于推动创新创业高质量发展打造"双创"升级版的意见》，以及2020年10月中共中央、国务院印发的《深化新时代教育评价改革总体方案》、2021年1月教育部制定的《普通高等学校本科教育教学审核评估实施方案（2021—2025年）》及教育部2021年"十件大事"（四个重要工作、三个重要文件、两个重要会议、一个重要赛事）都对深化创新创业教育改革提出了明确要求。高等教育面临教育理念、教育环境、教育资源和学生学习方式的变革，需要高等学校创新创业教育改革也要实现战略转型，即从就业从业向创新创业转变，实现创新引领创业、创业带动就业的目标。这既是挑战也是机遇。

第七届中国国际"互联网＋"大学生创新创业大赛以高定位（总书记回信、总理倡议、副总理出席）、高水准（项目数量多、质量高）、高参与（高校、学生、投融资机构）、高评价（全球最大的路演平台、无与伦比、非同凡响、继往开来）、高价值（以赛促教、以赛促创、以赛促改、推动高校创新创业教育改革、培养"双创"生力军）而位居全国大学生各类大赛榜首。

第七届中国国际"互联网＋"大学生创新创业大赛国赛和省赛文件已下发，大赛的号角已经吹响。本届大赛以"我敢闯，我会创"为主题，引领高校人才培养范式变革，提升学生敢闯的素质和会创的能力。同期的重要活动"青年红色筑梦之旅"活动全国启动仪式将在南昌大学举办,我省的启动仪式将在华池南梁革命纪念馆举行。这是我校展示办学实力的一个千载难逢的机遇,我们拥有独特的南梁精神红色资源。全校师生员工一定要抢抓机遇,谋划好南梁精神相关项目,紧扣建党百年主题,弘扬跨越时空的井冈山精神,铭记"面向群众、坚守信念、顾全大局、求实开拓"的南梁精神,把党史大课、思政大课、创业大课、乡村振兴大课、红色筑梦大课打造成一堂有温度、有深度的"双创"金课。

(三)存在的问题

(1)师生认识不到位,学生创新意识不够强。尽管国家已出台了各项政策,颁布了各类文件,鼓励大学生创新创业,全国已形成了浓厚的"大众创业、万众创新"氛围,但由于学校办学地域环境的影响,师生接受新生事物的能力普遍比较弱,对于创新创业工作的认识不到位,创新意识不强,积极性不高,工作落实不力。

(2)创新创业总体经费投入不足。2016—2020年,通过申报共争取到省级以上的各类专项建设经费约1 058万元,学校每年投入的经费却不足30万元。由于我校创新创业工作起步晚,历史欠账较多,用于功能平台建设、师资培训、学习交流、参加大赛及入驻项目的常规建设等具体工作受经费制约,开展困难,推进缓慢。

(3)创新创业师资力量薄弱。教师受到传统教育理念、自身能力等因素的影响使得创新创业教育意识不强,创新创业师资数量少,特别是缺乏有创新创业指导资格证书的教师,创新创业师资整体水平不高,阻碍了学校创新创业教育质量的进一步提高。目前,从事创新创业的教师大都是自学成才,缺乏实践经验和创业体验。这些教师只是熟悉书本的理论,不了解企业的经营管理,不具备投资或创业的经历,在教学中自然很难做到理论联系实际,阻碍了学校创新创业教育质量的进一步提高。

(4)课程体系不健全。在"一擎四轮"创新创业人才培养模式中,"双创"课程分为创新创业通识课、基础课、实践实训课三类。但目前我校创新创业通识课课程数量少,无线下教学,教材建设也是空白。"一擎四轮"创新创业人才培养模式没有完全落实,部分学院没有明确的"双创"基础课和"双创"实践实训课。

(5)评价体系不完整。"双创"学分认证没有全面推开,"双创"学分制落实不彻底,"双创"学分转换机制没有建立,学生评价体系尚待完善。

二、下一步工作打算

"双创"工作思路:构建以"学生中心""成果导向"的"一擎四轮"创新创业人才培养模式和学分认证与学分互换的质量保障体系。突出培养学生自主学习能力、批判性思维能力、创新创业能力、国际交流能力,培育创新精神,增强创业意识,提升创新创业能力,促进学生知识、能力、素质协调发展。以优质的创新创业成果助力学校高质量发展。主要措施:

(1)理清思路,构建"双创"教育课程体系。抓好课堂主渠道,充分利用各类课程资源,开好创新创业通识课和创业基础课,开展专创融合、科教融合、产教融合的创新创业特色课程和创新创业慕课建设。以项目建设和大赛为抓手,强化创新创业实践教学体系建设,为申报省级、国家级创新创业教育示范高校准备条件。

(2)建章立制,规范"双创"评价保障体系。建立健全激励机制和评价体系,将创新创业工作纳入各单位年终目标考核和学生评先奖优,出台创新创业学分认证与学分互换制度以及创新创业导师教学工作量、质量评价与成果认定制度，充分调动师生参与创新创业教育教学改革的积极性和主动性。

(3) 加大投入，保障“双创”教育教学改革。每年保证一定的创新创业经费支持，加大对创新创业教育教学改革的支持力度，确保上级下拨的创新创业经费专款专用。积极开展校企合作，多方筹集资金，设立创新创业专项奖学金，对“互联网＋”大赛等重大赛事中获奖的团队和导师授予“双创之星”等荣誉称号，并给予奖励。

(4) 三大融合，提升“双创”项目质量。开展专创融合、科教融合、产教融合，将专业教育、教师的教学科研成果、企业需求与大学生创新创业训练计划项目有机结合，做好师生共创项目、学生自筹项目和校企合作三类创新创业项目的培育与储备，提高项目库数量与质量。力争使大学生创新创业训练计划项目、创新创业教育改革项目和校企协同育人项目都有新的突破。

(5) 精心组织，打造“双创”三级赛场。不断完善学校、学院、专业三级赛制运行机制，建立专业竞赛、学科竞赛、“互联网＋”大赛与创意项目、创新项目、创业项目的有效对接，实现创意涌出到专创融合再到项目落地的金字塔，真正形成整合资源、全员参与、共建生态的良性互动机制。

(6) 外引内培，壮大“双创”师资队伍。校内选拔一批教授及中青年学术骨干作为创新创业核心教师，加强创新创业方面的学习及深造，鼓励优秀中青年教师深入企业，感受企业的管理、运作与发展，丰富实践经验，提高创业实践能力。学校计划组建陇东学院大学生创新创业教育指导委员会，由相关学科科研水平高、具有高级专业技术职称的教师组成。主要负责创新创业项目的立项评审、结项验收及创新创业教育指导。同时从企业和省内外高校聘请创新创业导师，强化对创新创业教育改革的指导。

(7) 勇于探索，营造“双创”文化氛围。以创新创业基地文化建设为抓手，实施校校、校企、校地、校所及国际合作的协同育人新机制，积极吸引社会资源和校外优质教育资源投入创新创业人才培养，通过创新创业文化墙、文化月、成果展示、报告会、沙龙、俱乐部活动等载体，引导学生树立创新意识，提升创新能力，主动融入创新驱动发展战略，努力营造敢闯会创的创新创业文化氛围，实现以创新引领创业、以创业带动就业的良性循环。

同志们、同学们，高校的创新创业教育进入了快速发展的黄金期，希望大家抢抓机遇，主动作为，进一步深化教育教学改革，把创新创业教育融入学院的各项教学改革当中，努力推动创新创业教育上台阶，以高水平的“双创”成果助推学校的高质量发展，为建设高水平应用型大学做出新的更大的贡献！

陇东学院大学生创新创业教育发展规划

（讨论稿）

（2021—2025）

深入开展创新创业教育工作，积极鼓励学生自主创业，是学校深入贯彻《国务院办公厅关于深化高等学校创新创业教育改革的实施意见》（国办发〔2015〕36 号）、《教育部关于大力推进高等学校创新创业教育和大学生自主创业工作的意见》（教办〔2010〕3 号）、《甘肃省深化高等学校创新创业教育改革实施方案（试行）》（甘政办发〔2015〕161 号）和《陇东学院创新创业教育改革实施方案（试行）》（陇东学院发〔2015〕62 号）等文件精神，学习贯彻习近平总书记系列重要讲话精神，服务于创新型国家建设的重要举措；是深化教育教学改革，培养学生创新精神和创业实践能力的重要途径；是不断落实“立德树人、服务师生”的使命；是落实以创业带动就业，促进毕业生充分就业的重要措施。对照“双一流”建设和学校建设高水平应用型大学奋斗目标，结合我校创新创业工作现状，制定本规划。

一、指导思想

深入贯彻党的十九大关于“促进以创业带动就业”的发展战略和《教育部关于大力推进高等学校创新创业教育和大学生自主创业工作的意见》精神，以改革人才培养模式为重点，以建立创新创业基地和条件平台为支撑，以创新创业实践活动和项目为载体，以优化创新创业制度和环境为保障，面向学生，积极开展创新创业教育与实践活动，培养学生创新精神、创业意识、就业能力，促进“以创新带动创业，以创业带动就业”工作的展开。服务学校转型发展和建设高水平应用型大学奋斗目标，建立健全具有校本特色的大学生创新创业教育体系。

二、基本原则

坚持强基础。着力建立完善的创新创业教育课程体系和培训体系，培育高素质的校内外创新创业教育师资队伍，深入开展丰富的创新创业实践活动，努力营造创新创业氛围，不断提升学生创新创业基本技能。

坚持搭平台。着力建立完善的商科实训基地、大型实验仪器设备共享平台、综合管理服务平台等平台，为学生提供更优质、更完备的创新创业基础设施，增加学生创新创业意愿，不断激发师生创新创业热情。

坚持重引导。着力完善制度设计，优化激励机制，加大校企合作力度，加大创新创业政策落实力度，以赛促教，积极引导更多学生自主创业，不断提高学生创业成功率，以创新引领创业，以创业带动就业。

三、发展目标

（一）总体目标

到 2025 年年末，基本建立涵盖意识培养、能力提升、环境认知、实践模拟等维度的多层次、立体化的创新创业教育课程体系、培训体系、实践体系和服务体系；建立涵盖“开放实验室—众创空间—企业孵化器—企业加速器”的四级链接创新创业支撑平台；建立以社会资金为主体的多元创新创业资金扶持服务体系；不断完善“本科标准＋职业能力＋创新创业”应用型人才培养体系，不断优化“产教融合、校企合作、协同育人”人才培养模式，以“苗子工程”为抓手，最终打造以“兴趣＋专业＋创新＋创业＋就业”为运行模式和行业特色鲜明的大学生创新创业教育体系，培育一批校内外创新创业优秀师资队伍、拔尖团队、成功人才、成功企业。

（二）具体目标

学校目标：获批省级创新创业教育改革示范高校，为申报国家级创新创业教育改革示范高校创造条件。

课程体系：建成以大学生 KAB 创业基础课程和 SYB 培训课程为核心，涵盖创业培训、创业实训、创业模拟等内容的成熟的教育教学和培训课程体系；支持教师自主编写 5 本以上创新创业方面的教材、专著、指导手册或研究报告。

师资队伍：建设超过 100 人的从事创新创业研究和咨询辅导的专兼职校内外创新创业导师队伍。

实践活动：组织开展创业沙龙、创新创业论坛、创新创业讲座、创新创业成果展示交流会等创业实践活动累计 50 次以上，建立具有较强带动辐射作用的大学生创新创业俱乐部和校友创新创业联盟。

基地平台：建成面积超过 5 000 m^2 的校级大学生创新创业基地；继续建设好“民俗文化”“数字传媒”“电子商务”“机电设计”“软件开发”等 5 个众创空间，争取获批省级众创空间；不断争取甘肃省高校大学生就业创业能力提升工程项目，以项目为抓手，建设“面积不低于 8 000 m^2、数量不少于 5 个”、具有专业特色的大学生创新创业能力提升实践实训基地（陇东民俗文化创意产业孵化中心、大学生机器人创新工场、BIM 人才精准服务平台和商科实训中心等），为学生创新创业搭建开放式综合孵化服务平台；加大横向合作与成果转化，与企业、科研院校、政府部门等合作建设 10 个以上的校外大学生创新创业实践（孵化）基地，为学生创新创业提供政策咨询、注册登记、准入许可、创业培训、融资赞助、跟踪扶持等“一站式”服务。

服务体系：建立功能完备的创新创业服务工作站和创新创业服务网站。

创新能力：国家发明专利、实用新型专利拥有量累计超过 30 项；争取省级大学生创新创业训练计划项目立项累计达 1 000 项以上，国家级立项累计达 300 项以上。

比赛参与：鼓励支持师生参加国家和省级教育行政主管部门组织的各级各类创新创业比赛，如：中国国际“互联网＋”大学生创新创业大赛、全国大学生电子商务“创新、创意及创业”挑战赛、“兰州银行杯”甘肃省大学生创新创业大赛、中国创新创业大赛等具有一定规模的高水平的比赛，并取得优异成绩，在省内外同类院校中形成一定优势。

创业团队：参加创新创业项目学生数量占在校全日制普通学生总数的 25％以上；累计

建立扶持400个大学生创新创业团队，大学生创业人数达到1 000人，培育50位大学生创业成功人才，鼓励支持50个大学生创办小微企业。

四、主要措施

（一）建立健全创新创业课程培训体系

建设包括创新创业基础课程、创新创业培训课程、创新创业实践实训课程在内的系统的创新创业课程培训体系。一是将创新创业教育贯穿于本科教育的全过程。组织开发创业宣传教育短片，从入学开始就对新生进行关于创新创业的普及性教育；把创新创业教育与大学生思想政治教育、就业教育和就业指导服务有机衔接。二是优化开发创业教育基础课程。将创新创业教育有效融入现有教育计划和学分体系，把大学生KAB创业基础课程列为选修课。每年组织开发或引进1～2门创新创业类课程，形成涵盖第一课堂和第二课堂、线上和线下课堂的全面立体的创新创业课程体系。三是积极开展以创业模块培训、创业案例教学和创业实务训练为主要内容的SYB培训。四是建立健全创业教育与专业教育紧密结合的多样化教学体系。加强相关专业课程建设，积极推进各学院基于“本科标准＋职业能力＋创新创业”的人才培养模式、教学内容、课程体系和实践教学改革，通过专业教育、创新教育与创业教育，培养学生创业兴趣、创业意识，培训学生创业基本技能，为学生创业打好基础，利用创新创业实践基地开展创业实训。五是强化创新创业类教材建设。及时根据经济发展方式转变和产业结构调整对创新创业人才培养的新要求，结合学校专业和行业特色，积极支持和鼓励教师编写高质量的创新创业类教材。

（二）培育创新创业教育师资队伍

从创业教育研究、创业培训、创业经济研究、创业管理研究、创业实践等方面入手，借用校外资源，大力培育创新创业师资队伍。引导各专业教师、就业指导教师、创新创业导师积极开展创新创业方面的理论和案例研究。定期组织教师培训与交流，不断提高教师教育教学研究与指导学生创新创业实践的水平。支持教师进企业、进社区、进政府部门挂职锻炼。鼓励教师参与社会行业的创新创业实践，支持教师帮扶企业创业。聘请企业家、创业成功人士、杰出校友、专家学者等各界创业精英作为兼职教师、创业教师或创业指导，建立一支专兼结合的高素质创新创业教育师资队伍。

（三）丰富创新创业实践活动

把创新创业实践作为创新创业教育的重要延伸，丰富学生的创新创业知识和体验，提升学生的创新精神和创业能力，形成政府、企业和学校共同关注和参与的“三位一体”创业实践教育办学特色。充分发挥各类比赛的牵引作用，不断提升赛事组织工作水平，努力扩大学生参与面。组织开展学生创新创业项目成果展示交流会。成立大学生创新创业俱乐部，开展创业沙龙、创业文化节、创业励志讲座等系列活动。每年定期组织大学生创新创业论坛，邀请知名企业家、教育家、政府公务人员和杰出校友参与论坛、讲座以及指导学生创业。与相关专业公司合作开展创新创业实训。

（四）打造创新创业基地条件平台

积极整合校内外优势资源，建设大学生创新创业实践基地、大学生创业园和孵化基地，接纳大学生实践实训，提供创业项目孵化的软硬件支持。

（五）构建创新创业综合服务体系

建立完善"大学生创新创业指导中心＋学院创新创业中心＋学院创新创业中心主任＋校外创业导师"的创新创业服务体系。大学生创新创业指导中心安排专人负责创业辅导和创业服务工作。开展创业意愿调查、创业环境评价，提供创业政策咨询、创业流程指导和跟踪服务，组织编写《大学生创业指导手册》《大学生自主创业政策解读》，解决大学生创新创业活动中的各种瓶颈。对有创业意愿的学生，根据需要组织企业家、专家学者或政府公务人员开展"一对一"的跟踪指导服务。利用新兴媒体，着手建设开发大学生创业服务网，在线提供法律、工商、税务、财务、人事代理、管理咨询、项目推荐、项目融资等方面的创业咨询和服务；广泛收集创业项目、创业政策、创业实践实训等信息，建立创业项目、创业政策、创业导师、创业专家、创业校友、创业先进等方面的数据库。

五、保障措施

（一）健全组织机构，形成工作合力

大学生创新创业教育领导小组定期召开会议，审定大学生创新创业工作要点，决定重大事项及年度预决算。大学生创新创业指导中心定期组织召开创新创业中心主任会议，负责及协调大学生创新创业教育日常工作。大学生创新创业指导中心下设项目管理科和综合管理科。大学生创新创业指导中心负责研究制定创新创业教育教学工作的规划和相关制度，统筹协调和组织学校创新创业教育教学工作和师资队伍建设工作；负责创新创业比赛和创业实践活动的组织和开展；负责大学生创新创业基地平台的建设开发、创新创业项目的申报审核；负责创业培训、创业服务以及其他相关事务（沙龙、讲座、论坛、训练营、创新创业俱乐部等）的组织协调。推进学校、学院（系部）、班级上下贯通的多级大学生创新创业教育工作格局的形成，实现大学生创新创业教育工作的制度化、常态化、规范化。

（二）完善激励机制，创新政策扶持

制定并发布《创新创业学分管理办法》《大学生休学创业管理办法》《大学生创新创业教育基地建设与管理办法》《大学生创新创业经费管理办法》等一系列创新创业教育管理规定和制度。从学籍、学分、奖励等方面对创新创业大学生给予倾斜和支持。从教学考核、经费支持、培训培养、职称评聘等方面对从事创新创业教育工作的教师给予倾斜和支持。学校各相关单位要分别从教学、师资、实践、平台等方面制定关于支持鼓励大学生创新创业的办法或意见。

（三）增强资金支持，夯实创业保障

将创新创业教育所需经费纳入学校年度预算资金，每年安排 20 万元用于开展创业培训、支持创新创业实践、建设创业基地条件平台、完善创新创业综合服务体系、扶持重点创业项目、从事创业理论研究、培育校级大学生创新创业训练计划项目等，各学院也要加大对创新创业教育经费的投入。建立与知名创投公司的战略合作关系，对具有资本增值潜力和持续成长能力的大学生创业企业进行股权投资。帮助学生成功获取并合理利用政府设立的天使投资资金、创业种子资金、创业投资引导基金和创业小额担保基金等。积极争取国家科技型中小型企业创新基金项目、国家大学生创新创业训练计划项目、甘肃省大学生创新创业训练计划项目以及政府相关部门或社团组织提供的各种大学生创业扶持资金项目的支持。

（四）加大宣传力度，培育创新创业文化

积极营造“在创业中成长、在成长中创业”的氛围，不断增强大学生创新创业意识。通过组织大学生创新创业先进事迹报告、优秀创新创业成果展示交流等形式多样的活动，宣传和表彰创业事迹突出的先进典型和创业类团队，引导学生树立科学的创业观、就业观和成才观；充分利用报刊、广播、网络等媒体，积极宣传国家和地方促进大学生创业的优惠政策和措施，激发学生的创业热情。

（五）实施考核评价，提高工作质量

建立创新创业教育成果的评价考核机制，将创新创业教育工作情况纳入学校对二级单位的年终考核中。建立在校大学生和校友创业统计监测制度，建立创新创业教育质量监测跟踪机制，把未来创业成功率和创业质量作为评价创新创业教育的重要指标，反馈指导学校教育教学和人才培养。

第二章　创新创业课程

学校设文学、历史与地理、外国语、教育、政法、经济管理、数学与统计、生命科学与技术、农林科技、音乐、美术、体育、电气工程、化学化工、信息工程、土木工程、能源工程、机械工程、医学等19个二级学院，招生专业56个，涉及文学、历史学、理学、经济学、教育学、工学、农学、管理学、法学、医学、艺术学等11个学科门类。

目前，共开设创新创业类课程164门，分为通识课程、专业类课程、实践实训课程等三个类别。

文学院创新创业课程

一、办公室工作实训

适用专业：秘书学。

学分/学时：1/2周。

课程简介：办公室工作实训是秘书学专业的集中实践环节。通过办公室环境管理、办公室接听拨打电话、办公室接待、公务旅行、时间管理、会议策划、会场布置和制作公文等内容的实训教学，提高学生办公室各项业务的实际操作能力。

课程目标：通过实践使学生巩固办公室各项业务工作的程序、方法和技巧，具备办公室业务的基本技能，提高办公室各项业务的实际操作能力。

考核方式：平时表现、作业和实训相结合。

上课方式：实际操作。

二、市场营销学

适用专业：秘书学。

学分/学时：3/48。

课程简介：市场营销学是秘书学专业的专业必修课程，是一门建立在经济科学、行为科学、现代管理学基础上的应用科学。它研究以满足消费者需求为中心的企业营销活动过程及其规律，具有全程性、综合性、实践性的特点。1999年，教育部高教司首次将“市场营销学”列为高等学校工商管理类专业的核心课程。

课程目标：通过本课程的学习使学生比较全面系统地掌握市场营销学的基本理论、基本知识、基本技能和方法；充分认识在经济全球化背景下加强企业营销管理的重要性，了解分析市场营销环境、研究市场购买行为、制定市场营销组合策略、组织和控制市场营销活动的基本程序和方法；培养和提高正确分析和解决市场营销管理问题的实践能力，使学生能够较好地适应市场营销管理工作实践的需要，更好地服务于国家创新体系建设和社会主义市场经济建设。

考核方式：平时表现、作业和考试相结合。

上课方式：理论讲授、案例分析、专题讨论和课堂实训。

三、秘书写作能力综合训练

适用专业：秘书学。

学分/学时：1/2周。

课程简介：秘书写作能力综合训练是秘书学专业的集中实践环节，包括15种公文和日常应用文的性质、写作格式和基本写作要求。

课程目标：通过专业训练使学生全面掌握15种公文和日常应用文的规范写作格式和基本写作要求，提高15种公文的拟制写作能力和日常应用文写作能力。为各级党政机关、企事业单位培养具有公文写作能力和写作训练的应用型人才。

考核方式：平时表现、作业和实训相结合。

上课方式：实训作业。

四、创意写作

适用专业：秘书学、汉语言文学。

学分/学时：2/32。

课程简介：创意写作是秘书学专业和汉语言文学专业的专业选修课程，是以文字创作为形式、以作品为载体的创造性活动，它是文化创意产业链最重要、最基础的工作环节。创意写作学科是研究创意写作本身的活动规律、创意写作教育教学规律、创意产业管理和运作规律的学科，是为“创意写作”提供基础理论支持的科学。该课程可指导学生系统地学习文学写作的理论知识，使学生掌握小说、散文、诗歌、戏剧等文学文体的一般规律和特殊规律，通过多种严格的写作训练，可有效地提高学生自身的文学创作能力，为今后从事的工作打下扎实的基础。

课程目标：通过本课程的学习使学生了解文学创意写作中的主客体、新思维和新方法等理论知识；掌握文学写作的各种文体，特别是新时代里各种微文学文体和应用文体的创意写作能力；从语言运用、思维提升、审美鉴赏、文化传承等四个方面培育学生的学科核心素养。

考核方式：平时表现、作业和考试相结合。

上课方式：理论讲授、案例分析和专题讨论。

五、公务员应试辅导

适用专业:秘书学、汉语言文学。

学分/学时:2/32。

课程简介:公务员应试辅导是秘书学专业和汉语言文学专业的集中实践环节。通过对学生进行适当的教学、训练来提升其应试能力,有助于学生参加国家机关、企事业单位相关岗位招录并获得成功的一门考试辅导课程。本课程是为提升学生就业率、为学生将来发展提供指导的就业指导课程。内容包括基础知识、言语理解与表达、数量关系、判断推理、资料分析、常识判断和申论写作等7个方面。

课程目标:通过专业训练为学生传授就业考试的相关知识,提高学生逻辑思维能力和就业考试应考能力,提高学生在党政机关、企事业单位从事相关工作的政治素质和职业素养。

考核方式:平时表现、作业和考试相结合。

上课方式:理论讲授、题型训练和题型解析。

六、写字训练

适用专业:秘书学、汉语言文学。

学分/学时:1/16。

课程简介:写字训练是秘书学专业和汉语言文学专业的实践课程,与教师口语、普通话等课程共同为学生将来从事教师及文秘职业奠定基础。该课程主要传授楷书书写常识,笔法、结构基本要领,旨在使学生掌握汉字书写基本常识以及楷书笔法、偏旁部首、结构基本常识和基本要领。

课程目标:通过专业训练使学生掌握汉字楷书书写基本要求,学会写一手正确、工整、美观的楷书字,培养学生将来从事教师、文秘及其他文字工作的汉字书写能力。

考核方式:平时表现、板书和字帖及书法练习完成数量、质量相结合。

上课方式:写字训练。

历史与地理学院创新创业课程

一、南梁精神概论

适用专业:历史学、文物与博物馆学。

学分/学时:2/32。

课程简介:南梁精神概论是历史学专业和文物与博物馆学专业的专业必修课程,为首批国家一流本科课程。本课程主要讲授土地革命时期南梁革命根据地的建立,为中国革命胜利做出了伟大贡献,并创造出充分反映老一辈无产阶级革命家崇高品质和共产党优良作风的南梁精神。开设该课程的主要目的:一是使学生掌握南梁精神的内涵等基本理论知识,为之后的学习打下坚实基础;二是使学生通过了解和认识南梁精神,以及与其他革命精神的比较分析，初步掌握历史学相关基本思想和研究方法；三是使学生明确从事历史学及相关领域科学研究的基本素养，从而进一步提升专业水平和研究能力。

课程目标：通过本课程的学习使学生掌握南梁精神的性质、南梁精神的特征、南梁精神的基本内涵、南梁革命根据地的创建以及南梁精神的形成和发展等，并深入学习中国近代史相关内容，了解该学科的研究前沿。通过教学使学生的学习能力有所提高，基本了解与教学内容相关的重要文献资料，掌握查阅、运用文献资料的方法和技能；初步掌握历史研究的方法和门径；能够运用马克思主义观念、方法分析问题、解决问题。通过本课程学习培养学生的专业素养，将唯物史观作为认识和解决现实问题的指导思想；以史料为依据，以历史理解为基础，对历史事物进行理性分析和客观评判；具有爱国情怀和责任意识，充分理解南梁精神的价值和时代意义，并学以致用。

考核方式：平时表现、作业和考试相结合。

上课方式：课堂讲授、专题讨论和研讨。

二、应用文写作

适用专业：历史学、文物与博物馆学。

学分/学时：2/32。

课程简介：应用文写作是历史学专业和文物与博物馆学专业的专业必修课程，既是一门研究应用文写作规律与方法的学科，同时又是一门实践性很强的课程，具有综合性、实用性、工具性特征。学生应理解《中华人民共和国国家通用语言文字法》和《标点符号用法》《出版物上数字用法》两个国家标准，掌握应用文的含义、特点、历史演变、基本要素、写作技巧（语法、语体、逻辑、标点符号使用、数字使用等）等写作基础理论知识，理解《党政机关公文处理工作条例》和党政机关公文格式国家标准，掌握常见的党政机关公文、行政事务应用文、会务文书、新闻传播文书、书信、礼仪文书、日常事务应用文的格式规范，能够较熟练地撰写以上应用文。

课程目标：通过本课程的学习为不同种类的应用文写作奠定坚实基础，增强语言文字使用、书面写作能力，使学生基本掌握党政机关公文、行政事务文书、会务文书、新闻传播文书、书信、礼仪文书、日常事务应用文、学术论文等写作的基本知识和基本技巧，增强常用应用文的写作和修改能力，以适应当前和今后在学习、生活、工作以及科学研究中的应用文写作需要。

考核方式：平时表现、作业和考试相结合。

上课方式：理论讲授、专题讨论、案例分析和实地调研。

三、博物馆设计与陈列

适用专业：文物与博物馆学。

学分/学时：2/32。

课程简介：博物馆设计与陈列是文物与博物馆学专业的专业必修课程，教学目的是使学生系统掌握博物馆设计与陈列的基础知识和基础理论及运用知识进行博物馆及文物陈列的研究，从而拓展学生的知识面，为以后的学习和研究奠定基础，为从事博物馆相关的工作以及文化遗产管理的相关工作储备相关知识。

课程目标：通过本课程的学习使学生掌握博物馆陈列与设计的基础知识，并能在实践中运用；对当今博物馆的发展趋势、陈列与设计的高新科技要有所了解，对当今博物馆最新的理论以及发展前沿要有所把握；理解文物与博物馆学专业的应用性与实践性。

考核方式：平时表现、作业和考试相结合。

上课方式：课堂讲授、专题讨论、案例分析和实地调研。

四、导游技能创新

适用专业：文物与博物馆学。

学分/学时：2/32。

课程简介：导游技能创新是文物与博物馆学专业的专业必修课程，是一门涉及内容广泛、理论性与实践性较强的专业选修课，既强调学科的理论性和科学性，又注重实践应用中的实用性和操作性，使学生既能学到系统的理论知识与方法，又能了解导游工作实践运作的实际。本课程从导游工作的实际需要出发，以合格导游人员应具备的基本知识和技能为主要着眼点，融理论性、知识性和实践性于一体，既包括导游与导游服务的基本概念、性质、特点，导游员的条件、作用，导游员职业道德等基础理论知识，也涵盖导游员工作程序、带团技巧和对特殊问题和事故的处理等专业实用技能。

课程目标：通过学习使学生了解导游服务的性质和特点、导游服务的原则，掌握从事导游工作应具备的理论知识；了解导游人员的素质要求及分类；掌握导游服务的相关知识；熟练掌握团队导游工作程序和服务标准；掌握导游服务过程中常见问题和事故的预防及处理方法，培养处理旅游接待问题的能力；掌握导游人员的带团技能、语言技能和讲解技能，具备导游员应具备的素质和实际工作能力。

考核方式：平时表现、调研与设计报告和考试相结合。

上课方式：课堂讲授、专题讨论、案例分析和实地调研。

五、职业礼仪与求职策略

适用专业：文物与博物馆学、文化产业管理。

学分/学时：2/32。

课程简介：职业礼仪与求职策略是文物与博物馆学专业和文化产业管理专业的专业选修课程，是一门培养学生综合能力的素质课程。本课程主要讲授个人形象礼仪、社交礼仪、求职礼仪、餐饮礼仪与涉外礼仪等。

课程目标：通过本课程的学习使学生理解和掌握个人形象礼仪、社交礼仪、求职礼仪、餐饮礼仪、涉外礼仪等基础礼仪知识，认识社会活动和人际交往中礼仪的重要性；了解大学生活的阶段性特点，较为清晰地认识自己的特性、职业的特性以及社会环境；使学生树立正确的就业观，具备良好的职业人文素养和职业通用能力。培养学生理解、宽容、谦虚、诚恳的待人态度，培养学生庄重大方、热情友好、谈吐文雅、讲究礼貌的行为举止，为提高社会适应能力、顺利走上工作岗位奠定基础。

考核方式：平时表现、作业和考试相结合。

上课方式：课堂讲授、专题讨论和案例分析。

六、文物摄影与绘图技术

适用专业:文物与博物馆学。

学分/学时:2/32。

课程简介:文物摄影与绘图技术是文物与博物馆学专业的专业选修课程。本课程概括地论述了文物摄影与绘图的意义、种类,初步介绍一些有关文物摄影与绘图的必要知识,如绘图工具的使用、绘图的步骤与方法、文字的标注及素描的基础知识在考古绘图中的具体应用等。本课程主要包括绪论、投影绘图的基本原理、室内器物绘图的主要方法、各类型器物具体画法与基本要求、器物的剖面及剖视图、器物花纹的描绘及展开以及插图的阅读与分析等。从文物考古工作的实际需要出发,选择典型实例,全面而系统地介绍器物绘图的基本原则和方法。通过比较分析帮助读者掌握考古绘图的最佳手段和技法,较快地提高摄影与制图水平,以达到学以致用的目的。

课程目标:通过本课程的学习使学生掌握一些有关文物摄影与绘图的必要知识;能够学会如何读懂相关的文物与考古图片,并从中寻找到相关的重要信息;拓展专业知识,加深对于本专业的理解。

考核方式:平时表现、作业和考试相结合。

上课方式:课堂讲授、专题讨论和影音辅助教学。

七、文化遗产保护与开发

适用专业:文物与博物馆学。

学分/学时:2/32。

课程简介:文化遗产保护与开发是文物与博物馆学专业的专业选修课程,是自然科学和社会科学交叉融合形成的综合性学科。该课程以文化遗产与自然遗产为研究对象,系统研究文化遗产与自然遗产的保护与开发。本课程内容主要包括世界遗产的概念、分类和特征,世界遗产申报与管理,世界遗产与旅游,城镇和乡村遗产,建筑景观遗产,人类遗址,自然遗产,其他遗产类型,中国世界遗产概况,中国世界遗产的开发与保护等。

课程目标:通过本课程的学习使学生能够了解和掌握文化遗产保护与开发的基本知识,为将来从事文化遗产保护与开发相关工作打好理论基础;使学生认识世界遗产与旅游的关系;系统地理解中国世界遗产的开发与保护;使学生系统掌握城镇和乡村遗产、建筑景观遗产、人类遗址、自然遗产、自然与文化双重世界遗产、濒危遗产、非物质文化遗产、中国世界遗产等知识。

考核方式:平时表现、作业和考试相结合。

上课方式:课堂讲授、专题讨论和案例分析。

八、文化市场营销学

适用专业:文化产业管理。

学分/学时:4/64。

课程简介:文化市场营销学是文化产业管理专业的专业必修课程。本课程是对市场调查与预测、广告策划与文案、文化产业创意策划等课程的综合应用与拓展,能够让学生很好地理解文化产品市场化管理的全过程，有利于学生管理实践能力的提升，为培养能够从事文化产业项目的策划、宣传、开发、经营和管理的高素质技能型专门人才提供学科支撑。通过本课程的学习要求学生能正确理解文化市场营销的观念，熟悉文化产品的属性、文化产品的营销特点，练习写作文化产品营销策划书；初步掌握文化产品营销策划流程、文化产品营销策划书写作技巧和要求；掌握文化市场营销的普遍规律、基本原理和一般方法。

课程目标：通过本课程的学习使学生理解和掌握市场营销的基本理论，比较系统地掌握从事市场营销活动的基本方法和策略，掌握文化市场营销的知识体系与研究方法，使学生牢固树立以顾客为中心的市场营销观念，在此基础上系统掌握市场营销学的基本原理和方法，从而在实践中有效地组织企业的经营活动，使企业以市场为导向进行产品开发、生产、定价、分销、促销等市场营销活动，提高企业经营管理水平。培养学生观察问题、分析问题、解决问题的能力，并为企业营销实践与市场运作提供理论基础与决策参考，为各级工商企业、管理部门、营销机构培养具备市场营销知识和技能、有开拓和创新精神、适应 21 世纪市场经济发展需要的高层次专门人才。

考核方式：平时表现、作业、模拟实践和考试相结合。

上课方式：课堂讲授、专题讨论和案例分析。

九、文化产业项目策划与管理

适用专业：文化产业管理。

学分/学时：4/64。

课程简介：文化产业项目策划与管理是文化产业管理专业的专业必修课程。该课程从文化产业的要素、特性以及内在规律的分析入手，系统而深入地研究讨论了文化产业项目策划的基本要素、基本原理、主要流程以及实践方法，同时对于文化产业项目的可行性研究与评估、文化产业项目策划方案撰写、文化产品的开发及策划、文化产业园区策划等项目策划实务进行了详细的探讨。在此基础上，对作为文化产业项目策划的延续或延伸——文化产业项目管理阶段有重点地介绍和分析了文化产业项目的团队建设、进度控制、质量管理、成本管理以及风险控制等基本管理环节。通过本课程的学习，学生可以从文化产业理论和实践紧密结合的视域，对文化产业项目运作过程有清晰的理解和切实的把握，达到知行合一、学以致用的目的。

课程目标：通过本课程的学习使学生对文化产业项目管理的基本理论掌握扎实，获得较宽的文化产业项目管理的专业知识，全面了解文化产业项目的业务流程、定位与设计、项目策划、项目筹备、市场营销、项目的组织规划、项目的投资与质量管理等理论知识，初步具备文化产业项目管理的实践和组织能力。了解政府部门文化产业项目储备、编制与报批的内容与程序；掌握 Project 2007 的日历设置的方法、任务输入与工期设定方法、WBS 域和 PERT 分析；初步掌握利用 Project 2007 来安排工作、项目跟踪和报表生产的方法。毕业以后能够成为胜任文化管理机关、文化旅游部门从事经营、策划、传播等工作的复合型、应用型人才。培养学生具备熟练的计算机及信息应用能力，具备良好的信息获取、知识拓展、职业规划能力，具有较强的自主学习能力和创新创业能力，具有较强的书面写作能力。

考核方式：平时表现、作业和考试相结合。

上课方式：课堂讲授、专题讨论和案例分析。

十、文化企业运营管理

适用专业：文化产业管理。

学分/学时：4/64。

课程简介：文化企业运营管理是文化产业管理专业的专业必修课程。该课程主要研究文化企业运营及管理活动的基本理论、基本规律和一般方法。它是一门实用性、综合性较强的学科。该学科是对文化产业经营管理进行研究，融合多学科、具有创新意义和实践意义的科学体系。随着市场竞争的加剧和现代企业制度的逐步建立，加强企业管理是我国企业面临的十分紧迫而重要的任务。因此，通过本课程学习使学生掌握现代文化企业运营管理的基本理论、基本原理和方法，了解当今文化企业管理的新思想、新方法、新趋势，培养学生的基本管理素质和管理能力，以应用于文化企业管理实践，具有十分重要的意义。

课程目标：通过本课程的学习使学生理解文化产业经营管理的基本概念，了解文化产业经营管理的原则机制及模式，能够对文化产业的经营管理进行全方位的分析和解读；了解如何尽量规避市场风险、完善市场环节、引导市场健康发展，能够全面分析文化产业的市场与风险。理解核心竞争力的概念及发展，文化产业核心竞争力的特征、构成要素及支持体系；掌握文化产业经营管理的经济、制度与政策等支持系统。能够管理文化产业项目，了解文化产业集群化管理的内涵及主要表现，掌握集群化管理对产业链的拉动作用。

考核方式：平时表现、调研及设计报告和考试相结合。

上课方式：课堂讲授、专题讨论和案例分析。

十一、会展策划与管理

适用专业：文化产业管理。

学分/学时：3/48。

课程简介：会展策划与管理是文化产业管理专业的专业必修课程，旨在使学生掌握会展项目实施过程中所需的基本技能。

课程目标：通过本课程的学习使学生能够运用会展专业知识，具有策划、设计、组织和实施大中型会展的能力；能够胜任会展项目经理助理的高级专业技术性工作；能够较为系统地了解会展管理的基本内容和相关理念，并能初步运用所需知识与会展业的实际管理相结合。

考核方式：平时表现、调研及设计报告和考试相结合。

上课方式：课堂讲授、专题讨论和案例分析。

十二、文化市场调查与分析

适用专业：文化产业管理。

学分/学时：2/32。

课程简介：文化市场调查与分析是文化产业管理专业的专业必修课程。通过教学和实践使学生充分认识文化市场特点及其活动，明确文化市场调查与分析在文化企业经营管理中的重要作用，培养学生深入实际、注重调查分析研究，提高学生在文化市场方面分析问题、研究问题、解决问题的实际工作能力。

课程目标：通过本课程的学习使学生掌握文化市场调查与分析的专业知识及相关理论；

学会认识文化现代市场，对文化市场调查行业和文化市场调研工作有初步的了解，并掌握基本的思维和工作方法；能熟练地运用相关知识分析和解决问题并掌握专业技能。

考核方式：平时表现、作业和考试相结合。

上课方式：课堂讲授、专题讨论和案例分析。

十三、景区经营管理

适用专业：文化产业管理。

学分/学时：2/32。

课程简介：景区经营管理是文化产业管理专业的专业选修课程。其主要内容有旅游景区管理活动、旅游景区管理环境、旅游景区规划管理、旅游景区产品开发及经营、旅游景区服务管理、旅游景区市场营销管理、旅游景区资源管理、旅游景区标准化管理、旅游景区可持续发展以及国内外旅游景区管理经营模式。

课程目标：通过本课程的学习使学生掌握旅游景区管理的基本概念及原理，旅游景区服务管理规程、景区规划设计内容、各种开发经营活动规律、景区营销管理、标准化管理、可持续发展等管理活动的基本规律。使学生熟悉不同类型旅游景区的经营管理模式；培养学生运用现代管理学原理分析旅游景区经营特征、市场定位、服务技能的适应性等基本管理能力，以及旅游景区各项管理事项的管理及领导能力。

考核方式：平时表现、调研及设计报告和考试相结合。

上课方式：课堂讲授、专题讨论和案例分析。

十四、新媒体概论

适用专业：文化产业管理、文物与博物馆学。

学分/学时：2/32。

课程简介：新媒体概论是文化产业管理专业和文物与博物馆学专业的专业选修课程，属于应用理论课程，具有很强的理论性和实践性。本课程主要讲授新媒体的概念、特征、产生背景、社会影响、产业发展以及新媒体带来的媒介融合、新媒体管理规范等内容。通过本课程的学习使学生对新媒体概论这一新兴学科的总体框架有大致的认识，对它的发展脉络有基本的了解，并能够对其中的一些重要问题进行思考，帮助学生提高跨学科学习的能力。

课程目标：通过本课程的学习使学生充分了解新媒体的定义、特征，传统媒体和新媒体的融合，新媒体的产业和新媒体的管理；着重学习新媒体的现象和本质。使学生既认真学习理论和知识，认真钻研教材，又多接触和参加新媒体案例实践，并在见习、观摩、实习、调查等过程中努力应用新媒体的科学观念、基本原理和原则解决现实问题。培养学生遵循理论与实践相结合的原则，注重培养学生的团队合作精神，使学生能胜任未来的岗位需求，在学习的过程中更加热爱新媒体事业。

考核方式：平时表现、作业和考试相结合。

上课方式：课堂讲授、专题讨论和案例分析。

十五、遥感数字图像处理

适用专业：地理科学。

学分/学时：2/32。

课程简介：遥感数字图像处理是地理科学专业的专业选修课程。本课程旨在使学生掌握遥感数字图像处理的基础知识和基本理论，重点掌握遥感数字图像的几何处理、辐射校正、增强处理、计算机分类以及分类后评价等内容。课程结合上机实践训练，使学生掌握基本遥感数字图像处理流程的同时具备遥感图像分析能力，在了解遥感数字图像处理算法及其算法实现过程的同时能够运用遥感数字图像处理技术解决实际问题，并具备解决综合性实际问题的思维和方法。

课程目标：通过本课程的学习使学生掌握遥感图像处理的基本知识、方法、原理、基本技能和发展动态；掌握遥感图像成像的基本原理、基本理论和这些理论在遥感图像处理中的应用。通过理论学习、上机实践等环节使学生增强对本课程的理解，掌握遥感数字图像处理的基本方法与流程，具有基本的遥感图像分析能力，能够熟练使用常用的遥感数字图像处理软件（ENVI）进行图像处理；具备应用遥感信息处理技术分析和解决实际问题的能力，具备解决实际问题的思维，能够将理论知识与实践操作相结合，在实际应用中做到举一反三、融会贯通。

考核方式：平时表现、作业和考试相结合。

上课方式：课堂讲授、演示和上机实践。

十六、计量地理学

适用专业：地理科学。

学分/学时：2/32。

课程简介：计量地理学是地理科学专业的专业选修课程。计量地理学作为地理学重要的方法论学科，是将现代地理学理论与数学模型、计算方法及“3S”技术结合在一起，以高性能计算机与网络计算环境为支撑，从理论与实证两个方面针对“整体性”和“大容量”数据所表征的复杂地理问题进行多角度、全方位综合研究的方法论体系。该课程主要内容包括计量地理学的产生及发展过程、地理数据及其采集与预处理、地理模型与地理建模概述、地理学中的经典统计分析方法、空间统计分析初步、线性规划与多目标规划、投入与产出分析、AHP决策分析、随机模型决策分析、地理网络分析、非线性方法简介等。

课程目标：通过本课程的学习使学生了解计量地理学产生的背景、发展过程及最新动态，提高学生对计量地理学的整体认知水平；初步掌握本课程的基本理论和方法，熟悉数理统计模型的分析思路，掌握建立数理模型的方法，开拓学生将数理逻辑与现实问题紧密结合的思维；培养学生运用计量地理学方法分析问题和解决问题的基本能力，以提高学生对地理学问题的解决能力。

考核方式：平时表现、作业、上机实践和考试相结合。

上课方式：课堂讲授和案例分析。

十七、GIS空间分析

适用专业：地理科学。

学分/学时:2/32。

课程简介:GIS空间分析是地理科学专业的专业选修课程。该课程主要从空间分析的理论、方法和应用三个方面介绍了空间分析的相关内容,重点结合实验数据介绍在ArcGIS软件中进行空间分析的操作方法,以及利用GIS空间分析方法解决实际问题的思路和方法。课程主要分为两部分:第一部分为ArcGIS的基础操作篇,以空间分析前后数据采集与制图为重点,着重介绍空间分析的基本概念、ArcGIS的应用基础、空间数据的采集与组织、空间数据的转换与处理等内容;第二部分为ArcGIS空间分析方法篇,以专题形式分别介绍空间分析基本内容、矢量数据的空间分析、栅格数据的空间分析、三维分析、地统计分析、水文分析、空间分析建模以及综合分析练习等。课程除了要求学生掌握ArcGIS的基本操作和ArcGIS中空间分析方法外,同时培养学生的空间思维能力,使其能运用GIS空间分析方法和技术解决资源环境等领域的空间问题,面向社会需求培养实用型GIS人才。

课程目标:通过本课程的学习使学生全面了解并掌握空间分析中的一些基本理论问题,如空间数据模型理论、空间关系理论、空间认知理论等,以及空间决策支持系统的理论和方法;培养学生的空间思维能力,让学生重点掌握空间分析的各种具体方法,特别是空间数据的处理方法、矢量数据和栅格数据的空间分析方法、专题分析方法(网络分析、表面分析、水文分析等)、综合应用分析方法等;掌握空间分析的基本过程,能够针对具体的空间问题,利用多种空间分析方法综合集成地解决问题;熟练使用主要GIS软件的空间分析功能,能够通过电子地图等多种形式进行空间分析结果的制作。

考核方式:平时表现、作业和考试相结合。

上课方式:课堂讲授、操作演示和上机实践。

十八、地理学科研训练与指导

适用专业:地理科学。

学分/学时:2/32。

课程简介:地理学科研训练与指导是地理科学专业的专业选修课程。该课程主要包括地理文献的收集、论文的选题、论文的体例、论文数据的使用、图表的使用和编辑、论文的英文摘要和参考文献、地理学论文的分类写作等内容。开设该课程的主要目的是将科学研究与教育教学有机结合,把本科生科研训练视作研究型本科教育教学的重要组成部分,致力于培养学生浓厚的科研兴趣、创新意识,使学生具备从事地理科学及相关领域科学研究的基本素养,为学生进一步提高自我、专业深造提供知识理论和研究能力支撑。

课程目标:通过本课程的学习使学生掌握地理学科科研的基本理论和基本知识,具备地理科学基本思维方法和实践技能,能将前期基本知识的学习与规范应用有机结合,理解相关学科的一般原理和规律,具有宽厚的知识基础和较高的人文素质,具备进取精神和创新精神;掌握地理技术和地理研究的一般方法,具有获取信息、分析问题和解决问题的能力。具有正确的环境观、资源观和发展观,具备从事地理科学及相关领域科学研究的基本素养。

考核方式:平时表现、作业、专题讨论和考试相结合。

上课方式:课堂讲授、专题讨论和案例分析。

外国语学院创新创业课程

一、陇东文化与翻译

适用专业：英语。

学分/学时：2/32。

课程简介：陇东文化与翻译是英语专业实践教学环节中的个性培养实践课。本课程的教学对象为具有一定英语词汇量并具备相关翻译知识和实践基础的四年级学生。课程的主要内容包括庆阳各地简介、传统民俗文化、历史人文景观、自然风景名胜、企业产品介绍、商贸谈判及合同翻译、外事往来文件翻译以及外事活动中所涉及的日常生活服务翻译等。

课程目标：通过本课程的学习使学生了解陇东地方优秀传统文化，建立民族文化认同意识，培养本土文化走出去的自信心；帮助学生研究陇东地方文化的英文表达方式；熟悉地方外事活动的一般翻译实务，提高从事外事翻译和对外推介地方文化的能力。

考核方式：平时表现、作业和考试相结合。

上课方式：课堂讲授、翻译练习。

二、英文影视作品赏析与配音

适用专业：英语。

学分/学时：2/32。

课程简介：英文影视作品赏析与配音是英语专业实践教学环节中的个性培养实践课。课程的教学对象为具有一定英语词汇量并具备相关翻译知识和实践基础的四年级学生。

课程目标：通过本课程的学习帮助学生了解英语国家社会、经济、政治、民俗等方面的文化信息，培养学生跨文化交际的能力；通过对英文影视作品经典对白配音，培养学生的英语学习兴趣，扩展英语语言知识，提高对英语语言的理解水平，提升英语听、说、读、写、译的能力；通过对电影主题内容和相关话题的探讨，培养学生的思辨能力，树立正确的世界观、人生观和价值观，增强对中华文化的自信，提升科学与人文素养。

考核方式：平时表现、作业和考试相结合。

上课方式：交际法、讨论法和任务法。

教育学院创新创业课程

一、创新创业实践

适用专业：小学教育。

学分/学时：2/32。

课程简介：创新创业实践是小学教育专业实践教学环节中的个性培养实践课。课程实践包括指导学生通过参加技能竞赛、科技创新、校园创业、职业技能考试等活动取得学分。学生参加创业教育、创业实践活动等创业训练，考核合格或成果突出均可获得创业学分。

课程目标：通过实践鼓励学生个性发展，培养学生的创新精神和创业能力，使学生掌握创新理念和方法，为今后创新创业打下基础，为从事创业实践提供思路和方法，为毕业择业提供参考，为学生今后工作提供有用的实践积累。

考核方式：调研、案例和报告相结合。

上课方式：实践。

二、教育学科竞赛训练

适用专业：小学教育。

学分/学时：1/16。

课程简介：教育学科竞赛训练是小学教育专业实践教学环节中的个性培养实践课。

课程目标：通过实践提高学生参加教育学科竞赛的心理素质和实践能力。

考核方式：技能活动和技能大赛的表现相结合。

上课方式：实践。

三、小学教师资格证考试指导

适用专业：小学教育。

学分/学时：2/32。

课程简介：小学教师资格证考试指导是小学教育专业实践教学环节中的个性培养实践课，也是学生专业发展能力提升的指导类课程。主要内容有教师综合素质、儿童发展知识、教育原理知识和面试流程与过程等。

课程目标：通过实践使学生能够掌握教师资格考试基本的考试方式、方法和面试的技巧与策略，使学生具有良好的心理素质和教育实践能力。提高学生教师资格考试过关率，从而为学生就业创业奠定基础。

考核方式：平时表现、实训技能和考试相结合。

上课方式：课堂讲授、案例分析。

四、专业技能考级培训指导

适用专业：小学教育。

学分/学时：2/32。

课程简介：专业技能考级培训指导是小学教育专业实践教学环节中的个性培养实践课，主要内容有舞蹈专业技能和音乐专业技能。

课程目标：通过实践全面更新学生的学科知识结构，拓宽专业知识领域，夯实学科专业技能，提高艺术素养，从根本上解决学生音乐、舞蹈专业技能偏低的状况。培养学生的专业发展意识，激发学生热爱小学教育事业、热爱儿童的职业情感。

考核方式：平时表现、实训技能和考试相结合。

上课方式：课堂教学实例分析、教材教法指导、课堂教学实践与观摩。

五、陇东民俗创意美工

适用专业:学前教育。

学分/学时:2/32。

课程简介:陇东民俗创意美工是学前教育专业的专业选修课程。教学内容以建立在陇东民俗文化基础上的综合创意绘画、手工制作、装饰设计等为主,研究陇东民俗的文化内涵,归纳出相应的设计思路及制作技法,并能将其创新应用于学前教育相关教学活动。

课程目标:通过本课程的学习使学生能够胜任学前美术教学并能够独立组织与指导相关活动,具有较好的艺术素养和创新创造能力,要求学生要了解陇东民俗以及陇东民间美术的相关基础知识,熟练掌握基本创作原理和制作技法,独立完成完整的艺术创作,并且能够进行相关知识与技能的教学以及活动的组织与指导。

考核方式:平时表现、作业和考试相结合。

上课方式:课堂讲授、专题讨论、案例分析和作品练习。

六、幼儿玩教具制作

适用专业:学前教育。

学分/学时:2/32。

课程简介:幼儿玩教具制作是学前教育专业的专业选修课程。该课程全面、系统、科学地阐述了符合学前教育目标与幼儿身心发展需要的玩教具设计的主要内容、基本方法和基本技能。

课程目标:通过本课程的学习使学生能够利用各种材料设计制作适用于学前教育各类活动开展的玩教具。同时,进一步加深对学前教育的认识,培养与提高学生从事幼儿教育工作的素质和能力。

考核方式:平时表现、作业和考试相结合。

上课方式:课堂讲授、专题讨论、案例分析和作品练习。

七、儿童素质拓展活动设计

适用专业:学前教育。

学分/学时:1/16。

课程简介:儿童素质拓展活动设计是学前教育专业实践教学环节中的个性培养实践课。儿童素质拓展活动是一种应用行为心理学、认知心理学、咨询心理学和社会心理学等学科的基本原理,通过创设情境,借助团队的力量,用以提高儿童心理素质的活动。培养学生正确的体育观、身体观,使学生能自觉地、积极地、经常地参与锻炼,实现身体运动的参与。主要内容有组建团队素质拓展介绍、团队凝聚力、沟通风格、抗挫折能力和思维突破与创新等。

课程目标:通过实践使学生在耐力、力量、柔韧及协调性等主要素质方面得到提高。促进学生心理健康,使学生有较好的情绪调控能力,并树立健康向上的自信心。培养学生的合作能力、交往能力和适应能力,形成良好的人际关系和团结协作的精神。

考核方式:拓展训练活动中的表现。

上课方式:实践。

八、专业技能提升培训

适用专业:学前教育。

学分/学时:1/16。

课程简介:专业技能提升培训是学前教育专业实践教学环节中的个性培养实践课,主要包括舞蹈专业技能、音乐专业技能和美术专业技能三方面。

课程目标:通过本课程的实践可以更新学生的学科知识结构,拓宽专业知识领域,夯实学科专业技能,提高艺术素养,从根本上解决学生音乐、舞蹈、美术专业技能偏低的状况。培养学生的专业发展意识,激发学生热爱学前教育事业、热爱儿童的职业情感。

考核方式:技能活动和技能大赛的表现相结合。

上课方式:实践。

九、教育学科竞赛指导训练

适用专业:学前教育。

学分/学时:1/16。

课程简介:教育学科竞赛指导训练是学前教育专业实践教学环节中的个性培养实践课。

课程目标:通过实践提高学生参加教育学科竞赛的心理素质和实践能力。

考核方式:技能活动和技能大赛的表现相结合。

上课方式:实践。

政法学院创新创业课程

一、公文写作与处理

适用专业:思想政治教育。

学分/学时:2/32。

课程简介:公文写作与处理是思想政治教育专业的专业选修课程,也是一门知识综合性较高、业务技术性比较强的课程。该课程主要讲授公文、公文写作、公文处理的相关知识,学生通过全面系统地掌握机关公文写作与处理的基本理论、基本知识与基本技能,了解和熟悉我国国家机关现行的公文种类、格式、行文规范与稿本、法定公文和其他常用事务性公文的写作要求与技能,以及机关公文办理、公文立卷与归档的程序、原则与方法等。

课程目标:通过本课程的学习培养和提高大学生撰写公文和处理公文的能力,以便毕业后更好地适应工作和社会的需要。

考核方式:平时表现、作业和考试相结合。

上课方式:理论讲授和案例分析。

二、模拟法庭

适用专业：法学。

学分/学时：2/2周。

课程简介：模拟法庭属法学专业的专业实践课。通过教学进行刑事诉讼控辩与审判、民事诉讼代理与审判、行政诉讼代理与审判的演练，可有机地将法学理论与司法实践结合起来，有助于学生对法学理论的理解和对法律条文的把握，有助于培养学生的思辨能力、口头表达能力、写作能力，增强学生的证据意识、程序意识，最终达到全方位地培养和训练学生的法律职业素养和职业技能的目的。

课程目标：通过本课程的学习提高学生实际参与各种诉讼活动的能力。

考核方式：平时表现、参与庭审和法律文书写作质量相结合。

上课方式：模拟庭审。

三、法律诊所

适用专业：法学。

学分/学时：2/2周。

课程简介：法律诊所是法学专业实践教学环节中的个性培养实践课，通过实践环节要求学生在一定程度上掌握法律实务技能，如司法文书写作、摘要和辩论、起草法律文书、诉讼技巧、法庭辩护、事实调查、为客户提供咨询、作为集团代表、谈判、调解和其他争议解决办法等。培养学生处理法律事务的能力以及明确法律事务工作的基本准则。

课程目标：通过本课程的学习培养学生处理法律事务的能力，侧重于法律工作者处理法律事务的技巧和方法；明确法律实务工作的基本准则，培养作为法律工作者的职业责任心，包括责任意识和职业道德等；为弱势群体提供法律服务，在真实案件中为当事人提供法律服务，加深学生对法律工作者职业准则的理解。

考核方式：平时表现、作业和考试相结合。

上课方式：专题讲授和案例模拟。

四、人生哲学

适用专业：全校各专业。

学分/学时：2/32。

课程简介：人生哲学是全校公共选修课程。该课程教学内容包括两大部分：第一部分主要研究人的本质、定位和结构，研究不同人生观和人生三大问题，这是人生哲学的基本理论，解读自信、自卑、自负、自傲的概念、作用、形成原因以及如何营造和谐人际关系；第二部分主要通过介绍儒家（特别是孝思想）、佛教、道教的人生哲学，汲取精华达到教育目的。

课程目标：通过对人与人生、儒家、道教、佛教等人生哲学思想的解读，期望大学生能从这些思想中领悟人生的意义所在，能找到人与人、人与社会、人与自身和谐的规律。希望能在大学生的阅读范围内引起其对哲学学习的兴趣，这种兴趣是最终引领我们社会走向和谐发展的一种动力和智慧。

考核方式：平时表现、作业和考试相结合。

上课方式：理论讲授。

五、公共关系学

适用专业：全校各专业。

学分/学时：2/32。

课程简介：公共关系学是全校公共选修课程。该课程主要研究现代行政管理和现代企业管理中组织如何与公众环境进行传播沟通。课程的内容主要包括公共关系的职能、公众、公共关系的传播、公共关系的四步工作法、公共关系广告、公共关系的人员与机构、公共关系文书、企业形象识别、内部公共关系和部门公共关系等。

课程目标：通过本课程的学习使学生掌握公共关系活动的基本知识和基本原理；使学生能运用相关的公共关系理论分析各种公共关系活动；提高学生公共关系实务能力和技巧。培养学生运用公共关系学的基本理论知识来解决实际问题的能力。

考核方式：平时表现、作业和考试相结合。

上课方式：理论讲授。

经济管理学院创新创业课程

一、电子商务理论与实务

适用专业：公共事业管理。

学分/学时：3/48。

课程简介：电子商务理论与实务是公共事业管理专业的专业必修课程，具有理论性与实用性较强、研究目的明确、学术观点多等特点。本课程从电子商务的产生历史出发，从传统商务到电子商务的发展变化到现代电子商务新特点，介绍电子商务的本质和组成模式，并在此基础上系统介绍电子商务基本理论、基本技术、基本应用，包括安全技术、支付手段、网络营销等内容。

课程目标：通过本课程的学习使学生提高电子商务实践能力；使学生能从商务的本质出发学会电子商务的具体应用，为与电子商务相关的后续课程做好扎实的知识储备；使学生对全新的电子商务的基本概念、框架、功能和发展中的一些问题及电子商务的基本理论有较全面的认识和理解；使学生了解电子商务的技术基础和一些关键技术，知道这些技术在实际工作中的用途，并学会其中一些常用的技术方法。培养学生理性认识问题和分析问题的观念与能力，使学生具备宽广的知识结构、开阔的思路和创新意识。

考核方式：平时表现、作业、实验和考试相结合。

上课方式：理论讲授、专题讨论、案例分析和实验。

二、电商运维

适用专业：公共事业管理。

学分/学时:3/48。

课程简介:电商运维是公共事业管理专业的专业必修课程。本课程旨在使学生系统地掌握电商店铺基本设置以及电商店铺装修管理、分类管理等,了解页面形式、招牌导航的设置;掌握电商交易管理的各项能力;掌握客服的基本设置的能力;具有独立处理电商售后订单和评价管理的能力;掌握电商营销工具以及策略的执行;掌握关联策略的实现形式、满减策略、优惠策略、打折策略以及第三方运营工具的应用;掌握中、差评策略执行;掌握如何选择可以带来利润的商品品类。

课程目标:通过本课程的学习不仅可奠定学生专业学习的基础,扩大学生的专业知识面,还可大大提高学生分析问题、解决问题的能力,从而提高学生电商基础设置及装修选品的能力。

考核方式:平时表现、作业和考试相结合。

上课方式:理论讲授、上机操作、专题讨论和实验。

三、电商技术

适用专业:公共事业管理。

学分/学时:3/48。

课程简介:电商技术是公共事业管理专业的专业必修课程。本课程旨在使学生系统地掌握引擎运营的9个基本概念、搜索引擎排名、引擎运营优化、高转化标题打造以及优化工具的使用。

课程目标:通过本课程的学习不仅可奠定学生专业学习的基础,扩大学生的专业知识面,还可大大提高学生分析问题和解决问题的能力,从而提高学生搜索引擎优化(SEO)的能力。

考核方式:平时表现、作业和考试相结合。

上课方式:理论讲授、专题讨论、上机操作、案例分析和实地调研。

四、电商推广

适用专业:公共事业管理。

学分/学时:3/48。

课程简介:电商推广是公共事业管理专业的专业必修课程。本课程旨在使学生系统地掌握电商直通车基础概念、直通车费用计算和排名、直通车出价、直通车后台操作、直通车计划建立、直通车计划中关键词的添加。

课程目标:通过本课程的学习不仅可奠定学生专业学习的基础,扩大学生的专业知识面,还可大大提高学生分析问题、解决问题的能力,从而提高学生了解直通车优化的方法以及如何充分发挥直通车优势的能力。

考核方式:平时表现、作业和考试相结合。

上课方式:理论讲授、专题讨论、上机操作和案例分析。

五、电商网页设计

适用专业:公共事业管理。

学分/学时：3/48。

课程简介：电商网页设计是公共事业管理专业的专业必修课程。本课程旨在使学生系统地掌握电商PS基础操作、基本图像处理能力。掌握电商横幅的制作原理、海报图的组合方式、海报图的作用。掌握电商详情页的制作原理，并根据需求制作高转化的电商详情页。

课程目标：通过本课程的学习不仅可奠定学生专业学习的基础，扩大学生PS方面专业知识面，还可大大提高学生分析电商网页设计的问题及解决问题的能力，从而提高学生电商网页设计的能力。

考核方式：平时表现、作业和考试相结合。

上课方式：理论讲授、专题讨论、上机操作和案例分析。

六、电商流量运营

适用专业：公共事业管理。

学分/学时：2/32。

课程简介：电商流量运营是公共事业管理专业的专业选修课程。本课程旨在使学生系统地掌握电商淘宝客基础，充分认识到淘宝客优势以及重要性。掌握电商淘宝客佣金设置、独立建立电商淘宝客推广计划的方法。掌握电商钻石展位基础设置、电商钻石展位的优势及应用。

课程目标：通过本课程的学习不仅可奠定学生专业学习的基础，扩大学生的专业知识面，还可大大提高学生分析问题、解决问题的能力，从而提高学生电商流量运营的能力。

考核方式：平时表现、作业和考试相结合。

上课方式：理论讲授、专题讨论与研讨、上机操作和案例分析。

七、客户关系管理

适用专业：公共事业管理。

学分/学时：2/32。

课程简介：客户关系管理是公共事业管理专业的专业选修课程。本课程旨在使学生系统地认识到店铺会员的重要性，并且能利用其重要性挖掘其价值。掌握如何快速搭建会员体系、如何建立会员积分系统。掌握会员数据分析的方法、会员的精准营销步骤以及按照步骤去执行营销方案。

课程目标：通过本课程的学习不仅可奠定学生专业学习的基础，扩大学生的专业知识面，还可大大提高学生分析问题、解决问题的能力，从而提高学生电商客户关系管理的能力。

考核方式：平时表现、作业和考试相结合。

上课方式：理论讲授、专题讨论和上机操作。

八、税务会计实训

适用专业：会计学。

学分/学时：2/2周。

课程简介：税务会计实训是会计学专业的实践课程，融税收法规和会计核算为一体。本课程旨在使学生系统地掌握税务申报基本原理和账务处理的基本流程。通过福斯特税务实务软件系统和报表系统的实训，掌握各税种申报、日常业务处理、期末处理的基本流程，掌握税务申报基本编制方法。

课程目标：通过本课程学习使学生具备企业一般税务业务的实际处理能力。巩固学生的税务专业知识，提高学生解决问题的能力，培养其专业素养和职业道德，使学生掌握税法、税务会计和税务筹划的相关知识，增强学生就业和立足社会的核心竞争力。

考核方式：平时表现、实训报告和考试相结合。

上课方式：理论讲授和练习相结合。

九、ERP 沙盘实验

适用专业：会计学。

学分/学时：2/2 周。

课程简介：ERP 沙盘实验是会计学专业的实践课程。该课程主要是构建仿真企业环境、模拟真实企业的生产经营活动，并将物理沙盘和管理软件运用全面结合，实现动态管理、实时控制，实现财务、业务一体化，实现物流、信息流和资金流统一协调的综合性实验课程。通过直观的企业沙盘模拟企业实际的运行状况，内容涉及企业整体战略制定、供应链管理、生产运作管理、产品研发、产品市场营销、产品质量认证、企业财务管理、团队协作等方面。让学生在游戏般的训练中体验企业完整的经营过程，感受企业发展的典型历程，感悟企业真正经营思路和管理理念。

课程目标：通过本课程的学习培养学生从事企业经营活动的想象能力、分析能力、思辨能力、决策能力和独立解决问题的能力，学会资金运营的预算、资金成本率的估算、企业资源分配及其效益分析、投融资的渠道和成本分析，充分体会现实企业经营激烈的竞争环境。培养学生从事企业经营的能力、团结协作精神和竞争意识，锻炼学生分析问题、解决问题的能力，提高学生适应企业工作的能力。

考核方式：平时表现、实验报告和上机模拟相结合。

上课方式：理论讲授和实验。

十、市场营销学

适用专业：经济学。

学分/学时：2/32。

课程简介：市场营销学是经济学专业的专业选修课程。它是一门建立在经济科学、行为科学和现代管理理论之上的应用科学，其研究对象是以满足消费者需求为中心的企业市场营销活动过程及其规律。本课程涉及企业市场营销管理的各个方面，主要包括市场营销的核心概念及各种营销观念、市场营销环境分析、消费者购买行为分析、市场调查与预测、市场营销战略、产品策略、价格策略、分销策略和促销策略等。

课程目标：通过本课程的学习培养学生从自身熟悉的行业、领域入手，树立正确的市场营销理念；认识加强对企业市场营销管理的重要性，了解分析市场营销环境、研究市场购买行为、制定市场营销组合决策、组织和控制市场营销活动的基本程序和方法，培养和提高应用市场营销原理解决企业营销问题的基本能力，比较系统地掌握从事市场营销活动的基本方法和策略，具备良好的沟通、协调能力；具备良好的团队协作意识、吃苦耐劳的意志品质和创新精神。具有将专业理论与知识融会贯通、综合运用专业知识和现代经济学研究方法分析和解决实际问题的能力。为学生毕业后能够较好地适应市场营销管理工作的需要打下基础，为实际工作提供一定的指导和参考方案。

考核方式：平时表现、作业和考试相结合。

上课方式：理论讲授、专题讨论、上机操作和案例分析。

十一、投资经济学

适用专业：经济学。

学分/学时：2/32。

课程简介：投资经济学是经济学专业的专业选修课程。该课程主要内容包括投资的概念、投资规模、投资环境、投资结构、投资体制、融资方式、企业投资战略、投资宏观调控等内容。通过这门课程的学习与研究可以使学生深刻认识投资在社会主义现代化建设中的重要地位和作用，掌握投资的基本理论和业务，为进一步学好其他有关学科奠定业务理论基础。

通过教学使学生在掌握投资学基础理论的同时，初步学会运用投资经济学的理论方法去分析问题，并促使学生认真总结经验、积极思考问题，学会按客观的投资运动规律去看待经济生活中的问题；通过现实中的案例使学生将理论和实际结合起来；通过网络资源及统计资料使学生了解中国投资的现状，培养和提高大学生学习和研究的素质。

课程目标：通过本课程的学习使学生掌握投资相关的基本概念和理论，熟悉我国的投资环境和投资体制，对比分析各类融资方式的特点和优缺点，能够针对目前我国调整经济结构的问题分析投资、技术进步与经济增长三者之间的关系。培养学生交流和沟通的能力、独立学习和思考的能力、合作和团队工作的能力、综合应用专业知识分析解决实际问题的能力。

考核方式：平时表现、作业和考试相结合。

上课方式：理论讲授、专题讨论和案例分析。

数学与统计学院创新创业课程

一、数学建模

适用专业：信息与计算科学、数学与应用数学、统计学。

学分/学时：3/48。

课程简介：数学建模是信息与计算科学专业、数学与应用数学专业和统计学专业的专业必修课程，是联系数学与实际的桥梁，是数学在各个领域广泛应用的媒介。该课程主要内容包括数学建模的概念、初等模型、优化模型、线性规划模型、微分方程模型、稳定性模型、差分与离散模型、概率与统计回归模型，主要通过案例教学，采用讲授和分组讨论的教学方法。

课程目标：通过本课程的学习使学生掌握建立数学模型的基本理论和方法，获得独立分析和解决实际问题的能力及有关的理论。通过基本模型讲解、基本理论的阐述、运算能力的严格训练使学生学会建立模型并为初步解决实际问题打下基础，适应以问题解决为导向的教学理念和自学理念。培养学生的想象力、联想力、洞察力和创造力，培养学生的自学能力、使用文献资料的能力和计算机应用能力。强化案例教学，使学生在案例分析中了解和掌握数学基本知识与基本技能在实际问题中的应用，提升学生发现问题、提出问题、分析问题、解决问题的能力。培养学生论文写作与表达的能力以及培养学生相互协作的品质和能力，为将来从事科研及其他实际工作奠定基础。

考核方式：平时表现、作业、上机操作和考试相结合。

上课方式：课堂讲授、上机操作、专题讨论。

二、中学数学教学设计

适用专业：数学与应用数学。

学分/学时：3/48。

课程简介：中学数学教学设计是数学与应用数学专业的专业必修课程。本课程立足于学生，以问题为抓手，以案例教学为出发点，既重视学生理论水平的提高，又重视学生自主学习、实践能力的提升，为学生终身学习能力的提升打下坚实的基础。同时，本课程以现代数学教学理论为指导思想，使学生认识数学教育基本规律，掌握中学数学教学设计方法，提高数学教学设计能力，最终提升师范生从事中学数学教学的水平。本课程的主要内容有数学教育发展的概况、中学数学教学现状以及对数学教师素质的要求、中学数学教学设计基本概述、怎样研究学情与教材、如何选择教学方法、怎样进行教学设计等。

课程目标：通过本课程的学习使学生系统地获得中学数学教学设计的基本理论知识，熟悉中学数学教学设计的过程与环节，初步掌握中学数学教学设计的基本方法，逐步培养学生研究教材与学情、课堂教学及数学教育研究能力，最终使学生能运用当代数学教育的基本理论指导中学数学教学实践，使之适应当前我国基础教育改革对数学教师的要求。了解现代数学教学相关理论与学习理论，掌握中学数学教学设计原理、主要课型结构和国内外主要数学教学模式方法，完善相应的知识结构，树立先进的教学理念；学会研究学情、研读教材、选择教学方法，会对具体数学教学内容进行各环节的教学设计，提升教育教学能力和科研能力。

考核方式：平时表现、作业和考试相结合。

上课方式：课堂讲授。

三、中学数学教学技能

适用专业：数学与应用数学。

学分/学时：1/16。

课程简介：中学数学教学技能是数学与应用数学专业的专业必修课程，是教学理论与实践相结合的实训课程，旨在培养师范生在实习前的教学技能。该课程通过对数学教学导入、语言、讲解、强化、提问等教学技能的理论学习以及课堂示范指导与教学技能实践训练，促进师范生明确各项教学技能的基本作用和操作要求，能综合运用各项数学教学技能进行课堂教学。本课程的主要内容是数学课堂导入技能、数学课堂语言技能、数学课堂讲解技能、数学课堂强化技能、数学课堂多媒体设计与使用技能、数学课堂启发引导技能、指导数学合作学习技能、数学课堂提问技能及各种技能的实训与讲评。

课程目标:通过本课程的学习使学生了解数学课堂导入、语言、讲解、强化、提问技能的类型,掌握数学课堂导入、语言、讲解、强化、提问技能的实施方法;理解数学合作学习的概念,明确数学课堂多媒体设计与使用、数学合作学习技能实施要点,掌握数学课堂多媒体设计与使用技能、数学合作学习技能;使学生的导入技能、语言技能、讲解技能、强化技能、多媒体设计与使用技能、提问技能和综合数学课堂教学技能得到训练。有效提高学生的数学课堂教学实践能力,为教育实习做好必要的准备,为学生将来从事中学数学教学工作做好充分的准备。

考核方式:平时表现、作业、实训和考试相结合。

上课方式:课堂示范、分组实训与评价。

四、数学分析选讲

适用专业:信息与计算科学、数学与应用数学、统计学。

学分/学时:3/48。

课程简介:数学分析选讲是信息与计算科学专业、数学与应用数学专业、统计学专业的专业选修课程。该课程是在学习了数学分析这门基础课程之后开设的,它是学生进一步学习分析数学的分支和科学研究必不可少的专业基础。主要授课对象是报考数学专业的硕士研究生及对分析感兴趣的同学。数学分析选讲课程的主要内容包括极限理论、函数的连续性、一元函数微分学及其应用、级数、多元函数微分学及其应用、历年来一些高校的考研真题。

课程目标:通过本课程的学习使学生能更加系统地理解数学分析的基本概念、基本理论,以典型例题介绍数学分析的基本方法和技巧,并做适当的拓宽与补充,使学生获得独立分析和解决问题的能力,为学生报考研究生以及从事教学、科研、其他实际工作打好基础。

考核方式:平时表现、作业和考试相结合。

上课方式:专题讨论。

五、高等代数选讲

适用专业:信息与计算科学、数学与应用数学、统计学。

学分/学时:2/32。

课程简介:高等代数选讲是信息与计算科学专业、数学与应用数学专业和统计学专业的专业选修课程。该课程主要针对高等代数课程的概念多、内容抽象、学生难以掌握等特点,以专题知识训练的方式来讲授,其目的是巩固和加深学生在高等代数课程所学的知识,同时也为报考研究生的学生提供高效率的复习资料。主要内容包含多项式、二次型、行列式、矩阵、线性方程组、空间理论等六大块内容。

课程目标:通过用历年不同学校研究生入学试题进行选讲,使学生学会灵活运用基本概念和基本理论去分析和解决问题,更进一步系统掌握高等代数的基本理论、思想方法和解题技巧,提高分析和解决问题的能力;培养学生独立思考、科学抽象思维以及正确的逻辑推断能力和准确的运算能力,能理解具体与抽象、特殊与一般、有限与无限等辩证关系。

考核方式:平时表现、作业和考试相结合。

上课方式:专题训练和讨论。

六、大学数学竞赛训练

适用专业:数学与应用数学。

学分/学时:2/32。

课程简介:大学数学竞赛训练是数学与应用数学专业的个性培养实践课。为了培养数学专业大学生分析问题、解决问题的能力,发现和选拔数学创新人才,为青年学子在展示基础知识和思维能力的舞台上彰显才华而对他们进行较系统的专门训练。以中国大学生数学竞赛大纲(专业组)中所规定的内容及要求为蓝本,通过专门解题、思维训练使学生解题技巧、解题能力有进一步提高。

课程目标:通过本课程的学习使学生对数学分析、高等代数实变函数、复变函数、抽象代数、数值分析、微分几何、概率论等内容有全面、系统的认识,解题能力、数学思维有较大提升。

考核方式:在校期间学生须参加全国大学生数学竞赛预赛至少一次。

上课方式:专题研讨、案例分析。

七、Hadoop 大数据开发技术

适用专业:信息与计算科学。

学分/学时:4/64。

课程简介:Hadoop 大数据开发技术是信息与计算科学专业的专业必修课程。本课程是学习大数据技术必修的一门课程,主要讲解企业应用的分布式开发技术,以案例驱动、项目贯穿的方式教学。教学内容主要分为:大数据概述、大数据存储技术 HDFS、HBase、离线数据分析技术 MapReduce、数据仓库 Hive 以及数据转移工具 Sqoop 的应用。

课程目标:通过本课程的学习,学生可以理解大数据是什么及大数据应用市场,能够了解 Hadoop 基本原理和常见应用,能够掌握 Hadoop 基本操作及优化 Hadoop 机群所需要的硬件配置,搭建 Hadoop 机群所需要考虑的网络因素,如何利用 Hadoop 配置选项进行系统性能调优及相关开发工具实现分布式开发,掌握基本的数据存储以及实时离线分析,能够掌握开发工具进行优化等相关知识深入学习,为之后学习大数据实时分析打好坚实的基础。

考核方式:平时表现、实验和考试相结合。

上课方式:实验练习。

八、数据分析和数据挖掘

适用专业:信息与计算科学。

学分/学时:3/48。

课程简介:数据分析和数据挖掘是信息与计算科学专业的专业选修课程。该课程旨在使学生掌握数据分析与数据挖掘的基本概念、数据准备、大数据分析的方法与实证及相关的进阶运用,通过对统计学中各种模型,数据挖掘中的回归、正则化、降维、聚类、判别等模型深入学习,与案例相结合,使学生在实践中掌握知识,研究学习内在机制,建立能够利用历史数据提高自身效能的计算机程序,使得计算机人才适应大数据时代的发展趋势,为学生从事与海量数据分析相关领域的工作奠定技术基础。

课程目标:通过本课程的学习培养学生统计知识应用能力,学生能够利用基本的参数估计、随机变量及分布对数据进行分析,认真分析数据分析与数据挖掘区别,面对实际问题能够明确分析要点、可行性研究的任务及步骤,能够结合回归模型、降维模型、聚类模型、判别模型等知识寻求解决方案,掌握统计学下的数据分析。领会数据挖掘技术在生活中的应用,具备解决实验问题的能力。

考核方式:平时表现、作业、实验和考试相结合。

上课方式:实验训练。

九、大数据可视化分析实训

适用专业:信息与计算科学。

学分/学时:2/32。

课程简介:大数据可视化分析实训是信息与计算科学专业的专业选修课程。大数据可视化是大数据开发中重要的环节之一,通过可视化技术可以将大数据处理完成的数据以直观的表单、图表格式展示给用户,对于用户直观理解数据处理结果有重要的作用。本课程通过实训使学生熟练掌握大数据可视化相关技术并进行应用。

课程目标:通过本课程的学习培养学生可视化知识应用能力。

考核方式:平时表现、作业、实验和答辩相结合。

上课方式:实验训练。

十、Python 运维开发实训

适用专业:信息与计算科学。

学分/学时:2/32。

课程简介:Python 运维开发实训是信息与计算科学专业的专业选修课程。Python 编码清晰简洁、易于理解,目前 Python 语言是自动化运维工作中使用占比较高的脚本语言,能够满足绝大部分自动化运维需求,使用 Python 对大型服务器或集群进行维护,高效、方便、快捷。由于单纯的运维工作繁杂、工作量大、工作内容重复,因此本课程主要学习使用 Python 编写程序实现相关逻辑业务,来实现自动化运维,简化运维工作量,提高运维效率,提高服务器运维的量级。

课程目标:通过本课程的学习使学生熟练掌握 Python 编程基础,熟练掌握 Python 高级编程,熟练掌握对数据库的操作和优化,熟练掌握 Python 网络编程以及多进程、多线程编程,了解 Linux 系统操作命令及 Jenkins 常用操作。

考核方式:平时表现、作业、案例分析和考试相结合。

上课方式:实际操作。

十一、电商大数据项目实训

适用专业:信息与计算科学。

学分/学时:2/32。

课程简介:电商大数据项目实训是信息与计算科学专业的专业选修课程。本课程所要讲解并要求学生掌握的项目为达内自主研发的电商大数据项目,该项目的主要功能为埋点数据采集、ETL数据处理、数据分析及可视化。埋点数据采集模块的数据来源使用的是达内自主研发的电商网站产生的日志信息,分析电商网站需求时需要的指标,通过对指标的了解为以后的数据埋点采集工作做铺垫,通过采集用户与服务器之间的日志信息,判断用户是新用户还是老用户,建立不同维度的统计。采集用户部分日志信息,抽取出用户IP以及用户产生的日志信息,再根据以上数据在全球坐标进行分析;在服务器端对日志信息进行收集,将收集到的数据转换成格式化数据,对格式化的数据进行分析,对数据的不同维度进行收集统计,根据需求指标对数据进行筛选,将选出字段进行分析,对不同网站的访问与退出进行统计,以供后期对网站整体体验做出提升。

课程目标:通过本课程的学习,学生能够自主完成基本大数据架构,能够综合应用大数据主流技术解决实际问题,提高项目实战能力。

考核方式:平时表现、作业和考试相结合。

上课方式:实验训练。

十二、软件开发综合实训

适用专业:信息与计算科学。

学分/学时:2/2周。

课程简介:软件开发综合实训是信息与计算科学专业实践教学环节中的个性培养实践课。本环节是学生在大学主干课程完成之后,为了进一步加深和巩固对前两年所学理论和应用知识的理解,同时提高学生综合运用的能力和分析问题、解决的问题的能力而开设的一门实训课程。

课程目标:通过实践学生能够充分把前面学到的知识综合应用到实际的编程实践中,可以进一步巩固所学到的理论。通过实现一个中等规模软件的应用,提高利用计算机系统解决实际问题的能力,为顺利毕业、进入社会打好基础;通过对程序的规范编写,可以培养学生良好的编程风格,包括程序结构形式、行文格式和程序正文格式等,并培养学生的上机调试能力。

考核方式:平时表现、程序编写和设计报告相结合。

上课方式:实验练习、上机操作、专题研讨和实地调研。

十三、数学软件与数学实验

适用专业:信息与计算科学。

学分/学时:3/48。

课程简介:数学软件与数学实验是信息与计算科学专业实践教学环节中的个性培养实践课。通过该课程的学习使学生掌握数学实验的基本思想和方法,即不把数学看成先验的逻辑体系,而是把它视为一门"实验科学",从问题出发,借助计算机通过学生亲自设计和动手,体验解决问题的过程,从实验中学习、探索和发现数学规律。

课程目标:通过本课程的学习使学生了解当今主要的数学应用软件,掌握常用的数学工具软件MATLAB,并利用该软件解决数学问题。让学生自己动手体验使用软件解决问题的全过程，使学生在编写程序和解决问题的技巧方面得到训练，为数学模型求解打下基础，并且进一步激发大学生学习数学和运用数学的兴趣，以及为今后从事教学或科研时选择适当的工具软件打下良好的基础。

考核方式：平时表现、作业、实验和上机考试相结合。

上课方式：实验和上机训练。

十四、考研高等数学

适用专业：全校理、工、农各专业。

学分/学时：4/64。

课程简介：考研高等数学是考研数学辅导课，为学生报考理、工、农等专业硕士研究生进行全面的辅导和训练，属于公共选修课。主要内容包括八部分：函数、极限、连续，一元函数微分学，一元函数积分学，向量代数和空间解析几何，多元函数微分学，多元函数积分学，无穷级数，常微分方程。

课程目标：通过本课程的学习使学生全面掌握高等数学的考研内容。

考核方式：平时表现、作业和考试相结合。

上课方式：专题讨论和作业练习。

生命科学与技术学院创新创业课程

现代生物技术与美容

适用专业：全校非生物专业。

学分/学时：2/32。

课程简介：现代生物技术与美容是非生物专业学生的公共选修课程。现代生物技术与美容是一门多学科综合而成的边缘学科，涉及细胞生物学、分子生物学及医学等学科，特别是现代分子生物学的最新理论成就更是生物技术和美容发展的基础。随着科学技术的发展和产品的开发，生物美容正成为美容领域的热点。

课程目标：通过本课程的学习使学生了解生物技术与美容相关的各个领域，了解该领域生物技术的基本知识，然后对其在美容方面的用途与应用进行阐述，并对用于美容方面的生物活性物质、制剂技术和美容业的行业标准与有关法律法规进行介绍。本课程内容适合当前美容行业的发展热点，适合广大爱美之士的实际需要，使学生从理论上了解美容并在实际生活中合理使用美容化妆品。

考核方式：平时表现、完成习题和考试相结合。

上课方式：课堂讲授、课堂训练。

农林科技学院创新创业课程

一、第二课堂素质拓展

适用专业:农学专业、园艺专业、农业资环与环境专业、食品科学与工程。

学分/学时:1/1 周。

课程简介:第二课堂素质拓展是农学专业、园艺专业、农业资环与环境专业、食品科学与工程专业实践教学环节中的个性培养实践课。主要涉及外语能力证书、计算机能力证书、职业资格证书、专业技术等级证书、普通话等级证书、职业技能类培训(证书)、社团活动、文体活动和假期社会实践活动等。

课程目标:通过个性培养实践提高学生综合素质,增强就业竞争力。

考核方式:取得证书和参与活动相结合。

上课方式:指导实践活动。

二、创新创业实践

适用专业:农学、园艺、农业资环与环境、食品科学与工程。

学分/学时:1/1 周。

课程简介:创新创业实践是农学专业、园艺专业、农业资环与环境专业、食品科学与工程专业个性培养实践课。要求学生在校期间参加各级各类学科竞赛和大学生创新创业训练计划项目。

课程目标:通过个性培养实践提高学生综合素质,增强就业竞争力。

考核方式:参赛获奖和参与大学生创新创业训练计划项目相结合。

上课方式:指导实践。

三、药用植物栽培学

适用专业:农学。

学分/学时:2/32。

课程简介:药用植物栽培学是农学专业的专业必修课程,是植物栽培学的重要分支。其基本内容分为药用植物生理生态学基础、药用植物繁殖与良种繁育、药用植物的田间管理、采收加工技术以及常用药用植物的栽培技术等,并注意介绍国内外药用植物栽培学研究的新进展和新成果。

课程目标:通过本课程的学习使学生了解药用植物遗传资源的基本特征,中药资源区划、构成及种类特点;认识药用植物生长的基本过程、规律及环境对药用植物生长的影响;掌握本学科的基础理论、基本知识和基本技能。为学习有关专业课、研究中药质量、开发中药资源奠定良好基础。培养继承和发扬我国中医药事业的应用型人才。

考核方式:平时表现、调查报告和考试相结合。

上课方式：理论讲授、专题讨论和实地考察。

四、农产品营销学

适用专业：农学。

学分/学时：2/32。

课程简介：农产品营销学是农学专业的专业选修课程，是为培养适应社会主义市场经济发展需要的应用型专业人才服务的。本学科 20 世纪初发源于美国，主要研究市场营销活动及其规律性，是一门建立在经济科学、行为科学、现代管理理论基础之上的应用科学，具有综合性、边缘性的特点，属于管理学范畴。课程的核心内容就是在买方市场条件下，卖方如何从顾客的需要出发，制定企业发展战略，组织企业市场营销活动，从而在满足顾客需求的前提下，使企业在激烈竞争的市场环境中获得生存和发展。

课程目标：通过本课程的学习使学生牢固树立以顾客需要为中心的市场营销观念，并以此观念为指导去研究和解决市场营销的理论和实际问题。紧密联系实际，把学科理论的学习融入对经济活动实践的研究和认识之中，切实提高分析问题、解决问题的能力。

考核方式：平时表现、调查报告、设计、案例分析和考试相结合。

上课方式：理论讲授、市场调研、案例分析和专题讨论。

五、农产品加工学

适用专业：农学。

学分/学时：2/32。

课程简介：农产品加工学是农学专业的专业选修课程，主要包括园产品加工原料的预处理、干制品加工、罐藏工艺、园产品制糖工艺、蔬菜腌制工艺、园产品速冻工艺、园产品制汁工艺、园产品综合利用、面包的生产工艺、饼干的生产工艺、蛋糕的生产工艺、面条的生产工艺、方便面的生产工艺、方便米类食品等园产品和粮油食品的制作原理及技术。

课程目标：通过本课程的学习使学生了解现代农产品加工的基本原理和最新技术，系统掌握现代农产品加工的基本方法和基本技能。使学生具有尊重农业科学、实事求是、独立思考、锐意创新的科学素养，具有宽广的农业综合知识与开发能力，具有农业现代技术的创新意识和基本研究能力。

考核方式：平时表现、作业、实验和考试相结合。

上课方式：理论讲授、案例分析、实验和专题讨论。

六、观赏植物栽培学

适用专业：园艺。

学分/学时：3.5/56。

课程简介：观赏植物栽培学是园艺专业的专业必修课程，主要内容包括观赏植物认知、分类、繁殖，观赏植物的栽培管理，观赏植物的应用，观赏植物的经营与生产管理等。

课程目标：通过本课程的学习使学生具有从事园艺作物生产与管理工作所需的技术研发、科技推广、生产经营的基本技能，具有较强的创新精神和创业能力，具有发现问题、分析问题和解决问题的能力，具有信息获取、职业发展学习和一定的国际交流能力，具有较强的适应能力和发展潜力,具有较好的组织管理能力、较强的交流沟通能力和团队合作的能力。

考核方式:平时表现、作业、实验和考试相结合。

上课方式:理论讲授、专题讨论和专业实验。

七、园林规划设计

适用专业:园艺。

学分/学时:3.5/56。

课程简介:园林规划设计是园艺专业的专业必修课程,是一门以现代生物科学理论为基础的综合性技术科学。该课程主要研究园林规划设计的基本原理、中外园林发展的基本概况、园林各要素的基本结合、造景的基本方法和各个景观设计,其目的是为园艺专业的学生在学习专业课和参加毕业实习时提供园林知识和技能,培养学生实践能力、创新能力和分析问题能力,为学生在毕业后的工作与自学或从事园林研究工作打下必要的基础。

课程目标:通过本课程的学习使学生掌握当地园林规划基本原理和方法,能结合不同地区的实际情况设计不同的园林景观、制订现代园林设计方案,并进行相关的技术研究。

考核方式:平时表现、案例分析、实验和考试相结合。

上课方式:理论讲授与案例分析。

八、土壤污染与修复

适用专业:农业资源与环境。

学分/学时:2/32。

课程简介:土壤污染与修复是农业资源与环境专业的专业选修课程。本课程以土壤环境污染与修复技术为主线,介绍土壤环境污染的形成、污染现状、危害及治理的原理和防治措施与修复技术。重点讲述土壤的理化性质、养分与环境效应,土壤重金属、有机污染检测分析与修复技术,地下水污染与修复、场地土壤污染修复与管理等内容。

课程目标:通过本课程的学习使学生掌握土壤环境污染、土壤环境污染控制及土壤环境污染修复的基本概念和基本原理,了解土壤环境污染修复的动态,特别要求学生掌握各种土壤环境污染控制措施及土壤环境污染修复方法的相关知识,达到使学生在面对各种土壤环境污染时能够正确地选择适用的控制及修复方法的目的。

考核方式:平时表现、作业和考试相结合。

上课方式:理论讲授。

九、环境污染与食品安全

适用专业:农业资源与环境。

学分/学时:2/32。

课程简介:环境污染与食品安全是农业资源与环境专业的专业选修课程,是环境科学与食品科学交叉形成的一门新学科。通过对环境污染与食品安全之间关系的探讨,揭示环境与食品之间相互影响、相互依存的规律。本课程主要阐述了大气、水、土壤、放射性物质、化肥、农药、兽药及饲料添加剂、食品添加剂等主要环境因素对食品质量安全的影响,并介绍了食品生产企业危害分析和关键控制点(HACCP)管理技术要点、安全食品生产技术、安全食品原料基地环境质量监测评价与管理措施等内容，分析了如何降低环境的污染对食品质量与安全性的影响以及食品安全领域的主要问题与防治对策，明确环境污染与食品安全、食品工业与环境保护的重要性，同时培养学生分析问题、解决问题、从事科研及生产的综合能力，为培养创新型人才打下良好的基础。

课程目标：通过本课程的学习使学生具备环境污染与食品安全的基本知识、基本理论和基本方法与技术；掌握典型环境污染在食品中的迁移转化规律、防治措施；了解环境污染修复与食品安全的生产管理规范，使学生掌握实际解决环境污染的防治方法与食品安全生产的技术规范。

考核方式：平时表现、作业和考试相结合。

上课方式：理论讲授。

十、食品营养学

适用专业：食品科学与工程。

学分/学时：3/48。

课程简介：食品营养学是食品科学与工程专业的专业必修课程，是研究食品营养素及其他生物活性物质对人体健康的生理作用和影响的科学。主要包括食品营养学的概念、内容、任务、方法、发展现状等基础知识以及食品的消化吸收、营养与健康、食品的营养强化、功能性食品、食品营养面临的新问题等内容。在此基础上将营养学研究成果应用于人类生活实践，从宏观上研究解决合理营养的有关理论、技术和社会措施等社区营养，并对开发营养食品、功能食品提供理论支持。作为专业基础课程，其重点在于阐述营养学基本概念与理论，明晰营养学在人类生活中的重要作用和发展趋势，指导学生做到膳食平衡，培养学生从事食品工业生产管理、农产品贮藏加工等工程技术工作能力，以便在今后的食品生产及相关工作中能够熟练地应用营养学知识解决实际问题，为改善我国居民的营养状况和提高居民的健康水平服务。

课程目标：通过本课程的学习使学生掌握食品科学与工程领域的基础理论、基本知识和基本技能，具有一定的科学研究、技术开发、工程实践、生产管理、分析检验、产品销售等能力；具有从事本专业的技术指导和生产服务等工作的信心和能力；具有运用所学理论知识分析和解决食品工程实际问题的能力，能够参与食品生产及作业系统的设计，并具有运行和维护能力；具有较强的创新意识，具备新产品研发与设计、技术改造与创新的初步能力；具有较强的利用现代信息技术获取相关信息的能力和职业发展能力；熟悉食品科学与工程领域的技术标准和相关行业的政策及法律法规。为从事有关食品工业生产管理、功能食品生产、营养产业生产管理、农产品贮藏加工等工程技术工作打下坚实的基础。

考核方式：平时表现、实验和考试相结合。

上课方式：理论讲授、专业实验、专题讨论和案例分析。

十一、食品包装学

适用专业：食品科学与工程。

学分/学时：2/32。

课程简介：食品包装学是食品科学与工程专业的专业选修课程。主要讲授食品包装材料、食品包装原理、食品包装技术、包装设计、各类食品的具体包装方法、包装标准和法规，并反映当代国际有关食品包装的新材料、新工艺、新技术等最新技术成果、发展方向和标准法规及技术规范体系。

课程目标：通过本课程的学习使学生了解近年来食品包装领域的研究成果和最新进展，掌握食品科学与工程领域的基础理论、基本知识和基本技能，为从事与食品包装相关的科研、设计、生产、商贸流通和管理等工作服务。

考核方式：平时表现、作业、实验和考试相结合。

上课方式：理论讲授和专业实验。

音乐学院创新创业课程

一、大型演出与策划

适用专业：舞蹈学、音乐学、音乐表演。

学分/学时：1/32。

课程简介：大型演出与策划是舞蹈学专业、音乐学专业和音乐表演专业的专业选修课程。该课程是具有跨专业性质的一门基础理论课；学习演艺活动策划的相关知识，系统地讲授大型活动的内涵、性质、特点、基本类型，大型活动策划的基本原理、活动策划流程，活动策划可行性分析和活动策划书的撰写，活动营销的流程、策略、方法，活动市场组织结构、职能，活动执行中人力资源、危机事件、财务预算，大型文化娱乐活动策划的基本方法等。

课程目标：通过本课程的学习使学生了解大型演艺活动的内涵、性质、特点、基本类型、功能，掌握大型演艺活动策划的基本原理、策划流程，掌握大型文化娱乐活动策划的基本方法和活动策划书的撰写。使学生能够独立完成大型活动策划书的撰写，独立组织策划大型活动。

考核方式：平时表现、课堂活动策划和考试相结合。

上课方式：课堂讲授、专题讨论、案例分析、专业实践。

二、青少儿舞蹈创编

适用专业：音乐学、音乐表演。

学分/学时：2/32。

课程简介：青少儿舞蹈创编是音乐学专业和音乐表演专业的专业选修课程，主要内容有青少儿舞蹈编创认知、青少儿舞蹈造型与动作、小品舞蹈和舞蹈编舞技法等。

课程目标：通过本课程的学习使学生了解且掌握青少儿舞蹈编创的一些方法及要领，提高自身艺术气质修养，增强艺术鉴赏力。同时，培养学生创业意识和创新能力，扩大就业面，为从事青少儿舞蹈教育工作储备丰富的舞蹈编创知识。

考核方式：平时表现、作业和考试相结合。

上课方式：课堂讲授、专业实践。

三、创新创业实践

适用专业：舞蹈学、音乐学、音乐表演。

学分/学时：1/16。

课程简介：创新创业实践是舞蹈学专业、音乐学专业和音乐表演专业的实践教学环节中的个性培养实践课。主要从具体项目实践的角度来培养学生的实践创新和创业能力。该课程具体实施的模式由学生根据自己的实际情况进行选择，可以通过申请大学生创新创业训练计划项目、参加各类专业竞赛、完成自立项目和其他发明创造等途径来完成。通过实际项目的实施训练，培养学生创新意识，培养学生分析复杂问题、解决复杂问题和利用创新技法实施发明创造的能力，提高学生的实践创新能力。

课程目标：通过实践使学生了解创新创业的基本内容，树立创业的自信心和强烈的竞争意识，培养创业意识，提高创业素质。训练学生的想象力，需要在自我否定中产生新的构思。让学生规避创业的风险，降低创业成功后的风险。

考核方式：平时表现、作业和考试相结合。

上课方式：课堂讲授、专业实践。

美术学院创新创业课程

一、图形图像处理

适用专业：美术学、绘画、视觉传达设计。

学分/学时：2.5/40。

课程简介：图形图像处理是美术学专业、绘画专业和视觉传达设计专业的通识必修课程，主要内容包括 Photoshop 基本操作，图像绘制，图像色彩与色调调整，图层样式，文字编排，通道、滤镜等。

课程目标：通过本课程的学习和实践使学生了解和掌握基本的计算机图形设计与操作技巧，提高艺术形象思维的能力和设计创作能力，能综合应用构图、色彩、点线面等设计元素将自己的创意用电脑技术灵活地表达出来，并能使所学知识应用到自己今后生活和工作中去，进而达到具有较强的图像处理创意思维和健康的审美意识，以及较高的设计实践能力和鉴赏力。

考核方式：平时表现、作业和上机操作相结合。

上课方式：课堂讲授、专题讨论、案例分析和上机操作。

二、摄影

适用专业：美术学、绘画、视觉传达设计。

学分/学时：2/32。

课程简介：摄影是美术学专业、绘画专业和视觉传达设计专业的专业选修课程。通过本课程的理论教学和广告照片的拍摄与制作实践使学生了解摄影的发展历史，掌握摄影中使用的各种设备与器材以及数字摄影、摄影创作等方面的基本知识和基本技术；掌握对摄影用光艺术、摄影曝光艺术、摄影创作的主体意识等摄影艺术方面的基本理论和实践；具备拍摄具有一定主题和创造性作品的能力，为从事视觉传达设计及相关工作打下良好基础。

课程目标：通过本课程的学习使学生懂得选购并准备摄影器材，能操作使用相机；掌握广告摄影的基本知识技能、摄影用光、曝光艺术；具备拍摄有一定主题性和创造性作品的能力。

考核方式：平时表现、作业和实训作品相结合。

上课方式：课堂讲授、专题讨论、案例分析和专业实践。

三、陇东民间美术

适用专业：美术学、绘画、视觉传达设计。

学分/学时：2/32。

课程简介：陇东民间美术是美术学专业、绘画专业和视觉传达设计专业的专业选修课程，主要内容包括庆阳香包艺术、剪纸艺术、皮影艺术、雕刻艺术等。

课程目标：通过本课程的学习使学生了解地方有关民间美术的基本分类，对与民间美术紧密关联的生活民俗、岁月生日、人生礼仪、信仰民俗、民间游艺、口承语言民俗有必要的认识。对民间美术的审美、内涵、文化特征等加以研究，使地方性非物质文化遗产得到更多的关注、热爱、继承、发展。课程要求能结合民艺学理论、民俗学理论，深刻体会艺术与民俗之间的多重联系，熟悉从民俗学角度展开艺术研究的基本思路，透彻领悟民间美术的内涵和艺术特质。还需要以马克思主义理论为指导，通过学习基本具备观察民间美术现象、分析民间美术发展规律、评论与研究具体民间美术的能力。

考核方式：平时表现、作业和考试相结合。

上课方式：理论讲授、专题讨论、作品欣赏和现场示范。

四、文创设计

适用专业：美术学、绘画、视觉传达设计。

学分/学时：2/32。

课程简介：文创设计是美术学专业、绘画专业和视觉传达设计专业的专业必修课程，主要内容包括图形创意及图形创意的表现手法、品牌命名及品牌字体设计、手工创意产品制作等。

课程目标：通过本课程的学习激发学生的创造力，培养学生创造性思维的习惯和方法，熟练掌握图形创意表现手法，培养学生具备对图形准确刻画、概括加工、提炼升华及元素替换的能力和提高创意语言组织表达能力；熟练掌握中英文字体设计流程，字体设计基本技法及创意字体设计方法，版式设计要点以及形式美法则，标志设计的基本表现手法；灵活应用手缝、刺绣、剪纸、雕刻等基本技法等。培养学生的形式美感，增强创意表现力，提高学生的审美意识与素养，提升学生参加竞赛的专业能力，培养学生团队协作能力和动手实践能力，培养学生创新创业能力，为将来步入社会打下坚实的基础。

考核方式：平时表现、作业和考试相结合。

上课方式：理论讲授、图例赏析、实践练习和现场示范。

五、水彩画

适用专业：美术学、绘画、视觉传达设计。

学分/学时：2/32。

课程简介：水彩画是美术学专业、绘画专业和视觉传达设计专业的专业选修课程，主要是让学生认识了解水彩的基础理论、了解水彩艺术语言特点、认识水彩的创作实践与应用教学。

课程目标：通过本课程的学习和实践培养学生掌握水彩画的理论及技法，进一步加深对水彩画的基本要求和水彩画艺术语言特点的理解，同时能够进行水彩画的创作实践与应用教学。

考核方式：平时表现、作业和考试相结合。

上课方式：理论讲授、现场示范、专题讨论和作品欣赏。

六、综合材料绘画

适用专业：美术学、绘画、视觉传达设计。

学分/学时：2/32。

课程简介：综合材料绘画是美术学专业、绘画专业和视觉传达设计专业的专业选修课程，主要包括材质在绘画中的表现力、材质特性的感受与体验、综合材料的应用和表现等内容。培养学生掌握综合材料的理念、基础知识以及综合材料在当代绘画中的地位及发展趋势，完成综合材料绘画的概念及相关知识的讲解，以及应用有别于传统绘画材料的综合材料写生、创作美术作品。

课程目标：通过本课程的学习和实践使学生了解综合材料绘画的概念、特征、发展趋势，理解综合材料绘画的审美特性、综合材料绘画技法与观念的多元性与跨界，具备运用现代绘画媒材和技法语言进行一般美术创作的能力。

考核方式：平时表现、作业和考试相结合。

上课方式：理论讲授、专题讨论、现场示范和案例分析。

七、插画设计

适用专业：美术学、绘画、视觉传达设计。

学分/学时：2/32。

课程简介：插画设计是美术学专业、绘画专业和视觉传达设计专业的专业选修课程。主要讲授插画的概念、特征、发展史、分类、表现题材、绘画风格，包括在插画设计过程中不同制作工具的使用、不同风格插画作品的绘制和赏析，插画的基本理论知识，目前商业美术插画发展的未来趋势以及插画设计的创意、创作手段、表现技法等内容。

课程目标：通过本课程的学习和实践，结合对学生作业的讲评，培养学生掌握插画设计的基本功和创作技巧，提高学生对插画作品的审美力，培养和提高学生制作和绘制插画的实践能力。提高学生设计文化修养，培养吸收前人设计成果的能力，拓展思路，并思考如何在实践中创新，从而增强社会适应能力和艺术创作能力。培养出适应于社会需求的专业性插画制作人才。

考核方式：平时表现、作业和考试相结合。

上课方式：课堂讲授、专题讨论、案例分析和上机操作。

八、装饰与图案

适用专业:美术学、绘画。

学分/学时:7/112。

课程简介:装饰与图案是美术学专业和绘画专业的专业必修课程。图形是艺术设计不可缺少的元素,而装饰图案是最初的基本形式。该课程不仅要让学生学习装饰图案基础理论知识,掌握装饰图案的构成规律和表现形式,更重要的是在学习的过程中使学生了解中国民间图案与装饰艺术,深刻体会中国传统文化的艺术特征,分析体会装饰图案的概念和基本特征,使学生理解装饰图案造型特征、纹样的组成形式和表现方法,熟练掌握装饰图案创作的基本技法。

课程目标:通过本课程的学习和实践使学生对中国的传统文化有一个全面的了解,为创新出现代的图案设计汲取营养;积累设计专业知识,开拓专业设计思路,丰富思想,使学生具备艺术理论的创造表现力和艺术设计创新能力,全面提高学生的综合素质、开拓创新的精神和审美能力,为以后学习专业设计课程打下良好的基础。

考核方式:平时表现、作业和考试相结合。

上课方式:理论讲授、图片赏析、课堂实践、专题讨论和现场示范。

九、艺术设计学科竞赛训练

适用专业:视觉传达设计。

学分/学时:2/2 周。

课程简介:艺术设计学科竞赛训练是视觉传达设计专业实践教学环节中的个性培养实践课,主要包括全国大学生广告艺术大赛、全国大学生海洋文化创意设计大赛、靳埭强设计大赛等视觉传达设计专业比赛。

课程目标:参加艺术设计学科竞赛是视觉传达设计专业学生的一项艺术实践活动,能有效激发学生的学习兴趣和创新思维,开拓专业视野,提升学生参加竞赛的专业能力,培养学生团队协作能力和动手实践能力,为将来工作打下坚实的基础。

考核方式:平时表现、作业和参展作品相结合。

上课方式:参加各类大赛。

十、第二课堂素质拓展

适用专业:美术学、绘画、视觉传达设计。

学分/学时:2/2 周。

课程简介:第二课堂素质拓展是美术学专业、绘画专业和视觉传达设计专业实践教学环节中的个性培养实践课,主要包括手工创意作品设计、陶艺作品设计、墙体彩绘设计、演讲口才培训等。

课程目标:通过本课程的学习和实践可以激发学生的学习兴趣和创新思维,提升学生参加竞赛的专业能力,培养学生创新创业能力、团队协作能力和动手实践能力,开拓专业视野,为将来步入社会打下坚实的基础。

考核方式:平时表现、作业和考试相结合。

上课方式：自主完成各种作品。

体育学院创新创业课程

一、篮球竞赛与裁判实践

适用专业：体育教育。

学分/学时：1/1 周。

课程简介：篮球竞赛与裁判实践是体育教育专业的集中实践教学环节，包括篮球竞赛与裁判实践活动、秩序册编写等内容。

课程目标：通过本课程的学习使学生掌握篮球基本技术、基本战术、篮球比赛组织与编排、裁判法和篮球基本比赛方法；提高学生篮球竞赛和裁判水平；增强学生的身体素质（上肢、下肢的爆发力，腰腹肌力量，柔韧性，耐力，身体的灵活性，判断力）；培养学生从事篮球教学、训练、组织编排和裁判的能力；让学生能运用所掌握的知识从事篮球教学，指导业余篮球训练，指导大众健身，组织和编排篮球比赛，能够承担篮球比赛的裁判工作；培养学生团结协作的集体主义精神，吃苦耐劳、克服困难、勇于拼搏的精神。

考核方式：竞赛实习、裁判实习、秩序册制定和赛后总结相结合。

上课方式：课堂讲授、专业实践、专题讨论和案例分析。

二、排球竞赛与裁判实践

适用专业：体育教育。

学分/学时：1/1 周。

课程简介：排球竞赛与裁判实践是体育教育专业的集中实践教学环节，包括排球竞赛与裁判实践活动、秩序册编写等内容。

课程目标：通过本课程的学习使学生掌握排球基本技术、基本战术、排球比赛组织与编排、裁判法和排球基本比赛方法；提高学生排球竞赛和裁判水平；增强学生的身体素质；培养学生从事排球教学、训练、组织编排和裁判的能力；让学生能运用所掌握的知识从事排球教学，指导业余排球训练，指导大众健身，组织和编排排球比赛，能够承担排球比赛的裁判工作；培养学生团结协作的集体主义精神，吃苦耐劳、克服困难、勇于拼搏的精神。

考核方式：竞赛实习、裁判实习、秩序册制定和赛后总结相结合。

上课方式：课堂讲授、专业实践、专题讨论和案例分析。

三、足球竞赛与裁判实践

适用专业：体育教育。

学分/学时：1/1 周。

课程简介：足球竞赛与裁判实践是体育教育专业的集中实践教学环节，包括足球竞赛与裁判实践活动、秩序册编写等内容。

课程目标:通过本课程的学习使学生掌握足球基本技术、基本战术、足球比赛组织与编排、裁判法和足球基本比赛方法;提高学生足球竞赛和裁判水平;增强学生的身体素质;培养学生从事足球教学、训练、组织编排和裁判的能力;让学生能运用所掌握的知识从事足球教学,指导业余足球训练,指导大众健身,组织和编排足球比赛,能够承担足球比赛的裁判工作;培养学生团结协作的集体主义精神,吃苦耐劳、克服困难、勇于拼搏的精神。

考核方式:竞赛实习、裁判实习、秩序册制定和赛后总结相结合。

上课方式:课堂讲授、专业实践、专题讨论和案例分析。

四、田径竞赛与裁判实践

适用专业:体育教育。

学分/学时:1/1 周。

课程简介:田径竞赛与裁判实践是体育教育专业的集中实践教学环节,包括田径竞赛与裁判实践活动、秩序册编写等内容。

课程目标:通过本课程的学习使学生掌握田径运动主要项目的基本理论知识、技术原理、技术和技能,提高运动水平,使学生能较好地掌握田径运动会的组织、编排程序,能担任田径裁判工作及具备解决问题的能力,获得良好的田径专业素质和适应社会的能力。

考核方式:竞赛实习、裁判实习、秩序册制定和赛后总结相结合。

上课方式:课堂讲授、专业实践、专题讨论和案例分析。

五、体育产业创新创业教育

适用专业:体育教育。

学分/学时:2/32。

课程简介:体育产业创新创业教育是体育教育专业的专业必修课程。主要内容包括创新创业概念、过程,创新创业计划制订,创新创业团队管理,创新创业风险规避,创新创业过程中的纠纷与纷争解决。

课程目标:通过本课程的学习使学生从思想上认知创新创业的理论知识,更新思路,转变就业意识,树立创新精神、强化创新意识,勇于投身社会主义现代化建设的伟大实践,在创新创业实践中成长成才,实现人生价值。

考核方式:平时表现、作业和考试相结合。

上课方式:理论讲授和专题讨论。

电气工程学院创新创业课程

一、工业与民用配电系统设计

适用专业:电气工程及其自动化。

学分/学时:1/1 周。

课程简介：工业与民用配电系统设计是电气工程及其自动化专业的实践教学环节中的个性培养实践课。主要内容包括配电系统中的各类负荷功率的计算、中高压配电系统及低压配电系统的设计与施工、35/10(6) kV 变配电所的设计、电力系统短路电流的计算、高压电器及开关柜的选择、继电保护和自动装置、变电所二次回路的设计、架空线电缆的选择、线路敷设、低压配电线路保护和低压电器选择、常用用电设备配电、雷电防护及电力设备过电压保护和电力系统接地设计。

课程目标：通过本课程的学习使学生熟悉电力系统稳态运行的基本特点；掌握电力系统负荷计算的方法及短路电流的计算方法；掌握供配电系统的设计；掌握高低压电器及开关柜的选择方法；掌握继电保护的设计方法；掌握防雷接地技术；能够用数学、物理和电工学的相关基础知识解决电力系统的复杂分析和计算，掌握工程设计的初步知识，培养学生的工程设计能力，为以后考取执业资格证书打下基础。

考核方式：图纸设计、课堂提问和考试相结合。

上课方式：课堂讲授、专题讨论。

二、第二课堂素质拓展

适用专业：电气工程及其自动化、物理学。

学分/学时：1/1 周。

课程简介：第二课堂素质拓展是电气工程及其自动化专业和物理学专业的个性培养实践课。要求学生在本科期间必须主持或参与一个大学生创新创业训练计划项目，至少参加一次学科竞赛，如全国大学生电子设计竞赛、全国大学生数学建模竞赛、美国数学建模竞赛、"挑战杯"全国大学生课外学术科技作品竞赛、大学生物理实验竞赛、工业设计竞赛、"飞思卡尔杯"全国大学生智能汽车竞赛、全国大学生工程训练综合能力竞赛、"甘青宁"高校创新创业大赛等学科竞赛。

课程目标：通过本课程的学习培养学生的科研能力、创新实践能力，拓展学生知识面，为撰写课程设计、毕业论文做好准备工作，同时为后续深造奠定基础。

考核方式：参加并完成一次学科竞赛或大学生创新创业训练计划项目。

上课方式：指导学生参加学科竞赛或参与大学生创新创业训练计划项目。

三、电子工艺实习

适用专业：电气工程及其自动化、物理学。

学分/学时：2/2 周。

课程简介：电子工艺实习是电气工程及其自动化专业和物理学专业的实践课程。主要内容有电路的相关术语及基本概念，常用的电路元器件及基本特征，电路元器件的识别与选用，相关的工具、仪表和仪器设备的使用、测试、调试及各电路工作状态分析，基本电路故障排除。

课程目标：通过本课程的学习可以帮助学生巩固和加深对基础理论知识和基本概念的理解，同时进行基本技能的训练，提高学生实际动手能力和解决问题能力，培养创新意识和创造能力。培养学生严谨的工程实践作风和工程师的社会责任感。

考核方式：设计、制作、调试产品并完成电气工程学院电子工艺实习报告。

上课方式:理论讲授和专题讨论。

四、机器人技术与应用

适用专业:电气工程及其自动化、自动化。

学分/学时:4/64。

课程简介:机器人技术与应用是电气工程及其自动化专业和自动化专业的专业选修课程,是与机器人研究、设计和制造相关的科学,又称为机器人技术或机器人工程学,主要研究机器人的控制与被处理物体之间的相互关系。机器人技术是当前自动化专业的典型控制对象,其应用领域越来越广泛。该课程主要阐述机器人系统的基本原理及其应用,涉及机器人学的概况、数理基础、运动学、动力学、位置和力控制、高级控制、传感器、高层规划、轨迹规划、程序设计、机器人技术应用。

课程目标:通过本课程的学习使学生了解并掌握工业机器人及其控制所相关的技术基础;使学生具有一定设计机器人及其控制系统的能力,能够解决工业现场的机器人及相关自动化设备的设计与控制问题;使学生熟悉机器人的发展历史、数学基础、机器人的动力学和运动学、机器人的位置和力控制、机器人高级控制以及机器人的各类传感器的特性和设计使用方法;掌握各类机器人机械结构、工作原理、控制方法、设计方法及实践操作技能;熟悉各类特种机器人装置的应用范围及技术;同时,为设计新的面向任务的机器人打好基础。

考核方式:平时表现、作业、实验和考试相结合。

上课方式:理论讲授、专题讨论和专业实践。

五、创新创业实践

适用专业:自动化。

学分/学时:2/2 周。

课程简介:创新创业实践是自动化专业实践教学环节中的个性培养实践课。要求学生在本科期间必须至少参加一次学科竞赛,如大学生物理实验竞赛、大学生数学建模竞赛、大学生数学竞赛等。

课程目标:通过本课程的学习使学生加深对竞赛问题的深入理解,拓展学生知识面,为大四撰写毕业论文做好准备,同时为后续深造奠定基础。

考核方式:参加并完成一次学科竞赛。

上课方式:教师指导下学生参加竞赛。

六、嵌入式系统原理及应用

适用专业:自动化。

学分/学时:2/32。

课程简介:嵌入式系统原理及应用是自动化专业的专业选修课程。以当前主流的 S3C2410 为核心,重点介绍嵌入式系统硬件工作原理和接口技术、嵌入式程序设计及嵌入式 Linux 操作系统基础应用,包括 ARM 核的结构特点、S3C2410 的片上资源、S3C2410 各接口的特殊功能寄存器、嵌入式编程方法等。

课程目标:通过本课程的学习可以培养学生应用嵌入式技术对产品及工程应用问题进

行技术开发及方案设计的能力，同时通过实验练习培养学生的创新思维及创造能力、自主学习及自学能力、与人交流合作能力，树立强烈的事业心，形成严谨的工作作风。

考核方式：平时表现、作业、实验和考试相结合。

上课方式：理论讲授和实验练习。

七、金工实习

适用专业：物理学。

学分/学时：1/2 周。

课程简介：金工实习是物理学专业的实践教学环节。主要内容有机械制造的一般过程，机械制造中毛坯的基本成型方法，零件的基本加工方法以及所用的相关设备、工夹量具、材料、工艺、加工质量要求和安全技术等，零件结构工艺性，车、钳、铸及数控加工基本的操作技能，焊、铣、磨及特种加工的操作等。

课程目标：金工实习是对学生进行基本劳动技能、基本思想作风等方面的教育，使学生把基本工艺理论、工艺知识与基本工艺实践紧密地结合起来，让学生了解机械制造的生产过程和新工艺、新技术、新材料在现代机械制造中的应用，培养学生的安全生产意识、质量观念、经济观念和理论联系实际的科学作风，增强学生的工程实践能力、创新能力以及分析问题和解决问题的能力，拓宽学生知识面，为后续理论课程的学习和今后的工作实践打下坚实基础，全面提高学生的综合素质。

考核方式：平时表现、实际操作和实习报告相结合。

上课方式：理论讲授、案例分析、现场示范和学生操作。

八、电视接收技术

适用专业：物理学。

学分/学时：2/32。

课程简介：电视接收技术是物理学专业的专业选修课程。该课程重点介绍模拟电视和数字电视的信号处理原理、色度学基本理论、电视信号的发送和接收、高频调谐器及 I2C 总线控制、中放通道、扫描电路、彩色解码系统、直流稳压电源、彩色显像管及附属电路，分析 SX-200 型彩电组合仪电路工作原理、特种器件与新器件的技术应用、电视机整机电路图的识读、彩电常见故障的分析、判断与排除方法等。

课程目标：通过本课程的学习培养学生的安全与环保意识、成本与质量控制和团队合作意识。通过多模块课外实践学习，为学生今后从事电视、通信信号传输及图像处理等领域工作奠定基础。

考核方式：平时表现、作业、课外学习报告和考试相结合。

上课方式：理论讲授、专题讨论、实验、测试和现场演示。

九、中学物理教学技能

适用专业：物理学。

学分/学时：1/1 周。

课程简介：中学物理教学技能是物理学专业的教师教育课程选修课。教学技能是教师在课堂教学活动中顺利地达成教学目标的一系列有效的教学行为方式，是智力技能和动作技能的综合体现，也是教师的专业知识素养、职业情感道德、综合人文修养、心智与体魄素质的综合体现。

课程目标：通过本课程的学习可以加强对学生师范职业技能训练，掌握其所学学科专业（物理）教育和教学特有的基本技能，使其具备高等师范毕业生所必需的课堂教学基本功。

考核方式：平时表现、作业、课外学习资料综述和考试相结合。

上课方式：理论讲授、专题讨论和专题研讨。

化学化工学院创新创业课程

一、“环保＋”创新创业训练

适用专业：化学、化学工程与工艺、应用化学。

学分/学时：2/32。

课程简介：“环保＋”创新创业训练是化学专业、化学工程与工艺专业和应用化学专业实践教学环节中的个性培养实践课。党的十九大把环境保护与生态文明建设提到了新的高度，未来社会将要进入环保大建设的创造阶段，跨界融合与“环保＋”将成为一个产业发展的热点方向。要把创新创业知识融入化学、化工类专业人才培养过程，培养出具有创新创业能力和实践能力的化学、化工类人才，以适应未来市场的需要。本课程以化学为核心，联系化工、环保、健康、安全等知识，专业教育和创新创业教育融合，引导学生建立“环保＋爱心＋收益”创业理念，带领学生将目光瞄准未来市场需求，培养大学生创业需要的品质，推进产业融合与全链条增值的新经济模式发展，提升创新驱动对生态文明建设的引领作用。采用“课堂讲授＋相关创新大赛任务驱动式”教学模式进行教学与训练，促使学生进行项目研究、路演实训、分组交流讨论，训练和指导学生寻找“痛点”，完成相关的技术方案、可行性报告、市场调研、创新创业计划书与PPT制作等。

课程目标：通过本课程的学习使学生建立“环保＋爱心＋收益”创业理念，为生态文明主动贡献。使学生树立科学的创业观，主动适应国家经济社会发展和人的全面发展需求，正确理解创业与职业生涯发展的关系，自觉遵循创业规律，积极投身创业实践。掌握开展创新、创业活动所需要的基本知识。认知创新、创业的基本内涵和创新、创业活动的特殊性，掌握创新素质、创新思维、创新方法、创新实践的基本知识与要求，辩证地认识和分析创业者、创业机会、创业资源、创业计划和创业项目。指导学生培养创新精神，提高创新能力、就业竞争能力、立业创业能力，突出创新能力的应用。培养学生创新意识、创新精神、创造能力和实践能力，具有获取新知识、新技能的学习能力。培养学生良好的协调能力、表达能力、团队合作精神。使学生掌握创业的基础知识和基本理论，熟悉流程方法，了解创业的规律和相关政策，提高学生社会责任感、创新精神和就业能力。

考核方式：平时表现、创新创业计划书和参赛情况相结合。

上课方式：课堂讲授、专题讨论与研讨、案例分析、实地调研和比赛。

二、精细化工新产品新工艺开发

适用专业：化学工程与工艺。

学分/学时：2/32。

课程简介：精细化工新产品新工艺开发是化学工程与工艺专业的专业必修课程。本课程系统阐述各类精细化学品的定义、分类、制备方法、构效关系、生产工艺等理论和方法，涉及有机合成、无机化学、分析分离技术、物理化学、生物学、材料学等诸多学科专业，具备学科的交叉及目标产品的商品化两大特征。这门课程有助于学生学习和积累从事精细化工科研工作所需的知识和技能，有助于培养学生综合运用知识、灵活解决实际问题的能力。

课程目标：通过本课程的学习使学生对精细化学工业的基本面貌、范畴，各系列主要产品、基本原理、性能、应用和发展趋势有一个比较全面的了解和掌握。使学生将来能从事精细化学（表面活性剂、化妆品、食品添加剂、染料化学品、涂料等）方面教学、科研、生产等工作。使学生了解与日常生活实际紧密联系的精细化工知识，掌握精细化学品的基本概念和特点、化学结构、合成和生产方法及其应用，了解精细化学品国内外发展的新特点、新动向，重点掌握典型的表面活性剂、日用化学品、皮革化学品、食品添加剂、香料香精等产品的性能特点和制备工艺。

考核方式：平时表现、作业和考试相结合。

上课方式：课堂讲授和案例分析。

三、精细化学品创新设计与开发实验

适用专业：应用化学。

学分/学时：2/32。

课程简介：精细化学品创新设计与开发实验是应用化学专业实践教学环节中的个性培养实践课。主要包括电化学合成、光化学合成、水热合成、生物合成技术、超临界萃取技术、乳化及分散、超细微粉体制备、精细化工产品应用测试等内容。

课程目标：通过实践培养学生理解实验原理及实验方案，掌握正确仪器操作规程，了解设备性能参数、适应范围及注意事项等。培养学生实验设计、组织实施、数据处理、误差分析、实验技能等操作能力。培养学生分析问题和解决问题的能力；提高学生独立思考能力和创新的能力。培养学生严谨的科学态度和工程观念；培养学生从事精细化工综合实验研究的初步能力，掌握精细化工实验教学绿色发展方向，掌握有代表性精细化学品的合成技术及工艺路线。

考核方式：平时表现、实验报告和考试相结合。

上课方式：实验训练。

四、绿色过程装备实践与创新

适用专业：过程装备与控制工程。

学分/学时：2/32。

课程简介：绿色过程装备实践与创新是过程装备与控制工程专业的专业必修课程。本课程主要目的是通过学习使学生掌握一定的实践和创新能力，通过分析各个优秀创新项目启发学生创新思维，为以后再设计工作或工程实践工作打下坚实基础，同时使学生建立起较完整的新设备、新工艺的设计思路，基本具备从事创新设计初步能力。

课程目标：通过本课程学习使学生熟悉创新设计的基本思路，熟悉过程设备以及过程成套设备设计的基本方法，拓展学生创新思维。培养学生的自学能力和独立工作能力，能根据所处理问题的需要，寻找、阅读有关手册、参考书、文献资料并理解其内容，使学生具备在不同场合选用不同方法处理工程问题的能力。

考核方式：平时表现、作业和考试相结合。

上课方式：课堂讲授和专题讨论。

五、创新创业训练

适用专业：过程装备与控制工程。

学分/学时：2/2 周。

课程简介：创新创业训练是过程装备与控制工程专业实践教学环节中的个性培养实践课，本课程把创新创业知识融入过程装备与控制工程专业人才培养过程，以培养出具有创新创业能力和实践能力的人才，适应未来市场的需要。

课程目标：该课程通过创新训练项目、创业训练项目和创业实践项目锻炼学生创新创业能力和培养创新创业精神，强化大学生创新创业能力，旨在提升学生的社会责任感、创新创业精神、创新创业意识和创新创业能力，让学生不断增强自身就业竞争能力和社会适应能力，成为适应创新型国家建设需要的高水平创新人才。

考核方式：平时表现、创新创业计划书和参赛情况相结合。

上课方式：课堂讲授、专题讨论、案例分析、实地调研和比赛。

信息工程学院创新创业课程

一、企业级创新创业项目设计

适用专业：计算机科学与技术。

学分/学时：1/1 周。

课程简介：企业级创新创业项目设计是计算机科学与技术专业的专业实践课程。通过分析实际案例让学生了解创新创业的基本概念，发掘自我具备的创新创业潜质；通过模拟训练激发学生创新创业热情，了解创新创业的基本要素。

课程目标：通过本课程的学习使学生了解互联网/移动互联产品现状和发展趋势，了解“互联网＋”在行业中的应用发展前景，初步具备产品定位、客户群定位、政策环境分析、市场容量分析、商业竞争分析、优劣势分析以及产品市场推广计划、运营计划、盈利模式分析、产品功能需求与非功能需求分析等能力。

考核方式：平时表现、作业、实验和考试相结合。

上课方式：理论讲授、专业实验。

二、软件工程

适用专业：计算机科学与技术。

学分/学时：4/64。

课程简介：软件工程是计算机科学与技术专业的专业必修课程。主要内容有软件工程的基本概念、基本原理、结构化方法、实用的开发方法和技术，软件工程各领域的发展方向，如何用工程化的方法开发软件项目，以及开发过程中应遵循的流程、准则、标准和规范。

课程目标：通过本课程的学习使学生掌握软件生命周期的每个阶段及其相关任务。掌握测试阶段的内容、测试方法及测试步骤，深刻理解白盒、黑盒测试技术，深刻理解测试过程中单元测试、集成测试、验收测试的任务及使用的方法，掌握调试程序的方法。对软件的定义及其特点有比较全面、客观的认识；了解软件生存期的瀑布模型、演化模型、螺旋模型、构建模型、转换模型、原型模型、增量模型的特点。熟练掌握针对某一问题采用白盒法或黑盒法进行测试用例的设计，需求分析过程，各种图形工具的应用。学生不但要注重概念、原理、方法、技术的掌握，也应注重方法、技术的实际应用，能够应用相应的图形工具开发小型软件项目。

考核方式：平时表现、作业、实验和考试相结合。

上课方式：理论讲授和专业实验。

三、Web 开发技术

适用专业：计算机科学与技术、数据科学与大数据技术。

学分/学时：4/64。

课程简介：Web 开发技术是计算机科学与技术和数据科学与大数据技术专业的专业必修课程。Web 开发技术由前端开发技术和后端开发技术两部分构成，Web 前端技术是从美工演变而来的，而且现在越来越多的 IT 企业对用户体验更加注重，因此 Web 前端人员的需求量也是越来越大。一个完整的 Web 项目总要有前、后端合作的过程，后端往往对前端用户的请求进行响应和处理，掌握后端相应的编程语言和数据库操作后，就能对 Web 项目的业务逻辑以及后台数据库的操作进行编程实现。Web 开发技术讲授的主要内容有：Web 站点构建技术、Web 前端的开发技术、Web 前端和后端的编程技术和 Web 数据库的应用开发技术。本课程以具体的项目实例为背景，详细讲解 Web 软件开发中的相关技术，包括 Web 运行环境、超文本标记语言 HTML、页面设计与制作、数据库连接、客户机端编程和服务器端编程。通过理论和实验相结合，要求学生能够了解和掌握互联网的发展历史和最新进展、Web 的工作原理、计算模式和软件体系结构的演变、Web 软件的核心技术、互联网语言、Web 设计模式、Web 客户机端软件开发、Web 服务器端软件开发等内容。

课程目标：通过本课程的学习使学生熟悉互联网的发展历史，了解计算模式和软件体系结构的演变；理解 Web 核心技术、互联网语言；熟悉和掌握互联网开发和应用；能较好地进行互联网应用的开发；了解 Web 开发技术的发展趋势。使学生对目前的互联网，特别是 Web 技术从概念、原理和应用上有一个总体的了解和把握，能够运用相关知识解决实际问题。了解 Web 标准化网页的制作方法，基本掌握常用的网页制作工具，掌握基本的客户端动态网页编程技术。理解 Java Bean、Servlet 服务器的概念和 JDBC 访问数据库的基本原理和实现方法，培养学生胜任 Web 应用领域的系统分析、设计和实施的能力。

考核方式：平时表现、作业、实验和设计报告相结合。

上课方式：理论讲授、专业实验、专题讨论、案例分析。

四、企业级创新创业项目实现

适用专业：计算机科学与技术。

学分/学时：1/1 周。

课程简介：企业级创新创业项目实现是计算机科学与技术专业的专业实践课程。通过分组模拟创新创业的形式，让学生进一步体验创新创业过程中寻找商机、组建团队、编写项目方案、推介项目以获得投资等核心流程。

课程目标：通过本课程的学习使学生能分析互联网/移动互联产品现状和发展趋势，能将所学到的知识综合运用，制订创新创业项目计划；能通过对市场的分析将 IT 技术综合运用，设计完成产品及用户体验。

考核方式：平时表现、作业、实验和考试相结合。

上课方式：理论讲授、实验练习。

五、创新创业实践

适用专业：计算机科学与技术、网络工程、物联网工程。

学分/学时：1/1 周。

课程简介：创新创业实践是为计算机科学与技术专业、网络工程专业和物联网工程专业学生开设的个性培养实践课。主要是让学生了解创新对于推动整个人类社会发展和进步的重要意义，帮助学生学习并掌握创新的基本理论、创新思维和创新技法，激发学生的创新兴趣和热情，并提高创新能力和水平。让学生了解创业活动过程的内在规律，了解创业过程经常遇到的问题和初创企业的特点。培育学生的创新意识，强化创业精神，以及资源整合、团队建设等创业技能，使学生能用创业的思维和行为准则开展工作，并具有创造性地分析和解决问题的能力，为学生今后的专业学习和创新创业实践打下良好基础。

课程目标：通过本课程的学习使学生掌握开展创业活动所需要的基本知识。认识创业的基本内涵和创业活动的特殊性，辩证地认识和分析创业者、创业机会、创业资源、创业计划和创业项目。具备必要的创业能力，掌握创业资源整合与创业计划撰写的方法，熟悉新企业的开办流程与管理，提高创办和管理企业的综合素质和能力。使学生树立科学的创业观，主动适应国家经济社会发展和人的全面发展需求，正确理解创业与职业生涯发展的关系，自觉遵循创业规律，积极投身创业实践。

考核方式：平时表现、作业和创新创业成果相结合。

上课方式：指导学生实践。

六、第二课堂素质拓展

适用专业：计算机科学与技术、网络工程、物联网工程。

学分/学时：1/1 周。

课程简介：第二课堂素质拓展是计算机科学与技术专业、网络工程专业和物联网工程专业实践教学环节中的个性培养实践课。旨在全面拓展学生素质，鼓励学生积极参加课外活动，加强和改进学生思想政治教育工作，培养大学生的创新精神和实践能力，促进大学生成长成才、全面发展。

课程目标：通过本课程的学习鼓励学生积极参与各级各类课外学术科技活动及文体活动、公益活动，全面实践及应用所学的专业知识。了解创新创业教育的意义，力求个人或团队形成创新创业可行性方案并投入实践，获取效益。积极开展职业规划，报考各类行业资格证书考试，提升就业竞争力。

考核方式：平时表现和第二课堂素质拓展成果相结合。

上课方式：指导学生实践。

七、智能电子行业创业分析

适用专业：电子信息工程。

学分/学时：3/48。

课程简介：智能电子行业创业分析是电子信息工程专业的专业必修课程，是后续工程经济学等课程的先行课。主要内容有大学生创业的基本常识、大学生创业环境、大学生创业影响因素、大学生创业对策、大学生创业教育实施策略等。

课程目标：通过本课程的学习使学生能够在创业之前具有规划人生及确定目标能力，具有决策时的胆识和魄力，具有计划管理的能力，具有管理信息的能力，具有目标管理的能力，具备谈判的能力，具备处理突发事件的能力，具备坚守职业操守的能力，具有学习能力等。能够对创业案例进行客观分析，能够制订完善的创业计划。培养学生的动手实践能力、学习能力、团队合作与沟通能力、决策与目标导向能力和灵活应变能力，为学生将来创业成功奠定坚实的基础。

考核方式：平时表现、作业和项目成果相结合。

上课方式：理论讲授、专业实验、专题讨论和案例分析。

八、电子系统综合设计

适用专业：电子信息工程。

学分/学时：3/48。

课程简介：电子系统综合设计是电子信息工程专业的专业选修课程。它以智能家居系统为蓝本，采用理论结合实验的综合教学模式，主要内容包括硬件系统的设计、网络系统的设计、应用软件的设计、技术选型以及专业文档设计等。电子系统项目开发技术中涉及多门学科应用以及多个计算技术的结合。

课程目标：通过本课程的学习使学生理解并掌握智能电子领域中项目开发的设计思想，学会用电子系统开发技术多角度解决实际问题，设计并实现一套智能家居系统，培养学生良好的学习能力；培养学生的理论思维能力、沟通能力、务实能力。

考核方式：平时表现、实验和考试相结合。

上课方式：理论讲授、专业实验、专题讨论和案例分析。

九、电子产品设计实训

适用专业：电子信息工程。

学分/学时：1/2 周。

课程简介：电子产品设计实训是电子信息工程专业的专业实践课程。它是以一个实用的电子产品为载体、以工作过程为导向、以任务驱动为主线的专业实践课程，具有较强的综合性。主要内容包括电子产品选型及总体方案的设计、电子产品整机 PCB(印制电路板)的设计、印制电路板的制作、电子产品的整机装配、电子产品的整机调试及测试五个部分，分别对应电子企业电子产品开发的五个过程。通过实际电子产品的设计与制作，使学生掌握电子产品设计的主要方法以及制作的整个流程，培养学生的工程实践能力和创新意识。

课程目标：通过本课程的学习使学生掌握电子产品设计、制作、调试及测试的基本方法；掌握 PCB 设计软件的使用方法；掌握 PCB 制板及电路板焊接的工艺流程；掌握常用仪器仪表的使用方法，能够熟练调试和测试电路板。

考核方式：平时表现和实训相结合。

上课方式：理论讲授、上机训练和专业实训。

十、创新创业实践

适用专业：电子信息工程。

学分/学时：2/2 周。

课程简介：创新创业实践是电子信息工程专业实践教学环节中的个性培养实践课，主要讲授电子设计竞赛相关的内容，包括竞赛命题原则、各类电子装备的使用、单片机的应用、可编程逻辑器件的应用、电子设计竞赛作品制作、电子设计竞赛报告撰写。通过实践教学，学生可以了解全国大学生电子设计竞赛的基本情况、命题原则及要求；掌握电子产品的装备、拆焊及印制板的手工制作方法；掌握各种常见电路的工作原理；掌握单片机及可编程逻辑器件的实际应用；掌握综合运用上述知识于电子设计大赛以解决实际问题。

课程目标：通过本课程的学习进一步提升学生的实践动手能力和创新能力，为参加全国大学生电子设计竞赛打下基础。

考核方式：平时表现、实验和电子系统制作相结合。

上课方式：课堂讲授和案例分析。

十一、第二课堂素质拓展

适用专业：电子信息工程。

学分/学时：2/2 周。

课程简介：第二课堂素质拓展是电子信息工程专业实践教学环节中的个性培养实践课，是为全面拓展学生素质、鼓励学生积极参加课外活动、了解创新创业活动的意义而设置的。

课程目标：通过本课程的学习鼓励学生积极参与各级各类课外学术科技活动、文体活动和公益活动，全面实践及应用所学的专业知识，力求个人或团队形成创新创业可行性方案并投入实践，获取效益。积极开展职业规划，报考各类行业资格证书考试，提升就业竞争力。培养大学生的创新精神和实践能力，促进大学生成长成才、全面发展。

考核方式:平时表现和第二课堂素质拓展成果相结合。

上课方式:指导实践。

十二、云计算概述与阿里云平台

适用专业:网络工程。

学分/学时:2.5/40。

课程简介:云计算概述与阿里云平台是网络工程专业的专业必修课程。主要内容包括云计算的概念和历史、虚拟化应用模式,云计算的特征及服务形式,云计算平台简介,阿里云产品及应用架构介绍,阿里云控制台、注册及使用流程,阿里云 ECS 云服务器介绍、计费模式,阿里云云磁盘、磁盘快照,ECS 购买及部署示例、网络拓扑结构,ECS 镜像及安全组策略,阿里云 RDS 数据库介绍、数据库类型,阿里云 RDS 数据库的操作方式,RDS 数据库的备份与恢复、数据迁移,阿里云 SLB 负载均衡产品介绍、整体架构分析,阿里云 SLB 实例的创建、查看,SLB 负载均衡后端服务器设置,SLB 负载均衡的属性配置、健康检查,选购阿里云 ECS 服务器,企业网站域名的注册及备案,企业论坛系统部署、企业 OA 系统的部署及应用。

课程目标:通过本课程的学习使学生更加深刻地理解所学理论知识,提升学生的综合能力。

考核方式:平时表现、作业、实验和考试相结合。

上课方式:理论讲授、实验练习。

十三、互联网企业认知

适用专业:网络工程。

学分/学时:1/1 周。

课程简介:互联网企业认知是网络工程专业的专业实践课程。主要内容是从 IT 行业的现状分析、岗位分类、企业需求、技术要求、职位晋升路线等方面介绍 IT 行业的市场行情和目前的企业现状。

课程目标:通过本课程的学习帮助学生更加深刻地理解所学理论知识,提升学生的综合能力。

考核方式:平时表现、作业和开卷考试相结合。

上课方式:课堂讲授。

十四、阿里云平台应用实训

适用专业:网络工程。

学分/学时:2/2 周。

课程简介:阿里云平台应用实训是网络工程专业的专业实践课程。主要内容有阿里云 ECS 云服务器,云账号申请、实名认证,账号充值,阿里云控制台相应操作,云服务器实例选型、远程控制,监控、资源释放、日常管理,域名的作用、应用方式、生效时间,网站域名的注册、解析记录设置,域名解析结果验证,网站备份技术,注册自定义域名,网站备案流程。LAMP 动态网站平台搭建,"Discuz!"论坛系统程序部署与安装,论坛系统的后台管理,论坛系统的LOGO修改、版块定制，企业论坛服务器构建，企业论坛系统的使用管理。网站服务器的配置管理，数据库系统的配置管理，网站配置和文档备份，数据库资料备份，网站和数据库备份技术，测试恢复数据。配置网站和数据库环境，网站资料的导入，数据库资料的导入，企业论坛上云迁移。

课程目标：通过本课程的学习使学生能真正地在阿里云平台独立操作，让学生更好地对所学的知识进行进一步的理解和实践，熟悉阿里云平台的基本结构、常用的功能模块及产品的位置；熟悉阿里云基本操作，如创建实例、实例选型、远程控制等；学生能自己根据实践需求选购一台云服务器，购买完毕后通过远程进行管理，会注册一个属于自己的域名，进行网络备案，了解基本流程，并根据注册的域名进行域名解析测试，观察解析结果是否指向自己购买的云主机，然后在云服务器上搭建LAMP平台，部署论坛服务，并对其进行适当的配置修改，包括LOGO、版块等，最后将网站上的数据存储在数据库中，对数据库中的数据进行备份和恢复，并尝试导入数据到网站中。

考核方式：平时表现、作业、实验练习和考试相结合。

上课方式：实验练习。

十五、Python程序设计

适用专业：物联网工程、数据科学与大数据技术。

学分/学时：3/48。

课程简介：Python程序设计是物联网工程专业和数据科学与大数据技术专业的专业选修课程。主要内容有Python的编程模式（函数式编程模式）；Python内置函数与运算符、列表、元组、字典、集合等基本数据类型以及相关列表推导式、切片等语法；Python分支结构、循环结构、函数设计以及类的设计与使用；正则表达式处理字符串；不同领域的Python扩展模块、文件操作、多线程编程、数据库编程、网络编程、科学计算可视化等。

课程目标：通过本课程的学习使学生学会Python的编程模式，熟练运用Python数据结构；熟练掌握程序结构的设计与使用；熟练掌握函数和代码复用；熟练使用Python文件操作，掌握一、二维数据的处理；掌握Python计算生态。培养学生的代码优化与安全编程意识。

考核方式：平时表现、作业、实验练习和考试相结合。

上课方式：理论讲授、专题讨论和实验。

十六、物联网应用系统设计

适用专业：物联网工程。

学分/学时：4/64。

课程简介：物联网应用系统设计是物联网工程专业的专业必修课程。主要内容有物联网系统的设计特点、物联网的设计体系结构、物联网相关标准、物联网应用领域及物联网产业分析；物联网系统设计的需求分析过程、物联网需求分析的重要性；物联网系统设计的基本概念、设计原则，联网设计图形工具、设计方法、设计步骤及硬件、数据库设计；UML建模、对象模型设计及数据模型设计、对象模型的设计原则及设计方法；物联网通信网络，网络层的拓扑结构，网关的设计，网络互连方式；不同传感器的特点、使用方法、扩展技术及选型原则;射频标签的工作原理及通信频率,中间件的选择原则;无线传感网络的基本选择方式。

课程目标:通过本课程的学习使学生掌握物联网应用系统设计的基本方法及基本知识基础。熟练掌握物联网系统设计三层结构的原理,了解 RFID 技术、ZigBee 技术、云计算技术等物联网技术的基本原理。使学生掌握项目分析及设计的基本方法,帮助学生熟悉物联网应用系统设计的规划和设计及调试过程,为后续深入学习及从事相关设计工作奠定良好的能力基础。

考核方式:平时表现、实验练习和考试相结合。

上课方式:理论讲授、专题讨论、测试和实验。

土木工程学院创新创业课程

一、土木工程测量

适用专业:土木工程、工程管理、工程造价。

学分/学时:2.5/40。

课程简介:土木工程测量是土木工程专业、工程管理专业和工程造价专业的学科基础课程,是一门实践性较强、理论和实践并重的课程。主要对传统测绘理论和技术进行了全面讲解,包括高程测量、角度测量、距离测量、平面控制测量、高程控制测量、地形图测绘、地形图识图、建筑施工测量与道路施工测量等。

课程目标:通过本课程的学习使学生掌握土木工程测量的基本知识、基本理论及对工程要素(角度、距离和高差)进行测定和测设的基本方法,并掌握最基本测量数据的处理方法。掌握各种常规工程测量仪器的工作原理和使用方法,将来能够胜任在勘察设计中测图与用图,施工中用图和放图、竣工测量等工作;能够从事土木工程中的测量工作;能够进行房屋建筑、道路桥梁等变形沉降监测工作;具有使用跟踪测量仪器的能力,以更好地从事测量方面工作。

考核方式:平时表现、作业和考试相结合。

上课方式:理论讲授和实验练习。

二、建筑工程概预算

适用专业:土木工程。

学分/学时:2.5/40。

课程简介:建筑工程概预算是土木工程专业房屋建筑工程方向的必修课程。本课程主要介绍房屋建筑工程概预算的基本内容、基本概念,概预算的编制程序、编制要求和编制方法;清单工程量计算规则和定额工程量计算规则;工程量清单编制工程造价和传统定额法编制工程造价基本过程、区别与联系;不同定额的概念、作用和使用范围;常用造价软件的基本操作。

课程目标:通过本课程的学习使学生能够系统地掌握房屋建筑工程概预算的基本知识、

基本原理;掌握清单工程量计算规则和定额工程量计算规则,会用工程量清单法和定额法编制工程造价;掌握不同造价文件的组成内容及作用;熟悉常用造价软件的基本操作,初步具备一定的分析问题、解决问题的能力,为以后参加工作打下坚实的理论基础并积累丰富的实操经验。

考核方式:平时表现、作业和考试相结合。

上课方式:理论讲授、案例分析和专题讨论。

三、公路工程概预算

适用专业:土木工程。

学分/学时:2.5/40。

课程简介:公路工程概预算是土木工程专业道桥方向的必修课程,是一门技术性、实践性很强的课程。主要讲述工程造价构成和管理的基本知识,道路工程建设定额的种类、编制及使用方法,道路工程预算的分类、道路工程预算费用的组成及取费程序,道路工程量计算,施工图预算的编制等内容。学生要掌握工程造价管理的基本知识和工程造价的构成;熟悉工程建设定额的种类及施工定额、预算定额的编制及使用方法;理解工程量清单计价规范的指导思想、费用构成及计算程序;掌握工程预算的分类和建筑工程预算费用的组成及计算;掌握道路工程工程量计算规则;掌握工程计价的方法及道路工程施工图预算的编制。学生要懂得建设工程投资的构成及应用现行预算定额和清单计价规范,能应用进行具体单位工程概预算的方法及文件编制。

课程目标:通过本课程的学习帮助学生建构公路工程造价知识体系,为学生未来的专业发展拓宽视野。培养学生基本的专业技能,即计量、计价的能力。使学生掌握并能熟练运用相关工程量计算规则计算实际公路工程的分部分项工程量。能借助相关定额、清单、文件,完成具体的工程造价文件编制。

考核方式:平时表现、作业和考试相结合。

上课方式:理论讲授、案例分析、专题讨论和实训。

四、工程建设监理

适用专业:土木工程、工程管理。

学分/学时:2/32。

课程简介:工程建设监理是土木工程专业和工程管理专业的专业选修课程。本课程内容为工程建设监理基本知识、监理工程师与工程监理企业、工程组织协调、工程监理规划性文件、目标控制、工程风险管理、工程合同管理、工程信息文档管理等。学生可了解监理制度体系;掌握与工程建设合同管理有关的法律知识和标准化合同示范文本主要内容,以及依据合同对工程建设进行监督、管理、协调,提高运用合同手段解决实际问题的能力;掌握工程建设质量、投资、进度控制的原理、内容、程序、方法等理论知识,以提高学生运用这些知识解决实际问题的能力;掌握工程监理的基本理论与方法,进一步加强法律法规、合同、质量、安全意识,强化工程管理的技能,提高工程项目质量、投资、进度、安全控制能力,学会工程监理过程的动态管理方法,能运用所学知识解决工程实际问题。

课程目标:通过本课程的学习使学生了解国内外工程咨询行业的现状,我国监理组织机构建立、监理规划编制的基本原则和内容，掌握工程建设监理、监理工程师、监理规划等的基本概念，熟悉相关监理程序。使学生理解质量、进度、投资控制，合同、信息管理，组织协调的基本原理与方法。培养学生良好的组织协调能力，培养学生良好的团队精神，初步具备一定的分析问题、解决问题的能力。

考核方式：平时表现、作业和考试相结合。

上课方式：理论讲授、案例分析和专题讨论。

五、装配式建筑技术

适用专业：土木工程。

学分/学时：2/32。

课程简介：装配式建筑技术是土木工程专业的专业选修课程。装配式建筑是建造方式的革新，是建设领域推进生态文明建设、贯彻落实绿色循环低碳发展理念的重要途径，其将对我国建设领域的可持续发展产生革命性、根本性和全局性的影响。当前我国装配式建筑发展正处于探索、推广和应用的关键时期。装配式建筑技术课程既介绍装配式建筑常用材料与构件，又讲述了预制构件的深化设计、制作，最后到装配式混凝土结构的施工和质量验收，使学生能对装配式混凝土结构形成深刻、全面的认识，以利于与建筑工业化接轨、与社会发展接轨，同时对学生今后从事装配式工程相关的设计或施工工作打下良好的基础。

课程目标：通过本课程的学习使学生了解装配式建筑及装配式混凝土结构的概念、分类、适用范围及施工图；理解预制混凝土构件实际的过程、设计要点、设计深度；掌握装配式预制构件的制作、施工及装配式混凝土结构的质量验收。

考核方式：平时表现、作业和考试相结合。

上课方式：理论讲授和案例分析。

六、BIM 应用技术

适用专业：土木工程、工程管理、工程造价。

学分/学时：2/32。

课程简介：BIM 应用技术是土木工程专业、工程管理专业和工程造价专业的专业选修课程。BIM 是 Building Information Model 的英文缩写，通常被翻译为“建筑信息模型”。实际上，BIM 是采用数字方式对一个建设项目的物理和功能特性进行表达，给目标项目的信息共享提供一个资源平台，为该项目全寿命周期中各个阶段的决策提供可靠的数据支持；在项目实施的各个阶段，不同的工作人员可以借助在 BIM 系统中更新提取、插入和共享相关的数据信息，实现反映各自业务职责和决策的功能，最终达成协同作业的目的。

课程目标：通过本课程的学习使学生掌握 BIM 应用技术相关软件操作并能够在实际项目中运用。培养学生利用 BIM 应用技术方面的知识进行分析和解决实际工程中常见的不同工程结构类型的能力。在培养学生专业素质的同时进一步培养学生树立独立思考、吃苦耐劳、勤奋工作的意识以及团结协作、诚实守信的优秀品质。

考核方式：平时表现、作业和考试相结合。

上课方式：理论讲授、案例分析和专题讨论。

七、PKPM 软件辅助设计

适用专业：土木工程。

学分/学时：1.5/24。

课程简介：PKPM 软件辅助设计是土木工程专业的专业选修课程，与结构力学、弹性力学等课程联系紧密。主要包含建筑结构设计与 PKPM 系列程序、平面结构设计与程序 PK、结构楼面设计及其程序 PMCAD、多层及高层建筑设计程序 TAT、建筑结构设计程序 SATWE、墙梁柱施工图绘图程序、楼梯设计程序 LTCAD、建筑基础设计程序 JCCAD 以及建筑结构设计的必要知识。

课程目标：通过本课程的学习使学生掌握常用建筑结构分析软件 PKPM 的基本操作，并能准确输出结构设计施工图，为毕业设计及以后的科研和工作打下坚实的基础。培养学生理论联系实际的能力，利用计算机将平时所学的理论知识组合成一个个建筑模型和结构施工图，并通过参数的调整使结构更安全合理，从而达到能解决实际工程问题；通过对结构概念、结构布置能力、结构分析及调整等能力的培养，让学生能合理地解决结构设计与建筑设计、设备设计等存在的矛盾，拥有较好的协调沟通能力，促进学生对规范的学习和应用。同时，可培养学生的安全意识和严谨性，增强社会责任感。

考核方式：平时表现、作业和考试相结合。

上课方式：理论讲授和上机训练。

八、MIDAS 软件辅助设计

适用专业：土木工程。

学分/学时：1.5/24。

课程简介：MIDAS 软件辅助设计是土木工程专业的专业选修课程。MIDAS Civil 是一种桥梁有限元分析软件，该软件在桥梁工程上应用相当广泛，颇获各界好评。使用该软件，能够降低设计成本，缩短设计时间。

课程目标：通过本课程的学习使学生熟悉并掌握 MIDAS Civil；具备使用 MIDAS Civil 软件进行刚构桥、板型桥、箱型暗渠、顶推法桥梁、悬臂法桥梁、移动支架/满堂支架法桥梁、悬索桥、斜拉桥等桥型建模分析和研究；培养和提高学生对所学知识进行灵活运用的能力，能围绕工程实际阅读相关的参考书籍和资料，自我扩充知识领域。能够利用 MIDAS Civil 软件解决实际工作中所遇到的大型科学和工程计算难题，为将来从事实际工作打下坚实基础。

考核方式：平时表现、作业和考试相结合。

上课方式：理论讲授和上机训练。

九、工程建设招投标与合同管理

适用专业：工程管理、工程造价。

学分/学时：3/48。

课程简介：工程建设招投标与合同管理是工程管理专业和工程造价专业的专业必修课程。本课程主要讲述了工程招标投标内容、过程、方式、方法、投标报价技巧以及合同法律基础和工程索赔等内容。

课程目标：通过本课程的学习使学生掌握建筑工程招投标与合同管理的程序；掌握建筑工程招标文件的编制方法；掌握投标文件的编制方法；掌握合同文件的签订；掌握投标决策及报价策略的基本理论与操作方法。能够从事建筑工程招投标与合同管理的相关工作，具备建筑工程招标投标与合同管理的能力；具备工程招标投标与合同管理的基本知识和方法，为今后从事工程招投标和合同管理工作打下基础。能够正确使用工程合同管理的模式及FIDIC合同管理的应用能力；具备初步工程谈判、案例分析和工程索赔的能力。培养学生辩证思维的能力；使学生具有严谨的工作作风和敬业爱岗的工作态度，遵纪守法、自觉遵守职业道德和行业规范；培养学生分析问题、解决问题的能力。

考核方式：平时表现、作业和考试相结合。

上课方式：理论讲授、案例分析和专题讨论。

十、工程估价

适用专业：工程管理。

学分/学时：4/64。

课程简介：工程估价是工程管理专业的专业必修课程，对学生职业能力培养和职业素养养成起主要支撑作用，是学生毕业后从事岗位工作具体任务的保证。内容涉及工程量清单编写和计价两部分，通过工程量清单计价规范完成工程量清单的编写，可为招标方提供招标工程量清单；通过市场价等对相应工程的工程量清单进行计价，可为招标方提供招标控制价和为投标方提供投标报价，还可为施工方在施工过程中提供控制工程成本、节约工程造价的依据。

课程目标：通过本课程的学习可以培养学生熟悉市政工程项目的工程造价编制原则、依据、步骤与方法，学会对组成房屋的各分部分项工程的工程量及工程造价的计算，掌握不同计价模式下的单位工程建设项目的施工图预算文件的编制方法。培养学生利用相关原理、概念、规范、定额、标准等知识，结合有关识图、施工技术方面的知识进行分析和解决实际工程中常见的不同工程结构类型的能力。同时进一步培养学生树立独立思考、吃苦耐劳、勤奋工作的意识以及团结协作、诚实守信的优秀品质，为后续课程的学习和能够胜任今后的造价员和造价师职业岗位工作奠定良好的基础。

考核方式：平时表现、作业和考试相结合。

上课方式：理论讲授、案例分析和专题讨论。

十一、测量学

适用专业：人文地理与城乡规划。

学分/学时：3/48。

课程简介：测量学是人文地理与城乡规划专业的学科基础课程，是研究地球的形状、大小以及测定地面点相对位置的一门应用科学，目的是为人们了解自然和改造自然服务。本课程是利用测量学的理论、方法和技术来解决工程建设中的实际问题。主要内容包括测量学的基本知识、水准测量、角度测量、距离测量、误差理论基本知识、方向测量、平面控制测量、三角高程测量、大比例尺的地形测绘、地形图的分幅与编号、地形图的基本应用。

课程目标:通过本课程的学习培养学生具有与本专业相关的普通工程测量基本理论知识,能够使用基本的工程测量仪器进行基本的工程测量计算,学会小区域控制测量的基本方法,能阅读和使用大比例尺的地形图,具备相关的施工测量工作基本技能,能够在规划、设计、施工、运营、管理、维修过程中应用测量学的理论和技术,服务于城乡规划建设的全过程。

考核方式:平时表现、实验、作业和考试相结合。

上课方式:理论讲授、专题讨论和实验。

十二、乡村规划

适用专业:人文地理与城乡规划。

学分/学时:4/64。

课程简介:乡村规划是人文地理与城乡规划专业的专业必修课程,是一门涉及人口、住房、基础设施、生态环境、历史文化、社会经济等内容,涵盖技术、经济和社会实践的综合性课程。主要内容包括乡村的形成和发展规律、乡村规划的工作程序和编制前准备工作、乡村总体规划的内容、乡村建设规划的内容、乡村道路与交通运输规划内容、乡村基础设施和公共服务设施规划内容、乡村规划的技术经济和管理工作等。

课程目标:通过本课程的学习使学生初步了解乡村规划的基本理论和相关知识,掌握乡村规划编制的基本内容,能够运用城乡规划学知识进行规划编制工作和乡村管理工作,解决新的乡村问题。

考核方式:平时表现、作业和考试相结合。

上课方式:理论讲授、上机训练、专题研讨和实地调研。

十三、城市设计

适用专业:人文地理与城乡规划。

学分/学时:2.5/40。

课程简介:城市设计是人文地理与城乡规划专业的专业必修课程,是理论和实践相结合、注重分析应用的一门课程。该课程以城乡规划学为背景,通过老师讲述、学生的案例分析、师生共同讨论使学生具备一定的城市设计相关理论知识,进一步提升学生在建筑设计、城市设计、城乡规划方面的设计素养和能力。主要内容包括城市设计相关概念及其内涵、城市设计的发展历史、城市设计的基础理论、城市设计的编制与成果表达、城市设计的分析方法、城市典型空间的设计原则和方法、城市设计实施组织的过程、城市设计实践。

课程目标:通过本课程的学习使学生了解城市设计相关概念及其内涵,清楚城市设计与相关学科的内在逻辑关系,可以表述城市设计基本发展趋势;了解中国和西方城市设计的历史发展脉络,系统掌握城市设计的主要基础理论;了解一般城市设计的编制和成果表达,掌握典型城市空间的设计原则和方法,掌握一定的城市设计分析方法,了解当下城市设计实施组织流程;运用所学理论知识和分析方法进行城市设计实践。

考核方式:平时表现、作业和考试相结合。

上课方式:理论讲授、实践和专题讨论。

十四、空间视觉化模型创作

适用专业：人文地理与城乡规划。

学分/学时：2/32。

课程简介：空间视觉化模型创作是人文地理与城乡规划专业的专业选修课程，以实践为主，重视培养学生动手能力和空间思维能力。主要内容由建筑手工模型制作和计算机设计软件模型动画制作两部分组成。

课程目标：通过本课程的学习使学生了解平面构成和立体构成的设计逻辑，掌握建筑模型、空间构成的制作方法和相关理论知识，并能够亲自设计、绘制平面构成、制作空间构成模型，提高学生的空间想象力和设计素养；掌握 SketchUp 软件模型的动画表现以及 Lumion 软件的模型动画制作的一般流程，提高学生的设计能力，进而拓宽学生就业面和渠道。

考核方式：平时表现、实训和考试相结合。

上课方式：理论讲授和专业实践。

十五、乡土文化传承与创新

适用专业：人文地理与城乡规划。

学分/学时：2/32。

课程简介：乡土文化传承与创新是人文地理与城乡规划专业的专业选修课程，以理论为主。内容主要包括从远古一直到近代我国民居的发展历程、民居类型和特征、乡土文化传承和保护。

课程目标：通过本课程的学习使学生了解我国传统居住建筑的类型和特征，了解我国乡村建设历程，了解乡土文化保护和传承的一般策略，了解乡土再造案例及运用方法。培养学生认识我国传统的建筑遗产财富和树立保护传统乡土文化的意识，面对现如今城镇化进程，激发学生投身乡村建设的热情，促进学生职业能力的培养和职业素养的养成。

考核方式：平时表现、专题论文和考试相结合。

上课方式：理论讲授。

十六、建筑工程计量与计价

适用专业：工程造价。

学分/学时：4/64。

课程简介：建筑工程计量与计价是工程造价专业的专业必修课程。涉及建筑工程工程量清单编写和计价两部分内容，通过建筑工程工程量清单计价规范完成建筑工程工程量清单的编写，可为招标方提供招标工程量清单；通过市场价等对相应工程工程量清单进行计价，可为招标方提供招标控制价和为投标方提供投标报价，还可为施工方在施工过程中提供控制工程成本、节约工程造价的依据。对学生职业能力培养和职业素养养成起主要支撑作用，是学生毕业后从事岗位工作具体任务的保证。

课程目标：通过本课程的学习培养学生熟悉市政工程项目的工程造价编制原则、依据、步骤与方法，学会对组成房屋的各分部分项工程的工程量及工程造价的计算，掌握不同计价模式下的单位工程建设项目的施工图预算文件的编制方法。培养学生利用相关原理、概念、规范、定额、标准等知识，结合有关识图、施工技术方面的知识进行分析和解决实际工程中常见的不同工程结构类型的能力。进一步培养学生树立独立思考、吃苦耐劳、勤奋工作的意识以及团结协作、诚实守信的优秀品质，为后续课程的学习和能够胜任今后的造价员和造价师职业岗位工作奠定良好的基础。

考核方式：平时表现、作业和考试相结合。

上课方式：理论讲授、专题讨论和案例分析。

十七、安装工程计量与计价

适用专业：工程造价。

学分/学时：2.5/40。

课程简介：安装工程计量与计价是工程造价专业的专业必修课程。主要涉及安装工程工程量清单编写和计价两部分内容，根据安装工程工程量清单计价规范完成安装工程工程量清单的编写，可为招标方提供招标工程量清单；通过市场价等对相应工程工程量清单进行计价，可为招标方提供招标控制价和为投标方提供投标报价，还可为施工方在施工过程中提供控制工程成本、节约工程造价的依据。

课程目标：通过本课程的学习培养学生熟悉安装工程项目的工程造价编制原则、依据、步骤与方法，学会对组成房屋的各分部分项工程的工程量及工程造价的计算，掌握不同计价模式下的单位工程建设项目的施工图预算文件的编制方法。培养学生利用相关原理、概念、规范、定额、标准等知识，结合有关识图、施工技术方面的知识进行分析和解决实际工程中常见的不同工程结构类型的能力。进一步培养学生树立独立思考、吃苦耐劳、勤奋工作的意识以及团结协作、诚实守信的优秀品质，为后续课程的学习和能够胜任今后的造价员和造价师职业岗位工作奠定良好的基础。

考核方式：平时表现、作业和考试相结合。

上课方式：理论讲授、专题讨论和案例分析。

能源工程学院创新创业课程

一、矿井通风课程设计

适用专业：安全工程。

学分/学时：2/2 周。

课程简介：矿井通风课程设计是安全工程专业的专业实践课程，是检验学生接受矿井通风基础知识的效果和培养学生综合能力的有效方式。矿井通风设计内容包括以下几个方面：根据给定的资料概述设计矿井的基本地质、开拓及采煤方法和工艺相关内容；确定合理的矿井通风系统；矿井所需总风量的计算和分配，矿井通风阻力、风阻及等积孔计算；计算通风容易和通风困难两个时期的矿井自然风压，附属装置阻力，主要通风机风量和风压，选择主要通风机和电动机；进行矿井反风设施的布置，反风方法及安全可靠性分析；概算矿井通风费用；提出安全技术措施。

课程目标：通过本课程的学习使学生巩固和熟悉矿井通风设计中涉及的矿井通风学的基本知识和理论；掌握矿井通风设计的流程、方法和技能，能使用恰当的技术、工具进行相关计算、方案比较、分析和综述资料、绘图，培养综合分析问题和解决复杂工程问题的能力；具有矿井及采区通风系统的合理性分析、优化和评价能力，能够进行初步研究分析以获得有效结论的能力；牢固树立安全第一的思想意识，具有良好的工程道德，严格遵守相关法律、法规、规范和标准解决工程问题，具备环保的绿色资源共采理念；培养分析问题和解决复杂工程问题的能力。

考核方式：平时表现、说明书撰写、绘图和答辩相结合。

上课方式：自主设计。

二、矿井灾害防治课程设计

适用专业：安全工程。

学分/学时：2/2 周。

课程简介：矿井灾害防治课程设计是安全工程专业的专业实践课程，是学生学习完矿井灾害防治理论知识后进行的一项实践教学。本课程设计包括瓦斯防治设计、防尘设计、防灭火设计，按照设计任务书要求编写设计说明书，并绘制基本的工程技术图表。

课程目标：通过本课程的学习使学生巩固和加深对专业知识的理解，提高综合运用所学知识解决给定条件下的实际问题的能力；根据设计要求选用各类参考资料，掌握查阅科技文献资料的方法，学会科学运用科技资料分析解决实际问题的方法；认识与本课程设计有关的工程设计规范，能按照设计任务书要求编写设计说明书，绘制基本的工程技术图表；掌握工程设计的基本程序和方法，培养计算、绘图和设计能力，为毕业设计奠定基础；培养科学严谨的工作态度和踏实的工作作风。

考核方式：平时表现、说明书撰写、绘图和答辩相结合。

上课方式：理论讲授和设计指导。

三、矿产资源综合利用

适用专业：采矿工程。

学分/学时：2/32。

课程简介：矿产资源综合利用是采矿工程专业的专业选修课程。主要内容有矿产资源的基本概念，矿产资源综合利用的意义，新的资源观；我国矿产资源基本国情，我国矿产资源综合利用现状；固体矿物加工主要技术，煤炭综合利用的主要技术，金属矿物铁、锰、铜、钼、钴、镍的综合利用现状。

课程目标：通过本课程的学习使学生熟练掌握矿产资源综合利用的基本方法，让学生全面了解矿产资源综合开发利用的生产状况和发展方向，让学生应用已经学过的基本方法和原理，并结合国内外生产实践，解决有色金属、黑色冶金及二次资源综合利用方法。

考核方式：平时表现、读书笔记和论文相结合。

上课方式：理论讲授、案例分析。

四、矿山企业管理

适用专业：采矿工程。

学分/学时：2/32。

课程简介：矿山企业管理是采矿工程专业的专业必修课程。本课程以社会主义市场经济理论为指导，系统介绍了企业管理概论、现代企业的发展、经营管理、煤矿生产过程组织、计划管理、劳动人事管理、质量管理、物资供应管理、设备管理、财务管理等有关内容。

课程目标：通过本课程的学习使学生掌握企业管理的基础工作、企业经营财务和企业生产管理等方面的内容，对提高学生分析问题和解决问题的能力将起到积极的作用。

考核方式：平时表现、调查报告、读书笔记、论文或大学生创新创业训练计划项目相结合。

上课方式：理论讲授、案例分析和专题讨论。

五、油气集输实训

适用专业：油气储运工程。

学分/学时：1/1 周。

课程简介：油气集输实训是油气储运工程专业的专业实践课程。主要内容有油气集输仿真平台、原油脱盐脱水实验、多相流型观测等。油气集输仿真平台实训要求学生了解油田油气集输系统的基本内容和工作特点；熟练掌握油气集输流程；掌握油气集输的三相分离、加热脱水、电脱水、大罐沉降、污水处理等主要工作内容；掌握仿真系统的使用方法，并能够通过设计实验模拟油气集输流程。原油脱盐脱水实验实训要求学生熟悉实验室动态脱盐脱水装置的工艺流程，掌握设备的使用方法，掌握影响动态脱盐脱水的主要参数。多相流型观测要求学生了解多相流环道的流程及运行特点；了解多相流实验的基本步骤及关键参数的调节方法；掌握管段压降和截面含液率的测量方法；分析和探讨影响两相流动中流型、截面含液率及压降的各种因素。

课程目标：通过本课程的学习使学生掌握与实验相关的基本概念、测试的基本原理及方法，并能够运用数学、自然科学、工程基础和实验基本原理判断、表达并解释实验过程中所发生的现象；能够基于所学专业课程中的基础理论，结合现场知识，设计相关实验进行验证；了解并掌握油气储运工程系统生产中先进的自动化控制仪表、仪器、检测设备及检测方法，并能够使用合适的数据处理软件处理实验数据。

考核方式：平时表现、测验和实训报告相结合。

上课方式：理论讲授、专题讨论和实践操作。

六、数值分析

适用专业：石油工程、安全工程、采矿工程、油气储运工程。

学分/学时：3/48。

课程简介：数值分析为石油工程专业、安全工程专业、采矿工程专业和油气储运工程专业的专业选修课程。该课程学习如何将工程实际问题转为数学模型，通过计算机程序设计对数学模型进行求解，从而学会借助计算机解决实际工程问题基本方法。主要内容包括

MATLAB 软件编程环境学习、MATLAB 软件基本操作、计算过程中的误差来源及传播基本规律、实际计算过程中如何减小误差、非线性方程求根基本方法及 MATLAB 软件实践、线性方程组数值解法及 MATLAB 软件实践、插值法及 MATLAB 软件实践、曲线拟合及 MATLAB 软件实践、微分方程与积分方程的数值解法及 MATLAB 软件实践。

课程目标：通过本课程的学习使学生掌握 MATLAB 软件的基本知识，培养采用 MATLAB 软件工具解决工程中基本问题的能力，使学生具备分析工程中基本数值计算的素质；使学生掌握非线性方程求解的基本知识，培养采用 MATLAB 软件对非线性方程求解的基本能力，使学生具备非线性方程求根的基本素质；使学生掌握线性方程组求解的基本知识，培养采用 MATLAB 软件对线性方程组求解的基本能力，使学生具备线性方程组求解的基本素质；使学生掌握插值法的基本知识，培养采用 MATLAB 软件对实验离散点进行插值法计算的基本能力，使学生具备对实验离散点进行插值法分析的基本素质；使学生掌握曲线拟合的基本知识，培养采用 MATLAB 软件对离散点能够进行拟合的基本能力，使学生具备曲线拟合分析的基本素质；使学生掌握数值积分的基本知识，培养采用 MATLAB 软件对基本函数的数值积分能够进行求解的基本能力，使学生具备对积分函数进行数值分析的基本素质。为学生学好相关专业课程中工程问题数值计算奠定基础。

考核方式：平时表现、作业和设计相结合。

上课方式：理论讲授、上机训练、专题讨论和专题研讨。

七、CAD 基础

适用专业：石油工程、安全工程、采矿工程、油气储运工程。

学分/学时：3/48。

课程简介：CAD 基础是石油工程专业、安全工程专业、采矿工程专业和油气储运工程专业的专业选修课程，也是地质、岩土、建筑、机电等领域的工程技术人员必须掌握的一门基础技能课程。它着重培养学生的实际动手能力，让学生掌握 AutoCAD 软件绘图的基本知识和方法，具备绘制及识读简单工程图形的能力。本课程的教学内容主要包括：AutoCAD 程序界面的熟悉和使用，坐标系和坐标的正确使用，绘图与修改命令的使用，文字表格编辑和图案填充，基础工程图的绘制，块的创建与编辑，图形显示，查询和计算，尺寸标注以及布局与出图。

课程目标：通过本课程的学习使学生掌握绘图的基本知识和方法，具有简单的识读能力，能够熟练正确地使用 AutoCAD 的绘图命令，灵活运用绘图技巧，独自完成工程图纸的绘制，为今后的设计工作打好基础。

考核方式：平时表现、作业和设计相结合。

上课方式：理论讲授、上机训练。

八、大学生就业与创业指导

适用专业：石油工程、安全工程、采矿工程、油气储运工程。

学分/学时：1/16。

课程简介：大学生就业与创业指导是石油工程专业、安全工程专业、采矿工程专业和油气储运工程专业的通识必修课程。主要内容包括就业现状和形势、我校近几年毕业生就业情况、求职择业中常见心理问题的分析与调适、职业生涯设计与规划、职业的自我认识与自我决策、求职材料的设计与要求、自荐与面试的形式与技巧、自主创业准备与实务、就业政策与就业程序、就业协议与就业权益保护、社会角色转换与就业后再择业等。

课程目标:通过本课程的学习使学生学会依据社会发展、职业需求和个人特点进行职业生涯设计的方法;通过了解社会、了解职业、了解自己树立正确的职业理想;熟悉职业道德基本规范及职业道德行为养成的途径,陶冶高尚的职业道德情操;形成依法就业、竞争上岗等符合时代要求的观念,掌握一定的求职创业技巧。

考核方式:平时表现和课程论文相结合。

上课方式:理论讲授、案例分析和专题讨论。

九、机械制图

适用专业:石油工程、采矿工程。

学分/学时:3/48。

课程简介:机械制图是石油工程专业和采矿工程专业的学科基础课程,是培养专业高技能人才必备的理论知识和职业技能。它是一门研究用投影法绘制工程图样和解决空间几何问题的理论与方法的图学学科。学习制图的基本规定,几何作图,平面图形的尺寸分析,绘图的方法和步骤;投影法中点的投影,直线的投影,平面的表示法,直线与平面,平面与平面相对位置关系;立体的三视图,基本平面立体的视图,基本回转体的视图,基本切割体的视图,基本相贯体的视图;组合体的构形原理,组合体三视图的画法,组合体三视图识读,组合体的尺寸标注;视图,剖视图,断面图,局部放大图,第三角投影法;螺纹及螺纹连接件,销连接,键连接;滚动轴承,齿轮,弹簧。

课程目标:通过本课程的学习提高学生的实践技能,使学生熟悉工程图纸绘制的国家标准和制图基本元素的属性,培养学生绘制、阅读和分析工程图样的能力、空间想象能力、分析能力和空间构思能力,为学习后继的专业课程以及专业课程设计、毕业设计打下基础。

考核方式:平时表现、作业、绘制图纸和考试相结合。

上课方式:理论讲授、课堂训练。

十、安全评价报告编制

适用专业:安全工程。

学分/学时:1/1 周。

课程简介:安全评价报告编制是安全工程专业的专业实践课程,具有综合性、实践性强的特点,是将安全系统工程的理论与方法应用于现场实际,其目标是使学生掌握系统安全评价的基本原理和方法,能根据不同的实际生产场景选择合理的评价方法,得出符合实际的评价结论,并根据评价结果提出切实可行的改进意见,实现事故的事先预防。主要内容有:我国安全生产的主要法律、我国安全生产的主要标准;安全评价通则和各类安全评价导则;安全评价基本概念、定义和相关基础知识;安全评价的现状与发展趋势,我国安全生产现状危险有害因素识别的程序、方法;安全评价单元的划分原则、方法;重大危险源辨识的方法;安全评价方法的分类;常用的安全评价方法及其选用的原则;安全评价方法的步骤及其注意事项;选择安全对策措施的基本要求以及制定安全对策措施时应遵循的原则;安全技术措施与安全管理措施;安全评价数据采集的范围、方法及其处理原则;各类安全评价报告包括的主要内容及其格式;评价报告的编制。

课程目标:通过本课程的学习使学生能够深入全面地掌握系统安全评价的基本概念、基本原理、基本方法,掌握危险辨识技术及相应的事故预防和控制方法,认知典型的安全评价方法在工业生产领域的应用。使学生能够针对某一特定评价项目,具备计划、组织和实施危险源辨识、危险单元划分、评价方法选择与使用、编写评价报告的能力。

考核方式:平时表现和报告编制相结合。

上课方式:自学、引导、完成作业、理论讲授、专业实践。

机械工程学院创新创业课程

一、机械创新设计

适用专业:机械设计制造及其自动化、机械电子工程。

学分/学时:1.5/24。

课程简介:机械创新设计是机械设计制造及其自动化专业和机械电子工程专业的专业必修课程,是对机械类专业的学生进行素质教育和创新能力培养的一门主要课程,是一门以培养学生创新意识、启发创新思维和介绍创新方法的专业选修课。在教学过程中,综合运用和总结归纳有关知识,结合新技术和新产品启发学生的思维过程,为学生进一步学习有关专业课和日后从事机械工程技术工作及创新设计打下基础。采用多媒体,并布置相关的作业,实行独立设计、集体讨论的方式,要求学生具有活跃的思维能力和较强的动手能力,在掌握一定的思维规律和创新方法后,能开动脑筋,把逻辑思维和形象思维、发散思维和收敛思维结合起来,按照一定的功能要求,自己动手设计出新型的机构或装置,并加以实验验证。

课程目标:通过本课程的学习使学生了解创新设计的理论基础、创造性思维方法和创造原理,掌握创新设计方法,并能将其方法应用于机械创新设计实践。

考核方式:平时表现、作业和论文相结合。

上课方式:课堂讲授。

二、反求工程与快速成型技术

适用专业:机械设计制造及其自动化、机械电子工程。

学分/学时:2/32。

课程简介:反求工程与快速成型技术是机械设计制造及其自动化专业和机械电子工程专业的专业必修课程,是以数据测量和数据处理为关键技术将物理实体转变为 CAD 模型相关的产品先进制造技术的总称,在缩短新产品的开发周期、消化吸收先进技术、降低生产成本等方面发挥了重要作用。快速成型技术是有别于传统制造技术的一种增材制造技术,是以数字模型文件为基础,运用粉末状金属或塑料等可黏合材料,通过逐层打印的方式来构造物体的技术。它无须机械加工或任何模具就能直接从计算机图形数据中生成任何形状的零件，大大地提高了生产效率以及制造柔性。该技术除了在航空航天、汽车工业、模具行业、消费性电子产品、玩具等传统领域得到广泛应用外，在医疗、人体工程、文物保护等领域也得到应用。

课程目标：通过本课程的学习使学生了解3D打印技术的现状，开阔学生的视野，丰富学生的生活，发展学生的创意思维，激发学生学习技术的兴趣与热情。形成初步的3D制造技术概念，了解3D建模的方法，提高对技术作品的鉴赏能力。营造浓厚的学习气氛，让学生在借鉴中模仿、在模仿中思考、在思考中创新，增强社会、生活、知识产权观念，提高科学理论精神和技术素养。

考核方式：平时表现和项目实践相结合。

上课方式：课堂讲授、案例分析。

三、智能制造

适用专业：机械设计制造及其自动化、机械电子工程。

学分/学时：2/32。

课程简介：智能制造是机械设计制造及其自动化专业和机械电子工程专业的专业必修课程。智能制造技术为现代先进制造技术之一，是机械工程学科中机电控制方向的专业技术基础课。主要目的是扩大学生的知识面。本课程主要讲授智能制造系统的基本构成，人工智能算法概述及智能加工系统的应用实例等。

课程目标：通过本课程的学习使学生了解智能制造的概念，了解德国“工业4.0”和“中国制造2025”的实施意义、总体规划、目标和任务，掌握神经网络的基本结构和原理，用神经网络对复杂系统建模，掌握模糊集合与模糊推理以及模糊逻辑控制器的结构与设计，掌握执行器件的设计方法及工作原理，掌握传感器的选用方法，掌握车间调度流程及原理，掌握加工过程智能控制。使学生树立机电结合、多学科融合的综合系统分析、系统设计、制造和使用思想，为从事现代制造工程（如CAD/CAM、FMS、CIMS）等技术工作打下基础；掌握智能制造技术的基本理论和所涉及的基本方法，具有分析、选用和设计智能制造单元系统的能力；了解智能制造技术发展的新理论、新技术和最新发展趋势。

考核方式：平时考查和撰写论文相结合。

上课方式：课堂讲授、案例分析。

四、机器人技术及应用

适用专业：机械设计制造及其自动化、机械电子工程。

学分/学时：2/32。

课程简介：机器人技术及应用是机械设计制造及其自动化专业和机械电子工程专业的专业必修课程。机器人学是一门高度交叉的前沿学科，机器人技术是集力学、机械学、生物学、人类学、计算机科学与工程、控制论与控制工程学、电子工程学、人工智能、社会学等多学科知识之大成的一项综合性很强的新技术。机器人是典型的机电一体化装置，它不是机械、电子的简单组合，而是机械、电子、控制、检测、通信和计算机的有机融合。

课程目标：通过本课程的学习使学生对机器人有一个全面、深入的认识。基本熟悉这门技术及其发展状况，为今后从事机电一体化与系统设计、制造的研究工作打下基础。培养学生综合运用所学基础理论和专业知识进行创新设计的能力。

考核方式:平时表现、作业和考试相结合。

上课方式:课堂讲授、案例分析和专业实验。

五、机械设计竞赛与指导

适用专业:机械设计制造及其自动化、机械电子工程。

学分/学时:1.5/24。

课程简介:机械设计竞赛与指导是机械设计制造及其自动化专业和机械电子工程专业的必修课程。主要介绍了大学生参加机械设计系列竞赛的意义、目的、步骤、赛前需要准备的知识等;介绍了常用的设计、加工方法,原理方案的构思,包括抓取方案、行走方案、搬运方案、越障方案、提升方案、攀爬方案以及创新设计等;根据往届竞赛题目举例讲述了常用零件及其设计、机械加工基本知识、常用工具及其使用、竞赛中常用的设计、加工及装配技巧等。

课程目标:通过本课程的学习使学生掌握参加机械类竞赛的目的和步骤,认识创新、创业的基本内涵和创新、创业活动的特殊性,掌握创新、创新素质、创新思维、创新方法、创新实践的基本知识与要求,辩证地认识和分析创业者、创业机会、创业资源、创业计划和创业项目。使学生具备在创新基础上的创业能力;掌握创新思维和创新方法的训练方法以及创新计划的撰写方法,提高创新水平;掌握创业资源整合与创业计划撰写的方法,熟悉新企业的开办流程与管理,提高创办和管理企业的综合素质和能力。使学生树立创新精神,指导学生培养创新精神,提高创新能力、就业竞争能力、立业创业能力,突出创新能力的应用。使学生树立科学的创业观,主动适应国家经济社会发展和人的全面发展需求,正确理解创业与职业生涯发展的关系,自觉遵循创业规律,积极投身创业实践。

考核方式:平时表现、作业和考试相结合。

上课方式:课堂讲授、上机训练。

六、先进制造技术

适用专业:机械设计制造及其自动化、机械电子工程。

学分/学时:2/32。

课程简介:先进制造技术是机械设计制造及其自动化专业和机械电子工程专业的专业选修课程。本课程主要介绍先进制造技术内涵、体系结构及发展趋势,现代设计技术,先进制造工艺技术,制造自动化技术,现代生产管理技术以及先进制造生产模式,全面介绍了先进制造技术的基本内容和最新技术。

课程目标:通过本课程的学习使学生掌握目前制造业中先进的制造技术和制造工艺,了解国内外先进制造技术的发展趋势,了解先进制造技术的应用情况和场合,了解先进制造技术对推动制造技术发展的重要性。

考核方式:平时表现、作业和阶段性测试相结合。

上课方式:课堂讲授、案例分析。

七、物联网技术基础

适用专业:机械设计制造及其自动化、机械电子工程。

学分/学时:2/32。

课程简介:物联网技术基础是机械设计制造及其自动化专业和机械电子工程专业的专业选修课程。物联网被称为信息社会的第三次浪潮,物联网将人类生存的物理世界网络化、信息化,将分离的物理世界和信息空间整合,代表了未来网络的发展方向,物联网技术成为未来社会经济发展、社会进步和科技创新的重要基础。

课程目标:通过本课程的学习使学生了解物联网的基本概念,熟悉物联网的发展过程及其面临的问题;使学生掌握支撑物联网技术的关键设备的原理、管理机制;使学生能分析物联网应用实例中所采用的无线传感技术;使学生能分析物联网应用实例中采用的智能与信息处理技术;了解物联网各个领域的相关应用,为以后分析和解决工作中的相关问题打下良好的物联网专业知识基础。

考核方式:平时表现、作业和考试相结合。

上课方式:课堂讲授、案例分析。

八、机电系统建模与仿真

适用专业:机械设计制造及其自动化、机械电子工程。

学分/学时:2/32。

课程简介:机电系统建模与仿真是机械设计制造及其自动化专业和机械电子工程专业的专业选修课程。本课程的主要内容有计算机仿真控制系统的基本方法、面向动力学模型和面向实体模型的机电系统仿真分析方法、MATLAB 系统分析与设计工具在基于传递函数的伺服控制系统设计与仿真、基于状态空间模型的控制系统设计、模糊控制系统设计及仿真的应用、基于 DSpace 的半物理仿真及辨识试验方法。

课程目标:通过本课程的学习使学生熟悉机电系统的基本概念、分析与设计方法、常用仿真软件;掌握基于动力学方程的机构模型建立方法;掌握面向动力学模型和实体模型的仿真分析方法;掌握基于 MATLAB 的系统分析与设计方法;熟悉伺服驱动系统的设计与仿真;了解半物理仿真及辨识。为今后从事机电系统的分析、设计打下基础。要求学生掌握有关的基本理论,初步培养系统分析能力,为进一步从事有关方面的学习及研究工作奠定基础。

考核方式:平时表现、作业和考试相结合。

上课方式:课堂讲授。

九、嵌入式系统

适用专业:机械设计制造及其自动化、机械电子工程。

学分/学时:2/32。

课程简介:嵌入式系统是机械设计制造及其自动化专业和机械电子工程专业的专业选修课程。嵌入式系统融合了计算机软/硬件技术、通信技术和半导体微电子技术。

课程目标:通过本课程的学习使学生了解嵌入式处理器 ARM7 微处理器体系结构及指令系统;了解 32 位嵌入式处理器总体结构、存储器组织、系统控制模块和 I/O 外围控制模块;了解各种嵌入式操作系统开发应用方法和嵌入式网络技术;了解嵌入式系统中单片机各部件的工作原理和软件编程方法;掌握嵌入式系统的分析与设计方法;掌握单片机应用系统的开发和设计方法,能够进行实际系统的设计与分析。

考核方式:平时表现、作业和考试相结合。

上课方式:课堂讲授。

岐伯医学院创新创业课程

一、康复护理学

适用专业:护理学。

学分/学时:2.5/32。

课程简介:康复护理学是护理学专业的专业选修课程,是一门旨在研究病、伤、残者的康复护理理论、知识、技能的学科。它是建立在基础护理学、临床护理学和人文社会科学基础上的一门新兴学科,是护理学知识体系的重要组成部分。本门课程内容分为康复基础概念和基础理论、康复护理评定、康复治疗与护理、康复护理技术、常见功能障碍的康复护理、常见疾病康复护理六大部分。

课程目标:通过本课程的学习使学生掌握常用的康复评定方法,理解并掌握疼痛评定、心肺功能评定以及运动控制的相关理论;掌握常见疾病的康复护理措施;掌握常用康复护理治疗技术;掌握康复护理的基本技术;熟悉康复护理的理论基础;了解康复医学的概况及基本内容,以及国内外康复护理的前沿康复护理技术;熟悉常用康复护理学英语词汇,具备一定的自学能力、科学思维能力和撰写医学论文的能力;可以利用康复护理学知识解释护理常见医学现象。树立以康复对象为中心的康复护理理念,关心、爱护、尊重残疾人,培养高尚的职业道德和良好的敬业精神。树立"四位一体"的大卫生观,能够运用康复护理技术指导临床护理以提高护理水平,在今后的临床工作实践中更好地为病、伤、残者提供高水平的护理服务。

考核方式:平时表现、作业、实验和考试相结合。

上课方式:课堂讲授、专题讨论、案例分析和实训练习。

二、急危重症护理学

适用专业:护理学。

学分/学时:2.5/48。

课程简介:急危重症护理学是护理学专业的专业必修课程,是一门综合性很强的护理学科,是急诊医学的重要组成部分。急危重症护理学是以挽救病人生命、提高抢救成功率、促进病人康复、减少伤残率、提高生命质量为目的,以现代医学科学、护理学专业理论为基础,研究急危重症病人抢救、护理和科学管理的一门综合性应用学科。本课程旨在让学生掌握急危重症护理学的概念及其功能、EMSS体系的组成与功能,掌握灾难护理检伤分类的方法和标志、创伤现场救治和护理,掌握临床常见危急症的救治与护理,掌握常用急救技术,能够熟练规范操作常用的抢救设备,熟悉临床常见急危重症疾病的发生机制及评估与判断。

课程目标:通过本课程的学习有助于学生适应现代护理发展的需要,建立整体护理观念和科学的思维方式;有助于强化学生急诊、急救意识,掌握急诊知识和急救技能;可以灵活应用急危重症护理学的理论知识和技能操作,具有一定的自我防护意识。有助于培养学生对基础护理知识以及各专科理论知识的综合运用,具备一定的自学能力、科学思维能力和撰写医学论文的能力。

考核方式:平时表现、作业和考试相结合。

上课方式:理论讲授、案例分析、专题讨论、实训和见习。

三、人际沟通和礼仪

适用专业:护理学。

学分/学时:2/32。

课程简介:人际沟通和礼仪是护理学专业的人文社会科学课程。主要从人际沟通、护士的语言/非语言沟通、护士的有效沟通、护理人员的仪容仪表礼仪、举止礼仪、工作礼仪、生活社交礼仪等方面介绍了护理工作人员应当具备和掌握的礼仪常识以及人文知识。本课程重视强化人际沟通和礼仪的实训技能训练,注重学生职业道德和职业素养的养成。其任务是使学生了解人际沟通能力只有建立在人的德行涵养之上,才能实现有效的、诚意的沟通,重视人文关怀在护理工作中的重要意义,学习培养良好的人文修养,全面提高综合素质,将人际沟通和礼仪规范应用于护理工作,尊重不同文化背景人群的服务需求,提高服务质量,以护士的岗位需求为基,让学生适应以健康为中心的现代医学模式的发展。

课程目标:通过本课程的学习使学生了解护士语言修养提升的方法,熟悉护士应具备的语言修养和护患沟通要领,掌握护理工作中常用的语言沟通技巧及特殊医疗情境下的沟通技巧。学会从事护理工作所必需的礼仪文化知识,熟练掌握在护理工作环境中提供优质礼貌服务的技能。培养认真、严谨、刻苦、勤奋的学习态度,良好的礼仪修养素质和高度的责任心、同情心、爱心和团队协作精神。培养学生的沟通能力、自学能力、综合分析能力、描述表达能力等。

考核方式:考勤、阶段性测试和操作考试相结合。

上课方式:课堂讲授、示范指导、专题讨论、技能辅导、实训练习。

第三章　创新创业导师

学校现有校内创新创业导师共 43 人，其中教授 11 人，占 25.58%；副教授 26 人，占 60.47%；讲师 6 人，占 13.95%。涉及文学、历史学、理学、经济学、教育学、工学、农学、管理学、法学、医学、艺术学等 11 个学科门类。

胡浩斌　男，汉族，中共党员，甘肃西峰人，西北大学化工专业博士，陇东学院化学化工学院院长，二级教授，硕士生导师。甘肃省领军人才，庆阳市领军人才。陇东学院化学工程与技术省级重点学科负责人，甘肃省高校化学化工实验教学示范中心主任，甘肃省高校陇东优势资源与环境技术协同创新科技团队负责人，甘肃农业大学、兰州理工大学和延安大学兼职硕士生导师。

主要从事天然产物中有效成分的分离与分析、精细化工产品的开发与应用、能源化工类废弃物的无害化处理与资源化利用等研究。

主持国家自然科学基金项目 1 项、甘肃省科技支撑项目 3 项、甘肃省星火计划项目 1 项、甘肃省陇原科技创新人才扶持计划项目 1 项、甘肃省教育厅研究生导师科研项目 2 项、庆阳市科技攻关项目 4 项。有 6 项成果通过省级鉴定，均达到国内领先水平。参与国家自然科学基金项目 1 项、教育部博士点基金项目 1 项、甘肃省自然科学基金项目 2 项、甘肃省十三五科技攻关项目 1 项。现主持甘肃省科技重点研发计划项目 1 项、甘肃省高等学校科研成果转化项目 1 项。

在国内外 SCI 期刊上发表学术论文 60 余篇，在国家一级刊物上发表学术论文 25 篇。授权发明专利 6 项。获甘肃省科技进步三等奖 3 项、甘肃省专利三等奖 1 项、甘肃省高校科技进步二、三等奖共 4 项，庆阳市科技进步一等奖 6 项。

现为《食品工业科技》和《食品科学》杂志编委，并为国际多本杂志的特邀审稿人。2006 年至今被聘任为甘肃省化学会第七、八、九届色谱专业委员会委员，2006 年获甘肃省普通高校青年教师成才奖，2008 年入选甘肃省陇原青年创新人才计划，2009 年获庆阳市首届青年科技奖，2010 年入选为首批甘肃省领军人才，2010 年被推选为第一届庆阳市科协委员，2011 年入选首批庆阳市领军人才，2013 年被聘任为庆阳市工业标准化专业技术委员会委员，2014 年被聘任为甘肃省精细化工标准化技术委员会委员，2014、2017 和 2018 年入选甘肃省领军人才，2015 年当选庆阳市化工学会副理事长兼秘书长，2018 年获庆阳市第二届“陇东工匠”荣誉称号。

弥　宁　男，汉族，中共党员，甘肃宁县人，西安交通大学机械工程专业工学硕士，陇东学院机械工程学院院长，教授。曾先后获得“甘肃省普通高等学校青年教师成才奖”“甘肃省优秀教师园丁奖”等荣誉称号；获得甘肃省教学成果一等奖1项。

在学术刊物发表论文20余篇；授权发明专利8项；多次获得甘肃省机械工程学会科技进步奖、庆阳市科技进步奖。

指导学生获得国家、省级学科竞赛奖10余项；指导学生6次获得国家、省级大学生创新创业训练计划项目立项。

作为专业负责人，机械设计制造及其自动化获批甘肃省特色专业、甘肃省创新创业改革试点专业、甘肃省一流专业；作为实验中心负责人，机械工程实验中心获批甘肃省实验教学示范中心。

马永祥　男，汉族，中共党员，甘肃环县人，西北农林科技大学经济管理学硕士，陇东学院经济管理学院副院长，教授，国家二级创业创新咨询师，2019年度甘肃省高等学校创新创业教育教学名师。

主要讲授创新创业理论与实践、管理学、ERP等课程，从事区域经济和企业治理研究，为政府和企业开展咨询服务和员工培训。

主持或参与省部级教学及科研项目4项、厅局级项目5项，获厅局级科研奖8次。在学术刊物发表论文40余篇，出版专著1部。

指导学生参加创新创业竞赛30多次，获省级以上优秀指导教师荣誉称号。其中2006—2014年指导学生连续5届参加甘肃省大学生课外科技学术作品竞赛获奖；2014年指导学生杨兆龙等5人获第十届“新道杯”全国企业经营模拟大赛国家二等奖；2016年指导学生周倩等5人获第二届“中国创翼”青年创业创新大赛甘肃省一等奖、全国银奖，指导学生魏金广等5人获第六届全国大学生电子商务“创新、创意及创业”挑战赛甘肃省一等奖、全国三等奖，指导学生王玉颖等3人获第七届全国高等院校企业竞争模拟大赛国家一等奖；2018年指导学生杨环环等5人获第十四届“新道杯”全国企业经营模拟大赛国家一等奖，指导学生秦雪莹等5人获第四届中国“互联网＋”大学生创新创业大赛甘肃省金奖、国家银奖；2019年指导学生马龙等3人获第十届全国高等院校企业竞争模拟大赛国家一等奖，指导学生马欣等5人、学生武鑫爽等5人、学生王艺君等5人分别获第五届中国“互联网＋”大学生创新创业大赛甘肃省银奖、铜奖，指导学生雷媛媛等4人获第二届全国EVC企业价值链创造西北区竞赛二等奖，指导学生马媛媛等5人获首届“甘青宁”高校创新创业大赛三等奖；2020年指导学生郑栋建等3人获第十一届全国高等院校企业竞争模拟大赛国家一等奖，指导学生马驰等9人和学生马媛媛等6人分别获第六届中国国际“互联网＋”大学生创新创业大赛甘肃省分赛“青年红色筑梦之旅”赛道银奖、乡村振兴奖和高教主赛道铜奖，指导学生刘博等5人和学生王艺君等5人分别获第十届全国大学生电子商务“创新、创意及创业”挑战赛甘肃赛区省级选拔赛二等奖和三等奖。

余　岚　女，汉族，中共党员，四川达县人，西安科技大学矿业工程硕士，陇东学院能源工程学院院长，教授，国家注册安全工程师，庆阳市应急管理专家。

主要讲授矿井通风学、安全学原理等课程，担任创新创业矿山 CAD、矿井通风设计课程授课教师。从事矿山安全技术、安全和应急管理的研究，为政府和企业开展安全评价、咨询服务和安全管理与技术培训。

主持及参与地厅级以上项目 10 余项。先后发表学术论文 40 余篇。编写《矿井通风》《安全评价》等教材 4 部，荣获庆阳市科技进步二等奖 2 项、甘肃省科技情报学会科技情报二等奖 1 项、实用新型专利 3 项、软件著作权 8 项。主讲的课程“矿井通风学”获批省级一流课程，获批甘肃省 2019 年教学成果培育项目 1 项，主持及参与陇东学院教改项目 8 项，获校级教学成果二等奖 3 项。获国家煤矿安全培训优秀教师、甘肃省工信委优秀教师、陇东学院教书育人奖、课堂教学评优赛优胜奖、实践技能大赛二等奖等多项奖励。在能源工程学院的创新创业工作中，不断探索科研项目与学科竞赛、创新创业训练相结合的“三位一体”创新创业培养模式，以专业普遍认可的学科竞赛为抓手促进创新创业与校企融合。

指导学生参加创新创业大赛和各类学科竞赛 10 余项。2015 年指导学生范家骅等 3 人完成的项目“巷道智能风速监测仪”获批省级大学生创新创业训练计划项目并荣获第五届全国高等学校采矿工程专业学生实践作品大赛三等奖；2017 年指导学生李旭光等 4 人完成的项目“基于‘互联网＋’模式下的安全网站文化建设”获第三届全国安全科学与工程大学生实践与创新作品大赛二等奖；2017 年指导学生赵成龙等 3 人完成的项目“复杂条件下的新型无极绳绞车”获第七届全国高等学校采矿工程专业学生实践作品大赛三等奖；2018 年指导学生武保保等 4 人完成的项目“实验室新型通风机性能测定装置”获批省级大学生创新创业训练计划项目并荣获第八届全国高等学校采矿工程专业学生实践作品大赛三等奖；2020 年指导学生贾强等 3 人完成的项目“深井流态化气热电一体化防治利用装置”获第十届全国高等学校采矿工程专业学生实践作品大赛三等奖，指导学生李涛等 5 人的项目“安防信息交流网”获批 2020 年国家级大学生创新创业训练计划项目、张衡等 3 人的项目“瓦斯发电及热电冷联供系统降温模型”和金小菊等 5 人的项目“基于 Ventsim 三维可视化系统的矿井通风与安全方案优化设计”获批省级大学生创新创业训练计划项目。

吕浩音 女，汉族，中共党员，甘肃静宁人，西北大学计算机软件与理论硕士，陇东学院信息工程学院副院长，教授。主要讲授计算机导论、程序设计、数据结构与算法等课程，从事计算机软件与计算机教育改革研究。

主持或参与省部级教学及科研项目 3 项，厅局级项目 5 项；获厅局级科研奖 3 次。在学术刊物发表论文 25 篇。出版专著和教材各 1 部。2011 年荣获第十八届甘肃省青年教师成才奖，2011 年荣获陇东学院“我最喜爱的老师”荣誉称号，2012 年荣获陇东学院优秀共产党员荣誉称号。教学案例获得 2017 年度中国高校计算机教育 MOOC 联盟优秀案例国家二等奖。

指导学生参加各级各类竞赛 20 余次。2009 年指导学生参加第三届甘肃省大学生“创新杯”计算机应用能力竞赛获二等奖。2015 年指导学生参加第八届全国大学生计算机设计大赛，分别获国家三等奖 1 项、省级二等奖 1 项。2016 年指导学生参加第九届全国大学生计算机设计大赛，分别获省级二等奖 1 项、三等奖 2 项。2016 年指导学生参加甘肃省第六届大学生创新创业大赛获优秀奖。2011 年、2017 年指导学生参加第八届、第十一届“挑战杯”甘肃省大学生课外学术科技作品竞赛，均获优秀指导教师奖。

唐兆民 男，汉族，中共党员，中国民主促进会成员，山东莘县人，中山大学环境科学博士，清华大学环境科学与工程博士后，陇东学院历史与地理学院教授，硕士生导师。中国环境科学学会理事，中国海洋学会会员，广东省经济学会会员，庆阳市生态环境工程评估专家，陇东学院创新创业导师，陇东学院乒乓球协会指导教师，绿动地理与资源环境学社(学术科技类)指导教师。

主要讲授创新创业理论与实践、地理科学、环境科学与工程、海洋科学、水利水电等 42 门课程以及 3 门硕士生课程。从事区域经济和环境综合治理、技术应用研究，为产教融合型城市及企业、产学研开展技术研发与服务。

主持及参加大学生国家级、省部级、市厅级课题 20 多项，发表学术论文 63 篇(其中 SCI 2 篇、EI 2 篇、ISTP 1 篇)，获国家发明专利 4 项，出版学术专著 3 部。

指导学生参加大学生创新创业训练计划项目，其中国家级 2 项、省级 2 项、校级 4 项；独立指导校园文化精品项目 1 项；指导“三下乡”活动，省级 6 次、校级 11 次；指导“挑战杯”活动，获国家三等奖 1 项、省级一等奖 1 项、省级二等奖 1 项、省级三等奖 6 项；指导“创青春”大学生创业大赛，获省级三等奖 4 项。

马生发 男，汉族，甘肃宁县人，西北农林科技大学作物专业硕士，陇东学院农林科技学院农林科学系主任，教授，甘肃省农学会会员，中国草学会会员。

主要从事作物栽培学、农业概论、市场营销学等课程教学与农业生产科研推广工作，主要研究方向为旱地特饲用作物育种与栽培技术。曾获庆阳市优秀教师、陇东学院骨干教师等荣誉称号，多次获教书育人奖、优秀班主任奖等。

主持或参加省、市作物栽培科研项目 20 余项，获省、市科研成果 18 项(次)。其中，省科技进步三等奖 1 项，甘肃省高校科技成果二等奖 1 项、三等奖 2 项，市科技进步奖一等奖 3 项、二等奖 6 项、三等奖 4 项。科研成果累计应用推广 3 000 万亩，获经济效益 20 亿元。出版学术专著 7 部、教材 1 部，发表学术论文 30 余篇。起草制定地方农业标准 15 项。

指导学生完成大学生创新创业训练计划项目 4 项，其中 2017 年指导李天德等 6 名学生完成的“陇东地区农业综合服务平台”项目在第七届全国大学生电子商务“创新、创意及创业”挑战赛中获甘肃省赛区省级三等奖。

付喜锦 女，汉族，甘肃环县人，甘肃教育学院物理学专业，陇东学院电气工程学院教授。

主要承担大学物理及实验、电子控制技术、中学物理实验研究等课程理论和实践教学工作。

在学术刊物发表论文 30 余篇。主持地厅级科研项目 3 项，主持甘肃省高校科研成果转化项目 1 项。获国家实用型专利 6 项、软件著作权 12 项。获庆阳市人民政府专利一等奖 1 项、科学技术进步二等奖 1 项、甘肃省电工协会科学技术一等奖 1 项。

从 2009 年甘肃省第九届“挑战杯”至 2019 年甘肃省第十二届“挑战杯”指导学生参赛连年获省优秀指导教师奖。2018 年指导学生赵艳芳等 6 人在第四届中国“互联网＋”大学生创新创业大赛甘肃赛区决赛中获铜奖；2018 年指导学生蔺正聪等 5 人获“兰州银行杯”甘肃省第九届大学生创新创业大赛优秀奖；2019 年指导学生王继宏等 5 人在第九届全国大学生电子商务“创新、创意及创业”挑战赛省选拔赛中获一等奖；2019 年指导学生王继宏等 6 人在第五届中国“互联网＋”大学生创新创业大赛甘肃赛区决赛中获铜奖；2019 年指导学生倪文刚等 5 人在首届“甘青宁”高校创新创业大赛获三等奖。

王应强 男，汉族，中共党员，甘肃秦安人，江南大学食品科学专业工学博士，陇东学院农林科技学院教授。2014 年入选陇原青年科技创新人才扶持计划，2019 年入选第三批甘肃省飞天青年学者。

主要从事农产品加工理论与技术、功能性食品学的研究工作。承担食品工程原理、食品工厂设计、农产品加工、食品工业企业管理学等课程的理论与专业实践教学。

主持完成市厅级以上科研项目 4 项，发表中文核心以上论文 10 余篇。

在大学生职业能力与创新创业能力培养方面，利用学院科研平台吸收本科生参与科研课题研究与创新创业训练，积极为本科生职业能力与创新创业能力培养搭建平台，先后有 20 余人参与其中，并立项完成大学生创新创业训练计划项目 6 项（含培育 3 项），带领本科生发表学术论文 4 篇，并在《大学教育》发表《以科研平台为依托的应用型地方本科院校大学生创新能力提升路径探析》教改论文 1 篇。

张庆霞 女，汉族，中共党员，山东蒙阴人，中国农业大学果树学博士，陇东学院农林科技学院教授，陇东学院创新创业导师，庆阳现代苹果工程技术中心成员、中国园艺学会樱桃分会理事、甘肃省大樱桃技术创新中心专家组成员、庆阳市“科技助力精准扶贫工程”专家、甘肃省省级科技特派员、西峰区科学技术协会兼职副主席。主要从事植物生理学、园艺专业英语、植物组织培养、园艺植物生物技术等课程的教学及果树、园艺相关的研究与示范推广工作。

荣获 2018 年大中专学生暑期社会实践活动省级“优秀指导教师”称号。主持完成省市级科研项目 3 项，主持在研国家级子课题 1 项、市级科研项目 1 项。主持并参与教育教学改革项目 3 项。参与完成的科研项目获庆阳市科技进步一等奖和二等奖共 6 项。参编专著或教材 4 部，发表论文 10 余篇，其中 SCI 论文 2 篇。

指导完成大学生创新创业训练计划项目 2 项（其中省级 1 项），立项在研 1 项（国家级）。

欧晓彬 男，汉族，中共党员，江苏宿迁人，浙江大学生态学博士，陇东学院生命科学与技术学院院长，教授，飞天青年学者。甘肃省陇东生物资源保护利用与生态修复重点实验室副主任，甘肃省自然资源厅生态修复与土地复垦专家组成员。国家自然科学基金委项目评审专家，甘肃省科技项目评审专家，甘肃省植物学会常务理事，甘肃省生态学会常务理事，甘肃省遗传学会理事。

主要讲授遗传学、恢复生态学等课程，从事黄土高原地区作物水分养分高效利用、中草药产业科技创新研究。

主持并参与国家级科研项目 6 项，省部级项目 2 项，甘肃高等学校产业支撑重点项目 1 项。在学术刊物发表论文 20 余篇，其中 SCI 收录 6 篇，CSCD 收录 12 篇。荣获第七届庆阳市青年科技奖。

指导学生获第二届全国大学生生命科学创新创业大赛二等奖。2020 年担任第五届全国大学生生命科学创新创业大赛决赛评委。

许　斌　女，汉族，中共党员，甘肃秦安人，毕业于甘肃省委党校专门史专业（区域经济开发研究方向），高教管理副研究员，全国高校就业指导员，GCDF 全球职业生涯规划师、高级职业咨询师。陇东学院大学生创新创业指导中心主任。

长期从事学生思想政治教育、党务管理、学生管理及就业指导服务工作，担任大学生职业生涯规划与就业指导课程教学，获得 TRIZ 一级认证，对大学生心理辅导、职业生涯规划及大学生创新创业工作有一定的研究。先后在国家级、省级刊物上发表论文 10 余篇，参编教材 3 部。

寇元哲　男，汉族，中共党员，甘肃镇原人，甘肃农业大学机械设计与制造专业硕士，陇东学院电气工程学院院长，副教授。获全国计算机高新技术考评员资格、焊工考评员资格、焊工技师资格。主要讲授金属熔化焊基础、工程材料及热处理、焊接工艺学、焊接结构生产、机械制造技术基础、石油钻采机械等课程及课程设计/专业实训指导工作。近年来，多次主持庆阳市、武威市企业职工焊接技能鉴定和庆阳市公路机械、农业机械培训主讲工作。多次荣获“优秀教师”“先进工作者”“优秀班主任”“优秀教书育人奖”“优秀共产党员”等荣誉称号。

主持省级教育教学研究项目 2 项，校级教育教学研究项目 2 项，市区科技计划项目 1 项，参与省、地（厅）级科研项目 3 项。主编及参与编写机电类专业教材 5 部，发表学术论文 25 篇。

2015 年指导学生朱生彦等 3 人在第一届甘肃省机械创新设计大赛中获一等奖；2017 年指导学生聂生元等 3 人在第四届甘肃省工业设计大赛中获银奖；2018 年指导学生万虎等 6 人在第十四届甘肃省大学生课外科技设计大赛中获一等奖；2020 年指导学生刘文彬等 7 人获第六届中国国际“互联网＋”大学生创新创业大赛甘肃省分赛“青年红色筑梦之旅”赛道铜奖。

韩　晓　男，汉族，甘肃庄浪人，湖南师范大学英语语言文学硕士，陇东学院外国语学院副院长，副教授，英国曼彻斯特大学翻译与跨文化研究中心访问学者，甘肃省翻译协会理事、甘肃省外国文学学会会员。主要讲授笔译、口译、翻译理论与实践、交替传译等课程，从事英语教学、跨文化交际及翻译学科建设研究。

主持或参与各类科研项目 15 项，在学术刊物发表论文 20 余篇，出版译著 1 部。

连续担任陇东学院创新创业导师，担任创新创业课程英语演讲与辩论的教学工作。2010 年获“外研社杯”英语演讲大赛甘肃省区优秀指导教师二等奖；2015 年获第四届全国口译大赛“甘青宁新”赛区优秀指导教师三等奖，第四届全国口译大赛西北赛区优秀指导教师三等奖；2016 年获陇东学院“大学生创新创业训练计划”优秀指导教师奖；2019 年获“外研社·国才杯”英语演讲大赛甘肃赛区优秀指导教师一等奖。

包戈华 女，汉族，中共党员，甘肃西峰人，兰州医学院预防医学专业本科学历，陇东学院大学生创新创业指导中心副主任，副教授。2020年获得TRIZ一级认证。

主要讲授生理学和护理心理学。

主持及参与完成科研项目共4项，其中甘肃省科技厅科研项目1项、甘肃省教育规划办科研项目1项、市级科研项目2项；主编教材1部，发表论文13篇；获省级教学奖励1项，获市级科研奖励二等奖2项。

2019年指导学生马欣等5人获第五届中国“互联网+”大学生创新创业大赛甘肃省银奖；2020年指导学生马驰等9人获第六届中国国际“互联网+”大学生创新创业大赛甘肃省分赛“青年红色筑梦之旅”赛道银奖和乡村振兴奖。

孙　波 男，汉族，中共党员，甘肃宁县人，兰州交通大学道路与铁道工程专业工学硕士。陇东学院团委书记，副教授，国家注册一级建造师。

从事土木工程专业理论教学、科学研究、工程实践和教学管理工作。

在省级以上学术刊物上发表论文数篇；主持或参与完成省、市和学校教学科研项目6项，研究成果获甘肃省科技进步三等奖1项，甘肃省建设科技进步三等奖1项，庆阳市科技进步一等奖1项、二等奖2项，获实用新型专利2项。指导学生完成大学生创新创业训练计划项目国家级1项、省级1项、校级2项。

先后获得“挑战杯”甘肃省大学生课外学术科技作品竞赛优秀指导教师、陇东学院优秀共产党员、教书育人奖、服务育人奖、优秀共青团干部、陇东学院大学生志愿者暑期“三下乡”社会实践优秀指导教师等各级各项奖励多次。

武　芸 女，汉族，中共党员，甘肃庆城人，中北大学应用化学专业工学硕士，陇东学院化学化工学院副院长，教授。荣获陇东学院第九届青年教师课堂评优赛优胜奖，陇东学院2014年青年教师实践技能竞赛一等奖，两次荣获陇东学院“优秀教书育人奖”。

主要承担化工原理及实验等专业课的教学以及化工认识实习、生产实习等实践课程的指导工作。

参与建设甘肃省精品资源共享课：化工原理及实验；参与建设省级质量工程1项、校级质量工程1项；主持陇东学院教改项目1项；参与陇东学院教改项目3项；参编教材1部。

主要从事天然药物提取分离技术、精细有机合成及应用开发等方面的研究工作。主持庆阳市自然科学基金项目1项，陇东学院青年科技创新项目1项，主持甘肃省高等学校科研项目1项，参与国家自然科学基金项目1项，参与完成省级、市厅级科研项目多项；获庆阳市科技进步二等奖1项，在学术刊物发表论文10余篇。

王建吉 男，汉族，中共党员，甘肃宁县人，陇东学院机械工程学院副院长，教授，兰州理工大学机械设计及理论专业博士。主要从事涡旋压缩机端面密封、农业机械自动化方面的科研工作。承担机械原理、机械设计、机械创新设计、机械设计大赛与指导等课程的教学工作。荣获 2018 年甘肃省青年教师成才奖，2014 年陇东学院青年教师技能大赛二等奖，2016 年度和 2019 年度“陇东学院优秀班主任”。

主持甘肃省重点研发计划 1 项，省教育厅项目 1 项，主持完成校级项目 2 项，参与完成市级项目 1 项，博士基金项目 1 项。在学术刊物发表论文 20 篇，其中 EI 检索 4 篇；授权发明专利 1 项，实用新型专利 6 项，外观专利 2 项。

指导学生后二龙等 5 人的项目“陇东地区玉米地废膜捡拾机的设计”获批 2018 年国家级大学生创新创业训练计划项目；指导学生蒙旭成等 5 人的项目“废膜清洗机”获批 2019 年国家级大学生创新创业训练计划项目；2019 年指导学生王凯等 3 人获全国大学生工程训练大赛甘肃省省赛二等奖；2019 年指导学生蒙旭成等 5 人获“挑战杯”甘肃省大学生课外学术科技作品竞赛三等奖；2019 年指导学生刘彦兵等 7 人获首届“甘青宁”高校创新创业大赛三等奖；2020 年指导学生刘博等 14 人获第六届中国国际“互联网＋”大学生创新创业大赛甘肃省分赛高教主赛道银奖，指导学生刘博等 5 人和学生史晓东等 5 人分别获第十届全国大学生电子商务“创新、创意及创业”挑战赛甘肃赛区省级选拔赛二等奖和三等奖。

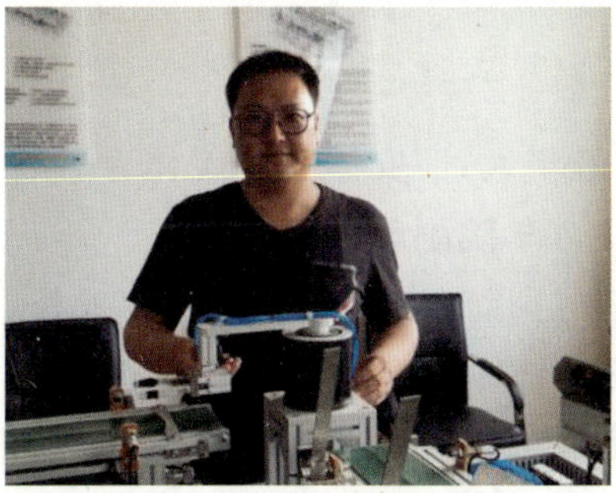

王彦璋 男，汉族，甘肃白银人，西安理工大学电路与系统专业硕士，陇东学院电气工程学院讲师。致力于实现农业、消防、建筑等行业的自动化与智能化技术研究与应用。

主持或参与省部级教学科研项目 1 项，厅局级科研项目 3 项，在学术刊物发表论文 3 篇。

指导学生完成国家级大学生创新创业训练计划项目 1 项、省级大学生创新创业训练计划项目 2 项、校级大学生创新创业训练计划项目 5 项。

完成“城市供暖用户暖气设备温度检测系统软件”“变电站室内巡检机器人系统软件”等软件原型设计；完成“六自由度双机械臂办公机器人”“330 kV 变电站室内巡检机器人”“800 kW 燃烧机”“室内自主巡检消防机器人”“三轴建筑机器人”原型机研制。

王宗泰　男，汉族，中共党员，甘肃永登人，西北师范大学美术学院艺术学专业硕士，陇东学院美术学院艺术设计系主任，副教授。

主要从事视觉传达设计专业的教学与研究工作。

参与教育厅科研项目 2 项，主持陇东学院青年科技项目 1 项。在学术刊物发表论文、作品 10 余篇（幅）。参与编写教材 2 部。

被评为第七届全国大学生广告艺术大赛甘肃赛区优秀指导教师，第四十四届世界技能大赛甘肃选拔赛优秀指导教师。

主持建设的甘肃省大学生就业创业能力提升工程项目“陇东民俗文化创意产业孵化中心”于 2016 年和 2017 年先后获甘肃省教育厅专项资金支持共 90 万元。

付桐林　男，汉族，甘肃民乐人，中国科学院西北生态环境资源研究院在读博士，陇东学院数学与统计学院副教授。主要从事数据挖掘与智能算法、人工植被生态系统稳定性等方面的研究工作。2019 年被聘为庆阳市教育体育类第一层次领军人才。

主持国家社科基金项目西部计划 1 项，主持并完成校级科研项目 3 项，参与并完成庆阳市科技计划项目 1 项；累计在省级及以上学术刊物发表论文 30 篇，其中 SCI 检索 3 篇，EI 检索 1 篇；参编教材 1 部，获得软件著作权 16 项。

指导学生参加各类学科竞赛累计获奖 33 项，其中获得美国大学生数学建模竞赛 Honorable Mention 奖 1 项、Successful Participant 奖 8 项，获得全国大学生数学建模竞赛国家二等奖 1 项、省特等奖及其他奖项 24 项。

陈志坚　男，汉族，甘肃静宁人，西安体育学院体育教育训练学硕士，陇东学院体育学院副教授。

主要担任篮球教学与训练及公共体育教学工作。主持及参与完成省市级科研项目多项。获得本专业实用新型专利 2 项，外观专利 6 项。在学术刊物发表论文 20 余篇。出版个人专著 1 部，参编教材 2 部。获得教学成果奖 2 项。参与完成陇东学院乒乓球重点课程建设 1 项。2020 年指导学生席兆伟等 10 人获第六届中国国际“互联网＋”大学生创新创业大赛甘肃省分赛“青年红色筑梦之旅”赛道铜奖。

闫铁成　男，汉族，中共党员，黑龙江佳木斯人，兰州理工大学建筑与土木工程专业工学硕士。陇东学院土木工程学院工程管理系主任，副教授。

主要从事建筑与土木工程专业理论研究、工程实践和教学、管理工作。

主持或参与完成科研项目 10 项，获庆阳市科技进步一等奖 1 项、二等奖 1 项；在国家级期刊发表和收录学术论文 20 余篇；主编教材 2 部；获国家发明专利 1 项、软件著作权 2 项。

主持甘肃省大学生创业能力提升工程“陇东地区 BIM 人才精准服务平台建设项目”1 项，指导学生获得国家级大学生创新创业训练计划项目 1 项、甘肃省大学生创新创业训练计划项目 3 项、校级项目 10 余项；2020 年指导学生马媛媛等 6 人获第六届中国国际“互联网＋”大学生创新创业大赛甘肃省分赛高教主赛道铜奖。

杜　莹　女，汉族，中共党员，甘肃镇原人，西北师范大学文学硕士，陇东学院文学院副教授，中国范仲淹研究会理事、甘肃省古代文学学会会员、唐代文学会会员、庆阳市范仲淹研究会理事。

主讲中国古代文学史、先秦文学、汉魏文学、先秦散文研究、中国古典诗歌鉴赏等课程。获陇东学院教书育人奖、教学成果奖等奖项。

主持完成甘肃省教育厅项目、甘肃省社科联项目、甘肃省教育科学规划项目、陇东学院教育教学研究等项目。发表学术论文 20 多篇。

何姜毅　男，汉族，中共党员，甘肃庆阳人，昆明理工大学矿物加工工程专业工学硕士，陇东学院能源工程学院教工党支部书记，采矿工程系主任，教授，工程师。主要从事矿物资源综合利用、矿山机械等方向的教学与研究工作。曾获陇东学院第十届青年教师课堂教学评优赛优胜奖、2013—2014 年度教书育人奖等。

主持省、市厅级科研项目 6 项；发表论文 10 余篇，其中国家核心期刊 3 篇、CSCD 收录 2 篇、EI 收录 3 篇；获实用新型专利 4 项。

指导学生参加各级各类竞赛多次获奖，其中，2014 年指导学生马栋等 3 人在全国大学生数学建模竞赛甘肃赛区获特等奖；2016 年指导学生张淑文等 5 人在第六届全国高等学校采矿工程专业学生实践作品大赛中获三等奖；2019 年指导学生沈秉涛等 6 人在第九届全国高等学校采矿工程专业学生实践作品大赛中获二等奖。

张莉萍 女，汉族，中共党员，甘肃镇原人，西北师范大学学前教育专业硕士，陇东学院教育学院副教授。主要从事儿童发展与教师教育研究，承担学前儿童心理学等基础课程的教育教学和班主任工作，曾先后获陇东学院优秀班主任奖、陇东学院教书育人奖、教学成果奖、陇东学院国培计划先进工作者、陇东学院优秀共产党员等荣誉称号。

参与主讲的德育原理课程被评为甘肃省精品课程。主持省厅级科研项目 3 项，参与国家社科基金项目 1 项、教育部产学研项目 2 项。在《教育导刊》等核心期刊发表论文 10 余篇。

参与大学生创新创业训练计划项目和学生学科竞赛指导，其中，2018 年指导学生李丹在第四届西北地区高等院校师范生教学技能大赛中获一等奖；2019 年指导学生李丹获省级和国家级大学生创新创业训练计划项目立项；2019 年指导学生史海莲、陈小敏在第九届“华文杯”全国师范生学前教育教学能力测试中分别获得二等奖和三等奖。

苟小平 男，汉族，九三学社社员，甘肃静宁人，西北师范大学体育教育专业学士，陇东学院体育学院副教授。主要讲授体操教学理论与实践、公共体育等课程。为庆阳市 4 家企业撰写专利获得授权 50 多项，被聘为庆阳市专利科技特派员，帮助庆阳市两家企业晋升为高新技术企业。

在学术刊物发表论文 30 多篇，被 EI 收录 10 篇；出版个人专著 1 部；发明专利授权 17 项，外观专利授权 400 多项，实用新型专利授权 200 多项，指导学生申报国家专利 300 多项。

2015 年与庆阳中庆农产品有限公司合作的项目获得庆阳市科技进步一等奖；2016 年被评为庆阳市优秀科技特派员；2016 年获得庆阳市青年科技奖；2017 年获得庆阳市青少年社会服务先进个人。

指导学生参加创新创业竞赛 20 余次，其中，2015 年指导学生仁剑等 2 人在第十届“挑战杯”甘肃省大学生课外学术科技作品竞赛中荣获二等奖；2016 年指导学生张荣通等 5 人在“甘肃银行杯”第七届甘肃省大学生创新创业大赛中荣获一等奖；2017 年指导学生秦雪颖等 9 人在第三届中国“互联网＋”大学生创新创业大赛甘肃省分赛中荣获金奖；2018 年指导学生王富龙等 5 人在第八届全国大学生电子商务“创新、创意及创业”挑战赛全国总决赛中获二等奖；2018 年指导学生包金朋等 3 人在首届全国体育产业创新创业大赛中获三等奖；2018 年指导学生包金朋等 6 人在第四届中国“互联网＋”大学生创新创业大赛全国总决赛中获银奖；2019 年指导学生李泊鹄等 9 人在首届甘青宁高校创新创业大赛中获一等奖；2020 年指导学生席兆伟等 5 人获第六届中国国际“互联网＋”大学生创新创业大赛甘肃省分赛“青年红色筑梦之旅”赛道铜奖和第十届全国大学生电子商务“创新、创意及创业”挑战赛甘肃赛区省级选拔赛三等奖。

谢　拓　男，汉族，中共党员，湖南双峰人，兰州财经大学法学硕士，陇东学院政法学院法律系主任，副教授。

主要从事诉讼法、经济法、知识产权法等领域的教学与研究。曾获陇东学院教书育人奖、优秀共产党员、优秀班主任、优秀教研室主任、优秀指导教师等荣誉称号。

在学术刊物发表论文20余篇，参编专著1部，主持或参与地厅级以上科研项目10项。

指导20余名学生参加大学生课外学术竞赛等活动，获得校级奖励20余人次，省级奖励6人次。

李伟鹏　男，汉族，甘肃正宁人，兰州大学应用数学专业硕士，陇东学院数学与统计学院副教授。主要讲授运筹学、最优化方法、概率论与数理统计、数学软件等课程。主要从事最优化理论、生物数学等方向的科研工作。

主持和参与完成教育部产学合作协同育人项目3项，市厅级教学科研项目3项。获新型实用专利授权4项，在学术刊物发表论文10余篇。

指导学生参加“高教社杯”全国大学生数学建模竞赛获国家二等奖2次及甘肃赛区特等奖3次、一等奖1次、二等奖1次。指导学生参加甘肃赛区大学生数学竞赛共获二等奖2次、三等奖3次。指导学生参加“挑战杯”甘肃省大学生课外学术科技作品竞赛获“优秀指导教师”荣誉称号。指导学生完成大学生创新创业训练计划国家级项目1项。

尚雅珍　女，汉族，甘肃宁县人，甘肃中医学院中医临床专业学士，陇东学院岐伯医学院副教授。主要从事中医护理学、老年护理学教学及科研工作。参与中医适宜技术培训及乡村医师培训等。

主持并参与省市级教学及科研项目3项，获庆阳市科技进步二等奖1项。在学术刊物发表论文10余篇。

2020年指导学生马驰等9人获第六届中国国际“互联网+”大学生创新创业大赛甘肃省分赛“青年红色筑梦之旅”赛道银奖和乡村振兴奖，该项目还获第十届全国大学生电子商务“创新、创意及创业”挑战赛甘肃赛区省级选拔赛一等奖。

张小伟 男，汉族，中共党员，甘肃庆阳人，西北师范大学高分子化学与物理专业硕士，陇东学院大学生创新创业指导中心综合科科长，化学化工学院副教授。主要承担大学生创业基础、高分子化学、化工热力学、化工仪表及自动化等课程的教学。

发表学术论文10余篇。参与地厅级以上科研项目7项，获庆阳市科技进步一等奖2项、二等奖1项，甘肃省科技进步三等奖1项。

获第四届中国“互联网+”大学生创新创业大赛优秀指导教师等荣誉称号10余项。2017年指导学生秦雪莹团队获第三届中国“互联网+”大学生创新创业大赛甘肃赛区选拔赛决赛金奖；2018年指导学生包金朋团队获第四届中国“互联网+”大学生创新创业大赛全国总决赛“红色青年筑梦之旅赛道”银奖；2018年指导学生王富龙团队获第八届全国大学生电子商务“创新、创意及创业”挑战赛全国总决赛二等奖和甘肃赛区选拔赛一等奖；2019年指导学生寇雅馨团队获第五届中国“互联网+”大学生创新创业大赛甘肃赛区选拔赛决赛银奖；2020年指导学生马驰团队获第六届中国国际“互联网+”大学生创新创业大赛甘肃省分赛“青年红色筑梦之旅”赛道银奖和乡村振兴奖，指导学生刘博团队获第六届中国国际“互联网+”大学生创新创业大赛甘肃省分赛高教赛道银奖。

范莎莎 女，汉族，甘肃西峰人，陕西师范大学英语语言学专业硕士，陇东学院外国语学院副教授。主要讲授综合英语、高级英语等课程。

曾参加省级精品课程英语语言学概论的建设。被评选为陇东学院2015年度优秀班主任。获第九届全国高校外语教学大赛（英语类专业组）甘肃赛区英语专业组二等奖；获第十届全国高校外语教学大赛（大学英语组）甘肃赛区综合组二等奖；获陇东学院教学成果奖一等奖1次、二等奖1次；获陇东学院“青年教师课堂评优赛”优胜奖1次；获陇东学院教师“实践技能大赛”奖励1次；参与完成甘肃省高等学校英语教学改革研究项目2项；主持完成陇东学院青年科技创新项目1项；在学术刊物发表论文6篇。

指导学生参加“外研社杯”大学生演讲比赛，获甘肃省赛区二等奖1次、三等奖1次。为外国语学院学生开设创新训练课程——英文电影赏析与配音，并担任学生社团“英文电影配乐社”指导教师。

耿艳艳　女，汉族，甘肃镇原人，西北师范大学文学硕士，陇东学院文学院副教授。主要讲授中国现当代文学、秘书原理与实务、秘书史等课程，从事现当代文学、秘书学相关研究。

主持并参与各级教学及科研项目6项；获校级各项奖励7次。在学术刊物发表论文20余篇。出版合著教材、专著各2部。

郭晋昌　男，汉族，中共党员，甘肃合水人，兰州理工大学博士，陇东学院机械工程学院副教授，国家二级创新创业咨询师。主要讲授创新方法与发明原理、C语言、单片机原理等课程。

主持甘肃省科技厅科研项目1项、甘肃省教育厅科研项目1项、国家重点实验室开放基金项目1项，参与国家自然科学基金2项、甘肃省教育厅科研项目1项、陕西省重点实验室开放基金项目1项。在学术刊物发表论文10余篇。出版专著1部。

2016年指导学生参加第七届全国大学生机械创新设计大赛获国家二等奖；指导学生参加首届甘肃省大学生机械创新设计大赛获甘肃省特等奖和一等奖各1项；指导学生参加第十一届“挑战杯”甘肃省大学生课外学术科技作品竞赛获省级一等奖；指导学生参加甘肃省第二届“创新杯”工业设计大赛获甘肃省金奖；指导学生参加第十一届全国大学生“恩智浦杯”智能汽车竞赛获西部赛区二等奖和三等奖各1项。

2017年指导学生参加第十二届全国大学生“恩智浦杯”智能汽车竞赛获西部赛区二等奖；指导学生参加第三届中国“互联网＋”大学生创新创业大赛获甘肃赛区银奖；指导学生参加第十一届“挑战杯”甘肃省大学生课外学术科技作品竞赛获省级一等奖1项、省级三等奖2项。

2018年指导学生参加第八届全国大学生机械创新设计大赛慧鱼组竞赛、第十届全国慧鱼工程技术创新大赛获国家二等奖；指导学生参加庆阳市创新创业大赛获庆阳市二等奖；指导学生参加第四届中国“互联网＋”大学生创新创业大赛获甘肃赛区优秀奖。

卜鹏翠　女，汉族，中共党员，甘肃白银人，西北师范大学应用心理学专业硕士，陇东学院教育学院创新创业中心主任，副教授。甘肃省妇联宣传部四级调研员，甘肃省心理学教学委员会委员，庆阳市心理咨询师协会副会长。

开展心理健康教育专题讲座300场次，学生个别心理咨询逾1 000人次，团体心理辅导逾百场。先后获“教书育人先进个人”“优秀班主任”“优秀教研室主任”等多项荣誉称号，多次获评甘肃省心理学会“心理健康教育工作先进个人”荣誉称号。

主持或参与省市级科研项目8项；在学术刊物发表论文20余篇；出版专著1部，参编教材1部。

指导校级大学生创新创业训练计划项目5项，其中，创新训练项目4项，获批国家级大学生创新创业训练计划项目1项。指导寇雅馨团队在第五届中国“互联网+”大学生创新创业大赛甘肃赛区决赛中获银奖；指导学生黄茜参加全省首届大学生心理辅导课大赛获一等奖、推荐参加全国首届大学生心理辅导课大赛获三等奖，全省仅西北师范大学、城市学院与陇东学院并列入围三等奖。

马金龙　男，汉族，甘肃华池人。陇东学院音乐学院副教授，甘肃省青年音乐家协会理事。主要从事管乐及器乐合奏的教学。

曾带领器乐专业特长生连续七年赴环县“习仲勋红军小学”参加暑期社会实践，为该校训练了大批的管乐队员，实践团队多次获校级、省级、国家级优秀实践团队，两次获省级优秀指导教师。指导2011级学生杨立主持的大学生创新创业训练计划项目被评为优秀创新创业项目，杨立同学毕业后在家乡创办“启立琴行”，产生了可观的经济效益和社会效益。

郭俊俊　男，汉族，甘肃庆阳人，哈尔滨工业大学物理电子学专业硕士，陇东学院信息工程学院讲师。

主要从事嵌入式技术、信号与信息处理方面的教学与研究工作。

主持或参与省部级教学科研项目2项。在学术刊物发表论文4篇，获国家发明专利2项、软件著作权2项。

指导学生参加创新创业竞赛10多次，其中，2017年指导学生李琪等3人在全国电子设计竞赛中获省级二等奖，2018年指导学生赵艳芳等6人在第四届中国“互联网+”大学生创新创业大赛甘肃赛区决赛中获铜奖，2019年指导学生赵峰等3人在全国电子设计竞赛中获省级二等奖。

刘冬梅　女，汉族，中共党员，甘肃宁县人。西安体育学院体育教育专业学士，陇东学院大学生创新创业指导中心项目科科长，国家二级职业指导师。

曾担任体育学院创新创业中心主任，指导2016级学生张明旺参加甘肃省首届大学生职业生涯规划大赛获省级三等奖。

胡建桥　男，满族，中共党员，甘肃庆阳人。甘肃农业大学水利水电专业学士，陇东学院土木工程学院学生工作办公室副主任，讲师。

承担流体力学、桥涵水文学等课程的教学，主要从事水文水资源、灌溉制度优化等研究工作。

主持庆阳市科研项目3项，并参与了部分省级科研项目。发表论文6篇，其中被EI收录1篇。

多次指导学生参加创新创业竞赛，其中，2018年指导学生杨涛等4人在第四届中国"互联网+"大学生创新创业大赛甘肃省分赛中获优秀奖。

许　捷　女，汉族，中共党员，甘肃镇原人，兰州交通大学管理学硕士，陇东学院经济管理学院讲师。主讲纳税申报实务、管理会计、会计学基础、税务会计等课程。

发表CPCI论文2篇，省级论文8篇，主持市厅级项目2项。

2015年指导学生邓建翔参加甘肃省首届"福斯特"会计分岗位技能大赛获得本科组三等奖；2017年指导学生陈敏参加甘肃省第三届"福斯特"税务实务技能大赛获得本科组一等奖；2017年指导学生田文珍、王红瑞参加甘肃省第三届"福斯特"税务实务技能大赛获得本科组二等奖；2017年指导学生董倩参加甘肃省第三届"福斯特"税务实务技能大赛获得本科组三等奖；2017年指导陈倩倩等3人参加第二届甘肃省高等院校企业竞争模拟大赛获二等奖；2018年指导白佳辉等4人参加第八届全国大学生电子商务"创新、创意及创业"挑战赛获得甘肃赛区二等奖；2018年指导学生张钰佳参加第四届"福斯特"税务实务技能大赛获得本科组三等奖。

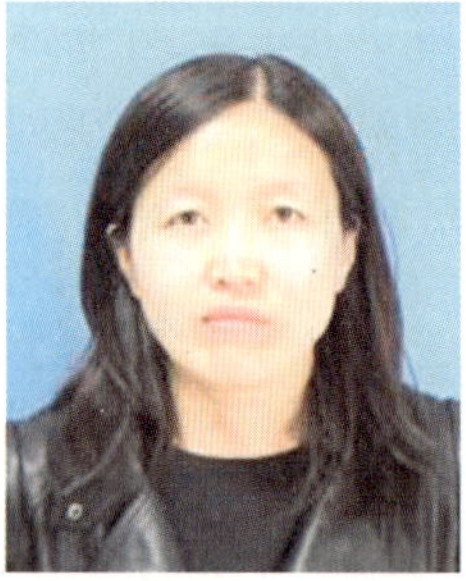

赵淼丽 女，汉族，中共党员，甘肃临洮人，天津师范大学政治学理论专业硕士，陇东学院政法学院讲师。曾获校级优秀共产党员、优秀辅导员、优秀班主任、“挑战杯”优秀指导教师等荣誉称号。

参与省厅级科研项目 2 项，在学术刊物发表论文 7 篇。

指导学生参加陇东学院第十五届“挑战杯”大学生课外学术科技作品竞赛获一等奖。

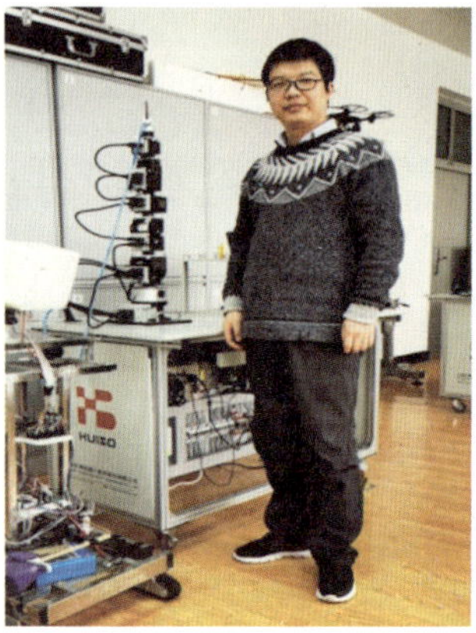

雷继海 男，汉族，陕西礼泉人，西安理工大学测试计量技术及仪器专业硕士，陇东学院电气工程学院讲师。2014 年、2018 年分别荣获陇东学院青年教师实践技能竞赛一等奖。

参与厅局级科研项目 2 项，主持校级科研项目 1 项；在学术刊物发表论文 4 篇。

指导学生参加各类电子设计竞赛 10 多次，其中，2015 年指导学生杨彩虹等 3 人在全国大学生电子设计竞赛中获国家二等奖、甘肃省特等奖；2016 指导学生王小妮等 3 人在全国大学生“恩智浦杯”智能汽车竞赛获西部赛区三等奖；2017 年指导学生龚家庆等 3 人在全国大学生电子设计竞赛中获甘肃省一等奖；2019 年指导学生张振强等 3 人在全国大学生电子设计竞赛中获甘肃省一等奖。

为进一步深化学校创新创业教育工作，加强校地、校企合作，拓展创新创业教育的载体和途径，增强创新创业人才培养厚度与宽度，为学生提供个性化、专业化的指导帮扶，形成政产学三方并重的浓厚创新创业氛围。学校先后于 2018 年 11 月和 2020 年 11 月聘任两批共 14 人为创新创业校外导师，聘期均为 3 年。

第一批有甘肃中庆财富实业集团有限公司董事长、庆阳中庆农产品有限公司董事长刘万年，庆阳澳恺食品有限公司总经理张敏，甘肃亿农信电子商务有限公司董事长、总经理田云钰，中国农业银行庆阳分行副行长张龑山，庆阳市农科院林果花卉研究所所长、庆阳市现代苹果体系岗位专家、高级工程师马杰，庆阳职业技术学院科研处处长王志强，庆阳市前进机械制造有限公司董事长、总经理帅忠奎等 7 人。

第二批有甘肃省第一层次领军人才、兰州大学经济学院教授、金融学硕士研究生导师、区域经济学（区域环境审计方向）博士研究生导师杨肃昌，兰州理工大学石油化工学院副院长、工学博士、博士生导师冯辉霞，深圳大学建筑设计研究院绿色建筑与景观工作室负责人和设计总监、客座教授李本池，数梦工场董事长兼 CEO 吴敬传，数梦工场研究院高级研究员刘长宝，甘肃环球快运商旅集团有限公司董事长、总经理毛永吉，甘肃微纳科技有限公司副总朋少东等 7 人。

张龑山　男，汉族，中共党员，甘肃环县人，大学本科学历，高级经济师，中国农业银行庆阳分行副行长，陇东学院创新创业导师，甘肃省诗词学会会员，中华诗词学会会员。

发表学术论文 10 多篇，获省农村金融学会科研成果一等奖 1 次、优秀奖 3 次。业余研习古体诗词，著有《我行我诉》诗集 1 部。

马　杰　男，汉族，中共党员，陕西绥德人，甘肃农业大学现代园艺专业本科学历，庆阳市农业科学研究院林果花卉研究所所长，正高级工程师。陇东学院特聘教授、庆阳市现代苹果产业体系岗位专家、市科技助力精准扶贫专家、市旅游景区质量等级评定委员会成员及全国黄花菜学会、甘肃省林学会、市林学会、园艺学会、林木种苗花卉协会会员。

主持论证农业科研各类项目 16 项，争取到项目 12 项，资金 170 万元。主持并参与完成的项目中获得地厅级科技进步奖 16 项，其中一等奖 3 项、二等奖 8 项、三等奖 5 项。发表学术论文 15 篇。2009 年获“庆阳市十大杰出青年”称号，2010 年和 2011 年被评为全国林业科技特派员，多次被本单位评为先进工作者及优秀共产党员。

累计推广苹果生产技术面积 4 200 亩，获经济效益 2 680 万元。建立苹果示范基地 46 个，实现经济效益 2 580 万元，指导全市栽植苹果矮化密植园 21 万亩。

近几年，组建了花卉、园林绿化苗木、苹果、杂果等 4 个科研团队。结合精准扶贫主持编写了《庆阳市农业“三区”科技人才实用技术手册》《庆阳苹果标准化生产实用技术：乔化栽培》《陇东主要适生树种培育技术》等书籍。举办苹果等经济林培训班 112 期，培训果农 12 245人次，培训技术骨干 1 100 人，培养贫困户果园管理明白人（土专家）500 人，为庆阳苹果发展起到了典型引路和示范引领作用。

刘万年　男，汉族，甘肃庆阳人，清华大学工商管理专业 EMBA 在读，现任甘肃中庆财富实业集团有限公司、庆阳中庆农产品有限公司董事长。庆阳市企业家协会常务副会长，庆阳市第二届、甘肃省第十二届人大代表，并被推选为西峰区第六届、第七届政协委员，庆阳市西峰区工商联副主席，担任甘肃省中小企业联合会副会长、甘肃省农业产业化联合会常务理事，荣获“庆阳市十大杰出青年提名奖”“甘肃省优秀青年”等荣誉称号。陇东学院创新创业导师。

始终坚持“诚实守信，以人为本”的经营理念，并以开拓创新、勤奋务实、敬业奉献的企业家精神受到业界人士和社会各界的好评。热心于社会公益活动及慈善事业，多年来为筑路建桥、赈灾济困和教育事业等捐资 600 多万元。

冯辉霞　女，汉族，中共党员，甘肃临夏人，兰州大学博士，教授，兰州理工大学创新创业学院副院长，甘肃省领军人才（第二层次），甘肃省教学名师，甘肃省师德标兵，省级应用化学教学团队、省级创新创业教育教学团队负责人，中国高等教育学会工程教育专业委员会理事，甘肃省女科技工作者协会常务理事，甘肃省科学技术普及学会理事。甘肃省优秀指导教师，中国“互联网+”大学生创新创业大赛优秀创新创业指导教师。陇东学院创新创业导师。

研究领域：创新方法应用、先进功能材料、绿色水处理技术。

主要成绩：主持国家重点研发计划创新方法专项1项，主持或参与国家自然科学基金、省级重点及企业项目20余项，省级科技进步二、三等奖6项，省级技术发明三等奖1项，以第一或通讯作者有SCI收录论文55篇，ESI高倍引论文2篇。获授权发明专利13件。

毛永吉　男，汉族，甘肃天水人，毕业于西北民族大学美术学专业，甘肃环球快运商旅集团有限公司董事长、总经理。陇东学院创新创业导师。

西峰区第七届和第八届政协委员。庆阳市电子商务协会会长，庆阳市企业家协会副秘书长，庆阳市快递协会副会长，西峰区企业家协会副会长，西峰区工商联执委，庆阳市创业指导专家，西峰区新的社会阶层联谊会副会长。连续三年被评为“西峰区优秀政协委员”和“庆阳市优秀企业家”。

朋少东　男，汉族，安徽安庆人，毕业于兰州大学。现为甘肃微纳科技有限公司总经理、安徽有朋来网络科技有限公司总经理、甘肃创产大数据科技有限公司副总经理、兰州网阵文化信息技术有限公司副总经理、兰州大学兰州校友会理事。陇东学院创新创业导师。

2018年联合甘肃欧美同学会赴甘肃文县全力参与扶贫工作。2019年获得项目管理专业人士资格认证。

2017年参加首届“大学生创新创意在银川”并获得奖项；2018年指导兰州理工大学学生参加创新创业竞赛获得优秀创新创业指导教师荣誉称号；2019年指导安徽理工大学学生张立忠等3人参加“蓝桥杯”全国软件和信息技术专业人才大赛校内选拔赛获Java软件开发组三等奖；2020年带领公司项目组成员在“国通杯”兰州大学2020年全球校友创新创业大赛获初创组二等奖。

第四章　创新创业项目及成果

2016 年以来，学校通过积极申报"甘肃省高校大学生就业创业能力提升工程"项目，获批立项 7 个，为学校争取项目经费 945 万元，有力地支持了学校创新创业教育基础条件建设。

学校鼓励教师积极开展创新创业教育改革研究，在教育理念的思考、实践体系的创建、实践平台的拓展、管理体制和运行机制的优化等方面进行了有效探索与实践。"基于专业社团与学科技能竞赛的创新创业教育探索与实践"等 8 项创新创业教育教学改革研究项目获省级立项建设。"机械设计制造及其自动化专业"获批高等学校创新创业教育试点改革专业。经济管理学院马永祥教授获"2019 年度省级创新创业教育教学名师"荣誉称号。共获资助经费 22 万元。

学校引导学生积极参加大学生创新创业训练计划项目。2012 年以来，校级大学生创新创业训练计划立项 718 项、省级大学生创新创业训练计划立项 127 项、国家级大学生创新创业训练计划立项 80 项，截至 2020 年 12 月完成 241 项结题验收。

大学生就业创业能力提升工程项目

陇东民俗文化创意产业孵化园

一、立项年份

2016 年

二、项目组成员

王宗泰　周　静　徐建新　毛晓艳　令晓君　芮彩虹　韩若洋

三、项目简介

本项目通过研究我校视觉传达设计专业的优势与不足，结合当前本专业严峻的就业形势，提出依托高校教育资源、人才培养与研发平台，以地方民俗文化艺术为基础，实现产、学、研优势互补、良性互动，构建行之有效的人才培养模式，提高学生就业创业能力，有效提升毕业生就业率（含自主创业和灵活就业）。

文化创意产业是在全球化的消费社会背景中发展起来的一门新兴产业，正逐步替代传统产业而备受经济界的推崇。陇东地区有着丰厚的民俗文化底蕴，其中的剪纸、刺绣、香包、道情皮影、石刻等都是民间艺术的瑰宝。庆阳剪纸、庆阳香包绣制、庆阳道情皮影先后被定为国家级非物质文化遗产。当地政府也采用了加强综合文化生态建设等一系列措施，对庆阳剪纸、庆阳香包绣制进行相应的保护。我院已经将上述民俗艺术引进课堂，并根据多年教学积累了丰富的经验。本项目的核心就是将庆阳剪纸、香包绣制品、道情皮影、石刻、泥塑等文化元素与现代设计相结合，研发既能够传播传统文化内涵，又能够具有实用装饰价值的产品，通过产业化的思维与经营模式来进一步提升文化的内涵，赋予文化产品更多的价值，使消费者在消费文化创意产品的同时，不单单是单纯地购买某个商品，更多的是感受到生活的美学价值和文化的新的蓬勃生命力。在满足消费者物质、精神追求的同时，也带来设计者、生产者、销售者的经济效益。在将来的教学中，我院拟在陇东民间艺术研究的基础上，充分发挥高校科研优势，组建项目团队进行陇东民间艺术创意产业开发与研究，为学生提供良好的创新创业平台，以全新的、实用的产品形式推广和传承民间艺术，大力提升大学生就业创业能力。

四、项目成果

（1）有效提升我校视觉传达设计专业学生的创新创业能力，给学生提供更为广阔的就业空间和方向。

（2）优化地方设计专业人才的能力和结构。项目建成后，能够为本地区培养一批既掌握扎实的专业基本功，又充分了解地方民俗文化特色，并且能将二者完美结合进行产品创意开发的专业人才，同时为当地政府提供政策咨询，提出建立“农户＋合作社”的规模化生产、销售基地，将文化产业开发与老区脱贫致富紧密结合。

（3）增强学校的社会服务能力。通过开发生产各类文化创意产品，增强学校与地方经济、文化的交流和互动，充分体现学校的地方性办学定位和服务社会的功能。

（4）对本地区经济、文化发展具有积极意义。随着陇东地区对外经济、文化交流的逐年增多，我们所设计开发的文化创意产品也会逐渐扩大市场，除了能够创造更多的就业创业机会之外，还能为地方经济发展和文化交流带来一定的促进作用。

陇东学院大学生创新创业孵化基地建设

一、立项年份

2016 年、2017 年

二、项目组成员

许尔忠　刘建宁　吕朝龑　张海铭　郭　祎　张小伟　郭俊俊

三、项目简介

陇东学院地处全国重要的革命老区、全国重要的能源化工基地——庆阳市。前身是1978年成立的庆阳师范高等专科学校。2001年庆阳地区农业科学研究所和庆阳地区农业学校整体并入，2003年经教育部批准成立陇东学院。2012年庆阳卫校整体并入。学校实行省地共建、以省为主的办学体制。学校占地面积1 400余亩，校舍建筑面积55万平方米，现有全日制在校生16 166人，设文学院等19个二级学院、60个本科专业，面向全国24个省市区招生，现有教职工1 073人，其中专任教师794人。

学校坚持“教学型、应用型、地方性”的办学定位，立足老区，为陇东能源化工基地建设服务，努力建设特色鲜明、优势突出、与区域经济社会发展良性互动的应用型本科院校。在“大众创业、万众创新”的大背景下，学校积极推进创新创业教育改革工作，把创新创业教育有机融入专业教育，纳入学校改革发展规划及学校人才培养体系，主动适应经济发展新常态，积极开展创新创业活动。

目前，学校正处于转型发展的关键时期，积极参与“甘肃省高校大学生就业创业能力提升工程”，建设陇东学院大学生创新创业孵化基地项目，加强创新创业教育，这对提高学校教育质量，促进学校专业教育与科技、经济、社会紧密结合，助力学校转型发展，培养高质量的应用型人才具有重要意义。

四、项目成果

(1) 2016年项目实施后，使学校大学生创新创业基地基本实践实训条件和学生的创新创业环境有了很大改善，主要体现在以下几个方面：

① 给每个学生工作室都配备了电脑桌椅，学生创新创业基础条件基本具备。

② 给陇艺剪纸工作室、数字传媒工作室增配了相关实践实训设备，学生创新创业活动基本能够全面开展。

③ 对创新创业基地各工作室内外环境进行了布置，既达到了美化环境的目的，各入驻项目团队也达到了宣传的效果。

④ 对大学生创新创业基地内外进行了维护装修，大学生创新创业基地内外环境得到进一步美化，功能进一步完善。

⑤ 建设了菜鸟驿站，一方面给学生提供了勤工俭学的机会，另一方面对学校的创新创业工作和学生创新创业项目建设推广有一定的促进作用。

(2) 2017年项目实施后，建设目标明确，主要体现在以下几个方面：

① 健全创新创业实践平台。根据专业特性和现有条件，健全学校创新创业孵化基地和19个二级学院创新创业中心的运行机制和基础设施，为学生创新创业提供充足的实验实践条件，建立信息化服务平台，实时提供国家及地方政策、市场动向、项目指南等信息。

② 完善管理服务制度。对创业学生实施规范管理服务，制定建立有效的管理服务制度，激励奖励制度，将学生创新创业实践纳入学分认定范围，把教师指导学生进行大学生创

新创业训练计划项目计入工作量，对学生开展的各项创新创业活动或成果进行奖励，并做好创业项目对接、知识产权交易、工商注册、租金税收等服务。

③ 建立创新创业师资队伍。各二级学院配备至少 1 名创新创业骨干教师，聘任至少 3 名创新创业兼职教师。每年至少派出 1 名教师参加创新创业培训班或骨干研修班学习。有计划地选派教师到相关行业企业进行岗位锻炼。积极开展创新创业教育改革与研究，争取进入省级创新创业教育教学名师、创新创业教育教学团队、创新创业教学改革项目行列。

④ 实施创新创业"苗子"工程。注重发现创新创业的"苗子"，各二级学院每年至少培育 1 个创新创业"苗子"，确定项目内容，组建项目团队，入驻学校创新创业孵化基地进行培育，并实行持续帮扶和全程指导。

⑤ 组建创新创业社团。按项目类型组建创新创业社团，为各项目组成员提供交流和分享的平台，鼓励学生跨专业、跨年级组建社团，社团每年在 10 月份进行纳新，形成传、帮、带的良性循环机制，使创新创业工作具有继承性和持续性。

⑥ 开展创新创业培训。大学生创新创业指导中心根据学生需求，每年 6 次定期开展创新创业知识、就业形势和政策、职业资格、职业技能等各类培训。同时，与有条件的教育培训机构、行业协会、群团组织、企业联合开发创业培训项目，激发大学生创新创业的意识和激情，提高大学生创新创业的知识、能力和素质，帮助学生就业。

陇东学院商务实践基地建设

一、立项年份

2017 年

二、项目组成员

刘建宁　曲　涛　马永祥　郭　祎　毛粉兰　郭威威

三、项目简介

在教育部、国家发展改革委、财政部《关于引导部分地方普通本科高校向应用型转变的指导意见》的引领下，在省教育厅的大力支持下，在学校应用型大学办学定位的指导下，基地以培养适应陇东地区经济社会发展需要的高质量应用型人才为目标，落实应用型教学指导思想建设、应用型师资队伍建设、应用型课程体系建设、应用型教学设施建设，通过 3～5 年的反复规划、实施、反馈、评价、纠错、改正，将陇东学院商务实践基地建设成为学校教学及创新创业的专业建设基地、实践教学基地、教师能力培养基地、人才培训孵化基地、教育教学改革基地、产学研合作基地、科研成果推广基地、实践教材编写源泉和服务社会基地"九大基地"的综合体，推动学校规范基地管理制度，提升师资教学应用水平，深化实践教学基地模式，提高实践教学指导水平，促进实践教学基地可持续发展，打造实践教学基地品牌，培养创新创业人才，提升社会服务功能。

四、项目成果

(1) 建立健全实践教学基地的教学运行、学生管理、安全保障等规章制度。

(2) 建成陇东学院商务实践中心，包括企业模拟实训中心、财务预算中心、经济分析预测中心、电子商务培训中心、创新创业项目孵化中心和创新创业能力培训中心。

(3) 组建一支专业理论知识扎实、岗位实践经验丰富的实践教学基地师资队伍。定期组织相关的学习、交流和培训，不断提高教师队伍的实践教育教学能力和整体水平。

(4) 制订电子商务专业实践教学的目标和培养方案，建设专业实践教学的课程体系和教学内容。改革实践教育考核评价方法，促使考核方式由主要依靠理论考试转化为实践技能操作的中心。

(5) 整合师资力量，编制实践教学教材，并以此构建实践教学内容，实施实践教学过程，促使整个实践教学过程高效有序，突出教学成果。

(6) 建立开放共享机制，发挥基地的辐射作用，为院内其他专业以及其他高校提供实践教学平台或提供经验借鉴。

(7) 建成一批反映应用型大学标志的实验中心，包括但不限于企业模拟实训中心、企业财务预算中心、经济分析预测中心、电子商务培训中心、创新创业孵化中心、创新创业能力培养中心等。实现商业活动社会化及校企合作办学的目的。

陇东民俗文化创意产业孵化中心

一、立项年份

2017 年

二、主要成员

王宗泰　周　静　徐建新　毛晓艳　令晓君　芮彩虹　王　伟　李　宁　韩若洋

三、项目简介

陇东地区有着丰厚的民俗文化底蕴，其中的剪纸、刺绣、香包、道情皮影、石刻等都是民间艺术的瑰宝。庆阳剪纸、庆阳香包绣制、庆阳道情皮影先后被定为国家级非物质文化遗产。当地政府也采取了加强综合文化生态建设等一系列措施对庆阳剪纸、庆阳香包绣制进行相应的保护。我院已经将上述民俗艺术引进课堂，并根据多年教学积累了丰富的经验。本项目的核心就是将庆阳剪纸、香包绣制品、道情皮影、石刻、泥塑等的文化元素与现代设计相结合，研发既能够传播传统文化内涵，又能够具有实用装饰价值的产品，通过产业化的思维与经营模式来进一步提升文化的内涵，赋予文化产品更多的价值，使消费者在消费文化创意产品的同时，不单单是单纯地购买某个商品，更多的是感受到生活的美学价值和文化新的蓬勃的生命力，在满足消费者物质、精神追求的同时也带来设计者、生产者、销售者的经济效益。在将来的教学中，我院拟在陇东民间艺术研究的基础上，充分发挥高校科研优势，组建项目团队进行陇东民间艺术创意产业开发与研究，为学生提供良好的创新创业平台，以全新的、实用的产品形式推广和传承民间艺术，大力提升大学生就业创业能力。

四、项目成果

（1）立足陇东地区，深度挖掘陇东民俗文化的精髓，结合艺术设计专业特点，主动积极联系地方企业和民间艺术家，多维度培训学生的专业技能和创新意识，以提高学生的创意设计能力、加工生产能力和产品营销能力为目标，全面提高学生的创新精神和创业能力。

（2）进一步完善学院的硬件设施，优化师资队伍，建立适应社会发展和市场需求的实践教学体系、实习实训机制和基地管理体制，力争在一年内建成集教学、创意产业开发、技能培训、生产销售四大功能于一体的具有职业教育特色、达到省内先进水平的综合性创新基地。

（3）进一步深化"产、学、研"相结合的办学模式，实现"课堂与实训场地合一，实训与生产合一，教学与技术开发服务合一"的人才培养模式。以设计实践开发中心为纽带，扩大与校外企业的合作，将企业项目引进实践基地，由企业设计人员、专业教师和学生共同完成项目，实现教学、生产、技术研究和开发多种功能，达到企业、学校、学生的"三赢"。

（4）项目建成后，可设计并生产销售的产品涵盖装饰艺术、办公用品、生活用品、礼品等多个领域，如利用陇东剪纸中"抓髻娃娃""生命树""吉祥图案""虎、蛙等图腾符号"等文化元素进行创意设计与生产，结合南梁红色旅游开发项目进行纪念品设计等。

陇东学院大学生就业创业能力提升训练基地建设

一、立项年份

2018 年、2019 年

二、项目组成员

许尔忠　刘万锋　郭　祎　毛粉兰　马永祥　张小伟　郭俊俊　赵铁军　许　捷

三、项目简介

陇东学院是一所全日制综合性省属普通本科院校，地处甘肃省庆阳市。学校设 20 个二级学院和继续教育学院、62 个本科专业，涉及文、理、教、工、农、管、法、医等 11 个学科门类，现有全日制在校生 15 233 人。

学校高度重视大学生创新创业工作，坚持把创新创业教育充分渗透到"本科标准""职业能力"的各个方面，渗透到教育教学全过程，形成了以"深化创新创业教育改革"为引擎，学校领导小组、大学生创新创业指导中心、二级学院工作小组"三级组织"联动，创新创业基础课、通识选修课、专业实践实训课"三类课程"渗透，学校创新创业基地、二级学院创新创业中心、各个专业实验室"三个平台"互倚，创意、创新、创业"三种实践"互促的"一擎四轮"创新创业人才培养模式。学校共开设创新创业通识选修课 34 门、专业实践实训课 104 门、网络课程 1 门；建成 1 000 多平方米的大学生创新创业基地，下设"民俗文化""电子商务""数字传媒""机电设计""软件开发"等 5 个众创空间和"菜鸟驿站"1 个创业实践基地，共有 22 个创新创业团队入驻基地。聘任了 36 名创新创业导师对项目进行指导。建立了 19 个二级学院创新创业中心，并依托经济管理学院创新创业中心建成“陇东学院商务实践基地”，为地方企业开展项目策划 100 余项，培训企业经营管理人员 12 000 多人次。大学生创新创业训练计划项目获国家级立项 41 项，省级立项 30 项。近三年，学生在创新创业大赛中获省级以上奖励 18 项；在学科技能竞赛中获得省级以上奖励 475 项；注册小微企业 17 家。

四、项目成果

(1) 遵照学校各专业新一轮人才培养方案修订工作，完善创新创业人才培养模式，促进专业教育与创新创业教育有机融合，建立适合创新创业人才培养的长效机制。

(2) 建成陇东学院大学生就业创业能力提升训练基地，包括创新创业教育研究室、职业素养能力训练室、组织管理能力训练室、市场调研分析室、创业政策咨询室、创业项目策划室、多功能项目展演室、企业模拟训练室、商务谈判训练室、电子商务实训室，训练室全天候面向学生开放，配备专职指导教师定期指导。

(3) 开发一批适合我校大学生就业创业能力提升的培训项目，提升学生就业创业的基本能力，培养学生的创业意识及思维，同时为学生参加各类创新创业比赛服务。

(4) 落实中央、省、市“精准扶贫”要求，有针对性地开发相关就业创业培训项目。提升在校贫困大学生职业素养，拓宽贫困大学生就业渠道，为地方政府提供就业创业人才培训服务。

(5) 组建一支专业理论知识扎实、岗位实践经验丰富的创新创业师资队伍，指导大学生创业项目的策划、论证、模拟运营及实施，定期组织相关的学习、交流和培训，不断提高教师的创新创业教学能力。

陇东学院机器人创新工场建设

一、立项年份

2018 年

二、项目组成员

许尔忠 马悦宁 刘万锋 弥 宁 郭 祎 李高清 李相锋

三、项目简介

2017 年 7 月，国务院下发《新一代人工智能发展规划》，人工智能正式上升为国家战略。规划中明确提出：建设人工智能学科，完善人工智能领域学科布局，设立人工智能专业，推动人工智能领域一级学科建设，增加人工智能相关学科方向的博士、硕士招生名额。鼓励高校在原有基础上拓宽人工智能专业教育内容，形成“人工智能＋X”复合专业培养新模式，重视人工智能与数学、计算机科学、物理学、生物学、心理学、社会学、法学等学科专业教育的交叉融合。加强产学研合作,鼓励高校、科研院所与企业等机构合作开展人工智能学科建设。

党的十八大以来,我国科技创新能力显著提升,主要创新指标进入世界前列,科技创新水平加速迈向国际第一方阵,实现了历史性、整体性、格局性重大变化,“科技创新”“人工智能”等话题也成为当下两会热议话题。“人工智能”应该是今年全国两会期间被提及频率最高的科技词汇,而在愈发澎湃的人工智能浪潮中,应用落地已是大势所趋。占据未来全球创新生态系统的制高点,当然需要与之匹配的人才。人类梦想的实现,不仅需要丰富的想象力,更需要新时代的工科学生具有全球化的开阔眼界、交叉融合的知识体系,以及为了理想付诸实践、敢于创新创业的行动能力和团队精神。“新工科”建设以此为愿景,结合新技术、新业态、新产业的具体内容,提出了指导我们共同推动教育变革的行动计划。机器人技术和人工智能技术方兴未艾,新的智能产品层出不穷,新工科人才的培养必须面向未来,面向新兴产业发展,面向更多技术、商业模式、潜在需求交融的可能性。培养学生具有创新创业意识,必须从多个层面、多个维度提升学生的综合素质,拓宽视野,学会跨界思维,从而获得个人的竞争能力。

“十三五”期间,学校将认真贯彻教育部、国家发展改革委、财政部《关于引导部分地方普通本科高校向应用型转变的指导意见》,围绕深度转型发展主题,抓产教融合、校企合作主线,坚持“面向需求,转变方式,突出特色,提高质量”的工作方针,实现学科专业体系、培养过程、体制机制“三个优化”,促进办学方式、培养方式“两个转变”,力争人才培养、科学研究、社会服务、文化传承“四个提升”,切实增强学校综合办学实力和核心竞争力,把学校建设成为特色鲜明、优势突出、与区域经济社会发展良性互动的应用型大学。

四、项目成果

(1)整个培养体系采用系统模块系统教学,学生通过对模块学习和研究后,选择相关项目进行模块的整合。在项目实践过程中,理解和把握课程要求的知识和技能,培养分析问题和解决问题的思想和方法,同时希望对不同模块深入研究,探索出创新点。

(2)智能机器人是涉及结构、电子、控制、软件、通信、算法等多学科知识的综合学科,该建设项目以陆、水、空不同形态的机器人为载体,在提升师生研究兴趣的基础上构建完整的知识体系。

(3)以科技竞赛为平台,不断训练学生,将理论与实践相结合。同时,借助竞赛让学生感悟课程开设的意义以及能从事哪些相关工作,提升自身实力和社会认可度,能够培养出优秀团队代表学校参加比赛以及承接相关企业项目设计。

陇东地区 BIM 人才精准服务平台建设项目

一、立项年份

2018 年、2019 年

二、项目组成员

刘万锋　孙　波　闫铁成　胡建桥　曹李祥　高懿琼

三、项目简介

BIM(Building Information Modeling)是以三维数字技术为基础,集成了土木工程项目各种相关信息的产品信息模型,是对工程项目设施实体与功能特性的数字化表达。BIM技术可有效解决工程项目不同阶段的“信息断层”和“信息孤岛”问题,实现各阶段不同参与方、不同应用软件之间的信息共享、集成和管理,从而减少浪费、提高效率、提升管理水平,实现建设过程的增值。对建筑企业而言,BIM技术在施工阶段应用对于节约成本、加快进度、保证质量等方面可起到重要的作用。同时,BIM技术的不断深入应用对我国建筑行业的创新创业发展将带来巨大的价值。BIM应用现状调研显示,在项目中应用BIM技术的主要风险中有63.55%是BIM人才的缺乏导致的;61.28%的企业表示,由于缺乏BIM方面的专业人才,致使在实施BIM时遇到困难;72.44%的企业表示,目前BIM应用最迫切的事情是培养BIM人才。

四、项目成果

(1) 申报全国BIM培训认证中心(陇东学院考点)。
(2) 计划每年向陇东地区输送BIM应用技能人才(本科层次)50余人。
(3) 计划每年在陇东地区举办BIM技术培训一次。

创新创业教育教学改革研究项目

基于专业社团与学科技能竞赛的创新创业教育探索与实践

一、项目负责人

弥　宁　教授,机械工程学院院长

二、项目组成员

寇元哲　贺文江　郭晋昌　边建潇　王建吉　连　潇　敬志臣　罗宏博　胡天林　张建锐

三、项目建设周期

2016年12月—2018年12月

四、项目简介

近年来，国家相继颁发《关于深化高等学校创新创业教育改革的实施意见》《关于引导部分地方普通本科高校向应用型转变的指导意见》等文件，要求深化高等学校创新创业教育改革，推动高校转型发展，把高校办学思路真正转到培养应用型技术技能型人才上来，转到增强学生就业创业能力上来，要建立“创新应用型技术技能型人才培养模式”。

陇东学院目前处于应用型本科院校深度转型发展的关键时期，从深化创新创业的角度而言，亟须对教育教学进行根本性改革以适应经济发展新常态。学校当前主要任务是深化创新创业教育改革，提高大学生就业创业能力。学校已经成立了大学生创新创业基地，在每个二级学院也成立了相应的创新创业基地，来系统指导创新创业教育。

机械工程学院于2013年自主成立了科技发明协会，最初发展很缓慢，成员也只有十多人。2014年，学院决定规范管理学生社团，把社团的发展与大学生的学科技能竞赛结合起来，并逐步投入资金，购入一些基本的测试仪器，并提供活动场地。2015年，学院将科技发明协会更名为科技创新协会，把社团工作与大学生的创新创业教育实践结合起来，引导学生开展创新创业工作。社团依托机械工程学院组织开展“大学生研究训练计划SRTP”，组织会员参加国家、省、学校举办的“机械创新设计大赛”“工业设计大赛”“‘挑战杯’大学生课外学术科技作品竞赛”“智能车大赛”“电子设计大赛”等。另外，社团依托机械学院良好的师资力量针对大学生进行专业的指导培训。培养学生的科技发明创新能力，形成一种良好的科学创新、自主创业、积极参加各类学术与创业计划的氛围。近年取得了一定的成绩，一定程度上也提升了人才培养质量。

五、课题的主要观点与研究成果

本课题是应用型本科院校推进创新创业教育改革，搭建分层和多样化的创新创业实践平台的教学研究课题。课题从学校的实际出发，基于专业社团与学科技能竞赛培养了一批学生，提升了教师队伍，健全了社团管理体制。通过社团构建全方位、多层次、多模式的创新能力实践平台，建立“全方位、常规化”学生课外创新体系，探索专业教育与创新创业教育融合、第一课堂和第二课堂融合。借助专业社团倒逼的人才培养模式的改革，促进了创新人才培养的质量。

第一，高校要推进创新创业教育改革，一定要搭建分层和多样化的创新创业实践平台。建设学生科技类社团、创新兴趣小组、学生自发组织的科技创新沙龙与学术论坛，使有兴趣的学生从进入大学校门伊始，就能够找到与个人兴趣相结合的“科创小组”。各科创工作室、实验室、工程训练中心等都应开放，学生可以进行选择。支持举办各类科技创新、创意设计、创业计划等专题竞赛，以赛带训，增强创业教育的实践性和现场感。

第二，要构建全方位、多层次、多模式的创新能力实践平台，可从工程训练综合能力培养平台、竞赛实践平台、大学生创新团队平台、学术科技节平台等入手。

第三，专业教育与创新创业教育融合、第一课堂和第二课堂融合，是深化创新创业教育的有效途径。在专业教育引入创新创业教育，创业创新教育嵌入人才培养体系、融入专业教学范畴、纳入教学评价渠道，从人才培养方案的知识、技能和应用体系中研究融合，从培养目标、课程体系和考核评价上体现融合，从日常教育教学的管理体系中显现融合。依靠项目驱动，构建创新创业教育培养体系。

第四，工程领域创新创业教育，要注重引入软件工具辅助工程设计，促进理论教学、实验和项目实践紧密结合。

六、成果的实践效果或应用情况、社会影响等

第一，社团学科竞赛成果丰硕，学校的影响逐步加大

两年来，组织会员参加全国大学生机械创新设计大赛、“恩智浦杯”全国大学生智能汽车竞赛、首届甘肃省大学生机械创新设计大赛、2016年中国技能大赛——第44届世界技能大赛甘肃选拔赛、第九届“高教杯”全国大学生先进成图技术与产品信息建模创新大赛、中国智能车大赛、全国大学生电子设计竞赛、中国“互联网＋”大学生创新创业大赛等，分别荣获国家级比赛二等奖2项、三等奖1项，省级比赛特等奖2项、一等奖1项、二等奖10项，校级比赛一等奖4项、二等奖8项、三等奖12项、优秀奖1项。

在学校的各项学科技能竞赛中表现突出，在首届陇东学院大学生创新创业成果展示交流会上，学院获得“优秀组织单位”称号，8项成果分获一、二、三等奖及优秀奖，获奖数量、质量均居全校第一。在今年学校举办的“挑战杯”大学生课外学术科技作品竞赛中，学院获得“优秀组织单位”称号，10项成果分获一、二、三等奖及优秀奖，获奖数量、质量均居全校第一。一年来，在学校举办的多项单科学科竞赛中也取得不俗成绩，依托社团发展的创新创业工作已成为机械学院的特色与亮点。

尤其是去年5月4日，学校在机械工程学院召开创新创业工作现场观摩会，许尔忠副院长出席观摩会并讲话。各学院院长、主管教学副院长，教务处、高教所负责人共50多人参加了会议。会上，我们向与会人员介绍了机械工程学院依托社团和学科技能竞赛开展大学生创新创业工作的发展历程、工作经验和后续计划，与会人员参观了机械工程学院创新实践中心。观摩会上还举行了机械工程学院创新实践中心和学生社团科技创新协会揭牌仪式。

第二，通过创新实践项目训练，学生专业能力得到提高

在创新项目的实施过程中，学院从让学生从项目预答辩开始到项目申请书填写再到中期检查和最后的项目完成演示。整个流程中，学生从思路的设计到可行性分析，以及应用各种绘图软件、仿真软件，在创新实践中结合运用所学知识进行产品的调试和改造。这个过程中，学生主动探索搜寻与学科有关知识数据，同时在课堂教学中，更加认真去聆听和体会老师所讲授的专业知识。学院二年级以上的学生基本对与Pro/E、Cro/E的运用达到全面覆盖化，同时对于机械设计基础等课程的学习也更加自主化。

第三，在创新实践项目训练学生的带动下，学风好转

为了扭转学生在课余时间无所事事，把大量的时间用在宿舍睡觉和玩游戏这种现象，学院搭建平台、创造条件，大力支持学生参与创新创业和体育文化活动，吸引不同爱好的学生参与到不同的活动中来，取得了一定的成效。很多学生已经不在宿舍玩游戏而是来到科技创新协会实验室进行项目的制作和知识的学习。加之我院每年选派学生代表去省外参加各类创新比赛，而且还会组织学生去兰内高校进行学习交流。这样使得学院的大部分学生会积极主动地参与创新实践项目，进而争取得到更多的外出比赛学习机会。相信在这样的一种氛围陶冶下，学院的学风会越来越好。

第四，项目实施取得了一些成果，扩大了影响

项目实施带动了机械工程学院整个教学改革氛围，在人才培养模式、教学模式改革、实践教学等方面都做出了有益的尝试。项目组累计发表相关教改论文4篇，取得各种专利6项，参与指导创新创业项目及学科竞赛获奖超过30项。

通过项目的实施，2018年学院机械设计制造及其自动化专业获批省级创新创业教育试点改革专业，同时还获批省级特色专业。

大学生创新创业实践课程体系的研究与改革

一、项目负责人

彭昌宁　教授，继续教育党总支书记

二、项目组成员

雷继海　齐晓龙　王彦璋　吴治荣　李高清

三、项目建设周期

2016年12月—2018年12月

四、项目简介

当前，我国已经建成了世界上最大规模的高等教育体系，为现代化建设做出了巨大贡献。但随着经济发展进入新常态，人才供给与需求关系深刻变化，面对经济结构调整、产业升级加快步伐、社会文化建设不断推进，特别是创新驱动发展战略的实施，高等教育结构性矛盾更加突出，同质化倾向严重，毕业生就业难和就业质量低的问题仍未有效缓解，生产服务一线紧缺的应用型、复合型、创新型人才培养机制尚未完全建立，人才培养结构和质量尚不适应经济结构调整和产业升级的要求。

积极推进转型发展，必须采取有力举措破解转型发展改革中顶层设计不够、改革动力不足、体制束缚太多等突出问题。特别是紧紧围绕创新驱动发展、中国制造2025、“互联网+”、“大众创业、万众创新”等国家重大战略，找准转型发展的着力点、突破口，真正增强地方高校为区域经济社会发展服务的能力、为行业企业技术进步服务的能力、为学习者创造价值的能力。各地各高校要从适应和引领经济发展新常态、服务创新驱动发展的大局出发，切实增强对转型发展工作重要性、紧迫性的认识，摆在当前工作的重要位置，以改革创新的精神推动部分普通本科高校转型发展。

应用型本科教育是以高级应用为目的的专业性通才教育，以现代工程师为培养目标，是学历教育和职业素养教育的统一。因此，较强的工程意识和实践动手能力显得尤为重要。

五、课题的主要观点与研究成果

（1）明确创新创业实践教学体系建设思想和实践教学的地位

实践教学是大学工科教育培养计划中与理论教学相联系但又独立于理论教学的一个重要组成部分。实践能力的培养不应附属于理论教学，要与设计理论教学体系一样重视实践教学体系的设计。

创新创业实践教学体系建设必须以工程能力培养为核心，工程和社会是紧密联系的，工程实践应和人文社会实践相结合，使学生在工程实践的过程中学会做人、做事，锻炼适应社会的能力。

（2）整合“大学生创新创业实践课程”教学内容

在整个创新创业教育模式中强调以就业为导向。以培养、提高学生综合素质和创新创业能力为出发点，全面规划创新创业教育的阶段目标，实现人才、就业、创新创业的统一。

在构建创新创业教学体系过程中突出课堂理论教学和创新创业实践紧密结合，在大学期间将创新创业教育贯穿于专业课程、学科建设、“两课”、大学生就业指导课程等各个过程。完善学生综合素质，将第一课堂与第二课堂相结合来开展创新创业教育，形成以专业为依托、以项目和团队为组织形式的“创新创业教育”实践群体，适时调整专业知识结构，寻找进入社会的切入点。

（3）构建分层次递推式的创新创业实践课程教学模式

构建创新创业实践课程教学模式，要以“厚基础、重实践、以学生为本”的综合素质与创新创业能力培养为核心。为实现培养目标，体现实践教学的重要地位。项目组提出分层次递推式的创新创业实践课程教学模式。

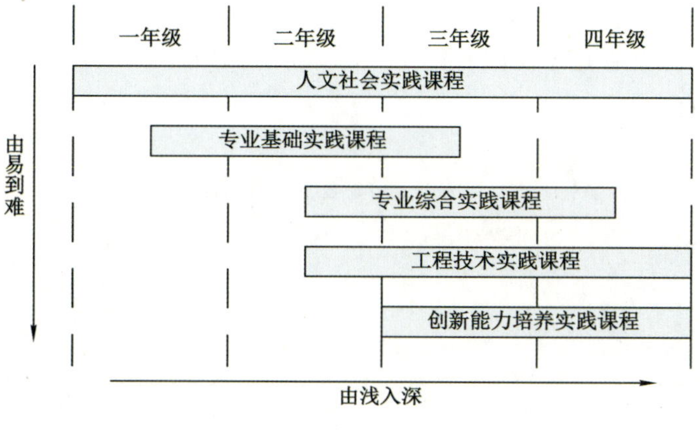

六、成果的实践效果或应用情况、社会影响等

通过实施创新创业实践教学改革方案，截至目前，在人才培养方案完善、学科竞赛成果、创新创业训练、毕业设计、毕业生质量等方面取得了显著成效。

第一，人才培养方案完善。学生创新能力的培养是一个循序渐进的过程。通过深入研究学科竞赛及科技创新活动与创新人才培养之间的关系,不断修订完善工业工程专业人才培养计划、课程教学大纲和实验大纲,使学科竞赛为创新型人才培养服务的导向作用更加明确,形成科学、系统的创新人才培养方案。

第二,学科竞赛成果。积极组织学生参加各类学科竞赛,并将竞赛内容与实践教学内容相结合。随着实践教学改革的不断推进,组织校内赛的种类和规模不断增大,参加校外学科竞赛的学生人数也逐步上升,竞赛成绩不断提高,在多个赛事中实现一等奖项的零突破。

第三,大学生创新创业训练计划项目。近年来,每年申报大学生创新创业训练计划项目的人数逐步上升,项目质量不断提高,并有多项项目获批国家级大学生创新创业训练计划项目。

第四,毕业设计。近两年来,每一届毕业生毕业设计的选题逐渐向指导教师科研项目、科技创新活动内容倾斜,部分毕业设计即为指导教师科研项目的子课题。学生对毕业设计的研究内容有浓厚兴趣,参与积极性高,取得成效较好。

第五,毕业生质量。通过创新创业教学改革,学生具备了较强的动手能力和创新能力。近几年来,我院毕业生就业率在全校名列前茅。毕业后,学生都能迅速适应工作岗位,并在技术工作中独当一面,受到各用人单位的一致好评。尤其是在学校期间参加过各类学科竞赛、科技创新活动、教师课题的学生更是后劲十足,表现出色。

地方性本科院校大学生创新创业孵化机制研究与实践

一、项目负责人

毛粉兰　教授,经济管理学院院长

二、项目组成员

郭威威　马永祥　张小伟　李　涛　肖海霞　石林溪　李　星　王玉岳　张松柏

三、项目建设周期

2017 年 12 月—2019 年 10 月

四、项目简介

当前,地方本科高校转型发展备受关注,成为深化教育综合改革的重要内容,大量政策文件对于地方本科高校转型发展需要转什么、怎么转、转到哪里去已经有了总体性的框架认识和规定。2015 年 11 月,教育部、国家发展改革委、财政部下发的《关于引导部分地方普通本科高校向应用型转变的指导意见》(教发〔2015〕7 号)中指出,当前人才培养同质化严重,高等教育结构性矛盾突出,培养适应生产服务一线紧缺的应用型、复合型、创新型人才是当前高等学校转型发展的重中之重。文件要求地方高校应紧紧围绕创新驱动发展、中国制造

2025、“互联网＋”、“大众创业、万众创新”等国家重大战略，找准转型发展的着力点、突破口，真正增强地方高校为区域经济社会发展服务的能力，为行业企业技术进步服务的能力，为学习者创造价值的能力。这一文件精神也是对2015年5月4日印发的《国务院办公厅关于深化高等学校创新创业教育改革的实施意见》(国办发〔2015〕36号)关于“将高等学校创新创业教育改革提高到国家实施创新驱动发展战略、促进经济提质增效升级的战略地位”的积极回应。李克强总理在2015年10月开始举办的首届中国“互联网＋”大学生创新创业大赛总决赛现场指出：“大学生是实施创新驱动发展战略和推进‘大众创业、万众创新’的生力军。”以互联网为主要依托的信息化是实现大学生创新创业实践的重要手段和展示高校创新创业成果的重要平台。

五、课题的主要观点与研究成果

(一) 本科院校创新创业实践教育的困境与出路研究

该研究成果主要体现在2017年12月马永祥等发表的《本科院校创新创业实践教育的困境与出路》一文中，该文总结了当前高等教育已经从精英教育阶段进入大众化阶段，正在稳步向普及化阶段迈进。在人口大国的基本国情下，在经济升级转型与供给侧结构改革双层压力下，新增就业岗位极其有限，国有企业、政府机关和企事业单位吸纳高校毕业生的能力明显不足，大学生就业形势不容乐观。为提升大学生就业技能，提高就业质量，创新创业教育与实践是当前高等教育改革的重要使命。

文章分析了本科院校创新创业实践教育存在的七个方面困境：① 培养目标认识不到位。在人才培养实践过程中，部分院校的领导、管理人员、师生尚未对创新创业教育形成深刻、理性的认识，对培养目标的认识存在一定偏差。部分高校将创新创业教育单纯理解为培养企业家的单一功能，这种狭隘的认识具有典型的功利化倾向；也有部分高校将创新创业教育片面理解为职业教育，旨在缓解大学生的就业压力，体现出职业型的价值取向。培养目标认识偏差将导致创新创业教育缺乏正确有效的价值导向，影响了创新创业教育课程的设置、实践活动的开展以及质量评价的实施等一系列工作。② 教学模式不够优化。普通本科院校现行的创新创业教育课程存在数量有限、覆盖面窄、课程教学效果不佳、模式单一、与专业课程融合度欠缺等系列问题，而且教材开发严重滞后，以讲授为主的教学方式陈旧单一，教学效果欠佳，针对性、实效性较弱。③ 师资队伍建设落后。当前，相当部分院校存在严重的创新创业教育教师队伍结构不合理、教师培训制度不系统、评价与奖励制度不完善等问题。④ 质量评价体系不健全。长期以来，高等教育质量以政府为主要甚至是唯一的评价主体，社会中介机构、企事业单位较少参与其中，导致评价主体单一，评价指标体系不尽合理。⑤ 服务保障体系不完善。我国本科院校普遍存在创新创业管理组织缺位或者即使有创新创业管理组织存在但功能严重缺失，缺乏必要的科学合理的管理制度，缺少直接参与大学生创新创业活动的职能体现，更多体现的是行政管理机构的职能。存在实践平台普及率不高，学生参与率低，信息建设滞后等服务不到位、不及时甚至缺位的情况。⑥ 经费投入不足。高校创新创业教育经费严重依赖财政资金，企事业单位、行业协会、公益团体和私人等捐助的创业基金参与的高校创新创业科研实践较少。⑦ 校园文化氛围欠缺。大学校园往往将“考证族”“考研族”“考碗族”“找工作族”看作正能量，而“创业族”有时候被看作不务正业，很多师生认为创新创业对大学生来讲只是在搞形式，并不能产生积极的效应，或者认为是个别人的事情，跟自己无关。思想认识的差距导致大学生创新创业教育流于形式，学生思想认识并未提高，创新创业氛围一直以来没有成为校园的主流。

针对上述问题，提出应该从七个方面探索本科院校创新创业教育实践的出路：① 准确把握创新创业教育的培养目标。本科院校应在人才培养方案中明确提出创新创业教育的培养目标要求，积极创新实践性教学模式，邀请创业成功人士深入高校开展创新创业实践讲座、论坛和深入解读创新创业教育理念，加强创新创业教育理论研究工作，引导师生正确认识、理解创新创业教育的培养目标，鼓励大学生独立思考、勇于探索、追求卓越、敢于担当，不断提升大学生的就业技能，培养大学生的创新创业意识、创新创业精神与创新创业能力。② 优化创新创业实践教学模式。高校必须改变将创新创业课程作为选修课的被动局面，加大创新创业教育课程作为必修课程的学时和实践分量，保证全校师生都能接触、了解创新创业课程，促使学生的创新创业思维、素质与能力的提高，引导学生将知识运用于实际，培养学生的创新创业能力与技能。同时，转变传统的以课堂讲授为主的陈旧单一教学方式，探索案例教学、启发式教学、情景模拟教学、VR/AR 教学，以活跃课堂教学氛围，让学生在体验中获得创新创业知识和能力，促进师生互动沟通与交流，激发学生学习主动性与积极性，提高学生分析与解决实际问题的能力。以“与时俱进、不断创新”的精神，敢于打破学科局限性，借鉴国内外优秀创新创业教育教材及经验，结合创新创业真人真事，开发具有自身特色元素的创新创业教育教材。③ 加强创业教育师资建设。为保障创新创业教育及实践的正常运行，本科院校必须严格创新创业师资队伍的准入标准，配齐配强和稳定创新创业教育实践的专职教师队伍，完善专职创新创业教师企业挂职锻炼和参加国内外企业培训、学术研讨及职称评定、晋级、年终考核、奖先评优等制度，鼓励有创新创业实践理论、企业工作经历、不同学科背景的教师指导学生创新创业实践活动，聘请诸如创业成功者、经济管理类专家、风险投资家等人士作为校外导师联合授课。④ 建立创业教育的质量评价机制。本科院校必须坚持创新创业实践数据公开，建立政府、社会、高校“三位一体”的评价体系。政府应区分高校研究型、教学型、应用型等办学定位，制定针对不同类型高校创新创业实践的定性与定量相结合的评价指标，肯定社会中介机构对高校创新创业质量水平的客观评估，支持企事业单位参与创新创业实践的评估。高校要务必一视同仁对待政府、社会中介机构、用人单位的评估结果，汇总各方反馈意见，适时对创新创业计划做出调整。⑤ 健全创业教育服务保障机制。各高校应根据自身的实际情况，设置专门的创新创业指导服务部门，安排专人对创新创业的大学生以项目进行跟踪指导帮扶，重视多层次、开放式的创新创业教育实践平台建设与管理，为师生的创业想法转化为创业实践提供多样化的场地，借助当前“互联网＋”时代的浪潮，设立创新创业教育网络信息化服务平台，使全体师生可随时在线了解最新、最全面、最具权威的创业扶持政策、创业讲座、创业典型、合作企业等相关信息，实现创新创业线上与线下的紧密结合。⑥ 加大创业教育的经费投入机制。积极拓展多元化的经费渠道，建立政府、社会、高校相结合的资金支持体系。发挥政府主导作用，积极整合资金资源，规划创新创业投资机制，完善大学生创业基金，加大经费投入力度。发挥社会各方力量，理顺社会团体及个人参与创新创业实践的投融资及利润分享关系，壮大公益团体、企事业单位与个人设立大学生创业风险基金规模，为创业教育的开展提供资金保障。发挥高校自身优势，加快高校科研成果转化与应用，完善校企合作利益分配制度。⑦ 积极营造创新创业校园文化氛围。

高校要组织各级各类创新创业大赛，加强科技创新活动，实施项目管理，扶持成立大学生创新创业社团，强化专业指导教师队伍建设，大力开展创新创业培训、模拟活动，为创新创业学生提供交流、培训、案例解析、创新信息分享和政策解读，积极开展大学生创新创业项目孵化工作，扶植、孵化优秀创新创业项目落地生根，加强创新创业实践竞赛、学术研讨等宣传推广工作，使创新创业成为校园的流行文化，积极营造“大众创业、万众创新”的校园文化氛围。

（二）大学生创新创业的国际经验研究

该研究成果主要体现在2018年12月郭威威等发表的《促进大学生创新创业的国际经验借鉴》一文中。文章首先总结了美国、英国、日本等发达国家创新创业教育经验，认为美国创新创业成功的原因主要在于创新创业教育一直是美国高校教育的主体，其一直处于积极主动的氛围，得到了美国政府和独立企业不断进行人力和财力的支持，使高校能够不断完善其创新创业教育体系。英国和日本的创新创业教育经历了由不重视到重视的过程，重视的原因也是因为当经济发展到一定阶段，出现了不景气和失业率上升的局面，这时政府牵头制定有关“科教立国战略”“青年自立计划”等政策措施，积极推动社会力量参与创新创业活动。鉴于发达国家创新创业方面的经验，提出应该从三个方面推进高等学校创新创业教育与实践。一是政府应该从国家层面主动引导，积极推动。政府作为创新创业教育与实践的顶层设计者，应该积极引导高校教学方法和创新创业教育的理念转变。除此以外，还可以充分利用舆论来引起社会阶层的重视，充分协调各个部门之间互相合作以及配合，为高校的创新创业教育提供资金的支持。二是高等学校要明确自身的培养目标和发展需求，在保持传统良好传承的同时，敢于改革创新，积极把思想运用到创新创业教育中去，包括但不限于加强创新创业教育的师资队伍建设、转变教育理念。三是着力完善创新创业教育课程体系。高校应该综合考虑学生个性和特长，设置有针对性的分阶段、分层次创新创业课程体系。

（三）地方院校创新创业孵化机制研究

该研究成果主要体现在2019年3月毛粉兰等发表的《地方院校创新创业孵化机制研究》一文中。文章指出，地方院校大学生是区域创新创业的主要群体和新生力量，国家通过政策资助地方院校创业基地给予了该群体有力的支持。地方院校在长期的摸索下，基本发展形成了自身的创新创业孵化机制，这为本校大学生创新创业提供了坚实的运行机制保障。创新创业孵化不仅提高了本校大学生就业能力，推动了本校大学生就业，扩大了学校影响力，还降低了创业学生在创业过程中的盲目性和风险性。虽然我国的地方院校创新创业得到了国家的大力支持，地方院校的学生本身的创业意愿也超过了八成，但令人遗憾的是，最终能付诸实践的创业者不足三成，其中仅有不到1%的学生才能真正成功创业，所以探索适合地方院校创新创业孵化机制急不可待。

（四）应用型本科院校大学生创新创业能力培养“四轮驱动”模式探索

该研究成果主要体现在2018年10月马永祥发表的《应用型本科院校大学生创新创业能力培养“四轮驱动”模式探索》一文中。文章开篇探讨了大学生创新创业能力培养“四轮驱动”模式的深刻内涵，“四轮驱动”即通过“创新创业理论教育＋实验室模拟实训＋学科技能竞赛和创新创业竞赛＋创业成功案例教育和成立企业创业实战”四个环节，激发学生创新创业意识，训练学生创新创业能力，鼓励学生积极投入创新创业实践，提高学生创新创业实战能力，推动应用型本科院校创新创业工作开展，培养适合社会就业需求的创新型人才。该模式将知识传授、能力培养和素质教育融为一体，在继续强化基础理论教育的同时，更加注重学生实践应用能力的培养，逐步从传统的基本理论教学转入实践应用能力培养，从过去只重视基本知识掌握转向实践应用能力的提高上，使学生真正能够学有所获、获有所得、得有所用、用有所长，使人才培养更加贴近经济社会发展对人才的要求，真正做到学生毕业后能就业、能立业、能创业，成为社会经济发展的有用之才，更加符合应用型人才的特点。

在明确了“四轮驱动”模式内涵基础上，文章进一步搭建了“四轮驱动”模式的运行机制。主张应在积极探索专业人才培养模式改革的理论与实践基础上，立足于学校、社会、企业、二级学院、教师和学生六个与大学生创新创业能力培养的责任主体及其具体的任务，结合创新创业实施的特点和应用型人才培养的要求，建立科学合理的运行机制，实现课内外结合、校内外结合、理论与实践结合、教师与学生结合、知识与能力结合，打破专业限制和制度障碍，充分调动学校、二级学院、教师、学生积极性，理顺各个主体之间的关系，建立创新创业教育管理机制、创新创业合作协同育人机制、创新创业人才培养实训机制、创新创业导师培养机制，安排好创新创业工作流程，形成全校师生共同参与创新创业人才培养的良好机制。

（五）地方院校大学生创新创业孵化保障机制研究

大学生创新创业项目成功孵化需要一定的保障机制，主要涉及但不限于组织保障、制度保障、条件保障、师资队伍保障等方面，通过调查研究和大量实践，初步探索构建了支持大学生创新创业孵化的保障体系。

（1）项目孵化组织保障。各地方院校要成立以主管院长为组长，教务处、大学生创新创业指导中心、计财处、国有资产管理处、后勤处等职能部门负责人为委员的大学生创新创业项目孵化工作领导小组，统一协调项目实施；成立以大学生创新创业指导中心主任为组长，各二级学院分管教学的副院长、分管实验实训工作的副院长、创新创业中心主任、指导教师等相关人员相互协调配合的创新创业项目孵化实施小组，具体负责项目实施。统筹发挥项目领导小组和实施小组各自职能，协调相关事务处理，明确各级组织的责、权、利关系，保证创新创业项目孵化工作顺利开展。

（2）项目孵化制度保障。根据国家、省市相关创新创业孵化要求和规定，建立完善、科学、规范的制度保障体系。制定严格的项目管理制度，在项目孵化中建立明确的工作责任制和完善的工作协调监督机制，确保项目顺利实施。学生项目孵化完成后，学校将通过科学的项目评估体系，对项目成果进行检查验收，并将优秀项目推向市场。学校应建立健全各项规章制度，完善管理制度体系，包括《学校大学生创新创业训练计划实施管理办法》《学校教学改革实施方案》《学校大学生项目入驻创新创业基地管理办法》《学校创新创业校企合作管理条例》《大学生创新创业项目孵化流程及要求》等管理制度，规范大学生创新创业流程和行为，有效组织学生参与实践训练、创新创业项目实战和社会实践。保证职责明确、流程合理、行为规范、利益共享，保障创新创业项目得到有效孵化和社会化。

（3）项目孵化条件保障。大学生创新创业项目要孵化成功，资金支持、设备设施、孵化场地是物质基础。学校要设立专项资金用于大学生创新创业项目孵化的支出，购置相关设备，建设相关设施，搭建相应的孵化支持平台，确立专门的场地，保证足够数量学生创新创业项目孵化所需要的条件。充分利用地方政府、企业、社会各种资源，确保项目孵化与社会接轨，加强校企合作、校地合作，积极为项目孵化创造有利条件，保证大学生有价值的创新创业项目孵化和社会化。

(4) 项目孵化师资队伍保障。大学生创新创业项目孵化能否成功，一定程度上需要有高素质的创新创业导师指导。学校要科学合理地选拔、培训一大批具有专业素养和创新创业意识的老师担任大学生创新创业导师，支持导师参加国家组织的各种创新创业导师培训，开展导师创新创业沙龙，在校内对导师进行定期不定期的培训，不断提高导师指导学生开展创新创业的理论水平和实践能力，为学生创新创业项目社会化做好智力保障。

六、成果的实践效果或应用情况、社会影响等

(1) 创新创业实践效果显著。截至 2018 年年底，学校有国家级大学生创新创业项目 48 项，省级大学生创新创业项目 46 项，校级大学生创新创业项目 417 项，人力资源和社会保障厅认定的省级创新创业项目 8 项。建成了大学生创新创业基地，已有 36 个创新创业团队入驻基地，陇东民俗文化研究工作室等多个创新创业团队在国家和省级创新创业大赛中获得表彰奖励，其中获国家级奖项 2 项、省级奖项 16 项。课题组成员有国家级大学生创新创业训练计划项目 2 项、省级大学生创新创业训练计划项目 4 项、校级大学生创新创业训练计划项目 36 项，人力资源和社会保障厅认定的省级创新创业项目 5 项。

(2) 创新创业团队整体实力进一步提高。截至 2018 年年底，各学院成立了专门的创新创业中心，设立创新创业中心主任 1 人，配备了至少 2 名创新创业指导教师，稳定了以创新创业中心主任为科研研究、实践训练主力的师资队伍。当前，陇东学院共有 30 人从事创新创业教学、科研、实践活动，其中博士 3 人，硕士 24 人；教授、副教授 25 人，讲师 5 人；50 岁以下 26 人，35 岁以下 8 人；来自 985 和 211 等国内著名大学的 4 人，其中海外留学人员 1 人。师资队伍学历结构、职称结构、年龄结构、学缘结构更趋合理，团队教学、科研、实践能力进步明显。

(3) 创新创业研究成果取得较大突破。截至 2018 年年底，课题组成员主持完成教育教学改革研究项目 14 项，其中国家级 3 项、省级 3 项、校级 8 项，发表教学研究论文 11 篇，获得教学成果奖 6 项，其中省级教学成果奖 1 项。项目组成员多次指导学生参加省级以上专业技能竞赛和创新创业大赛，获得多次奖励，其中获得国家级一等奖 2 项，二、三等奖 9 项，省级特等奖 2 项，一、二等奖 20 项，三等奖及优秀奖若干项。

(4) 实践条件进一步改善。截至 2018 年年底，陇东学院建成大学生创新创业基地 1 个，建成大学生创业训练营、创新创业实践基地等 9 个创新创业实践实训工作室，建成电子商务、机械创新工厂等实验实训平台，建成校企合作教育教学实践基地 212 个，其中企业实践基地占 50%以上，校外创新创业实践基地 8 个，能够很好地满足创新创业实践的需要，实践条件进一步改善。

基于产品创新驱动的创业型人才教育教学体系改革研究与实践

一、项目负责人

李高清　教授，原电气工程学院院长

二、项目组成员

王彦璋　雷继海　齐晓龙

三、项目建设周期

2017 年 12 月—2019 年 10 月

四、项目简介

当前，我国正处于产业转型关键时期，各产业供需深刻变革，人才需求呈现多元化，创新创业正成为新一轮的经济增长点，但高校人才培养，一方面跟不上产业发展的需求，即学校教育科研无法引领产业的进步；另一方面，企业的“用工荒”与学生的“就业难”同时出现，学校教育与产业人才需求出现脱节。“十三五”期间，我校围绕深度转型发展主题，抓住产教融合、校企合作主线，坚持“面向需求、转变方式、突出特色、提高质量”的工作方针，实现学科专业体系、培养过程、体制机制“三个优化”，促进办学方式、培养方式“两个转变”，力争人才培养、科学研究、社会服务、文化传承“四个提升”，力争建设成为特色鲜明、优势突出、与区域经济社会发展良性互动的应用型大学，电气工程学院秉承学校的发展理念，提出了切合我院实际情况的基于产品创新驱动的创业型人才教育教学体系。

五、课题的主要观点与研究成果

（一）课题的主要观点

本课题以培养具备创新创业能力的大学生为目标，以产品创新为抓手，以创业教育为保证，全面落实到教育教学全过程。该体系分为三个层次：一是要将创新创业教育融入基础课程教学过程中，即融入专业的理论教学、实验教学、实习教学、课程设计和评价体系中；二是通过高阶案例创新教学内容，即在教学过程中要推导创新、设计创新、发现创新、实现创新、创新考核；三是在教学过程中引入创业教育，即创业的法律法规教育、风险融资教育、市场营销教育。“基于产品创新驱动的创业型人才教育教学体系”就是在现有教育教学体系的基础上，将创新创业引入教学全过程，将教育教学延伸到创新创业全过程。

（二）研究成果

本课题经过认真研究、实践，做到了“两个融合”，即将高校学生的专业教学与产品创新相融合、将产品创新与创业相融合，是学生专业职业发展的高阶探索。本项目提出的教育教学体系如下图所示：

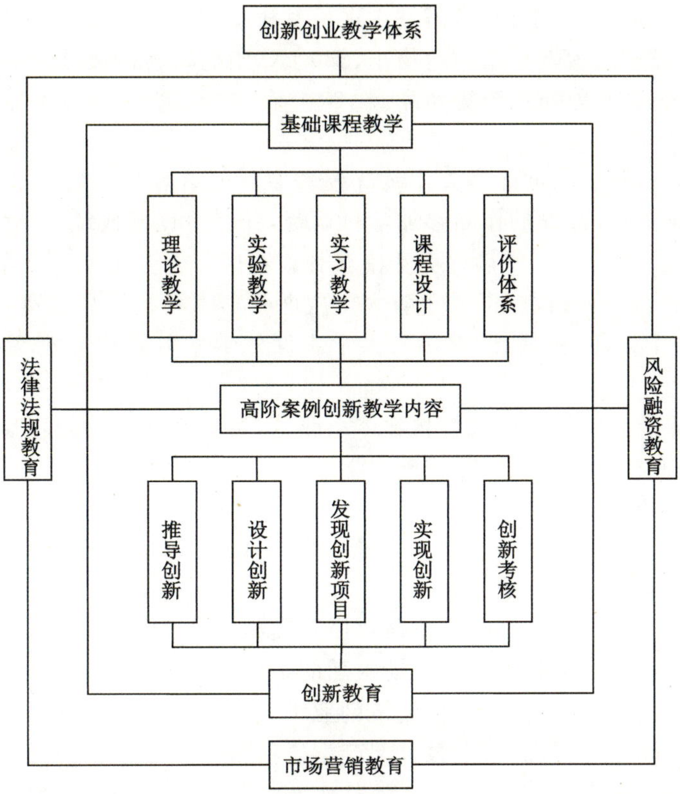

经过实践检验，能够进一步促进创新创业人才的培养，提高了高校人才从产品的研发、实验、转化的综合素质，是我校创新创业教育的发展方向。

六、成果的实践效果或应用情况、社会影响等

（一）发表论文

发表了创新研究论文《负压吸附式爬墙机器人关键参数确定方法的研究》《基于 CAN 总线的七自由度机械臂通信网络研究》《基于光敏电阻的可见光照射区域划分系统研究》《案例试教学在〈机器人学〉中的应用》。

（二）成果的实践效果

1. 教学硬件平台

搭建了以创新创业实验室、创新创业实训室、柔性制造系统实验室、创新创业机器人实训室、创新创业及电子设计展室等实验室群服务于基于产品创新驱动的创业型人才培养的教育教学平台，并配置高性能计算机、电子电路焊接焊台、常用的电子设计仪器设备(如万用表、示波器等)，配置实验台、绝缘橡胶垫等。

2. 实物研究平台

配置了 3D 打印机研究平台、无人机数据测试平台、机械臂示教平台、PCB 板打孔平台等。

3. 创新作品

在基于产品创新的硬件平台上，研究实现了基于全时360°轨迹扫描与主动灭火的消防机器人、基于主动跟随与示教再现的运物车、330 kV变电站巡检机器人、六自由度双机械臂办公机器人、自动化家畜养殖系统等作品。

4. 学科竞赛获奖

在基于产品创新驱动的创业型人才教育教学平台上培养学生的专业综合技能，开展基于产品创新的创业实践，开发的作品参加学科竞赛，并获得良好成绩。

2017年，在全国大学生电子设计竞赛中获甘肃赛区一等奖1项、二等奖3项。

2017年，在第十一届“挑战杯”甘肃省大学生课外学术科技作品竞赛中获三等奖5项。

2019年，在第十二届“挑战杯”甘肃省大学生课外学术科技作品竞赛中获二等奖1项、三等奖4项。

通过学科竞赛推动创新创业教育教学体系改革，培养大学生的创新实践意识、动手操作能力、团队协作精神和理论联系实际的务实学风。

5. 创新创业项目

2017年，“基于示教再现的家庭助手机器人”“花椒脱籽机的研发和应用”获批国家级、省级大学生创新创业训练计划项目。

2018年，“基于WiFi控制的户外勘测救援攀爬机器人的设计”获批国家级大学生创新创业训练计划项目，“基于示教再现与主动跟随的扫地机器人设计与实现”“数字遥控高压静电场电源开发与营销”获批省级大学生创新创业训练计划项目，“基于示教再现与主动跟随的新型扫地机器人设计与实现”获批教育部产学研项目。

2019年，“基于示教再现与自主搜寻新型灭火机器人设计与实现”“基于自动化专业的职业信息与行业需求的数据挖掘与动态数据库建设”获批省级大学生创新创业训练计划项目。

以就业为导向的创新创业人才培养模式的探索与实践

一、项目负责人

高家祥　副教授，政法学院

二、项目组成员

刘建宁　吕朝龑　郭　祎　张小伟　郭俊俊

三、项目建设周期

2017年12月—2019年10月

四、项目简介

随着高等教育的普及，我国高校招生总体规模一直在不断扩大。因此，大学毕业人数也在逐年增加。2014年毕业人数727万人，2015年增至740万人，2016年又增加30万人，达到770万人。虽然毕业生数量增幅不断加大，但社会老龄化严重，退休人数低于就业人数，致使就业岗位没有明显递增的趋势。同时，高校毕业生数量逐年大幅度增长，考虑就业难的问题，开始出现毕业后选择待业的状况，并且数量越来越多。高校大学生创新创业能力培养主要是利用各种途径，在创新创业实践方面大力引导和鼓励学生参与的积极性，使学生的创新意识和创业能力得到很好的培养。高校全面开展切实有效的创新创业教育，引导和帮助更多的大学生加入创新创业队伍中来，不仅能有效缓解不断扩大的就业压力，还能为社会创造更多的就业机会和就业岗位。

十七大报告明确提出了“提高自主创新能力，建设创新型国家”和“促进以创业带动就业”的发展战略。创新创业潜力的群体就包括高校大学生。高校应大力开展创新创业教育，培育高校大学生创新创业能力，是深入学习实践科学发展观的教育系统，为创新型国家建设服务的重大战略举措；是高等教育教学改革的一次创新变革，使学生具有创新精神和实践能力的重要途径和方法；是实现以创业带动就业，促进高校毕业生充分就业的重要措施。

五、课题的主要观点与研究成果

人才培养模式是指在一定的教育思想和教育理念指导下，为实现一定的人才培养目标，学校、社会、企业共同为学生设计的教育教学活动的要素结构式样、运行方式以及评价机制的总称。它从根本上规定了人才特征并集中体现了教育思想和教育理念。人才培养模式定位直接影响着大学培养什么样的人和如何培养人。应用型大学作为国家职业教育体系的重要组成部分，理应承担起为地方经济和区域发展培养高素质技术技能人才的重任。然而，目前应用型大学面临的现状，一方面毕业生难以就业，另一方面企业招不到合适人才。解决这一矛盾的根本在于调整人才培养模式，增强学生的创新创业素质，提高学生的就业能力和水平。

六、成果的实践效果或应用情况、社会影响等

（一）系统修订学校各专业人才培养方案

学校自升本以来就在系统思考如何形成具有特色和优势的人才培养模式，前后共计修订本科人才培养方案4次，在到省内外兄弟院校调研学习的基础上，结合学校实际，于2018年年底开展了第五次本科人才培养方案的修订工作，人才培养方案的修订以党的十九大精神和习近平新时代中国特色社会主义思想为指导，以全面贯彻落实《国家中长期教育改革与发展规划纲要(2010—2020年)》《关于全面提高高等教育质量的若干意见》《关于引导部分地方普通本科高校向应用型转变的指导意见》《关于深化高等学校创新创业教育改革的实施意见》《关于深化产教融合的若干意见》等文件精神为抓手，紧紧围绕我校“优化结构、转变方式、内涵提升、特色发展”的工作方针和建设“特色鲜明、优势突出、与区域经济社会发展良性互动的应用型大学”的奋斗目标，按照基于成果导向的教育理念(OBE)，在符合本科专业类教学质量国家标准的基础上，融合各类专业认证标准和行业标准，以服务区域经济社会发展和学生全面成长成才为根本导向，以“本科标准＋职业能力＋创新创业”构建应用型人才培养体系，以“产教融合、校企合作、协同育人”设计优化人才培养模式，以“人文情怀＋科学素养＋工匠精神”作为人才培养的价值追求，优化课程体系和教学过程，改革课程内容和教学

方法，突出专业特色和职业取向，强化实践能力和创新精神，全面提高应用型人才培养质量。

在《陇东学院关于修订 2019 版本科专业人才培养方案（教学计划）的指导意见》中明确规定，在通识选修课中设置社会科学、哲学修养与伦理规范、艺术修养与运动健康、语言与跨文化沟通、科技进步与科学精神、创新教育与创新训练六大模块。在专业课程中设置具有专业特点的创新创业类专业课程。在实践教学环节设置个性培养实践，主要包括创新创业实践和第二课堂素质拓展两部分，旨在培养学生的创新创业精神、创业意识和创新创业能力，拓展学生的学习空间，激发学生的学习兴趣，提升自身素养，塑造个性品质。学生在校期间至少完成 2 学分的个性培养实践，主要通过完成创新创业实践类项目或修读各专业专门开设的创新创业类实践课程获得。

修订后的人才培养方案，旨在提高学生的创新创业能力，提升学生的就业水平和就业质量。在人才培养方案中，将知识传授、能力培养和素质教育融为一体，在继续强化基础理论教育的同时，更加注重学生实践应用能力的培养，逐步从传统的基本理论教学转入实践应用能力培养，从过去只重视基本知识掌握转向实践应用能力的提高上，使人才培养更加贴近经济社会发展对人才的要求，更加符合应用型人才的特点，从而激发学生全面参与创新创业实践的积极性和主动性，使学生真正能够学有所获、获有所得、得有所用、用有所长，真正做到学生毕业后能就业、能立业、能创业，成为社会经济发展的有用之才。

（二）建立健全大学生创新创业的各项规章制度

成立由院长任组长，分管教学的副院长任副组长，由教务处、科技处、学生工作处、招生就业处、计财处、团委相关部门负责人为成员的创新创业教育工作领导小组。负责研究、制定有关政策，领导、组织和协调创新创业训练项目的开展，监督项目经费的使用。建立由各学院院长为主任的“大学生创新创业工作委员会”，负责指导各学院的大学生创新创业教育和实践的具体工作。

根据《国务院办公厅关于深化高等学校创新创业教育改革的实施意见》（国办发〔2015〕36 号），学校制定了《陇东学院大学生创新创业教育改革实施意见》，确定了创新创业教育的指导思想和基本原则，明确了目标和任务，制定了具体措施，完善了《大学生创新创业指导中心办公室职责》《大学生创新创业指导中心工作流程》《陇东学院大学生创新创业项目管理办法》《陇东学院大学生学科技能竞赛管理办法》《陇东学院大学生创新创业基地入驻协议》《陇东学院大学生创新创业基地学生自律制度》等规章制度，使大学生创新创业工作有章可依，确保各项工作有序开展。

（三）加强创新创业教育师资队伍建设

教师是人才培养的第一要素，任何教学思想、教学观念、教学方法、教学措施只有通过教师才能贯彻落实下去，教师的质量、水平、积极性和主动性决定贯彻落实的程度和效益。所以，学校始终把师资队伍建设放在创新创业教育与实践的第一位，着力培养一批具备实战能力的创新创业导师，聘请地方知名企业管理者作为校外创新创业导师，学校以 19 个二级学院创新创业中心为依托，在首期聘任马永祥等 36 名教师为学校创新创业导师的基础上，2017 年 11 月又聘任了卜鹏翠等 30 名校内创新创业导师和张夔山等 13 名校外创新创业导师。截至 2018 年年底，各学院皆成立了专门的创新创业中心，设立创新创业中心主任 1 人，配备了至少 2 名创新创业指导教师，稳定了以创新创业中心主任为主的师资队伍。当前，陇东学院共有 30 人从事创新创业教学、科研、实践活动，其中博士 3 人，硕士 24 人；教授、副教授25人，讲师5人；50岁以下26人，35岁以下8人；来自985和211等国内著名大学的4人，其中海外留学人员1人。师资队伍学历结构、职称结构、年龄结构、学缘结构更趋合理，团队教学、科研、实践能力进步明显。2018年4月，组织6名创新创业导师参加了“创业咨询师”国家职业资格培训班，并取得国家级证书。

（四）实践条件进一步改善

依托经济管理学院实验室建立“企业模拟创新创业实训室”，依托数学与统计学院实验室建立“应用数学创新创业实验室”，依托生命科学与技术学院实验室建立“陇东地区生物资源利用与保护创新创业实验室”，依托体育学院实验室建立“体育工作创新创业实训室”，依托美术学院艺术设计实验室建立“艺术设计创新创业实验室”，依托音乐学院实训室建立“音乐艺术创新创业实训室”，依托电气工程学院实验室和电工电子实验中心建立“电工电子创新创业实验室”，依托化学化工学院氟乐邦研究所建立“绿色化学与资源化工创新创业实验室”，依托信息工程学院实验室建立“互联网＋创新创业实验室”，依托土木工程学院实验室建立“土木工程试验检测创新创业实验室”，依托能源工程学院实验室建立“石油煤炭开发工程技术创新创业实验室”，依托机械学院实验室建立“机电综合创新创业实验室”。

截至2018年年底，陇东学院建成大学生创新创业基地1个，建成大学生创业训练营、创新创业实践基地等9个创新创业实践实训工作室，建成电子商务、机械创新工厂等十大实验实训平台，建成校企合作教育教学实践基地212个，其中企业实践基地占50%以上，校外创新创业实践基地8个，能够很好地满足创新创业实践的需要。

（五）创新创业实践效果显著

积极组织师生参加国家级和省级的各类创新创业大赛。2017年12月，在组织参加的“兰州银行杯”甘肃省第八届大学生创新创业大赛暨第四届“创青春”中国青年创新创业大赛（甘肃赛区）中获得优秀奖。2018年6月，在组织参加的第八届全国大学生电子商务“创新、创意及创业”挑战赛甘肃赛区省级选拔赛中获得一等奖1项、二等奖1项、优秀奖2项。2018年7月，在组织参加的第八届全国大学生电子商务“创新、创意及创业”挑战赛中获得大赛二等奖1项。2018年9月，我校选派的7个代表队参加了在兰州理工大学举行的第四届中国“互联网＋”大学生创新创业大赛甘肃赛区选拔赛决赛，获得银奖1项、铜奖2项、优秀奖2项。杨春华、张小伟、苟小平和马永祥老师指导包金朋团队完成的“千万亩苹果防冰雹套袋新产品推广”项目代表甘肃省参加了在厦门大学举办的第四届中国“互联网＋”大学生创新创业大赛全国总决赛获得银奖。截至2018年年底，学校有国家级大学生创新创业训练计划项目48项，省级大学生创新创业训练计划项目46项，校级大学生创新创业训练计划项目417项，人力资源和社会保障厅认定的省级创新创业项目8项。建成了大学生创新创业训练计划基地，已有36个创新创业团队入驻基地，陇东民俗文化研究工作室等多个创新创业团队在国家和省级创新创业大赛中获得表彰奖励，其中获国家级奖项2项、省级奖项16项。课题组成员有国家级大学生创新创业训练计划项目2项、省级大学生创新创业训练计划项目4项、校级大学生创新创业训练计划项目36项、人力资源和社会保障厅认定的省级创新创业项目5项。

基于创新能力提升的工程训练实践教学改革研究

一、项目负责人

寇元哲　副教授，电气工程学院副院长

二、项目组成员

敬志臣　王建吉　罗宏博　郭晋昌　胡天林　边建潇　杨来东　张建锐

三、项目建设周期

2018 年 6 月—2019 年 10 月

四、项目简介

创新能力是一个优秀工程技术人才的基本特征，是卓越工程师之所以“卓越”的重要标志。培养造就一大批创新能力强的卓越工程师，提升我国自主创新能力，实现创新型国家建设战略，是我国高等工程教育改革的根本目标。以提升大学生工程创新能力为目标，探索与实践“大工程观”理念下的工程训练教学内容改革，实现工程训练真正意义上的转型升级具有现实意义。近年来，高等工科院校的工程训练中心普遍获得了更多的关注与投入，在实习环境、设备升级及内涵建设方面都有了长足发展，为学生的工程实践能力提升做出了贡献。但工程训练教学内容的系统性、先进性和创新性明显不足，具体表现在：各实习项目以离散形式存在，缺乏有机联系，对学生进行工程系统观培养方面关注不够；先进制造装备技术实习内容的比例仍然偏低；创新训练覆盖面小，缺乏有效措施，学生创新能力提升不明显。

五、课题的主要观点与研究成果

（一）课题的主要观点

第一，工科人才培养体系中一个非常重要的环节就是工程训练实践，在工程实践中落实“以学生为中心”的理念，培养学生工程创新能力是非常重要的。

第二，工程训练课程教学改革应立足创新型人才培养根本目标，贯彻实践教学“回归工程”理念，以大工程背景为基本点，突破传统工程训练“碎片化”教学体系，重构创新型工程训练教学体系，着重培养学生工程意识、工程能力和创新能力。

第三，工程训练课程教学改革应紧紧围绕提高大学生工程创新能力的核心任务，探索工程创新能力提升的教学模式，逐步达到提升工程创新能力的目的。

第四，工程训练课程教学改革应深入研究开发具有校本特色的创新型工程训练教学资源（教材、多媒体课件、微课等），拓展学校创新工程训练的功能，深化分层次教学体系，实现工科学生能力阶梯式提升。

第五，工程训练课程教学改革应深入探索工程训练教学平台下的大学生创新创业团队建设，发挥工程训练教学培养机制优势，以大学生科技竞赛和科研项目进行创新训练驱动，提升大学生科技创新能力。

第六，工程训练课程教学改革应深入探讨工程训练课程教育与创新创业教育融合、第一课堂和第二课堂融合。在工程训练课程教育中引入创新教育，使创新教育嵌入人才培养体系、融入专业教学范畴、纳入教学评价渠道。依靠工程训练项目驱动，构建创新创业教育培养体系。

（二）研究成果

成果一：遵循“前瞻性、先进性、共享性、特色可行性”的原则，优化资源配置，建成了集工程基础训练、先进制造技术训练、创新实践训练和综合素质训练为一体的工程训练教学体系，解决了传统工程训练教学内容的“碎片化”、培养目标模糊、训练内容单薄、与实际生产过程衔接不够、支撑创新型人才培养不力的问题。

成果二：按照“模块化、组合式、开放型”的思路，探索了“工程认识→操作训练→综合演练→发散思维→创意设计→创新实践”的教学模式，实现了实训科学规范、磨炼动手技能、注重先进技术、陶冶工程素质、倡导工艺创新、培养一线应用型创新人才的目标。

成果三：建成了具有校本特色的创新型工程训练教学资源，解决了校本特色的创新型工程训练教学资源（教材、多媒体课件等）不足的问题，拓展了创新工程训练的功能，深化了分层次教学体系，实现了工科学生创新能力阶梯式提升。

成果四：基于工程训练教学平台，建成了大学生科技实践创新中心，组建了大学生创新创业团队，创新设计制作竞赛活动蓬勃开展，明显提升了大学生创新实践能力和工程训练教学质量。

六、成果的实践效果或应用情况、社会影响等

（一）工程训练教学质量稳步提高，交流学习进一步加强

课题成果构建的融知识、能力、创新教育于一体的分层次、模块化新型工程训练教学体系和探索的“工程认识→操作训练→综合演练→发散思维→创意设计→创新实践”的教学模式，在2018年、2019年两年的工程训练教学实践中，各专业学生普遍反映教学内容充实、先进、科学、规范，教学有序，学生创新设计制作氛围浓厚，学生专业兴趣提升、专业技能强化、解决复杂实际问题能力提高，有力地推动了大学生创新创业教育。同时，该教学体系和教学模式也得到了宁波工程学院、徐州工程学院、南阳理工学院、天水师范学院等省内外兄弟院校的认可、高度评价和采纳。两年来，工程训练中心接待了20批次省内外学者、兄弟院校考察交流，普遍认为陇东学院基于创新能力提升的工程训练教学特色鲜明，培养的学生创新能力强，解决复杂工程问题的能力明显提升。

（二）学科竞赛成果丰硕，学生创新能力有效提升，学风明显好转

两年来，基于工程训练教学平台，组织大学生参加校、省和全国的大学生全国机械创新设计大赛、“恩智浦杯”智能汽车竞赛、大学生机械创新设计大赛、“高教杯”全国大学生先进成图技术与产品信息建模创新大赛、智能车大赛、电子设计大赛、“互联网＋”创新创业大赛、“挑战杯”大学生课外学术科技作品竞赛等。分别荣获国家级比赛二等奖2项、三等奖1项，省级比赛二等奖2项、三等奖2项，校级比赛一等奖4项、二等奖8项、三等奖12项、优秀奖1项。获甘肃省大学生创新创业训练计划项目立项4项，共获得省级资金资助4万元。

在学校的各项学科技能竞赛中表现突出。在第二届陇东学院大学生创新创业成果展示交流会上，学院获得优秀组织单位奖，9项成果分获一、二、三等奖及优秀奖，获奖数量、质量均居全校第一。在2019年4月学校举办的“挑战杯”大学生课外学术科技作品竞赛中，学院获得优秀组织单位奖，12项成果分获一、二、三等奖及优秀奖，获奖数量、质量均居全校第一。两年来，在学校举办的多项单科学科竞赛中也取得不俗成绩，依托工程训练中心发展的创新创业工作已成为机械工程学院的特色与亮点。

借助工程训练中心平台，在创新实践项目的带动下，学风好转。很多学生已经不在宿舍玩游戏而是来到工程训练中心、大学生科技创新实践中心进行项目的制作和知识的学习。加之我院每年选派学生代表去省外参加各类创新比赛，而且还会组织学生去兰内高校进行学习交流，使得学院的大部分学生会积极主动地参与创新实践项目，进而争取得到更多的外出比赛学习机会。17级、18级的学生由于受到整个学院大风气的影响，在学风方面有了很大的转变，大家在闲余时间更愿意去大学生科技创新实践中心、工程训练中心和实验室，而不是待在宿舍里面无所事事。相信在这样的一种氛围陶冶下，学院的学风会越来越好。

（三）主编的工程训练教材被省内外大专院校广泛使用，扩大了学校的影响

按照“学生中心、成果导向、强化创新实践”的原则，以“秉承工匠精神，培养卓越创新人才”为目标，课题组组织编写的《机械制造工程训练基础教程》教材得到了省内外兄弟院校的认可和高度评价。每年发行5 000多册，工程训练中心老师、学生普遍反映教材体系完善、内容先进、注重创新、融入业界。教材的出版发行，扩大了学校的影响。

（四）课题辐射效应

课题实施带动了陇东学院机械工程学院整个教学改革氛围，许多教师在人才培养模式、教学模式改革、实践教学、学科竞赛等方面都做出了有益的尝试。在学科竞赛创新能力提升方面，坚持由学生自己组织开展每年一届的学术科技节，与机械创新设计大赛、电子设计竞赛等专业赛事对接，搭建起全体学生每年都能参与的全覆盖科技创新平台，培养学生自主学习、主动思考、实践创新、团队协作、领导决策、解决问题等系列能力和素质，使项目学习的模式贯穿整个大学，有效培养学生的创新能力，形成了“一年级有意识，二年级有规划，三年级有行动，四年级有成果”的创新创业教育思路。

通过课题实施，2018年学校机械设计制造及其自动化专业获批省级创新创业教育试点改革专业，同时还获批省级特色专业；2019年学校工程训练中心与机械工程实验中心联合申报甘肃省教学质量工程项目，获批甘肃省实验教学示范中心。

“学科竞赛”引导下的机械专业学生创新创业能力培养实践与探索

一、项目负责人

王建吉　博士，教授，机械工程学院副院长

二、项目组成员

弥　宁　敬　谦　敬志臣　边建潇　寇元哲　孙旖彤　罗宏博

三、项目周期

2020 年 5 月—2022 年 5 月

四、项目简介(在建)

工程教育专业认证是国际通行的工程教育质量保障制度，也是实现工程教育国际互认和工程师资格国际互认的重要基础。其核心就是要确认工科专业毕业生达到行业认可的既定质量标准要求。其中，明确要求“机械专业毕业生能够设计针对机械领域复杂工程问题的解决方案，设计满足特定需求的系统、零部件或制造工艺，并且学生要理解并掌握工程管理原理与经济决策方法，并能够在多学科环境中应用”。上述内容对机械专业学生实践能力提出了明确要求，而高校中机械专业学生实践能力培养的途径主要靠课程实践教学来提升，然而本科教育中实践教学安排有限，加之社会发展对毕业生的要求也在不断提高，在当今“大众创业、万众创新”的大背景下，高校必须拓宽实践教学路径，对于机械专业学生来讲，学科技能竞赛和大学生创新创业竞赛项目无疑是一个很好的途径。竞赛和项目首先能够锻炼学生的知识应用能力，其次激发和培养学生的创新能力，同时激励学生开展科技创业，真正实现高校学生创新创业能力的培养。

五、预期效果与具体成果

（一）预期成果

（1）学习效果评价总结，并对教学改革实施过程和成果进行总结，提交研究报告 1 份。

（2）项目结项前发表教学改革论文 2～3 篇。

（3）参与指导创新创业项目及学科竞赛获奖超过 5 项。

（二）预期效果

（1）通过该项目的实施，践行了学校提出的“本科标准＋职业能力”的人才培养理念，通过项目引导使学生能够掌握解决工程实际问题的能力，养成终身学习知识的习惯。

（2）通过该项目的实施满足工程认证标准要求，为学院专业工程认证提供铺垫。

（3）组织学生参与科学研究、开发或设计工作，培养学生的创新思维、实践能力、表达能力和团队精神，从而培养学生科技创新和科技创业的能力和水平。

校企合作创新创业协同育人机制研究

一、项目负责人

马永祥　教授，经济管理学院副院长

二、项目组成员

李　婷　郭威威　毛粉兰　李雪峰　张小伟　李　星

三、项目建设周期

2020 年 8 月—2021 年 12 月

四、项目简介(在建)

应用型本科高校转型发展目前备受关注，成为深化教育综合改革的重要内容，已有大量政策文件对于应用型本科高校转型发展进行了总体性的框架认识和规定。早在 2015 年，教育部、国家发展改革委、财政部三部门联合印发了教发〔2015〕7 号文件，指出当前人才培养同质化严重，高等教育结构性矛盾突出，培养适应生产服务一线紧缺的应用型、复合型、创新型人才是高等学校转型发展的重中之重。教育部要求地方高校应紧紧围绕创新驱动发展、中国制造 2025、“互联网＋”、“大众创业、万众创新”等国家重大战略，培养适应区域经济发展和社会需要的基础实、能力强、素质高的应用型管理人才。

五、预期效果与具体成果

本课题通过对创新创业教育现状、校企合作人才培养的职能定位、联结与利益共享机制、合作效果评价等问题的研究，在借鉴国内外知名大学校企合作创新创业实践经验的基础上，探索符合实际情况的、具有可操作性的校企合作育人机制，构建校企合作评价体系。

(1) 完成对创新创业教育现状、校企合作教育模式、合作效果等的调研报告，为本课题提供真实材料和分析依据。

(2) 完成《学校与企业在创新创业人才培养中的联结机制研究》《校企合作中的利益共享机制研究》《校企合作创新创业评价机制研究》等课题研究论文 2～3 篇。

(3) 为西部欠发达地区政府、高校、相关部门等开展校企合作创新创业孵化工作提供理论指导。

大学生创新创业训练计划项目

婚丧嫁娶仪式创新模式探索

一、项目类型

创新训练

二、项目组成员

付东升　政法学院，思想政治教育
李泳慧　政法学院，思想政治教育
冯　辉　音乐学院，音乐教育
王乖花　音乐学院，音乐教育

三、指导老师

杨　颖　政法学院，教授
高家祥　政法学院，副教授

四、项目介绍

1. 立项背景

本项目旨在深入研究陇东学院周边地区婚丧嫁娶中低俗文化的成因、危害，通过有音乐专长的大学生的才艺表演，将新颖的、科学的观念在农村地区传播。举行婚礼仪式时，增加了许多搞笑的环节，通过主持人的现场带动，使婚礼现场的气氛显得异常活跃和热闹，一改往日农村婚礼仪式沉闷、千篇一律的缺陷。

2. 项目特色

婚丧嫁娶是农村人员聚会比较集中的地方，利用这个机会，把大学生的新思维、新视觉、新知识、新形象带入农村广袤大地，好似一缕轻风吹入陇原沃土，既解决了农民的实际困难，满足了他们的精神生活要求，也弥补了以往暑期大学生社会实践的缺陷。寓教于乐，是实践性教学的延伸，也是服务社会的体现。

五、项目建设成果

与全国著名秦腔实力演员李霜燕女士对唱红尘情歌

在一对新人婚礼活动现场，站在后面的是曾经以一杆唢呐吹响大西北的唢呐王——王金星

三周年祭奠忙碌

与王乖花赴镇原县为心连心服装超市开业

2014年农历正月初五赴合水县一偏远山村为一对新婚青年助兴演出

2013年农历腊月初八在正宁县李婷婷与舞蹈团队正在演出

庆阳历史文化资源的整合开发研究

一、项目类型

创新训练

二、项目组成员

付会财　历史与地理学院，历史学
邓文艳　历史与地理学院，历史学
成东媛　历史与地理学院，历史学
何　超　历史与地理学院，人文地理

三、指导老师

刘治立　历史与地理学院，教授

四、项目介绍

1. 立项背景

庆阳市位于陕、甘、宁三省区的交汇处，东依子午岭、南通关中、西接平凉、北连宁蒙，地理位置重要，历史灿烂悠久，文化源远流长，发展旅游产业的条件得天独厚。因而对庆阳历史文化资源的整合开发这一问题进行探讨，显然具有现实性的指导意义。

本项目主要从庆阳四大特色历史文化资源的类型与特征进行切实的分析，并针对庆阳历史文化资源旅游开发的现状及存在的问题提出了指导性开发策略。主要内容包括：第一，全面考察以庆阳为中心的陇东区域内的历史文化资源及其类型、特点，并做出考证与分析。第二，介绍庆阳旅游资源、旅游业开发现状以及存在的问题，并提出对策措施。第三，对庆阳整合并开发历史文化资源的重要意义及经济社会效益进行分析评估。第四，通过对旅游资源和历史文化资源的比较研究得出结论。

2. 项目特色

将理论研究与产业开发结合在一起，以理论引导实践，对理论性知识进行科学实践与科学探索，学以致用、用以促学，课题最终得出的理论性研究成果将会给庆阳旅游业的发展带来重大促进作用。

五、项目建设成果

(1) 发表论文《庆阳市红色旅游 SWOT 分析》。
(2) 发表论文《华夏文明传承创新区助推下的庆阳红色文化产业开发研究》。
(3) 在第九届“挑战杯”甘肃省大学生课外学术科技作品竞赛中荣获三等奖。

飞鸽自行车陇东学院店

一、项目类型

创新训练

二、项目组成员

郭亚宁　生命科学与技术学院，生物技术
罗彩云　生命科学与技术学院，生物技术

三、指导老师

贾海燕　生命科学与技术学院，讲师

四、项目介绍

1. 立项背景

现在一直在提倡建立节约型社会，自行车既可以锻炼身体，又不污染环境。从项目的风险来说，经营自行车是一个低风险的项目，因为自行车既不会过期，也不会变质，学生本来就朴素，所以骑自行车的人也越来越多。

自开店以来，至 2012 年 6 月，我店自行车已经有 40 辆，出租的 25 辆，新款买卖的 15 辆，比刚开店增加了 15 辆。此外，还进行了店面改装，新进了车锁、跑马器、车铃、辐条、车胎等配件，使我店成了一个自行车和配件一体的综合型自行车店。

2. 项目特色

由于学校后门没有维修自行车的店面，在 2013 年 6 月期间，我自行车店又增加了维修自行车业务，许多自行车不合适的学生都到我店进行修理，我们也只收取很少的劳动报酬，这样既方便了学校的同学，也使我店的业绩得到了一个很好的提升。自行车店的很多好的服务也得到了学校很多同学的一致好评，如免费充气、免费借用工具、免费检查自行车部件等。我相信，随着本店的不断发展，以后肯定还会再创佳绩，还会取得更好更多的项目成果。

五、项目建设成果

在陇东学院成立飞鸽自行车店，获得了不错的经济效益。

100 ℃慢摇吧

一、项目类型

创业训练

二、项目组成员

李天琳　经济管理学院，财务管理
张　欢　经济管理学院，财务管理
苟　涛　生命科学与技术学院，生命科学与技术
杨文成　经济管理学院，财务管理

三、指导老师

王玉岳　经济管理学院，副教授

四、项目介绍

1. 立项背景

越来越多的大学毕业生面临就业的困难，那么我们为什么就不能用自己的双手创造属于自己的一份事业呢？在自己创业的过程中，我们不仅能够增加就业的渠道，还能够减少家庭的负担，可以激励更多的大学生自主创业，提高大学生的社会适应能力。

我们由前期的“阳光茶馆”项目改变成“100 ℃慢摇吧”。原因有二：一是由于市区的租金高，资金一时难以到位；二是我们是大学生，所以应该贴近大学生的生活，在学校附近开酒吧，不仅方便，而且适合我们这个消费水平的人群。经过盘店、装修、宣传等一系列的过程，我们的酒吧进入了运营期。

2. 项目特色

(1) 该酒吧以“薄利多销”为宗旨，物美价廉——最吸引消费者的眼球。

(2) 融合了不同的风格，有中式茶馆的沁香，也有西式酒馆的放松。

(3) 以大学生为主要创办人，这样可以鼓励更多的大学生自主创业，提高大学生的社会适应能力，也为大学生就业增加了青春的风采。

五、项目建设成果

南梁精神的内涵和价值研究

一、项目类型

创新训练

二、项目组成员

梁凌霄　历史与地理学院，历史学
卫东刚　历史与地理学院，历史学

三、指导老师

刘治立　历史与地理学院，教授

四、项目介绍

1. 立项背景

南梁精神是指20世纪30年代刘志丹、谢子长、习仲勋等老一辈无产阶级革命家在陕甘边区一带宣传革命真理，播撒革命火种，开展革命运动，创建革命政权的过程中培育出光照千秋的"求实创新、敢为人先；心系群众、艰苦奋斗；百折不挠、坚定信仰；忍辱负重、顾全大局；广泛联合、肝胆相照；实事求是、勇于纠错；建设苏区、勤政为民；舍身为己、勇于捐躯；甘为人梯、情谊似海；赤子之心、反哺南梁"的革命精神。

2. 项目特色

将理论研究与产业开发结合在一起，以理论引导实践，对庆阳红色资源进行全面、系统的梳理，评估红色资源拉动庆阳市旅游经济的巨大潜力，推动旅游业的迅猛发展；发掘红色资源的历史意义和当代价值，让红色资源发挥激励人、鼓舞人的巨大精神威力，在"红、黑、绿、黄"产业链中起到排头兵的作用。

五、项目建设成果

(1) 发表论文《南梁精神》。
(2) 发表论文《浅析南梁革命根据地在中国革命史上的历史地位》。
(3) 撰写调查报告《南梁赤子——习仲勋情系老区教育》。

综合性家政服务业现状及其发展前景市场调研

一、项目类型

创新训练

二、项目组成员

刘双红　数学与统计学院，数学与应用数学
李飞飞　数学与统计学院，数学与应用数学
张鹏鹏　数学与统计学院，数学与应用数学
王　倩　数学与统计学院，数学与应用数学
魏巧芸　数学与统计学院，数学与应用数学

三、指导老师

崔建斌　能源工程学院，教授

四、项目介绍

1. 立项背景

现代社会中，家政服务市场需求量极大，正处于供不应求的阶段。但受旧观念的影响，家政服务业作为从传统“保姆”发展起来的新行业，尚未得到全社会的普遍认同。同时，还存在职业介绍不健全，家政服务员的素质、培训不足，缺乏统一标准和相应教材，权益保障机制不健全等方面的问题。因此，这份调研对于未来家政服务业的发展来说是很有必要的。

家政服务是集家庭服务、家庭护理、家宴服务于一体的综合性家庭事务管理。现代家政服务已不再是简单的传统意义上的保姆，而是一项复杂的、综合的、高技能的服务工作。本项目旨在调查庆阳市各县区的家政服务现状、发展趋势、发展形势。以宣传单、调查报告、走访等形式对各行各业的人做初步的调查，阶段性工作完成后，通过分析研究，初步得出结果。

2. 项目特色

纵观全国各地家政市场，实行员工制管理的家政企业并不多，而且都处于摸索阶段，没有一个固有的成功模式，大部分家政企业仍然是采取中介式或者会员制的经营模式。推广的是最具有可操作性且最为成功的员工制模式。

五、项目建设成果

撰写《综合性家政服务业现状及其发展前景市场调研》调研报告1份。

陇东地区远郊农地流转研究——以庆阳市显胜乡为例

一、项目类型

创新训练

二、项目组成员

刘永超　历史与地理学院，人文教育
刘廷宝　历史与地理学院，人文教育
强丽婷　历史与地理学院，人文教育

三、指导老师

石　彦　历史与地理学院，讲师

四、项目介绍

1. 立项背景

陇东地区远郊农地流转研究立足于陇东农村人口多、人地矛盾突出的现实，根据国家农业发展的要求，以保护耕地为出发点，以发挥农地流转经济效益和集聚经济效益为中心，建立农地流转评价指标体系，确定农地流转的模式及路径，提出农地流转支撑体系。

本项目以陇东地区远郊显胜乡农地流转进行研究，把理论研究和实证分析相结合、定性分析和定量研究相结合。根据当地农地流转的基本情况，从多角度、多层次剖析显胜乡农地流转的现状和所存在的问题。从现行农地流转相关政策入手，运用资料分析、文献研究及比较研究和数学统计等方法，采用预留法考虑规划期内农地增减变化量。梳理农地流转过程中反映出的问题及各流转模式的优缺点，力图从实践上回答显胜乡这样一个地处西北的欠发达区域如何根据其地域的特殊性及其时空演变线索，寻找适合区域的农地流转模式及路径，建立系统、长期、可行的高效农业发展机制，提出相对应的农地流转模式可行性建议，实现陇东乃至全国农业可持续发展。

2. 项目特色

(1) 采用个案调查、实地调研，数据来源可靠、真实，具有独创性。

(2) 从多学科角度对农地流转进行分析、研究，论证了显胜乡农地流转与其区域经济发展的关系，并对影响农地流转的微观主体(农户)意愿进行透视探究，分析显胜乡农地流转的支撑体系，其成果一定程度上为农地规模化和农业产业化经营创造良好的制度环境奠定了理论基础。

五、项目建设成果

(1) 发表论文《农户意愿视角下欠发达地区远郊农地流转研究》。

（2）作品《陇东远郊农户地流转意愿研究》获陇东学院第十四届“挑战杯”大学生课外学术科技作品竞赛二等奖。

2014年7月 第25卷 第4期
陇东学院学报 Journal of Longdong University
Jul. 2014 Vol.25 No.4

农户意愿视角下欠发达地区远郊农地流转研究

——以庆阳市显胜乡为例

刘永超[1]，石　彦[2]，代欢欢[3]
（1. 宁波大学 建筑工程与环境学院，浙江 宁波 315211；2. 陇东学院 历史文化学院，甘肃 庆阳 745000；3. 四川师范大学 地理与资源科学学院，四川 成都 610101）

摘　要：农地流转是在中国特有的土地产权制度框架下深化农村土地制度改革过程中出现的一个新动向。以庆阳市显胜乡为例，从农户意愿视角出发，进行农地流转实证分析，得出完善流转制度、规范农地流转，提高农业比较效益、走规模化发展之路，健全农业经营风险保障机制、消除农户后顾之忧等3项欠发达地区城郊农地流转优化策略。

关键词：农地流转；农户意愿；优化策略；庆阳市显胜乡
中图分类号：F301.24　文献标识码：A　文章编号：1674-1730（2014）04-0105-04
收稿日期：2013-05-29
作者简介：刘永超（1990—），男，甘肃庆阳人，主要从事人文地理研究。

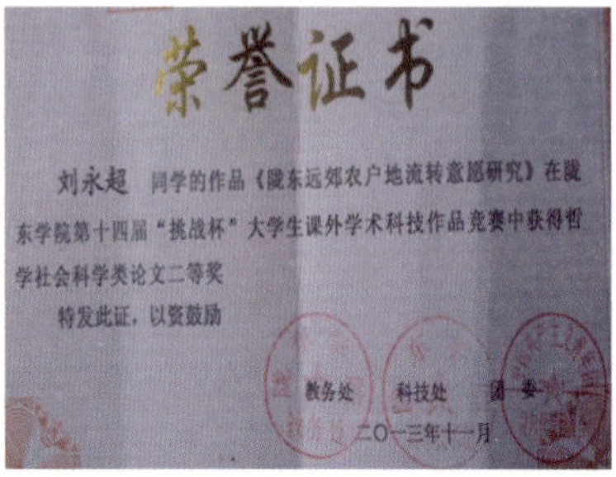

亮点创意广告部

一、项目类型

创业训练

二、项目组成员

王亮亮　历史与地理学院，人文教育
兰剑军　历史与地理学院，人文教育
秦　辉　历史与地理学院，人文教育

三、指导老师

马卓群　历史与地理学院，助理研究员

四、项目介绍

1. 立项背景

随着国内经济的发展，广告行业也在不断完善和扩大。社会发展如此迅速、信息如此繁多的当今社会，有亮点的广告才能抓住人的眼球。因此，“亮点创意广告”应运而生了。

本项目以帮助客户获取经济效益和社会效益为己任，旨在通过公司科学、专业、真诚的服务来建立客户与市场的最佳沟通渠道，把客户有限的资金进行最经济的策划和设计，让客户以最低的广告成本达到最佳传播的效果，最终打造代表广告创意成果的窗口形象。

2. 项目特色

专业化的广告服务：为客户提供详细准确的行业咨询服务，包括数据调查资料、分析结论，从而使得客户的投资更科学、合理，全方位与消费者沟通。

个性化的业务服务：成为庆阳市一家包含婚礼策划和营造婚礼气氛业务的公司。为客户提供开业、节庆、房地产展销、产品促销、大型活动策划以及向客户出租活动中必需的大型升空气球、充气拱门、卡通人等宣传造势工具。

五、项目建设成果

(1) 为商家制作名片超过300款，总体印刷量超过100万张。
(2) 为商家制作彩页，总印刷量超过200万张。
(3) 为车鸿邦诊疗所、爵色酒吧、蓝夜酒吧制作喷绘门头。
(4) 为教务处制作工作证，为冒菜王制作灯箱。
(5) 为舶瑗超市制作PVC门头。
(6) 为文学院、浩宇公考培训制作条幅，超过500米。
(7) 为发源地、爵色酒吧制作PVC名片。
(8) 摸索并成功研制出PVC菜单制作方法，且制作众多菜单。
(9) 制作“6号楼”手机App，并且成功推广，下载量达1 000余人。

习仲勋与陕甘边革命根据地的反“围剿”斗争

一、项目类型

创新训练

二、项目组成员

魏　楠　历史与地理学院，人文教育
马建波　历史与地理学院，人文教育
李文文　历史与地理学院，人文教育

三、指导老师

温金童　历史与地理学院，教授

四、项目介绍

1. 立项背景

毛泽东曾说过：“十年的红军战争史，就是一部反‘围剿’史。”陕甘边革命根据地的创建也同样是一部反“围剿”斗争史。以南梁为中心的陕甘边革命根据地的不断巩固、壮大和发展，直接打击和威胁着国民党在陕甘边地区的统治。因此，从西北红军第二十六军诞生并肩负创建陕甘边革命根据地重任之日起，国民党就采取分片负责的划区“驻剿”和竭泽而渔的“进剿”“堵剿”以及堡垒战等手段不间断地进行“围剿”。

《习仲勋与陕甘边革命根据地的反“围剿”斗争》主要论述了习仲勋同志在1934—1935年陕甘边革命根据地的三次大规模反“围剿”斗争中所做的军事保障工作和后勤工作，以及对陕甘边革命根据地反“围剿”斗争的作用。

2. 项目特色

（1）理论联系实际。立足庆阳丰富的历史文化资源，结合所学专业知识，不断扩展相关知识。

（2）加深对老区的了解与认识，扩展自身能力及素质，进一步了解庆阳老区历史的重要性。

五、项目建设成果

发表论文《习仲勋与陕甘边革命根据地的反“围剿”斗争》。

习仲勋与陕甘边革命根据地的反“围剿”斗争

奶牛养殖及牛奶生产、销售实践研究

一、项目类型

创业训练

二、项目组成员

许东峰　经济管理学院，财务管理
陈江山　经济管理学院，财务管理
吴登辉　经济管理学院，财务管理
马绍刚　经济管理学院，财务管理

三、指导老师

马永祥　经济管理学院，教授

四、项目介绍

1. 立项背景

民以食为天，食品安全与百姓生活、国家安全最为密切。继近几年来的阜阳劣质奶粉以及大头娃娃、三聚氰胺事件，使得中国很多的婴幼儿得了结石，而后，蒙牛、伊利以及雀巢、多美滋等知名乳业也相继被曝出牛奶劣质事件，令国人谈牛奶色变。经过近两年的规划与整理，该项目论文编写、项目规划书已经完成，并撰写了商业计划书。

本项目以庆阳市奶牛养殖业为研究方向，走访附近合水县的奶牛养殖专业户，对奶牛专业户所说的经验进行系统的总结。同时，从生态的奶牛养殖基地、"公司＋农户"的合作形式，建立企业的标准化管理体系及现代奶牛 EDTM 生产技术体系等多个方面着手进行本项目的研发。

2. 项目特色

鲜牛奶生态安全、质量优质，提供热牛奶；价格较同类产品低；销售渠道广，包括送货上门，校园固定放心奶服务站，市区街道固定服务站以及流动站点；服务范围广，服务人群多，方便快捷；与农户合作，互利共赢。

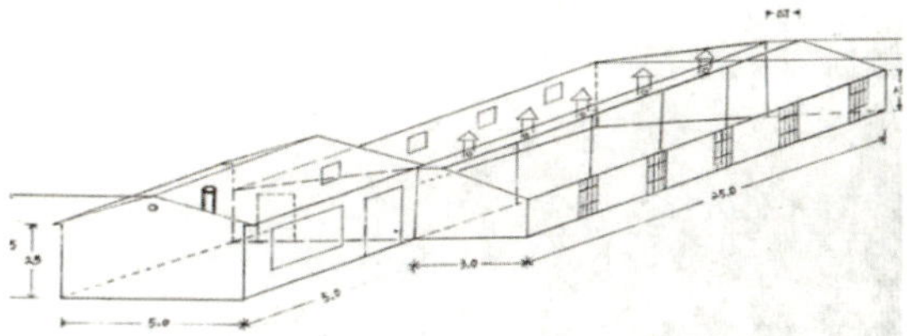

五、项目建设成果

(1) 撰写《奶牛养殖及牛奶生产、销售实践研究》商业计划书。
(2) 撰写甘肃省庆阳市奶牛养殖业市场调研报告。
(3) 撰写论文《管理体系及企业文化》。
(4) 绘制简易的牛舍框架结构图。
(5) 撰写论文《奶牛饲养管理研究》。

"太有菜了"蔬菜店

一、项目类型

创业实践

二、项目组成员

袁永财　经济管理学院，经济学
张凯博　经济管理学院，经济学
王礼慧　经济管理学院，经济学
刘鑫鑫　经济管理学院，经济学
张敏丽　经济管理学院，经济学

三、指导老师

郭威威　经济管理学院，副教授

四、项目介绍

1. 立项背景

蔬菜是人们日常生活中重要的副食品，随着人民生活水平的提高及饮食结构的变化，蔬菜在农业经济中的重要性日益突出，而具有特色的绿色精品蔬菜更是消费者的首选。

"太有菜了"蔬菜店位于庆阳市陇东学院前门正前方50多米处，环境优美，周边居住人口众多。蔬菜店内占地面积27平方米，离市区农贸市场10千米左右，是一家拥有最新经营理念、经营方式、经营策略的蔬菜店，它不仅采用科学的管理实施方案，而且采用最新的保鲜技术，力求让大家吃到绿色、环保、健康的舒心菜。以"网络＋直销"的运营模式为主。同时，建立电话订购平台，并提供送货上门的服务。同顾客建立直接关系，定期寄出信函询问顾客，从数以百计的顾客身上学习。

2. 项目特色

(1) 免费为顾客办理会员卡，让其持卡消费，为需求量大的顾客提供送货上门服务。
(2) 购买蔬菜精挑细选，销售蔬菜优质优量，不卖坏菜，不缺斤短两。

(3) 菜价便宜，种类多，环保、干净、新鲜、无毒。

(4) 集蔬菜的种植、包装、运输、销售为一体，为陇东学院学生提供兼职、创业、实践的机遇，为附近农户提供销售市场。

五、项目建设成果

(1) 撰写"太有菜了"蔬菜店商业计划书。

(2) 撰写论文《论大学生自主创业的困境》。

(3) 撰写论文《浅谈无公害蔬菜栽培技术》。

(4) 撰写《营养搭配方案训练手册》。

高精度伺服电机驱动系统

一、项目类型

创新训练

二、项目组成员

张　斌　电气工程学院，电子信息工程
姜辛魁　电气工程学院，电气工程及其自动化
张永新　电气工程学院，电气工程及其自动化

三、指导老师

齐晓龙　电气工程学院，副教授

四、项目介绍

1. 立项背景

高精度伺服控制驱动器是一种通用型的伺服控制驱动器，以数字信号处理器(DSP)作为核心控制芯片，采用了先进的全数字电机控制算法，以软件方式实现了电流环、速度环、位置环的闭环伺服控制，具备良好的鲁棒性和自适应能力，可配合交流无刷旋转电机、交流无刷直线电机以及直流电机和音圈电机，组成伺服控制系统。

本系统是以 TMS320F2812 为核心的全数字运动控制系统，所有的控制功能均由软件实现。因此，硬件平台的设计应该追求最大限度地利用和发挥 DSPs 的软硬件资源。

系统的硬件可分为三大模块：

① 以 DSP+CPLD 为主芯片的数字模块；

② 接口模块；

③ 功率驱动模块。

系统的软件按照运行平台的不同可分为两大部分：

① PC 机软件；

② DSP 嵌入式软件。

2. 项目特色

(1) 通用性：可以实现对交流无刷旋转伺服电机和直接驱动伺服电机的控制，可以驱动直流电机和音圈电机等单项伺服电机。

(2) 易用性：强大的软件控制功能，可以通过上位机设定控制命令，改变电机的控制模式及运行方式。

(3) 实用性：共振抑制功能；速度前馈和加速度前馈功能；高阶平滑技术，消除机械系统振荡；多种换相模式。

(4) 灵活性：控制驱动器具有位置环、速度环和力矩环下的多种控制方式，具备脉冲＋方向单极性以及差分或正交脉冲输入接口、模拟输入接口、电机反馈接口、串行通信接口及可编程 I/O 接口。

(5) 可靠性：完善的保护功能及报警模式可确保系统长时间稳定运行。

五、项目建设成果

(1) 撰写论文《高精度伺服电机驱动系统》。

(2) 完成软件设计。

(3) 完成实物模型制作。

跷跷板横叉训练器

一、项目类型

创新训练

二、项目组成员

张茂军　体育学院，体育教育

赵　欢　体育学院，体育教育

陈雪涛　体育学院，体育教育

朱宗庭　体育学院，体育教育

三、指导老师

陈志坚　体育学院，副教授

四、项目介绍

1. 立项背景

本发明为一种跷跷板式双人横叉训练器。目前，体育教育理念提出了快乐式教育，对学生进行健全的身体教育和人格教育，要重视爱的教育、美的教育。跷跷板娱乐性较强，在跷跷板上设计横叉训练，将枯燥的柔韧训练融入娱乐中，满足了学生爱玩的天性，同时较好地进行了柔韧训练，将快乐式教育理念有机结合起来。

2. 项目特色

与目前现有的跷跷板相比，跷跷板式双人横叉训练器有突出的柔韧性训练特点和显著的娱乐性效果。

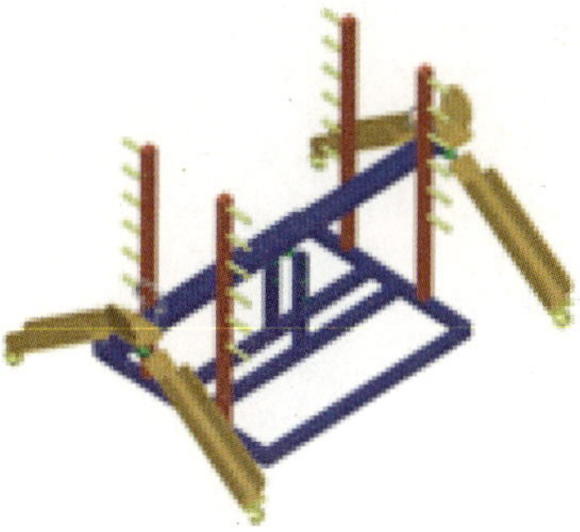

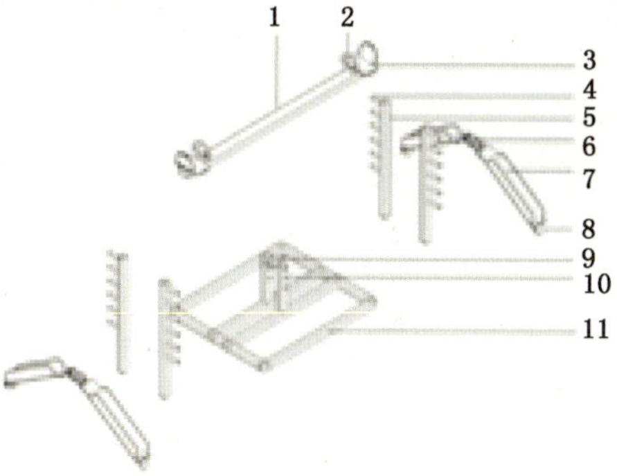

五、项目建设成果

(1) 发明专利：跷跷板式双人横叉训练器，申请号：201210120458.1(已公布)。
(2) 实用新型专利：跷跷板式双人横叉训练器，申请号：201220174831.7(授权)。
(3) 外观专利：娱乐式跷跷板横叉训练器，申请号：201230278376.0(授权)。

绿色智能台灯

一、项目类型

创新训练

二、项目组成员

赵智财　电气工程学院，电子信息工程
赵　健　电气工程学院，电子信息工程
牟　峰　电气工程学院，电气工程及其自动化

三、指导老师

齐晓龙　电气工程学院，副教授

四、项目介绍

1. 立项背景

现在的台灯控制方式绝大部分是采用手动开关，不能连续调节，不能自动调节，也不能因外界光线的强弱来控制台灯的光线强弱。绿色智能台灯的发明能检测室内的温度和湿度，让人们实时改变室内的环境。

项目采用的LED发光器件属于冷光源，光效高、工作电压低，而且能耗低、可控制好、无辐射。本项目中“绿色”体现出低碳环保的宗旨，“智能”体现出节能减排的主旨。

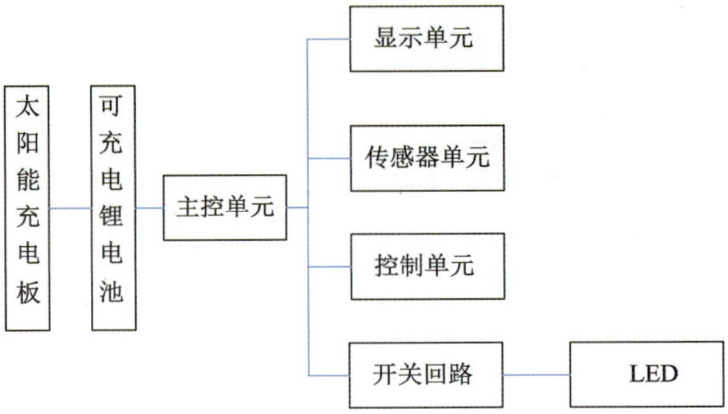

2. 项目特色

采用太阳能电池给系统供电，并且可以将采集到的太阳能储存起来，实现人走断电，可以根据环境光照强度自动调节亮度，进一步改进智能台灯系统，节能、环保，并且寿命更长。

五、项目建设成果

(1) 获得实用新型专利。

(2) 在第九届“挑战杯”甘肃省大学生课外学术科技作品竞赛中荣获二等奖。

(3) 完成绿色智能台灯实物模型。

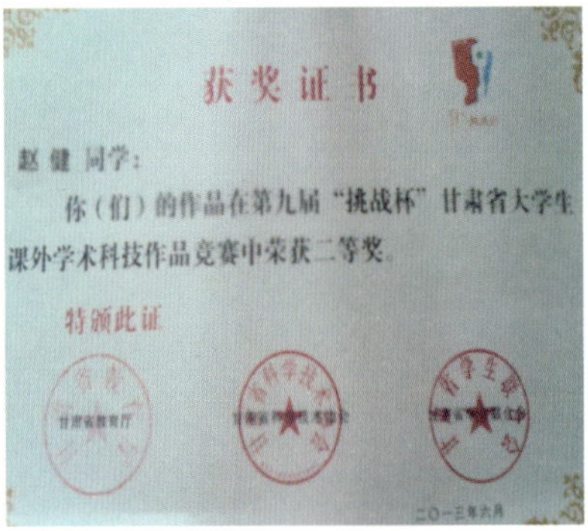

获奖证书

赵健 同学:

你(们)的作品在第九届“挑战杯”甘肃省大学生课外学术科技作品竞赛中荣获二等奖。

特颁此证

二〇一三年六月

“冰中之火”个性扑克礼品

一、项目类型

创业训练

二、项目组成员

刘庆响　电气工程学院，电气工程及其自动化
冯玉龙　电气工程学院，电气工程及其自动化
马　静　电气工程学院，电气工程及其自动化
祁雷雷　电气工程学院，电气工程及其自动化

三、指导老师

苏　礼　电气工程学院，讲师

四、项目介绍

“冰中之火”个性扑克礼品即个性照片扑克。现在很多人喜欢个性定制的产品，大多数人不再拘泥普通的礼品概念，大家觉得个性定制的礼物更易被人们所接受。

个性扑克牌简单地说就是制作一副有创意且有纪念意义的扑克。个性扑克的制作过程其实并不复杂，首先通过电脑排版，把顾客的照片和扑克的牌号相结合；其次通过打印机直接打印输出后，在两面都过上膜；最后通过切卡机切出成品。

个性扑克礼品种类多种多样，有情侣扑克、儿童成长纪念扑克、婚纱扑克、毕业纪念扑克、宠物扑克、旅游纪念扑克等。可以送闺蜜、发小、父母和亲朋等。完全的个性，完全的归属，值得拥有，值得珍藏。

便携式道路清理车

一、项目类型

创新训练

二、项目组成员

马　斌　电气工程学院，物理学
段新刚　电气工程学院，物理学

三、指导老师

高晓红　电气工程学院，副教授

四、项目介绍

1. 立项背景

目前在一些城市的街巷里垃圾成堆，如果使用人力来清扫，耗时耗力，同时存在安全隐患。通常进口道路清理车车体积庞大、结构复杂、造价高昂。因此，我们设计出既对环境无污染又可以节省劳动力的便携式道路清理车。

本车主要依靠电池驱动前行，同时电机带动清扫机构运动，完成清扫任务。当清扫任务完成后，清扫机构可以脱离地面，减少车体与地面的摩擦。该车在洒水装置上也装了吸水装置，不仅可以收集垃圾，也能收集污水。在车前方装了两个大灯，以便在天黑的时候可以正常使用，并在车顶安装了一个警灯对周围人起到警示的作用。此外，该车还配备了遥控功能，对于清洁工不能推车进入清理的地方，可以遥控使之完成任务。

2. 项目特色

(1) 此车在行驶过程中无污染、热辐射低、噪声小，不耗汽油，结构简单、耐用，使用维修方便。

(2) 利用链条及齿轮的传动比来提高滚刷的转速，从而实现驱动清扫机构的运动，以达到对街道清扫的目的。

(3) 剔除了老式风洞的利用，抑制了尘土的二次污染。

(4) 可以结合不同的垃圾桶进行作业。

(5) 可人工驱动，也可遥控操作。

五、项目建设成果

设计出便携式道路清理车(实物已做出)。

智能阳光追踪太阳灶

一、项目类型

创新训练

二、项目组成员

王博群　电气工程学院，电气工程及其自动化
赵金霞　电气工程学院，电气工程及其自动化

三、指导老师

吴治荣　电气工程学院，讲师

四、项目介绍

1. 立项背景

传统的太阳灶因为地球自转的原因，需要靠人力不断调整太阳灶与地面的夹角才能达到最大功率，而且没有对聚焦的锅底进行温度控制。智能阳光追踪太阳灶利用光线传感器以及角位移传感器，通过太阳能电池板实现电机的供电，然后通过自动跟踪光线不断地旋转来调整与地面的夹角，使其在晴天中不同时刻都能最好地捕捉到光能，充分利用太阳能。太阳灶是将较大面积的阳光聚集到锅底，以达到升温的目的。本项目能够很好地把太阳能资源聚合在一起，较好程度地利用了太阳能资源。

智能阳光追踪太阳灶通过光敏电阻采集太阳光强度信号，并利用模数转换器通过单片机控制其不断旋转调整，通过太阳能电池板实现电机的供电，使得该太阳灶实现自动跟踪光线来调整与地面的夹角，使其在晴天中的不同时刻都能最大限度地捕捉光能，更加充分地利用太阳能。

2. 项目特色

(1) 利用光线传感器捕捉太阳光信息。

(2) 采用控制电机对太阳灶进行旋转控制，较大程度地利用太阳能资源。

(3) 很好地将太阳能电池发电和普通太阳灶结合起来。

五、项目建设成果

智能阳光追踪太阳灶模型。

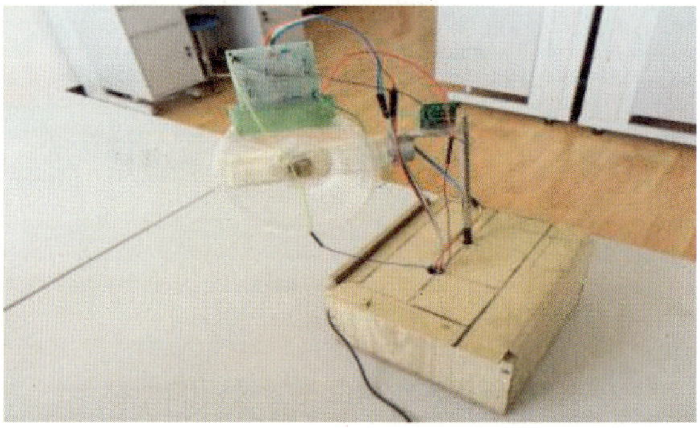

多功能风扇

一、项目类型

创新训练

二、项目组成员

王怀亮　电气工程学院，电气工程及其自动化

齐育权　电气工程学院，电气工程及其自动化

王宗家　电气工程学院，电气工程及其自动化

杜国玉　电气工程学院，电气工程及其自动化

三、指导老师

王彦璋　电气工程学院，讲师

四、项目介绍

1. 立项背景

电风扇与空调相比，耗能小、体积小、易于维修保养。目前，电风扇大都只能手动调速，再加一个定时器，功能较单一。产生以上问题的根本原因，是电器对周围环境缺乏检测，不

能合理地根据工作环境做出调整，而这恰好就是多功能电风扇发明的初衷。

多功能风扇是通过使用者拍手来开启的，开启后若只有一个使用者，则其会根据使用者离风扇的距离及与风扇之间的角度来调节自身吹风的方向及风力大小，从而使吹向使用者的风最适宜；若有多个使用者，智能风扇则会自动转换为广角吹风，使室内的每个人都可以吹到风。同时，风扇增加了温度传感器，风扇随着室温变化而改变风速。当使用者离开房间，离风扇的距离超过风扇吹风的有效距离，风扇会自动关闭。

本设计利用了单片机、数电、模电、C 语言编程知识、声音控制模块，物理模块主要包括电机控制电路模块、红外感应模块、舵机摇头功能模块等。

2. 项目特色

(1) 声控启动关闭。

(2) 使用者离开后自动关闭风扇，节能降耗。

(3) 风扇可根据室温来调节风速。

五、项目建设成果

多功能风扇实物模型。

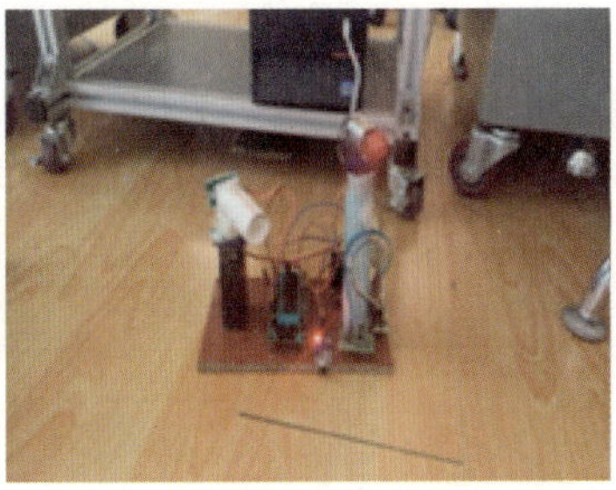

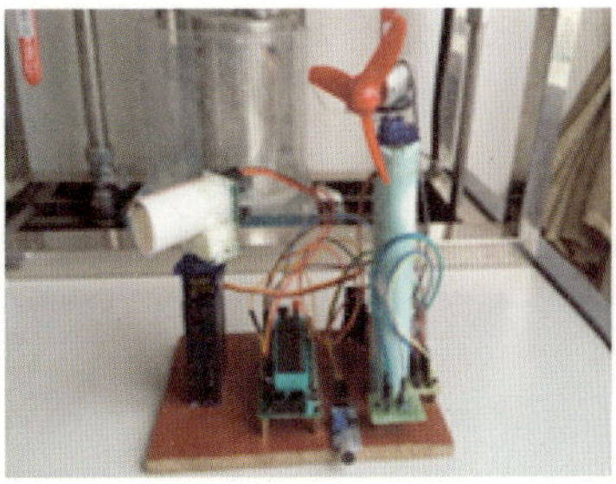

基于 Android 开发环境下的蓝牙防盗系统

一、项目类型

创新训练

二、项目组成员

张永新 电气工程学院，电气工程及其自动化
左 喆 电气工程学院，电气工程及其自动化
王 澜 电气工程学院，电气工程及其自动化
宋菊文 电气工程学院，电气工程及其自动化
姜辛魁 电气工程学院，电气工程及其自动化

三、指导老师

张可儿　电气工程学院，教授

四、项目介绍

1. 立项背景

蓝牙技术具有全球实用的特点，工作频段在全球统一开放的 2.4 GHz 的 ISM 频段。由于全球的大部分国家 ISM 频段的范围是 2.4～2.4835 GHz，故使用该频段无须向各国的无线电资源管理部门申请许可。技术的日益成熟，使蓝牙的体积越来越小，具有抗干扰能力强、低功耗、开放接口标准和成本低的优点，并且具有潜在的商业价值。

该设计应用蓝牙 4.0 Android 手机为主控单元，外置 TI 公司 CC2540 系列蓝牙 4.0 模块、报警模块等构成硬件系统；软件采用 Java 语言编写，确保程序的兼容性、可移植性。其核心是在 Linux 内核之上建立一套完整的软件栈，包括中间件和一些核心的应用程序。工作区间分为应用层、中间层和设备驱动层，目的是在 Android 平台上实现完整稳定的蓝牙功能，并且与外界独立的卡片式蓝牙形成信号的连接，为用户提供一个安全的防盗系统，即当手机与外置蓝牙模块超过一定距离时实现双向报警。

2. 项目特色

在设计时采用间断式信号发送，每隔 10 秒手机蓝牙和外置卡片式蓝牙进行一次信号的交互，这样就可以有效地降低蓝牙系统的功耗。因此，这样做出的蓝牙防盗系统的可靠性是毋庸置疑的。

五、项目建设成果

(1) 制作实物模型 1 件。
(2) 设计软件 1 套。
(3) 撰写论文《基于 Android 开发环境下的蓝牙防盗系统的设计与实现》。

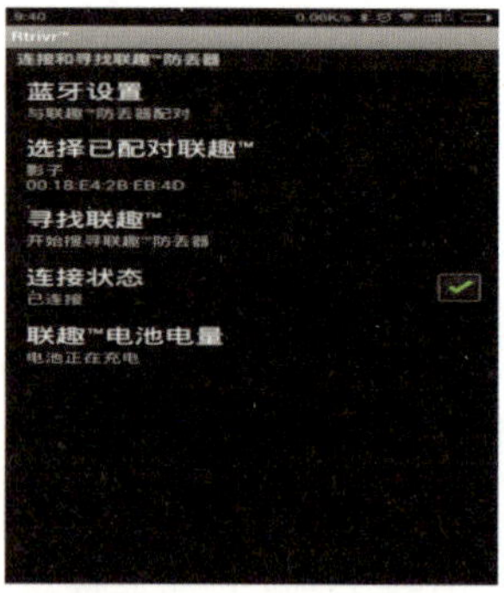

全民弹吉他

一、项目类型

创业实践

二、项目组成员

朱泽旭　电气工程学院，电气工程及其自动化
许国强　电气工程学院，电气工程及其自动化
陈兆福　电气工程学院，电气工程及其自动化
李荣涛　电气工程学院，电气工程及其自动化
张明清　电气工程学院，电气工程及其自动化

三、指导老师

苏　礼　电气工程学院，讲师

四、项目介绍

1. 项目简介

全民弹吉他面向陇东学院全体学生，旨在全面提高学生的吉他水平和文化修养，合理利用大学生的课余时间，充实大学生活。为了避免和文化课冲突，选择周末两天授课，为每位学员一周安排两个课时，每个课时的时长为一个半小时。一期的课程为 20 个课时。在授课的过程中，要做到将重点和难点传授给每一位学员。截至目前，为时两期的课程已经结束，培养的优秀学员也在音乐学院举办的比赛中取得了较好的名次。

2. 项目特色

(1) 师资力量强大：我们拥有专业音乐学校毕业、授课十余年的吉他教师，因材施教。

(2) 运作成本低：不需要太多的教学设备，只需适宜的教学环境即可。

(3) 实践性强：吉他弹奏本身就意味着它有很强的实践性，我们会全面培养每位学员的学习能力和自学能力。

(4) 性价比高：我们的培训是专门面向陇院学生的，因此，我们争取将价格调到每位同学都可接受的范围，但是我们保证，向大家推荐的都是吉他教学中的精品课程。

水分子校园文化传媒有限公司

一、项目类型

创业实践

二、项目组成员

唐顺新　化学化工学院，化学工程与工艺
高红荣　化学化工学院，化学工程与工艺
杨东东　化学化工学院，化学工程与工艺
钱万鹏　化学化工学院，化学工程与工艺

三、指导老师

马建仁　化学化工学院，副研究员

四、项目介绍

1. 立项背景

广告传媒是在企业与学生之间搭起的一座桥梁，不仅能给企业带去短期的经济利益，而且还能提高企业的知名度和品牌价值。对于学生来说，广告传媒不仅能丰富他们的日常生活，而且还能扩大他们的视野和知识面。因此，广告传媒公司的建立具有重要的意义。

水分子校园文化传媒有限公司以“服务学生、奉献学生”为己任，依据高校传媒市场的需求应运而生。公司秉承“给学生最大的实惠”和“给商家最好的性价比”的服务理念，主要以多种传媒手段相结合的方式，与各高校建立长期合作关系、达成协议，在校园设立了公司宣传栏，为各大公司客户进行已有校园产品的宣传。同时，也为客户提供学生推出的新产品的包装、设计、策划推广方案服务。

2. 项目特色

以学校发展转型为契机，以各个专业学生为主组建团队，为学生提供实战平台开展实践活动，让学生更加接近社会。同时，进行了校园传媒方式的创新和重组，节约资源的同时提高效率。通过吸纳勤工俭学岗位，设立公益创业基金，帮助大学生自主创业，项目具有极大的公益性。

五、项目建设成果

组织唱响陇院歌手大赛，组织教育学院师范技能大赛。

稠油磺酸盐表面活性剂的合成工艺研究

一、项目类型

创新训练

二、项目组成员

胥玉玲　化学化工学院，化学工程与工艺
胡雅婷　化学化工学院，化学
王博涛　化学化工学院，化学
徐　芊　化学化工学院，化学工程与工艺

三、指导老师

陈东平　化学化工学院，副教授

四、项目介绍

1. 立项背景

石油磺酸盐在三次采油中用作驱油剂具有很好的应用前景。近年来，国内外对石油磺酸盐的合成研究较多，由于石油磺酸盐的原料采用原油或石油产品，其组成十分复杂，针对特定原料的生产工艺就有所不同，需要研究具体的生产工艺，以取得较高收率和良好的应用性能。

本项目针对油田原油实际情况，通过一系列单因素和正交实验，针对所选原料油的特点，对制备过程中的黄化、分酸和萃取分油等步骤的影响因素进行探讨，确定最佳工艺条件，通过三氧化硫黄化工艺制备稠油磺酸盐，并对合成出的产品进行表征和界面张力等性能评价及测试。所得石油磺酸盐产品具有重要的社会效益和经济效益，对石油磺酸盐的合成工业化有一定的参考价值。

2. 项目特色

本项目以胜利油田稠油(K92-15)为原料，利用稠油与三氧化硫的反应合成石油磺酸盐表面活性剂，不仅为稠油资源的深加工找到了一条高附加值的新途径，且由于稠油磺酸盐做表面活性剂价格低廉，所得磺酸盐比市售表面活性剂具有明显的成本优势，有广阔的应用前景。

五、项目建设成果

(1) 磺化剂原料：三氧化硫、稠油磺酸盐(产品)。
(2) 一种稠油磺酸盐表面活性剂的合成方法(专利)。
(3) 稠油磺酸盐表面活性剂的合成工艺研究(研究报告)。

一种滴体积法表面张力仪的设计与应用

一、项目类型

创新训练

二、项目组成员

杨涟波　化学化工学院，化学工程与工艺
丁瑞荣　化学化工学院，化学工程与工艺
李娜娜　化学化工学院，化学工程与工艺
赵玲玲　化学化工学院，化学工程与工艺

三、指导老师

侯丽杰　化学化工学院，副教授

四、项目介绍

1. 立项背景

表面张力是影响多相体系的相间传质和反应的关键因素之一，是重要的液体物理性质。表面活性剂被称为“工业味精”，在现代工业中占据越来越重要的地位，只要涉及表面活性剂的工作就需要测定表面张力，对表面活性剂的表征最主要的就是测定其溶液的表面张力。但市场上的表面张力仪器价格都很高，最低的也需要上万元。测定表面张力的方法有很多种，其中滴体积法(最早叫滴重法)是最简单也是最精确的方法。团队借鉴北京大学化学与分子工程学院朱步瑶和赵国玺团队的研究成果，结合自己的一些创新想法，自主设计的“体积微调装置”解决了原本靠纯手工难以进行精确操控的问题。

滴体积法是一种最方便而又相对精确的方法，它的样品制备简单，温度时间间隔长，只用简单的温度控制即可，可用来测定气-液界面和液-液界面，且样品的用量少。我们设计制作的滴体积法表面张力仪成本只有几百元，如果这种表面张力仪商业化，必定会带来很大的商机。

2. 项目特色

本装置测量结果可以精确到 0.001 mN/m，装置稳定性好、体积小、耗能少。从绿色环保的角度出发，这套仪器遵循绿色化学的主题，在选材上对废旧商品包装进行二次利用，制成一种洗耳球微压控制装置，配合特制的 0.1 mL 带刻度滴管和编写的计算机程序，使数据处理变得更加快捷、准确。

五、项目建设成果

设计组装表面张力仪 1 套。

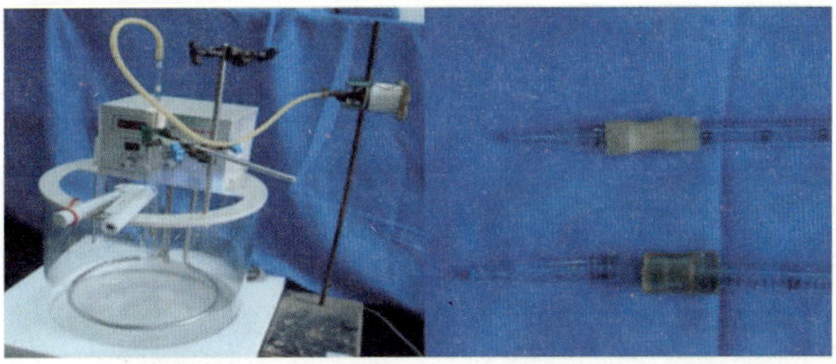

不同表面活性剂及其复配体系对稠油乳化降黏的研究

一、项目类型

创新训练

二、项目组成员

张强强　化学化工学院，化学工程与工艺
王银霞　化学化工学院，化学
秦绽霞　化学化工学院，化学
葛正鹏　化学化工学院，化学工程与工艺

三、指导老师

仵博万　化学化工学院，教授

四、项目介绍

1. 立项背景

随着世界能源供应日趋紧张，储量丰富的稠油日益引起各国的重视。稠油富含胶质和沥青质，黏度高、密度大、流动性差，给其开采和集输带来很大困难。降低稠油黏度、改善稠油流动性，是解决稠油开采、集输和炼制问题的关键。

本项目针对不同表面活性剂及其复配体系性能进行研究，研制出一套能够投入生产使用的新型高效降黏体系用于降低稠油的黏度，具有用量少、经济效益好、产品应用价值高等优点。

2. 项目特色

采用不同表面活性剂复配通常会比采用单一表面活性剂具有更好的乳化效果，乳状液更稳定，乳化成本低，效果好。

五、项目建设成果

(1) 研制出一种洗耳球压力微调装置(已申请专利)。

(2) 研发出一种阴阳离子型表面活性剂复配体系(已被企业参考)。

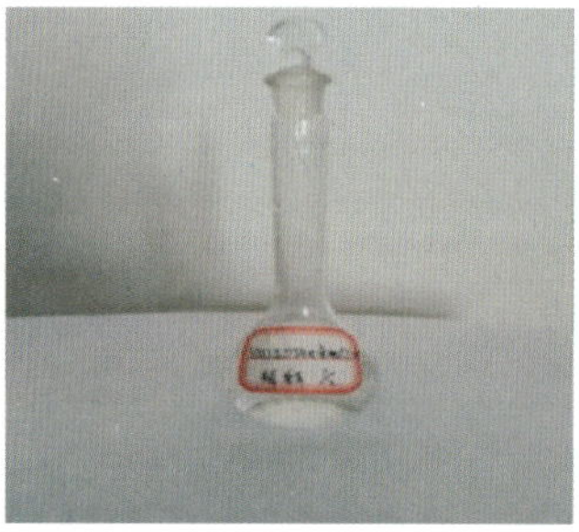

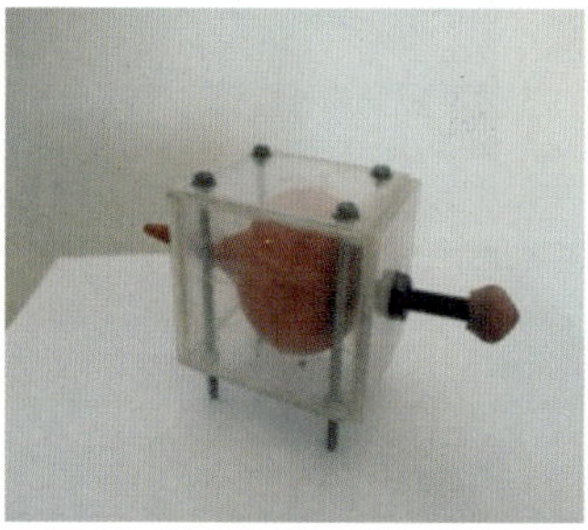

玄博教育辅导中心

一、项目类型

创业实践

二、项目组成员

柳　斌　教育学院，小学教育
周世峰　经管学院，经济学
廉恒吉　经管学院，经济学
黄彩萍　生命科学与技术学院，生命科学
马可可　教育学院，小学教育

三、指导老师

王　磊　美术学院，副教授

四、项目介绍

1. 立项背景

作为一名当代大学生，时常透过校园关注着社会上的一些动态，加之对自身的思考，萌生了一些自主创业的想法。在反复考察和阶段性筹备之后，在校外创办了“玄博教育辅导中心”。该项目旨在提高自身的社会实践能力、组织协调能力、团队合作精神和社会适应能力，以自身就业树立榜样并带动一部分大学生参加社会实践，进而促进知识成果转向实战。

以文化班为基石发展特长班，以特长班带动文化班，二者相辅相成、共同促进。以特色教师壮师资，以特色师资带出特色成效，以成效打造教育名牌。可以以此带动相当一部分大学生从业，从而带动新的创业，帮助大学生择业和就业。

2. 项目特色

(1) 小学教育专业理论和实践有机结合。

(2) 传统教育与个性模式结合。

(3) 以特色促发展，以发展彰显特色。

五、项目建设成果

注册成立庆阳陇云文化传媒有限公司。

奥尔夫音乐教学法在幼儿教学中的应用

一、项目类型

创业训练

二、项目组成员

乔 婡 教育学院,学前教育
马亮亮 教育学院,学前教育
王艳忠 教育学院,学前教育
陈丽娟 教育学院,学前教育

三、指导老师

张婷婷 教育学院,讲师

四、项目介绍

1. 立项背景

奥尔夫音乐教育是当今世界三大著名音乐教育体系之一,该音乐教育体系非常适合我国儿童早期心智开发和人格培养。它是将语言、动作、舞蹈、表演、美术等诸多元素用音乐这根主线串联起来,表现形式非常丰富。

奥尔夫非常重视"原本性"这一音乐教育思想,它关注如何通过音乐教育使音乐回归于人的生命,注重对音乐本身的基本感受和体验,不提倡对儿童进行知识灌输、技能训练,而是让儿童在轻松快乐的情绪下通过亲身参与的方式自然地获得美好的感受。

(1) 语言节奏练习。通过民谣、儿歌,让儿童从语言出发来掌握节奏。

(2) 声势练习。这是一种不受条件、环境、时间制约,极其简单易行又行之有效的培养儿童节奏感的方法。通过有规律的拍手、拍腿、跺脚等形式掌握各种多变的节奏,并为儿童自己创造节奏(为儿歌、歌曲伴奏)积累素材。

(3) 多声部及和声的节奏练习。在拍手、拍腿、跺脚的声势训练基础上,进行多声部及和声的节奏练习。

2. 项目特色

孩子可以用他们的肢体、语言、乐器自由地演绎,以独特的方式抒发内心世界。当音乐成为孩子自身的需求,孩子对乐理、乐感、表演、演奏以及语言文化的掌握自然轻松而快速,且根深蒂固。

(1) 朗诵入手:语言在音乐教学中的应用。

(2) 结合动作:动作在音乐教学中的应用。

(3) 器乐教学:奥尔夫乐器在教学中的应用。

(4) 听力训练:听力训练在教学中的应用。

五、项目建设成果

撰写论文《奥尔夫音乐教学法在幼儿园音乐教学中的应用》。

“静” 书 店

一、项目类型

创业训练

二、项目组成员

李静如　经济管理学院，经济学

三、指导老师

齐　欣　经济管理学院，副教授

四、项目介绍

1. 立项背景

通过对二手书籍现状的调查分析，进行二手书籍的回收分类，之后按照市场需求进行有针对性的销售，在废物回收的同时起到环境保护的作用，有利于资源的循环利用，达到环境保护与知识传播的双赢效果。

本项目前期以问卷调查的形式分析陇东学院二手书市场前景，并对畅销的二手书需求进行分类。中期以试点销售为主，试点销售书籍来自批发与回收两种途径。后期通过调查问卷收集到的数据，进行二手书籍销售可行性分析与总结。

2. 项目特色

(1) 经营理念创新。“以旧换新”的模式为主推方式，用旧的书籍换取相应的代金券，用旧的书籍换取折扣。同时，以累积折扣为辅推方式。

(2) 服务理念创新。书店服务突破传统的模式，具有更为人性化的设计。

(3) 会员制。第一，新生会员制，享受生日折扣，即在持卡人生日当天，可享受最低折扣消费。第二，附送会员制，一次购买满 120 元，可附送一张 8 折会员卡；一次购买满 180 元，可附送一张 7.5 折会员卡；一次购买满 240 元，可附送一张 7 折(最低折扣)会员卡。

(4) 折扣日。每月会定一天为固定折扣日，所有在校学生凭学生证可以享受两本限购折扣。

五、项目建设成果

通过问卷的形式对 100 名在校学生进行了问卷调查。其中，大二学生 45 人，大三学生 30 人，大四学生 25 人。对调研结果进行了分析并以《陇东学院二手书市场调研报告》的书面调查结果作为展示。

洋糖果铺子

一、项目类型

创业训练

二、项目组成员

刘　蒙　经济管理学院，经济学
高文霞　经济管理学院，经济学
李文娟　经济管理学院，经济学
杜云乐　经济管理学院，经济学
赵锦霞　经济管理学院，经济学

三、指导老师

齐　欣　经济管理学院，副教授

四、项目介绍

1. 立项背景

“洋糖果铺子”是一个专营国外食品的零食店。近年来，随着消费水平的不断提高，国外食品逐渐进入国人的消费范围，而洋糖果又是快速消费品，针对陇东学院校园内女同学和校外小孩这两大消费主力，买一次零食花费十几元是十分普遍的事。因此，在陇东学院校内经营“洋糖果铺子”具有广阔的市场前景。我们所销售的糖果，既要低热量、低脂肪，而且还考虑了营养、味道和口感的需求。这种经营理念符合现代女性的消费心理，所以开这个洋糖果铺子具有一定的可操作性和可行性。主要经营的糖果种类有：德国进口嘉云糖、俄罗斯进口焦糖布丁球、酸溜溜水果软糖、奥地利进口 Woogie 铁礼盒多味水果糖、韩国 Lotte 七彩水果糖等。

2. 项目特色

洋糖果店，顾名思义专营国外食品。这种店以前在国内较少，但随着城市消费水平的提升和中国入世后关税的降低，洋糖果在中国内地有巨大的市场空间。除了糖果外，不少人也是冲着五花八门的糖果盒而来，这些造型可爱并绘有卡通图案的糖果盒非常受欢迎。

五、项目建设成果

完成研究报告。

陇东学院大学生自主创业联盟

一、项目类型

创业训练

二、项目组成员

马小刚　经济管理学院，经济学
杨君芳　经济管理学院，经济学
曾朝耀　经济管理学院，经济学
魏　伟　经济管理学院，经济学

三、指导老师

范　颖　经济管理学院，副教授

四、项目背景

1. 立项背景

随着经济的发展和生活成本的日益提高，作为大学生，我们不能一味靠父母供养，应通过自主创新创业自给自足。自主创新创业，一方面可以为将来工作积累更多经验，奠定良好基础；另一方面，作为经济学专业学生，更应把所学知识融入社会实践，了解市场行情及商品的市场运行状况。

此项目从 2013 年 9 月 20 日起至 2014 年 12 月 20 日，主要通过在学校摆摊、张贴广告、熟人介绍等方式销售。充分寻找商业契机，目标是追求利润最大化的同时服务学生。通过满足各类电子产品市场需求，扩大销售规模，拓宽产品种类，不断增加服务对象。现在学生追求物美价廉的东西，我们的这些产品极大地满足了学生的这种心理，我们承诺如果产品质量出现问题，当场退换，这极大地提高了我们的商业信誉。通过广泛市场调研，将产品确定为包括优盘、内存卡、键盘、鼠标、毛线和手套等等各类学生生活必需品。同时，我们积极地制定了营销策略，总结经验，制定规划，编制利润表、现金预算表、财务报表。

2. 项目特色

(1) 选择广泛的产品种类，可以满足各种不同高校消费者的消费需求。

(2) 采用灵活的销售渠道，如摆摊销售、熟人介绍、广告推广等。

(3) 利用所学专业知识，在自主创业方面具有一定专业优势。

五、项目建设成果

成立创业联盟公司。出售电子产品、生活用品等，第一个月盈利 2 700 元。

大学生旧物收购中心

一、项目类型

创业训练

二、项目组成员

尉　昭　经济管理学院，财务管理
何俐博　经济管理学院，财务管理

三、指导老师

贾明霞　经济管理学院，副教授

四、项目介绍

1. 立项背景

大学生旧物收购中心是对旧物进行回收再利用。这样既避免了浪费，又使一部分人获得物美价廉的物品。通过举办校园学生旧货(二手)市场，可以利用活动中获取的收入帮助有需要的困难学生，使大学生坚持不懈地做好节约小事，这不仅展示了一个人认真做事的态度，而且孕育着高尚的个人品德。一方面，大学生旧物收购中心将建立一个固定的仓库，用来放置收购的货物。另一方面，还应当建立完备的管理体系。关于管理体系的建立，分为以下几点：

(1) 大学生旧物收购中心将设立会长 1 名，统筹收购中心各部门的工作。

(2) 设收购部部长 1 名，销售部部长 1 名，组织部部长 1 名。

(3) 收购部设记录员 1 名，干事若干；销售部设会计 1 名，干事若干；组织部设宣传处、市场调研处。

以上各部门人员均可随实际工作的实施情况变更。

2. 项目特色

(1) 变废为宝，既有利于学校环境保护，又有利于学生实践能力的提高。

(2) 摒除了传统意义上的只以盈利为目的的收购行为，客观上发扬了真、善、美的人文主义思想。

五、项目建设成果

项目于 2014 年 10 月正式启动，总共发出传单累计 800 份，网络消息至少 1 000 条，开拓了校园市场。其中,总共支出经费 5 780 元,总共交易 3 380 元,收购到 574 件废旧物品,取得了可喜的成绩。

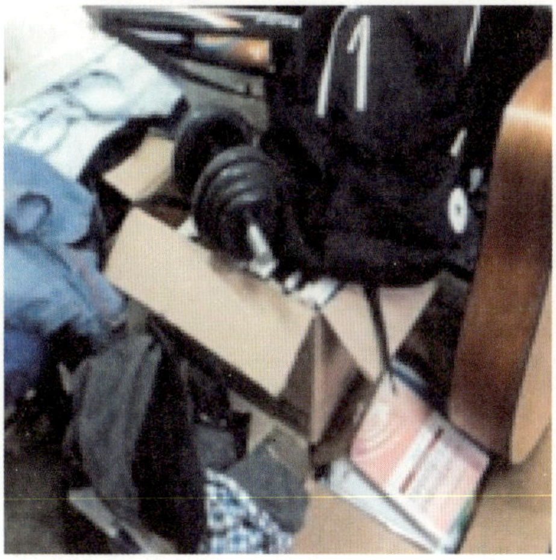

庆阳香包文化产业发展之路

一、项目类型

创新训练

二、项目组成员

李自强　历史与地理学院,历史学
肖　丹　历史与地理学院,历史学
张丽卉　历史与地理学院,历史学
张　肖　历史与地理学院,人文教育

三、项目介绍

1. 立项背景

甘肃庆阳是我国农耕和民俗文化的发祥地之一,民俗文化历史悠久、源远流长,其中尤以香包文化为代表,被称为“中国香包之乡”。如今,庆阳香包文化已经作为一种地区性的文化产业存在,对推动地方经济的发展起着至关重要的作用。

此次研究主要想通过近些年来苏州刺绣的发展方略、发展方式的科学性与创新性、发展模式、当地政府的扶持政策、开发商的投资与开发和其取得的巨大经济效益等几个方面来为庆阳香包的发展提出自己的一些建议,以使香包能更好地走出去,开发出更大的市场规模,打出一片以香包为代表的庆阳民俗文化的庆阳产业名片。

2. 项目特色

此研究报告全面总结了近年来庆阳地区香包文化产业的发展概况,借鉴苏绣文化产业的发展经验，结合庆阳香包文化产业发展的具体情况，为庆阳香包文化产业的发展提出建议。

四、项目建设成果

(1) 发表论文《庆阳香包文化产业发展探析》。
(2) 发表论文《庆阳香包民俗文化资源产业化开发的策略与构想》。
(3) 发表论文《华夏文明传承创新区背景下的庆阳民俗文化产业开发研究》。

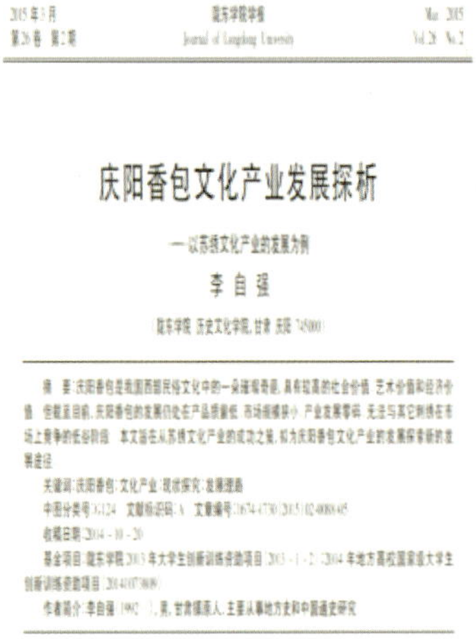

2015年3月　陇东学院学报　Mar. 2015
第26卷 第2期　Journal of Longdong University　Vol.26 No.2

庆阳香包文化产业发展探析

——以苏绣文化产业的发展为例

李自强

(陇东学院 历史文化学院，甘肃 庆阳 745000)

企业技术开发　TECHNOLOGICAL DEVELOPMENT OF ENTERPRISE　2014年4月 Apr.2014

华夏文明传承创新区背景下的庆阳民俗产业开发研究

李自强，康芝梅

Study on developing folk culture industry of Qingyang under the background of Chinese civilization inheritance-innovation zone

LI Zi-qiang, KANG Zhi-mei

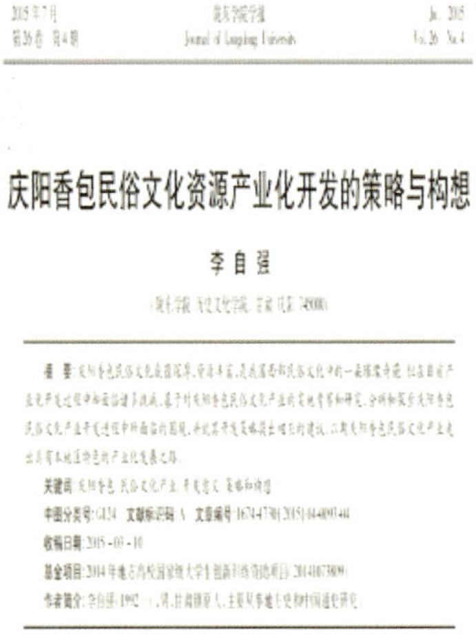

2015年7月　陇东学院学报　Jul. 2015
第26卷 第4期　Journal of Longdong University　Vol.26 No.4

庆阳香包民俗文化资源产业化开发的策略与构想

李自强

陇东学院大学生师范技能训练营

一、项目类型

创业实践

二、项目组成员

鲁成成　历史与地理学院，人文教育
陈彩琴　历史与地理学院，人文教育
刘锋煜　历史与地理学院，人文教育
闫学军　历史与地理学院，历史学
李灵茹　历史与地理学院，人文教育

三、指导老师

董文强　历史与地理学院，讲师

四、项目介绍

1. 立项背景

陇东学院大学生师范技能训练营以历史与地理学院师范技能型社团“博雅学社”为基础，本着“立足当前就业，理论联系实践，培养职业道德，提高师范技能”的理念开展。

2. 项目特色

针对每学年入学新生，训练营定期举办和承办相关师范技能性的活动。从 2014 年 10 月开始，组织了 5 场师范技能系列培训讲座，参加总人数达 400 多人；同时，与其他社团合作，举办了“陇院风采”师范技能大赛，前后参赛人数达 100 多人；2015 年 3 月举办了博雅学社第三届教师模拟招聘暨简历设计大赛；在陇东学院“读书月”，承办了学校的演讲比赛，组织开展了博雅学社第三届“金铎华实”演讲比赛；2015 年 5 月中旬，举办了博雅学社第三届“逸笔文兴”书法大赛。此外，还举办了博雅学社师范技能之模拟试讲比赛、“雅苑诗情”中华古诗词大赛、“演绎自我”讲课比赛、“梁苑吐凤”诗文朗诵比赛以及教师资格证备考培训等活动。

五、项目建设成果

(1) 组织了 5 场师范技能培训系列讲座。
(2) 组织了第三届教师模拟招聘暨简历设计大赛。
(3) 举办了“梁苑吐凤”诗文朗诵比赛。
(4) 组织开展了博雅学社第三届“金铎华实”演讲比赛、“演绎自我”讲课比赛。
(5) 举办了博雅学社第三届“逸笔文兴”书法大赛。
(6) 举办了“雅苑诗情”中华古诗词大赛、教师资格证备考培训等活动。

南梁精神与庆阳华夏文明传承创新区研究

一、项目类型

创新训练

二、项目组成员

张召平　历史与地理学院，人文教育
沈　颖　历史与地理学院，人文教育
张小爱　历史与地理学院，人文教育

三、指导老师

石　强　历史与地理学院，教授

四、项目介绍

1. 立项背景

“南梁精神”是在特定的历史时期形成的一种宝贵的精神财富，是马克思主义中国化在井冈山开篇之作的延续，是延安精神的源点之一和重要组成部分。

南梁精神在华夏文明传承创新区建设中的重要作用包括以下几方面的内容：

第一，详细地阐述了华夏文明传承创新区的科学内涵，包括华夏文明传承创新区概念的提出和所包括的具体内容。

第二，南梁精神的科学内涵。阐述南梁精神在华夏文明传承创新区建设中的作用。

第三，在建设庆阳华夏文明传承创新区中，要大力弘扬南梁精神，必须坚定信念、坚持一切从实际出发。

2. 项目特色

将南梁精神引用到实践和华夏文明传承创新区的建设中去，以理论引导实践，为庆阳市的红色文化发展增光添彩。

五、项目建设成果

(1) 发表论文《论南梁精神与庆阳华夏文明传承——创新区建设研究》。

(2) 完成论文《华夏文明传承创新区下“丝绸之路经济带”黄金地段的发展前景分析》。

(3) 完成论文《华夏文明传承创新区助推下的庆阳红色文化产业开发研究》。

泾川西王母文化的产业开发规划

一、项目类型

创新训练

二、项目组成员

朱维冬　历史与地理学院，历史学
冯保魁　历史与地理学院，历史学
周亚莹　历史与地理学院，人文教育
赵　睿　历史与地理学院，历史学

三、指导老师

侯普慧　历史与地理学院，讲师

四、项目介绍

1. 立项背景

泾川西王母文化的产业开发研究主要从泾川西王母文化的探源和西王母文化的现实意义两方面进行，重点研究论述在当今强调文化大发展的时代背景下，西王母文化所具有的时代气息和现实意义。以泾川地区的西王母文化作为研究基础，深度发掘泾川西王母文化对促进海峡两岸关系友好和平发展的重要意义、对泾川地区民风民俗的影响、对泾川旅游业的发展带动、对当地以西王母文化为基础的产业发展的影响等。

该项目系统地研究了泾川地区西王母文化产业开发过程，发展寻根文化、民俗文化、道教文化和佛教文化的可行性。重点分析西王母文化产业未来发展空间，目前需要重点建设的文化产业项目和基础设施，对泾川西王母文化的发展演变、文化内涵和历史沿革做了详尽的考察与总结，对西王母文化的产业前景做了全面的考察论述，并对西王母文化产业的开发提出了科学合理的规划意见。

2. 项目特色

（1）理论联系实践。立足泾川西王母文化的丰富资源，结合所学专业知识，不断扩展相关知识，探索其现实意义。

（2）紧扣时代主题。西王母文化作为华夏文化的重要组成部分，文化资源优势突出，对本课题的研究有助于积极响应我省关于华夏文明传承创新区的建设。

（3）关注时代变化。本课题的研究对于促进民族团结具有重要意义。

五、项目建设成果

（1）发表论文《甘肃泾川西王母文化产业开发现状与对策研究》。

（2）发表论文《论泾川西王母文化产业的开发前景》。

（3）发表论文《西王母信仰的形成及其历史意义》。

（4）参加陇东学院第十五届“挑战杯”大学生课外学术科技作品竞赛荣获一等奖。

甘肃泾川西王母文化产业开发现状与对策研究

朱维冬，赵　睿，冯保魁，周亚莹

文化论坛

论泾川西王母文化产业的开发前景

赵　睿，朱维冬，冯保魁

陇东学院学报

Journal of Longdong University

西王母信仰的形成及其历史意义

冯保魁，周亚莹，朱维冬，赵　睿

校园派大学生服务中心

一、项目类型

创业实践

二、项目组成员

张愫涵　美术学院，艺术设计
张　贝　土木工程学院，建筑
朱娜娜　经济管理学院，经济学
潘建建　美术学院，艺术设计

三、指导老师

席丽博　美术学院，副教授

四、项目介绍

1. 立项背景

互联网技术的不断开拓和应用，电子商务的快速发展，使市场资源得到优化配置。纵观互联网，却无一家针对大学生生活学习的全面的服务性网站和独立学校的团队，这也必将是社会资源分类的一大块产业，这片市场尚还空白，虽有几家在做，但却零零散散，都处在建站初期，都处在摸索期。这空白的领域，必将会有更大的升值空间，值得我们去尝试和挖掘。

校园派大学生服务中心，是一家与成都、西安、兰州等高校和天水师范、陇东学院为互通的媒介服务平台，规模完备后开通校园派网站。校园派陇东学院分站成立于2012年4月，业务范围包括：教育介绍咨询报名、兼职服务平台、家教介绍、寒暑假工、校园速递、代购物品、中国银行卡免费办理、电信卡销售和回收二手物品等多重业务，将来还会实现校校通旅游等，目标是实现全国规模最大、信息最完善、最实用简单的大型门户网站。

2. 项目特色

校园派是一家集校园文化生活各方面相通的大学生服务机构，实现校园与校外的有效衔接，弥补市场空白，逐步建立起对大学生全面系统服务的经营模式。

五、项目建设成果

项目主要业务有：本科第二学位、教育咨询、资格证书等与教育相关的业务。

(1) 自考本科第二学位招生37人，已帮助37名学生成功助学，帮助数百名同学成功考取CAD等技能证书。

(2) 招聘学生工300人次。

（3）在两年多的时间里共收益近 2 万元。

“碰碰香”香料的提取与应用

一、项目类型

创新训练

二、项目组成员

赵苗苗　生命科学与技术学院，生物科学
李文茜　生命科学与技术学院，生物科学
张　杨　生命科学与技术学院，生物科学
史　奕　生命科学与技术学院，生物科学

三、指导老师

马世荣　生命科学与技术学院，副教授

四、项目介绍

1. 立项背景

“碰碰香”因触碰后可散发出令人舒适的香气，闻之令人神清气爽，叶片可泡茶酒，奇香诱人。目前，国内外还没有较完善的“碰碰香”香料的提取方法，“碰碰香”香料也可以用来作为香水、化妆品和食品添加剂的成分，并且利用蒸馏法提取“碰碰香”香料具有可行性。

本项目通过 4 种提取方法获得“碰碰香”中挥发性香料，并通过化学手段初步鉴定香料成分，获得最佳提取方法。

2. 项目特色

“碰碰香”香料在工业方面的使用，可降低环境污染、减少大量资金的消耗，实现对生物资源的有效利用。

五、项目建设成果

(1) 提取香料选用溶剂时最好选用非极性溶剂。

(2) 要在“碰碰香”中提取较纯的香味,兼顾较高的产率,可采用非极性溶剂或弱极性溶剂,用逆流萃取的操作方法。

(3) 采用石油醚作溶剂结合逆流萃取法是比较适合提取“碰碰香”香料的方法。

(4) 经初步鉴定,本次粗提取物中主要有醛基、羰基、苯酚等基团存在。

(5) 撰写一篇论文《“碰碰香”香料的提取与应用》。

华仔工艺网

一、项目类型

创业训练

二、项目组成员

高维杰　数学与统计学院,数学与应用数学
范亚博　数学与统计学院,数学与应用数学
张闻盼　数学与统计学院,数学与应用数学
豆建伟　数学与统计学院,数学与应用数学

三、指导老师

王立新　数学与统计学院,助理研究员

四、项目介绍

1. 立项背景

随着经济的快速发展和生活节奏的日益加快,人们的消费观念和消费方式也随之改变。更多的人不愿花时间去市场购物,而网上购物正好满足了人们这种需求,网店为人们在家中购物提供了优越的平台。同时,当下更多的人开始注重精神生活,各种各样的工艺模型与工艺装饰品不断受到人们的青睐。有的工艺品既有美观时尚大方的装饰效果,又有很好的实用价值。

2. 项目特色

(1) 此项目具有时尚流行、安全性高、手脑结合的特色。

(2) 将师范技能的提升与网络销售相结合,充分地利用师范技能与网络资源。

五、项目建设成果

制作成型的工艺模型与工艺装饰品。

城镇中小学假期培训研究与实践

一、项目类型

创业训练

二、项目组成员

马凤翔 数学与统计学院，计算数学
成凤花 农林科技学院，园艺
门文辉 电气工程学院，物理学
王宏斌 数学与统计学院，应用数学

三、指导老师

许 斌 数学与统计学院，副研究员

四、项目介绍

1. 立项背景

为了全面推进素质教育，秉承“升华自我、奉献社会”的办学理念，我们利用假期帮助中小学生提高学习成绩，以“实践锻炼、成长自我”为活动宗旨，结合大学生现有知识技能，致力于提高大学生的学习实践能力，为日后就业提供良好的发展平台。同时，为一些家庭困难的学生提供一个勤工俭学的平台，为我们以后顺利地走上工作岗位打下扎实的基础，以能胜任教师这一光荣的工作。

2. 项目特色

(1) 在校大学生将专业知识和技能学习相结合，在实践中具体运用，真正做到学以致用。

(2) 每期培训结束后，在校开讲座，将实践的成功经验分享给大家，号召、引领大家积极参加社会实践，提升个人能力。

五、项目建设成果

经过培训班一年的辅导，大部分学生的成绩有了显著提高，且得到了学生和家长的一致认可。

(1) 荣获“优秀培训班”荣誉称号。

(2) 马凤翔同学荣获“优秀管理者”荣誉称号。

(3) 许斌老师荣获“优秀指导教师”荣誉称号。

绣出精彩钱包

一、项目类型

创新训练

二、项目组成员

沙美玲　数学与统计学院，数学与应用数学
张海雯　数学与统计学院，数学与应用数学
张宏礼　数学与统计学院，数学与应用数学
王屯德　数学与统计学院，数学与应用数学

三、项目介绍

1. 立项背景

十字绣作为刺绣的一种方式，以其自身的独特魅力带动经济的发展。因此，小组通过对十字绣的市场调研，开始了“绣出精彩钱包”这项创业实践项目活动。

当下更多的人开始注重精神生活，十字绣作品具有装饰、欣赏等特点之外还具有实用价值，比如十字绣钱包、挂件等，既美观且实用。

2. 项目特色

(1) 这个项目操作简单，风险小。

(2) 项目投资小，利润大。

(3) 可以根据消费者的要求在原有的图案上进行修改，以此满足消费者的个性化需求。

四、项目建设成果

两年来，时刻关注十字绣的发展前景，设立销售点，组建销售团队，每次根据销售情况，对创新创业项目进行调整与拓宽。同时，通过网络联系实体销售单位，保证每次订单及时到货，此外也给予销售商建议，调整十字绣钱包半成品的制作，对花色、质地、图案、大小、纹路等进一步改进，使每次的销售产品新颖独特。在此基础上，根据需要，制作一定量的成品（十字绣挂件、卡套等）进行销售，满足了消费者的需要，受到广大青年男女的青睐。

庆阳地区工程招投标诚信平台的建设

一、项目类型

创新训练

二、项目组成员

成　星　土木工程学院，土木工程
刘晓峰　土木工程学院，土木工程
李景桃　土木工程学院，城乡规划

三、指导老师

闫铁成　土木工程学院，副教授

四、项目介绍

1. 立项背景

招投标作为市场定价的价格机制，使工程价格更加趋于合理。但是在现实工程建设中，存在着违标、陪标等不正当的竞争手段，与工程招投标的法则极不相符。如果没有行之有效的解决办法，工程建设将存在很多的弊端。工程招投标诚信平台的建设有利于抵制不正当的竞争手段，改善招投标过程中的不正之风。只有招投标双方都坚持以诚信为本，才能使招投标的法则不被扭曲，工程建设也将更加趋于规范化。

2. 项目特色

该项目以庆阳地区工程招投标中存在的问题为依据，借鉴参考工程招投标相关资料，吸收其他地区工程招投标管理办法和经验，是在现有管理制度的基础上进行分析和研究而制定的，具有合理性、规范性、必要性特点。

五、项目建设成果

（1）完成研究报告《庆阳地区招投标诚信平台的建设》。

（2）完成论文《关于完善我国建设工程领域招投标管理制度的思考》《建设工程领域招投标管理制度与诚信问题现状分析》。

董志塬新农村建设中的地质灾害问题调查研究

一、项目类型

创新训练

二、项目组成员

王启龙　土木工程学院,土木工程
马亚运　土木工程学院,土木工程
何玉龙　土木工程学院,土木工程

三、指导老师

胡爱萍　土木工程学院,教授

四、项目介绍

1. 立项背景

随着国家现代化进程的加快,“新农村”建设的进程也在全速发展,这一政策使得广大的农民群众在住房方面得到了极大的改善,有关建设选址的问题也变得极为重要。如何在新农村建设中避免地质灾害的发生富有实际意义。

以西峰区温泉乡为例进行地质调查并分析,为新农村建设选址提供依据,为解决当地新农村建房中所出现的地质灾害问题提供相应措施。

2. 项目特色

突破传统研究方法,有针对性地深入实地调查研究,对于湿陷性黄土地质灾害的防范有一定的指导意义。

五、项目建设成果

完成研究报告《董志塬新农村建设中地质灾害问题调查研究》。

金桥家教中介

一、项目类型

创业实践

二、项目组成员

李文奎　文学院，汉语言文学

张　娟　政法学院，法学

三、指导老师

吴怀仁　文学院，教授

四、项目介绍

1. 立项背景

庆阳市有众多的中小学生，他们迫切需要有较强专业知识的家教老师或辅导老师，但这两者之间缺少信息流通，供需结合松散，缺少一所家教中介公司为他们之间的供需搭桥。金桥家教中介正是填补这一空白，为品学兼优的大学生提供实践的平台，为需要加强教育和辅导的中小学生介绍合适的老师，促进教育中的这一供需平衡，为教育尽微薄之力。

金桥家教中介以家教中介为主要业务，兼营二手手机、自行车等产品的收购、出售与中介和火车票、汽车票的预购。家教中介是以陇院丰富的人才资源为基础去满足中小学生家教辅导短缺的需要，为父母“望子成龙”和大学生实践、减轻家庭负担搭建金色桥梁。

2. 项目特色

(1) 投资少，风险小，见效快，便于操作。

(2) 迎合市场需求，填补行业空白，庆阳市第一所家教中介。

(3) 以学生的需求为中心，方便学生、服务学生。

(4) 节约、环保、降低成本。

五、项目建设成果

(1) 家教与二手交易市场问卷调查。

(2) 金桥家教老师与家长对接平台和二手物品交易平台。

(3) 庆阳启程商务有限公司。

陇东学院网络社区构建尝试

一、项目类型

创新训练

二、项目组成员

陈刚琦　信息工程学院，电子信息工程
徐玉祥　信息工程学院，电子信息工程
吴云龙　信息工程学院，电子信息工程

三、指导老师

段红英　信息工程学院，副教授

四、项目介绍

1. 立项背景

互联网已经成为人们生活中不可或缺的一部分，网上购物、订餐早已流行已久。集购物、消费及交流于一体的网络社区能极大地提高经济效率，同时，能正面影响社区内的人。该设计采用 PHP 作为后台开发语言，成本低廉。在前端使用 Facebook 团队开发的前端框架 Bootstrap，大大减少了 UI 界面的开发时间，因此，极大地降低了项目开发成本。

本项目建成一个社区网站，社区依据社团分为一个个模块，为各个社团提供发布页面及其他信息的空间，尝试建立云社团论坛，使社团走向正规化、规模化。然后，邀请学校周围商家入驻云社区商城模块。云社区为商家提供销售平台，给其发布商品的空间提供技术支持，并且将尝试设置信誉评级，增加特价模块，在社区内部尝试实现 B2C 模式的商业平台。这样，商家可以从云社区获得廉价的广告以及销售平台，而社团可以获得更多商家赞助的机会，以及部分商家缴纳服务费用的资金支持，从而形成“以商养团”的良性循环，维持社区运行。在后期，将尝试完成能让本校学生可以通过学号认证的方式免费注册会员，实现网上购买、订餐和商家买家互评等功能。另外，将尝试在社区内开辟 C2C 模块，努力让同学们可以在专门的 C2C 模块上拍出闲置物品，不用摆地摊就可以做生意。

将以“坚持创新、追求卓越”为运营宗旨，不断追求思想技术领先，打造一流的网站、一流的服务平台。

2. 项目特色

(1) 项目采用 B2C 模式的商业平台，实现“以周边商家养社团、网站带动周边经济”的效应。

(2) 采用 C2C 模块为本校学生提供在线交易。

五、项目建设成果

网页制作完成。

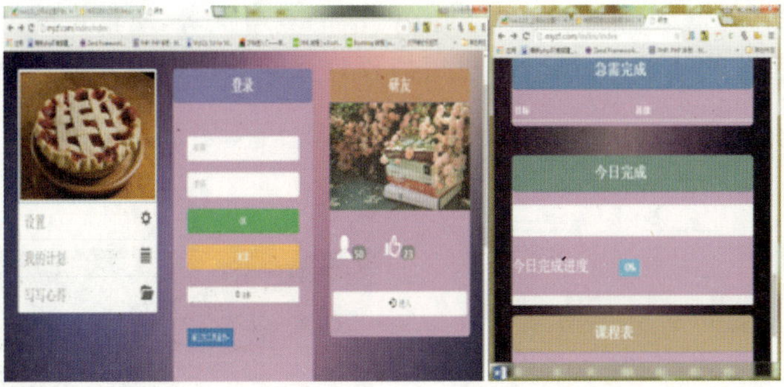

大学生运动鞋品牌折扣店

一、项目类型

创业实践

二、项目组成员

范文丽　信息工程学院，电子信息工程
贾　正　信息工程学院，电子信息工程

三、指导老师

段红英　信息工程学院，副教授

四、项目介绍

1. 立项背景

品牌折扣店自2012年10月开始筹备，从市场需求、自身优势、货源优势等多方面进行了详细考察，于同年12月在陇东学院后门创立了品牌折扣店。由于开业前对校内人群和校外周边人群对于品牌运动鞋的款式功能的市场前期预测不够，开业初期出现售出的运动鞋数量与预期营业额判断相差较大的情况，在其后几个月销售额虽然在上升，但依然无法达到收支平衡。对于此类问题，我们根据当季品牌流行趋势增减相应品牌的进货数量，增加品牌类型，让消费者有多重选择。在网购大趋势不可逆转的今天，我们开通微信购买平台，将所有货物展现在微信平台上，并且开展相应的优惠活动。同时，开展了当天送货上门、免费上门维修等多种服务，以此提升销售额，使店铺运营、服务方面更加完善。执行项目已经三年了，在执行过程中我们不断地发现问题，勇敢面对问题，积极解决问题，力求全心全意服务于顾客，经过我们不断地努力，终于成功地打开了陇院运动鞋市场，成为其主要的供货商，店铺现有品牌从初期的乔丹系列、李宁系列和361°等扩展到纽拜伦、斯凯奇等国际品牌，网上订购开展了新的业务，目前店铺经营状态稳定，年利润持续增高，打开了一个良好的局面。

2. 项目特色

(1) 避开代理商，降低采购成本，突出价格低廉的竞争优势，质量保证。

(2) 在实体店运营的基础上，结合手机短信预订和网上预订等营销手段。

五、项目建设成果

注册营业执照。

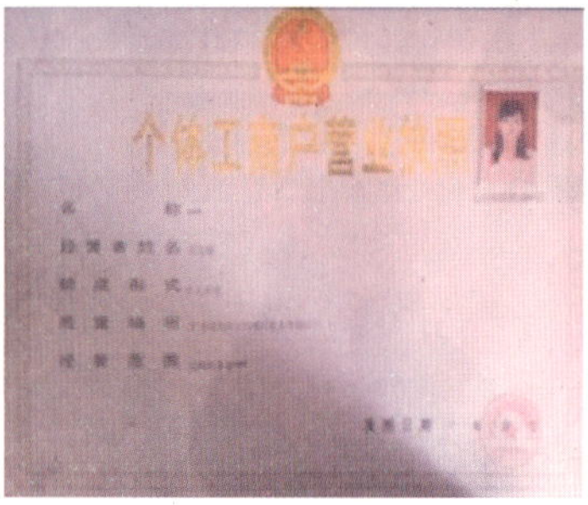

“陇翔”通信信息集成与维护中心

一、项目类型

创业实践

二、项目组成员

胡智亿　信息工程学院，计算机科学与技术
朱江红　信息工程学院，计算机科学与技术
库　辉　信息工程学院，教育技术学
刘刚刚　信息工程学院，计算机科学与技术

三、指导老师

刘正岐　信息工程学院，教授

四、项目介绍

1. 立项背景

计算机维修服务的范畴很广，比如用户计算机 IE 浏览器打不开了、计算机完全黑屏或者遭遇病毒感染不能收发电子邮件等。面对五花八门的计算机“病症”，作为计算机维护中心，我们都要一一帮助用户去解决，主要有以下几种业务：硬件、配件维修；软件维护、网络调试；计算机升级服务；计算机维护服务；系统重装（含常用软件安装）；病毒查杀；漏洞补丁安装;清除病毒及木马;整体硬件故障检测;计算机性能全面优化;组建网络、综合布线,局域网调试,网络资源共享,ADSL 共享上网;ADSL 宽带上网、拨号上网的安装、配置、网站维护、调试;等等。

本项目本着“以学生为中心,以技术为基础,以质量求生存,以诚信求发展,优化服务,求实创新”的运营宗旨,不断追求技术领先。

2. 项目特色

该计算机维护中心项目是我校第一个本着以维护大学生利益为主、提升专业技能为辅的计算机维护项目。通过对在校大学生计算机的维护,以此来提升自己的专业技能,既方便大众,又有助于自己的成长。

五、项目建设成果

“陇翔”通信信息集成与维护中心创立于 2013 年 12 月 7 日,主要从事计算机各类硬件与软件问题的维修。随着“陇翔”通信信息集成与维护中心的成立,陇东学院许多学生的电脑维修已不是问题,主要是计算机应用协会的顾问,免费帮助学生修电脑、装系统,同时,也帮助学生解决各种计算机问题。

庆阳香包刺绣文化网站开发与设计

一、项目类型

创新训练

二、项目组成员

李　东　信息工程学院,计算机科学与技术
独利元　信息工程学院,计算机科学与技术
李鹏伟　信息工程学院,计算机科学与技术

三、指导老师

曹建英　信息工程学院,教授

四、项目介绍

1. 立项背景

庆阳香包已不是原来意义上的“耍活”,它已成为传递感情、联络友谊的纽带,为经济、道德、文明建设服务。

本项目主要是以动态网站开发技术为核心,以庆阳历史文化为主题,借此网站宣传庆阳香包以及企业历史文化。通过动态网站开发技术的学习,集经济、文化艺术、庆阳历史于一体,以此文化背景为基础开发了庆阳香包刺绣文化网站,它是具有庆阳特色文化的数字展示平台。网站秉承“创新、求实、诚信、拼搏”的精神，致力于为人们提供全面快捷浏览、快速传播的策划方案，真正实现完善的传播平台，提高庆阳刺绣在全国刺绣市场的竞争力。

2. 项目特色

庆阳香包刺绣文化网站作为一种经济、文化、艺术与庆阳特色文化的数字展示平台，在促进经济发展、方便社会文化交流、满足消费者和商家多元化等方面发挥了积极作用。

五、项目建设成果

庆阳香包刺绣文化网站点击量有一万左右，基本上实现了初期预想的宣传目的。相信今后可以推广到更大范围内，进一步扩大庆阳香包文化的影响力。

陇东学院校友录管理系统

一、项目类型

创新训练

二、项目组成员

李新泉　信息工程学院 2013 级(专升本)班

三、项目介绍

(1) 该系统是基于 B/S 的系统，是一个基于服务器的系统，无论你身在何处，只要能够上网，就可以使用该系统来实现各种功能。这个功能有利于打破地域的限制，有利于增进校友间的联系。

(2) 该系统提供了个人模块，包括修改校友信息、发布留言模块，将自己的近况发布到网上，让更多的人了解。校友的任何需求都可以通过留言给管理员，然后管理员能够针对需求情况人工与你取得联系。

(3) 校友更新联系方式后,能够简单地通过修改系统里面的个人资料来实现更新。该系统还提供了校友信息的统计模块以及导出模块,能够通过报表的方式导出学院要求的Excel文件。

(4) 提高办公自动化程度。系统还提供了搜索模块,有助于校友寻找一些同学的资料。当然对于校友的个人资料提供了一套安全的机制,在注册时使用与以前的资料匹配来验证注册的人员是校友的真实性,在搜索时对搜索的范围和搜索的内容进行限制,以防止个人资料的泄露。

(5) 对于管理员,该系统提供了完整的一套管理模块,包括了管理校友信息、发布新闻公告、处理留言、导入导出校友信息等模块,以快捷的方式来实现各项管理功能,以提高办公效率。

四、项目建设成果

完成校友信息管理系统。

网页制作工作室

一、项目类型

创业实践

二、项目组成员

刘海渊　信息工程学院,计算机科学与技术
段国强　信息工程学院,计算机科学与技术

周江鹏　信息工程学院，计算机科学与技术
钱文辉　信息工程学院，计算机科学与技术

三、指导老师

曹建英　信息工程学院，教授

四、项目介绍

本项目以工作室的形式运作，主要利用网页设计与制作的知识为企事业单位定制网站以及制作通用网页模板、前台页面开发、后台系统开发、页面优化、图形美化、域名申请、网站代理等。

五、项目建设成果

目前已经为我校多个部门、学院制作了网站，如基于能力导向的应用型人才培养实践教学体系网、陇东学院大学生创新创业网、陇东学院信息工程学院软件工程重点课程网、陇东学院电气工程学院自动控制原理重点课程网、陇东学院体育学院乒乓球重点课程网、陇东学院体育学院武术重点课程网、陇东学院教育学院儿童心理学重点课程网。同时，协助指导老师制作“陇东学院第一次党代会网”等。

瞬间创意影像工作室

一、项目类型

创业训练

二、项目组成员

信茹阳　信息工程学院，教育技术学
雷海亮　信息工程学院，教育技术学
沈永霞　信息工程学院，教育技术学
王　珊　信息工程学院，教育技术学
李雅洁　信息工程学院，教育技术学

三、指导老师

严　瑾　信息工程学院，副教授

四、项目介绍

1. 立项背景

随着经济文化的不断发展，越来越多的群体希望能够记录回忆，还有很多拥有草根梦想的人也希望能够像明星一样制作属于自己的影视制品。那么在大众精神消费总体趋势的推动下，影像工作室前景相当乐观。工作室本着为顾客提供全方位服务的理念，用全面的技术为顾客打造美丽、感动的瞬间，用镜头记住顾客自己的美丽回忆，用服务赢得顾客的信赖。

瞬间创意影像工作室主要从事婚礼电子相册制作、家庭电子相册制作、VCD 及 DVD 刻录、个人录像非线性编辑、摄影、摄像服务等。该项目有深厚的专业基础、专业的指导教师、完善的设备支持以及有着浓厚的兴趣爱好和专业的操作技术的项目队员。能够切实地从客户出发，本着专业负责的态度，力求让每一位客户都满意。

2. 项目特色

主要从事影视节目的拍摄以及后期制作，电视节目包装，企业专题片、广告片制作以及微电影的创作等。同时，还从事自由专属婚纱摄影、婚礼跟拍、婚礼策划、个人写真摄影、艺术摄影、商业摄影、广告摄影策划，涉及多领域、多行业产品的拍摄服务，在经营过程中实践出一条全新的商业摄影模式。

五、项目建设成果

本项目获得成功后具有广阔的扩展空间。一是进行横向发展，在学校以及市区范围内开设连锁店，形成连锁经营；二是进行纵向发展，增加刻录和制作规模，提高摄制等级，开设新的服务项目，发展成全面服务的综合型公司。

中学教学资源整合平台的建设

一、项目类型

创新训练

二、项目组成员

张柏林　信息工程学院，计算机科学与技术
贾存杰　信息工程学院，电子信息工程
刘青龙　信息工程学院，计算机科学与技术
王继霞　信息工程学院，计算机科学与技术

三、指导老师

杨永锋　信息工程学院，副教授

四、项目介绍

1. 立项背景

数字化教学作为一种新型的教学方式，已渗入每个教师的教学活动中。本项目以教学资源查询和交流平台为研究起点，采用Java技术设计和实现数字化教学资源平台，整合了教案、教学案例、教学课件等大量的教学资源，资源形式多种多样，有文本、视频、教案、试题、光盘、素材、影音等类型。为能达到资源共享、实现信息交流等目的，数字化教学资源整合平台分为用户登录模块、资源基本信息模块、资源类别设置、学习论坛、学习评价模块、用户基本信息、用户角色管理和系统功能管理等主要模块，并对每个模块做详细设计。

数字化教学资源整合平台可以辅助教学，并具有推广价值。

2. 项目特色

(1) 建立一个基于网络平台的资源共享体系，师生都可以借助本平台免费地享受与分享该平台的资源，且不受距离的限制。

（2）教学平台在辅助教学方面，相对于已有的系统，增加了网络备课、教师学生互动平台等，互动性强。

五、项目建设成果

开发数字化资源整合平台。

“启立”音乐培训基地的创办

一、项目类型

创业实践

二、项目组成员

杨　立　音乐学院，音乐教育
冯宇春　音乐学院，音乐教育
史康娟　音乐学院，音乐教育
李玉燕　音乐学院，音乐教育

三、指导老师

马金龙　音乐学院，副教授

四、项目介绍

1. 立项背景

面对日益严峻的就业形势和就业压力，音乐专业的毕业生该怎么办？这是我们马上要面临的现实问题。目前，音乐专业的就业渠道主要有中小学教师、艺术研究单位和文化机关、出版及广播、文艺团体等，就业率也不是很高。那么有很多同学就面临自主创业的问题，跟我们接轨的就是开办琴行、创办音乐学校等形式。

启立琴行是一所集音乐教育、乐器销售、乐器租赁、乐队演出等业务为一体的多元化琴行，琴行开办三年来得到了社会和广大学生的认可，且不断扩大经营。教学师资来源于迷徒乐队成员，销售方面以低价格优势吸引了不同类型的人群学习，启立琴行有实体店铺门面，教学和排练有专门的场地。主要经销培训木吉他、电吉他、贝斯、架子鼓、古筝、二胡、电子琴等乐器以及乐器书籍与乐器配件等。

2. 项目特色

(1) 搭建实践平台，拓展大学生就业之路。

(2) 以教学实践促进专业学习，教学相长。

五、项目建设成果

2012 年创立的启立琴行已经创办三年多时间，琴行现已投入资金 8 万多元，经营各类民族、西洋、电声乐器，集乐器销售、器乐培训、乐队训练、演出为一体，在社会上已经有了一定的声誉，积累了一定的组织管理经验，有了固定的招生、培训场地。

2014 年 3 月，琴行进行了第二次扩大装修，排练室达到三个，并进行了两次宣传公演；2014 年 9 月，“启立”培训基地扩张师资力量，授课教师达十余人，并成立迷徒乐队，以便更好地宣传与教学；2015 年 3 月，“启立”培训基地继续扩大规模，包括销售范围、招生对象。“启立”培训基地日渐成熟，现每年招生培训人数能达到 100 余人。

爱未来教育培训机构

一、项目类型

创业实践

二、项目组成员

柳　颜　政法学院，思想政治教育

马小茹　政法学院，思想政治教育

马晓琛　政法学院，思想政治教育

徐盼盼　外国语学院，英语

三、指导老师

曹建章　政法学院，副教授

四、项目介绍

未来教育培训机构是一支由年轻人组成的团队，实行团队教学、全方位教学，既讲授文化课知识，同时也普及生活常识，让每个学生能够把理论运用到实践中去。另外，设有中高考研究组及心理组，让学生的身心和学习同步前进。每周都有一到两节的“说话课”，其次是换班进行交流学习，让每个学生都能成为朋友，都能出口成章。

五、项目建设成果

主要针对学生的文化课程进行培训，设有小学部、中学部、备战小升初、冲刺中高考和艺考生文化课培训。每个部都根据学生学习的不同程度，分为基础班、提高班、培优班。另外，还有专门的研究机构，主要是针对中高考学子。

基于飞思卡尔 S12X 系列四旋翼飞行器的农田喷雾系统

一、项目类型

创新训练

二、项目组成员

冯　洵　电气工程学院，测控技术与仪器
杨万里　电气工程学院，测控技术与仪器
朱婷华　电气工程学院，测控技术与仪器
张海银　电气工程学院，测控技术与仪器

三、指导老师

齐晓龙 电气工程学院，副教授

四、项目介绍

1. 立项背景

长期以来，水稻的病虫害防治主要依靠人力使用手动喷雾器和背负式喷雾机进行，不仅劳动强度大、作业质量差、效率低，也已成为制约实现水稻全程机械化目标的主要技术瓶颈。无人驾驶小型直升机作业高度低、飘移少、可空中悬停，不需要专用起降机场。旋翼产生的向下气流有助于增加雾流对作物的穿透性，防治效果好，远距离遥控操作使喷洒作业人员避免了暴露于农药中的危险，提高了喷洒作业安全性等。

本项目提出了一个对利用四旋翼飞行器的远程控制航空喷雾系统，开发适应低空低量航空喷洒技术雾化器件并开展相关性能参数试验研究，为采用超低空低量航空喷施技术实现水稻病虫害防治的关键问题提供技术。在飞行器控制方面采用了飞思卡尔 S12X 系列单片机、四旋翼飞行器、喷雾器、无线通信模块。在无人机上搭载了药箱、控制箱、液泵、管路系统和雾化喷头等喷雾系统，并设计了专用于无人机喷雾的远程控制系统，通过地面远程遥控控制喷雾系统的施药工作。

2. 项目特色

(1) 四旋翼飞行器喷雾系统减少了对农作物的踩踏。喷洒作业人员避免了暴露于农药中的危险，提高了喷洒作业安全性等。

(2) 无人驾驶小型直升机具有作业高度低、飘移少、可空中悬停，运用收集的影像对农田情况分析，进而拟订合理的方案。

五、项目建设成果

完成硬件电路的设计并结合了软件开发程序，使四旋翼飞行器能够遥控启动、完成平衡稳定的飞行任务。加载喷雾系统，完成喷雾工作。通过各种方案的讨论和尝试，在经过多次的整体软硬件结合调试，不断地对系统进行优化，设计采用简单的动力学原理，结合软件开发平台，就能够简单高效地完成任务。代替传统手动喷雾器和背负式喷雾机完成喷雾工作，喷雾效果更好，使用更加方便、快捷。

家电维修及建筑电气安装实践

一、项目类型

创业训练

二、项目组成员

祁雷雷 电气工程学院，电气工程及其自动化

刘艺杭　教育学院，小学教育
冯玉龙　电气工程学院，电气工程及其自动化
刘庆响　电气工程学院，电气工程及其自动化

三、指导老师

李本印　电气工程学院，教授

四、项目介绍

1. 立项背景

随着人们生活水平的不断提高，楼宇内设计内容丰富，使用功能日益增多，自动化技术广泛应用，安装技术不断提升。不论是家电维修实践，还是建筑电气安装实践，都与专业理论知识靠得很近。把课本中所学到的知识应用于实际，在实践中得以应用总结，使学生的综合素质能够得到提升，为以后的就业打好坚实的基础。

在此项目中，要维修的家电有收音机、收录机、电视机、VCD、功率放大器、电冰箱、空调机及厨房用具等，这些可以在实验室完成，也可以摆摊设点进行。建筑电气的安装主要在学校的建筑工地进行，具体的实践项目主要有数字化安防管理系统、楼宇强电安装、配电箱柜内元器件安装、电路管线敷设、线路敷设、电源插座（灯具、开关）安装、通风消防控制电器安装、自动防火报警安装、网线闭路电视线安装、楼宇对讲安装等。

2. 项目特色

该项目的实践是我校建筑电气安装这一专业方向的探路石，为我校的技能专业开拓了一条新的道路。

五、项目建设成果

(1) 在校内摆摊设点 20 次，义务维修家用电器 400 台件。
(2) 建筑工地和房屋装修实践达到 600 次。
(3) 撰写建筑电气安装实践论文 1 篇。

植物种子高压静电处理装置的设计与实验

一、项目类型

创业实践

二、项目组成员

王建云　电气工程学院，物理学
邹　键　电气工程学院，物理学
蒲怀军　电气工程学院，物理学

张小军 电气工程学院，物理学
薛 虎 电气工程学院，物理学
张海娟 电气工程学院，物理学

三、指导老师

李本印 电气工程学院，教授

四、项目介绍

1. 立项背景

从2002年起，我国逐渐开始停止生产剧毒农药，尤其在蔬菜生产中也禁用了高残农药。但是，由于缺乏有效的监督机制，导致我国的农产品国际贸易遭遇了严重的绿色壁垒，在国内市场的温室蔬菜农药残留也更为严重。为了解决这些问题，国家在绿色认证的基础上，将逐渐在全国各地组织大规模物理农业。

2012年指导老师自主研制了高压静电电源装置，发表了相关的专业论文，同时在2013年取得了国家专利。目前，该电源除了在田间进行了高压静电场实验以外，还没有研发出植物种子在下播前进行静电处理的装置，为了使高压静电电源能够面向市场广泛推广应用，我们利用双休日和课余时间，在指导老师的专业指导下，研制出高压静电场装置，并在实验室对种子进行处理，做好实验数据，将研究成果应用到黄瓜、小麦、玉米、辣椒、番茄等植物种子上，进一步推动我国现代农业技术的发展。

该装置能够大幅度降低温室作物农药、化肥使用量，提高植物种子的发芽率和发芽势，减少对农业生态环境的污染，提高农产品质量，使农产品质量达到绿色食品标准，提高生产效率，促进农业的可持续发展。

按每亩作物增产50～100千克，每千克按1元计算，10 000亩作物可增加总产值50～100万元。

2. 项目特色

该项目将研发植物种子在播前充高压静电的新设备，成本较低，质优价廉，具有较高的性价比，有广阔的市场前景和较高的经济效益。

五、项目建设成果

(1) 组合优化原有高压静电电源，研发植物种子处理装置1台，使除虫杀菌效率达90%以上。

(2) 撰写项目总结报告及相关论文。

基于电力载波的物联网智能家居系统

一、项目类型

创业实践

二、项目组成员

徐惠宝　电气工程学院，电气工程及其自动化
宋菊文　电气工程学院，电气工程及其自动化
邹　键　电气工程学院，物理学
李　其　电气工程学院，电气工程及其自动化
乔　敏　信息工程学院，计算机技术及应用

三、指导老师

齐晓龙　电气工程学院，副教授

四、项目介绍

1. 立项背景

互联网的快速进步为物联网的发展打下了坚实的基础，而智能家居作为物联网发展的中坚力量，其市场前景不言而喻，但是，目前市场上的智能家居产品大多只能叫作智能家电，更谈不上系统，价格昂贵，也使得许多潜在消费者望而却步。

本项目产品开发出电力线载波通信控制的智能家居系统，迎合消费者需求，具有安装简单、价格低廉的优点。采取与房地产公司、物业公司和移动通信公司合作的运营模式。智能家居，或称智能住宅，是以住宅为平台，兼备建筑设备、网络通信、信息家电和设备自动化，集系统、结构、服务、管理为一体的高效、舒适、安全、便利、环保的居住环境，在保持了传统的居住功能的基础上，摆脱了被动模式，成为具有智能化的现代工具。智能家居不仅提供了全方位的信息交换功能，还优化了人们的生活方式和居住环境，帮助人们有效地安排时间、节约各种能源，实现了家电控制、照明控制、室内外遥控、窗帘自控、防盗报警、计算机控制、定时控制以及电话远程遥控等功能。

2. 项目特色

创新性地采用了电力线通信的方案，大大增强了该产品的适用性，完善了目前家居功能的不足，并且提出了新颖可行的运营模式与营销计划。

五、项目建设成果

2015—2019 年利润表　　单位：万元

项目	第一年	第二年	第三年	第四年	第五年
一、营业收入	20	468.7	658	946.37	1 357.98
减：营业成本	5	75	79.56	82.7	88.7
营业税金及附加	1	36	53	74	96.25
销售费用	3	14.56	37	68	85
管理费用	1.5	8.2	23	59	76
财务费用	0.5	1.3	2.7	2.9	3.3
资产减值损失	0.2	6.8	12	24	30

续表

项目	第一年	第二年	第三年	第四年	第五年
投资收益	—	—	—	12.2	5.3
二、营业利润	8.8	326.84	450.74	647.97	984.03
加:营业外收入	—	3.9	4.1	—	—
减:营业外支出	2.3	2.8	6.3	7.4	8.9
三、利润总额	5.5	327.94	448.54	640.57	975.13
减:所得税费用	3.2	15	45	87	118
四、净利润	2.3	312.94	403.54	553.57	857.13

无能耗可散热的气马达振动器

一、项目类型

创新训练

二、项目组成员

周　永　电气工程学院,物理学
沈明亮　美术学院,视觉传达设计

三、指导老师

王彦璋　电气工程学院,讲师

四、项目介绍

1. 立项背景

本产品是基于气马达插入式振动器的专利进一步改进。传统的专利散热能力不好,润滑效果不好。目前,现有的插入式振动器无注油器装置和球形阀装置,也无散热装置,使用寿命还短。

2. 项目特色

本产品通过注油器能够加入润滑油,进气口进去的气就能将润滑油吹到内壁和叶片上。本实用新型进一步技术方案所述启动马达外部有一圈散热片。

五、项目建设成果

相对于现有技术,无能耗可散热的气马达振动器有如下有益效果:润滑效果好、散热效果好、装置使用寿命长,注油器里面的润滑油可通过进气口的气体流向沿管壁进入空气马达。

全地形消防侦查与隔离带开辟机器人

一、项目类型

创新训练

二、项目组成员

徐　鹏　化学化工学院,过程装备与控制工程
魏兆乐　化学化工学院,过程装备与控制工程
王　鹏　机械工程学院,机械设计制造及其自动化
蔡　芎　电气工程学院,机械设计制造及其自动化
杨春卉　电气工程学院,机械设计制造及其自动化

三、指导老师

张可儿　电气工程学院,教授

四、项目介绍

1. 立项背景

机器人控制计算机大致分为三类:以工控机为核心的控制计算机;以单片机、信号处理器(DSP)为核心的控制计算机;以专用嵌入式微处理器为核心的控制计算机。其中,以单片机和 DSP 为核心的设计是现阶段的主流设计方案。机器人控制系统的任务可以分为数据处理和设备控制。其中,数据处理需要快速实现各种数字信号处理算法的微处理器,而设备控制涉及大量的通信和控制操作。

硬件:该项目制作的机器人以单片机为控制核心,机器人采用一块 STC12C5A60S2 和三块 STC89C52 作为主控,采用无线路由器与上位机连接,外加电源电路、机电驱动、光电传感电路、灭火风扇以及其他电路构成。电源电路提供系统所需的电源,专用电机驱动芯片驱动电机控制机器人的前后移动和左右转向。底盘上装有机械臂、水炮、灭火风扇、割草设备、伐木设备、铲斗、摄像头、传感器、绳索绕组以及 GPS。

软件:程序采用 C 语言编写,上位机用 LabVIEW 进行编写。

2. 项目特色

(1) 自动化程度和灭火效率高。

(2) 机器人功能强大,人员坐在电脑前可以通过摄像头实时地看到火场情况。

(3) 机器人装有各种传感器,可以实时返回火场的各种数据。

(4) 机器人可以确定火场的面积,从而帮助指挥者做到准确的决策。

(5) 可以实现 100～150 米内的现场视频传输。

五、项目建设成果

(1) 制作控制软件1套。

(2) 完成机器人模型1件。

中国石化庆阳分公司10WT/A乙二醇项目

一、项目类型

创新训练

二、项目组成员

张建伟 化学化工学院,应用化学
赵小兵 化学化工学院,应用化学
许有燕 化学化工学院,应用化学
多 浩 化学化工学院,应用化学
高宝珠 化学化工学院,应用化学

三、指导老师

张 兵 化学化工学院,教授

四、项目介绍

1. 立项背景

我国是世界上最大的乙二醇消费国,同时,现有生产工艺能耗较大、安全性低、环境损害大。

本团队设计的一种通过生物质生产乙二醇的工艺,环境友好、能耗低、市场前景广阔。内容包括市场调研、可行性分析、厂址选择、流程设计、流程模拟、设备设计、设备选型、设备校核、管道布置、车间布置、厂区布置、环境评估、人员配置、经济分析和初步设计说明书等。

2. 项目特色

(1) 在原料选择方面该设计选择生物质(淀粉、纤维素等),与石油路线生产乙二醇相比更加节能、经济、安全,环境友好。

(2) 在分离工段部分物质采用共沸精馏、膜分离技术,获得产品纯度高。

(3) 催化剂的选择方面,选择了高活性、高选择性、寿命长的催化剂,提高了产品的生产效率与产量。

(4) 热能回收利用很大程度降低了能耗。

五、项目建设成果

(1) 参加第九届西北大学生化工设计竞赛获西北赛区奖。

(2) 参加第九届西北大学生化工设计竞赛获全国奖。

年产 10 万吨乙二醇分厂绿色工艺流程设计与设备选型

一、项目类型

创新训练

二、项目组成员

张 瑛 化学化工学院，化学工程与工艺
陈利辉 化学化工学院，化学工程与工艺
魏嘉兵 化学化工学院，化学工程与工艺

三、指导老师

李惠成 化学化工学院，教授

四、项目介绍

1. 立项背景

目前，我国生产 EG 采用生物质水解催化加氢的方法，仍未实现大规模的工业化，并且 EG 的分离一直是困扰工业生产中的难题，随着国家限制高耗能行业发展和节能减排政策的逐渐施行，解决 EG 分离问题迫在眉睫。

本项目采用生物质中多羟基化合物催化加氢降解法和高效的分离技术，使用玉米秸秆催化转化反应制取乙二醇，产品为质量分数在 99.9%以上的纯品，同时，副产高纯的六元醇等工业原料。以当地周边及附近的农作物玉米秸秆和总厂提供的 NaOH、氢气、水为原料，充分合理地利用化工厂区内的各种公用设施及总厂附近的现有资源，并以大连化学物理研究所研发的以一种多羟基化合物制乙二醇工艺为基础，在项目可行性研究和项目方案设计及初步工艺设计的基础上，完成年产 10 万吨乙二醇主体装置工艺技术设计。所采用的纤维素一步水解加氢催化法是目前存在的较符合绿色化学主题的生产工艺，并以其自身原料丰富易得、利用率高、环境污染小、产量高等优势成为日后乙二醇生产工艺的主要发展方向之一。

2. 项目特色

(1) 在反应过程中采用了多段固定床反应器，提高了原料的选择性和转化率，使得乙二醇的转化率达到了 99%。

(2) 本项目属于气、液、固三相反应，存在反应器选择困难等问题，自行设计了原料预处理过程各个设备，从而解决了三相反应反应器难选择的问题，简化了反应器，降低了设计操作难度。

(3) 三塔串联精馏分离得到高纯产物，分离出的水循环使用，副产物运用于各个方向，废渣也加以利用，避免原料的浪费，节约成本。

(4) 本工艺采用环境友好型可再生生物质玉米秸秆纤维素作为原料,有利于实现经济可持续发展。

五、项目建设成果

(1) 设计一套绿色清洁的化工工业生产工艺流程及相关设备的选型。
(2) 改进化工行业耗能高、污染重等问题。
(3) 提交一份设计说明书及可行性报告。

高吸水性树脂基吸水保水材料水晶花泥的研制及其性能研究

一、项目类型

创新训练

二、项目组成员

赵江涛　化学化工学院,化学工程与工艺
朱治明　化学化工学院,化学工程与工艺

三、指导老师

胡浩斌　化学化工学院,教授

四、项目介绍

1. 立项背景

通过查阅相关书籍和文献得知高吸水性树脂能吸收自身重量几百甚至上千倍的水,而且保水能力很强,即使在加压下亦难脱水。因此,能够广泛应用于农业、林业、园艺、工业及卫生用品等领域。现在大多数反应工艺需要对丙烯酸进行减压蒸馏处理,反应过程需要氮气保护,耗时耗能,导致工业化生产成本很高,所得产品吸水性能也不是很好。因此,寻找廉价易得的原料和工序简单的合成工艺,对于降低生产成本、提高吸水倍率、实现工业化生产是非常有利的。

该项目以可溶性淀粉、丙烯酸为原料,以硫代硫酸钠、过硫酸钾为引发剂,以 N,N′-亚甲基双丙烯酰胺为交联剂,以氢氧化钠溶液为中和剂,采用自由基聚合实验的方法研制高吸水性树脂基吸水保水材料。采用自由基聚合实验方法制备高吸水性树脂材料,并采用单因素控制变量法对其制备工艺进行讨论研究,得出最佳的工艺参数。

2. 项目特色

(1) 实验过程不需要对丙烯酸进行减压蒸馏处理,不用氮气保护,大大简化了工艺流程,提高了生产效率。

(2) 降低生产成本,提高吸水倍率。

五、项目建设成果

（1）撰写研究报告《高吸水性树脂基吸水保水材料水晶花泥的研制及其性能研究》。

（2）撰写论文《高吸水性树脂基吸水保水材料水晶花泥的研制及其性能研究》。

跑　腿　帮

一、项目类型

创业训练

二、项目组成员

李震军　经济管理学院，经济学
马军伟　经济管理学院，经济学
王建龙　经济管理学院，经济学
王　鹏　经济管理学院，经济学

三、指导老师

李　涛　经济管理学院，副教授

四、项目介绍

1. 立项背景

时代的变迁赋予了当代大学生不一样的含义，也给予了当代大学生不一样的生活和思想，追求不同，享受生活的方式自然也不同。科技不断进步，生活水平不断提高，人类"惰性"的潜能又被激发出来，使得一部分大学生宁愿花钱也不愿意自己动手做一些事情，有些时候急需要一个"替身"来帮他完成一些事情。一部分大学生为了锻炼自己，增加实践经验，不惜耗掉了自己课余的所有时间来参加校内活动。所以，很多事情自己没办法也没时间去完成，无奈之余便希望自己可以拥有"分身术"。

跑腿帮以"锻炼自我、磨炼意志、积累经验"为目标，建立一家校园服务站，主要经营项目包括策划代办聚会、文字方案的撰写、代取代送物品、代沟通交流以及出谋划策、提供创意等。项目通过有效的宣传和业务拓展，旨在帮助一些没有时间或者不愿意自己出面的同学，作为他们的一个"分身"来认真努力完成他们所要求的事情，并收取合理的费用。

2. 项目特色

（1）经营理念创新。至今还没有这方面的经营店，所以在市场竞争上，处于了一个相对优势的位置。

（2）服务理念创新。根据每一位消费者的需求，完美地办成每一件事且留下长久的联系方式。

五、项目建设成果

(1) 代办聚会策划:按策划的难易程度收费,基本费为5元,其余按顾客满意度自行付费。

(2) 文字方案:按字数要求付费,基本费为5元。

每周代办聚会策划收入50元;文字方案每个5元,周收入400元;代取物品周收入100元;其他收入100元。月收入2 600元,年收入21 000元左右。

陇东民俗艺术文化园

一、项目类型

创业训练

二、项目组成员

周　倩　经济管理学院,公共事业管理
许　娟　经济管理学院,公共事业管理
陈天霞　经济管理学院,公共事业管理
赵芳娟　经济管理学院,公共事业管理

三、指导老师

马永祥　经济管理学院,教授

四、项目介绍

1. 立项背景

近年来,我市以民俗文化为龙头,以香包节会为载体,努力搭建文化产业发展平台,连续六年举办"中国·庆阳香包民俗文化节(文博会)",为文化产业的规模发展和提速发展积累了经验,初步形成了具有庆阳特色的文化产业发展路子。我市民俗文化产业已形成拥有10万多人、100多家企业的香包刺绣大军。年生产、开发产品500余万件,销售收入达到1.5亿多元,并且呈现逐年上升的趋势。从文化产业发展的现状看,我市文化产业所有制结构有了较大的改善,社会办文化的比重在不断增加,已成为我市文化产业快速发展的一支生力军和重要力量,培育了一批民营文化市场主体,建设了一批文化产业基地,特别是以香包为代表的民间民俗文化产业的快速强劲发展,有力地带动和促进了文化相关产业的蓬勃发展。文化产业成为我市转移富余劳动力、增加群众收入和促进就业的重要渠道。其他文化产业类,如文艺演出业、网络文化业、音像业、文化娱乐业、文化旅游业、艺术培训业、艺术品业等如雨后春笋般竞相发展并取得长足的进步,带动了区域经济发展,提高了人民生活水平,将文化真正地推广了出去,促进了我市文化生产力的大发展。

本项目以建立"陇东民俗艺术文化园"为长远目标，以艺术表演团体、剧院、文化馆、镇文化站为载体，召集各界对民俗文化有着浓厚兴趣的人员集中学习。而陇东学院作为地方高等教育机构，应该结合自身的艺术专业，成为民俗文化的发扬地，提供集中学习的场所。项目前期，重点发展剪纸及相应产品，举办剪纸比赛，提高关注度，进而开拓市场，延伸剪纸产业链。

2. 项目特色

(1) 既传承传统民俗文化，又发展现代创意文化，项目立意具有特色。

(2) 结合高校艺术类专业发展"剪纸"艺术并开拓市场，产学研一体化发展。

五、项目建设成果

(1) 打开旅游业市场：旅游业的发展带动了相关产业，如现场制作游客本人的正面肖像剪纸等。

(2) 打开商业市场：开发剪纸福娃，剪纸一天的纯收入一般在300～500元间。把我们精美的剪纸(如12生肖、红楼12金钗、水浒108将等，最好是成套的)放进酒盒里，每个里面放一张剪纸，作为赠品。

(3) 打开儿童市场：开发儿童卡通剪纸、动漫人物剪纸、历史人物剪纸等。

智能家居控制系统的设想与实现

一、项目类型

创新训练

二、项目组成员

杨志雄　电气工程学院，测控技术与仪器
杨　芳　电气工程学院，测控技术与仪器
王　琪　电气工程学院，测控技术与仪器
段彦丰　电气工程学院，测控技术与仪器
李果繁　电气工程学院，测控技术与仪器

三、指导老师

齐晓龙　电气工程学院，副教授

四、项目介绍

1. 立项背景

智慧家居是今后家居领域发展的必然趋势，随着WiFi的普及，无线智能家居逐渐取代了有线产品，在无线领域国内并不落后于国外，同样使用最新ZigBee智能家居，目前国内智能家居虽有潜力但发展缓慢，人们的消费观和消费能力并不充分。

本项目是对智能家居控制系统的设想与实现，通过家居网关 WiFi 传输数据和 Android 为基础的手机 App 控制系统，实现的功能主要是：电灯开关的手机 App 控制、无线插座的手机 App 控制、远程开门、窗帘的智能控制、红外遥控的手机 App 控制、家居温湿监控和控制、家居空气质量的检测和改善调控、烟雾火警的检测和控制、水滴监测和控制、红外线人体监测、WiFi 摄像头、音乐播放和控制、语音控制，各种情景模式的集合控制，可设计回家模式、离家模式、会客模式、晚间模式、用餐模式等。

使用手机 App 控制，只要将插头插在 220 V 电源插座上，就可控制家里所有的灯光和电器，躺在床上或在外面，就可控制卧室的窗帘、灯光、音响及全家的电器。控制灯光时可以调亮度，控制音响时可以调音量，控制拉帘或卷帘，控制家里的安防系统和监测系统。

2. 项目特色

智能家居是一个以住宅为平台，安装有智能家居系统的居住环境，利用无线 WiFi 控制系统、网络通信技术、智能家居系统设计方案、安全防范技术、自动控制技术、音视频技术将家居生活有关的设施集成，构建高效的住宅设施与家庭日程事务的管理系统，提升家居安全性、便利性、舒适性、艺术性，并实现环保节能的居住环境。

五、项目建设成果

(1) 制作智能家居控制系统模型。
(2) 制作软件手机 App 控制系统。
(3) 制作软件 Web 网页控制系统、语音控制系统。
(4) 制作软件智能安防系统。
(5) 制作软件智能花园管家监测系统。

多功能温湿度控制仪

一、项目类型

创新训练

二、项目组成员

段彦丰　电气工程学院，测控技术与仪器
王　飞　电气工程学院，测控技术与仪器
蒲继英　电气工程学院，电气工程及其自动化

三、指导老师

高晓红　电气工程学院，副教授

四、项目介绍

1. 立项背景

在当代人类的生活中，温湿度扮演着极其重要的角色。尤其是在18世纪工业革命以来，工业发展与农业生产都与能否掌握温湿度有着密不可分的联系。通过单片机控制风扇、加热器与加湿器共同实现温湿度的控制，可实现大棚、粮仓等一些需要控制温湿度的地方的温湿度维持在我们所希望的范围之内。

本仪器由温湿度检测系统、加热系统、降温系统、加湿系统和照明系统组成，依靠电力带动。温湿度检测系统利用温湿度传感器将信息送到主控制板。若温度过高，将会启动风扇进行降温；若温度过低，会启动风扇和加热器，起到升温的效果；若气候过干燥，会启动加湿器，达到加湿的效果。还可根据个人喜好设置空气清新剂和驱蚊蝇剂盒，利用风扇转动，将个人喜欢的香味散发到空气里，达到清新空气和驱蚊蝇的作用，享受舒适的环境，到晚上遥控开启LED灯，控制灯光的强弱，达到照明作用。

2. 项目特色

此仪器结合温度控制仪和湿度控制仪，减少了空气的污染和能源的消耗，使温湿度控制仪向着小型化、人性化的方向发展。此仪器价格便宜、操作简单、使用方便，是以后日常生活中不可缺少的必备品。技术方面结合了当前的能源、控制方面的新技术，使此仪器更人性化，提高了效率。新增的音响和空气清新功能，使此仪器更娱乐化。

五、项目建设成果

获陇东学院第十七届“挑战杯”全国大学生课外学术科技作品竞赛三等奖。

遥控纸飞机

一、项目类型

创新训练

二、项目组成员

林宏烨 电气工程学院，电气工程及其自动化
赵映强 电气工程学院，电气工程及其自动化
吕婷婷 电气工程学院，电气工程及其自动化
张秋实 电气工程学院，测控技术与仪器

三、指导老师

高晓红 电气工程学院，副教授

四、项目介绍

1. 立项背景

目前，很多小孩子都特别喜欢飞机以及一些科幻影片中虚幻的机器人，他们特别向往拥有甚至可以自己驾驭那些东西，可那些东西终归是电影中，由一些特殊技术合成而得到的产品。而现实生活中往往缺少的就是让人耳目一新的电子产品，我们此装置就是让电影里的一些不真实甚至不可能的东西从电影里“飞”到现实的世界当中，让人们从 3D 电影院外面仍然可以享受到电影里那些虚幻的高科技。此设计可以用最廉价的成本让人们享受最真实的视觉冲击。

此飞机集环保、节能于一身，有着低成本、易操作、废物利用的优势。本项目主要由最常见的稳压电源、LED、锂电池、遥控器、纸张、电动机、铜线、铁丝、螺旋桨等几部分组成。用稳压电源（干电池亦可）驱动，由电动机提供动力，使螺旋桨转动进而飞机飞起来，可用遥控装置控制飞机的飞行方向。

本设计由最易得到的纸张构成主题框架，可废物利用，且更加环保。

2. 项目特色

（1）此装置用蓄电池或者干电池进行驱动。在工作过程中无污染、辐射低、节能环保、结构简单、操作方便。

（2）材质为日常的纸张，通过特殊的技术使纸张的硬度增强，根据需要设计的模型进行逐一拼接，由一些铜线或者铁丝对装置整体进行加固，使装置更加牢固。

（3）遥控系统的操作与平时买的遥控飞机一样，可以让孩子和玩具爱好者更加容易操作。

五、项目建设成果

制作模型 1 套。

基于 MCU 的自动简易擦窗机

一、项目类型

创新训练

二、项目组成员

牛虎杰　电气工程学院，测控技术与仪器
张国强　电气工程学院，测控技术与仪器
王银凤　信息工程学院，通信工程
程继斌　信息工程学院，网络工程
叶春波　电气工程学院，电气工程及其自动化

三、指导老师

张可儿　电气工程学院，教授

四、项目介绍

1. 立项背景

现实生活中，已经有多款用于擦洗玻璃的装置，但因这些产品制造成本比较高昂或使用范围有限，甚至效果不好，使其局限性比较大，难以得到推广。

本项目结合擦窗装置的功能特点，以 STC89C51 单片机为控制核心，以 7805 模块构成稳压电路，为单片机正常工作提供稳定的 5 V 电压，单片机利用漫反射光电开关传感器检测玻璃面的清洁度并发出的信号，来控制喷水装置的开启，再由单片机发出的信号控制直流电机的正转和反转，当玻璃表面被清洗干净后，该擦杆又回到原始位置。

2. 项目特色

本机外加漫反射光电开关传感器、喷水器等模块，快速高效地实现了自动擦洗玻璃的功能，且能耗小、设施成本低、无噪音，整个装置可收缩性好、占用空间小、不影响房子的采光率。

五、项目建设成果

本项目完成了软件的调试。产品还在继续开发当中，相信以后的技术开发人员会将本设计中玻璃窗自动清洗装置不断完善，并且更加成熟。

全地形侦查机器人

一、项目类型

创新训练

二、项目组成员

张　彬　电气工程学院，自动化
杨永涛　电气工程学院，电气工程及其自动化
白婷婷　经济管理学院，经济学
康伟光　电气工程学院，物理学

三、指导老师

高晓红　电气工程学院，副教授

四、项目介绍

1. 立项背景

近年来，煤矿安全生产问题引起了社会的广泛关注，一些中小煤矿检测设备落后，监测规程不严谨，一旦发生灾害，救援过程是最危险也是最重要的阶段，最难的问题就是灾害现场的勘测工作，这时候发生事故的区域往往情况不明，贸然派救护队员下去救援极易发生二次事故。这时，我们的勘测车可派上用场，它可代替救护队员第一时间进入灾区完成现场勘测任务，将灾区环境参数检测出来并将数据传送到指挥中心，以减少救护队员到未知地区进行探测而造成的伤亡。该勘测车还可以对动态目标进行追踪，可代替人近距离进行观察，并且此装有温湿度传感器、红外传感器、光照传感器等，可进行详细的监测。

本车可以手动控制，还可以自动避障，且安装了多种传感器，可对周围环境进行详细的监测。传输系统和操作系统采用先进的 MICO 系统、WiFi 模块，可以将采集到的数据快速安全地连接至云服务平台和手机端。

2. 项目特色

(1) 以履带作为探测车的移动系统，且在履带底盘上安装了弹簧，具有减震功能，可在多种复杂路面上行走。

(2) 传输系统将采集到的数据连接至云服务平台和手机端，智能手机就可进行控制和显示，操作简便 。

(3) 制作材料全为合金，耐用、体积小、便于维修、实用性强。

五、项目建设成果

制作模型 1 套。

有机反离子对氟表面活性剂性能影响的研究

一、项目类型

创新训练

二、项目组成员

胡鹏斌　化学化工学院，应用化学
张文珍　化学化工学院，化学工程与工艺
贾其贵　化学化工学院，应用化学
宋　芳　化学化工学院，应用化学

三、指导老师

张甜甜　化学化工学院，讲师

四、项目介绍

1. 立项背景

氟表面活性剂是迄今已知表面活性剂中表面活性最高的一种，具有“三高、两憎”的特性，即高表面活性、高耐热稳定性及高化学稳定性。它的含氟烃基既憎水又憎油，所以应用领域非常广泛，特别是在一些特殊的领域，具有碳氢表面活性剂无法替代的作用。活性剂的表面活性主要取决于其疏水链和亲水基的结构。一般认为，碳氢表面活性剂的反离子主要影响其溶解性，而对表面活性的影响很小。

本项目首先制备氟表面活性剂，再通过表面张力、黏度和泡沫性质等方面的测定，研究有机反离子对阴离子型氟表面活性剂性能的影响，所得的实验数据和结论对于氟表面活性剂有重要的实际应用价值。

2. 项目特色

本项目的研究可以进一步了解氟表面活性剂的结构与性能的关系，为氟表面活性剂的广泛应用提供理论和实验依据。

五、项目建设成果

(1) 通过对全氟辛酸盐和全氟辛基磺酸盐类的表面张力、发泡倍数和黏度的测定，探索了全氟辛酸盐和全氟辛基磺酸盐类中羟基数目对含氟表面活性剂性能的影响，得出了以下几点结论：

① 表面张力的结果显示：在同浓度下，全氟辛酸盐和全氟辛基磺酸盐中羟基的数目越多，表面张力越大，且随着全氟辛酸盐和全氟辛基磺酸盐的浓度增大，表面张力呈下降趋势。在低浓度时，全氟辛酸盐的表面张力都大于全氟辛基磺酸盐的表面张力，而在高浓度时，全

氟辛基磺酸盐的表面张力都大于全氟辛酸盐的表面张力。

② 发泡倍数的结果显示：随着全氟辛酸盐和全氟辛基磺酸盐类浓度增大，大部分溶液的发泡性能都呈上升趋势，唯独只有全氟辛基磺酸二乙基乙醇胺随着溶液浓度的增大呈下降趋势。

③ 黏度测定的结果显示：随着全氟辛酸盐和全氟辛基磺酸盐类浓度增大，相对黏度也呈上升趋势，尤其是全氟辛基磺酸二乙基乙醇胺最为明显。

④ 由结论②和③可以得出：全氟辛基磺酸二乙基乙醇胺的发泡倍数随着浓度增大反而减小。这种异常现象是由于其溶液黏度随着浓度增大显著增大的缘故。

(2) 撰写研究报告《有机反离子中羟基对氟表面活性剂性能的影响》。

(3) 组装一种洗耳球压力微调装置。

(4) 参加第十四届国际表面活性剂和洗涤剂会议并获奖。

西峰区 $PM_{2.5}$ 样品采集与质量分析及其质量控制研究

一、项目类型

创新训练

二、项目组成员

梁华超　化学化工学院，应用化学
唐宏超　化学化工学院，应用化学
杨永利　化学化工学院，应用化学

三、指导老师

仵博万　化学化工学院，教授

四、项目介绍

1. 立项背景

$PM_{2.5}$ 的主要来源是日常发电、工业生产、汽车尾气排放等过程中经过燃烧的残留物，大多含有重金属等有毒物质。

为贯彻落实《国务院关于加强环境保护重点工作的意见》和《大气污染防治行动计划》，推进我国大气污染防治的进程，增强大气颗粒物污染防治工作的科学性、针对性和有效性，我们团队跟随仵博万教授在西峰城区设置 5 个监测点，包括 3 个现有常规污染物监测点（陇东学院、粮贸总公司、市环保局）和新增设的交警队、董志镇 2 个采样点。此外，还有 2 个流动采样点。利用环保局提供的 10 台中流量颗粒物采样仪采集 $PM_{2.5}$ 样品。

流动源样品采集方面：在西峰区主要针对各类机动车，采样方法选用现场实验法，选择尾气排放较为集中的十字路口布设颗粒物采样点，以此颗粒物样品作为尾气尘，代表车流在真实道路和真实行驶状态下污染物的整体排放水平。

土壤风沙尘采集方面：在西峰区东、南、西、北 4 个方向距市区 20 千米左右范围内的郊区，均匀布点，分别采样。每个方向最少布 3 个点，在主导风向上布 3～6 个点。

$PM_{2.5}$对空气质量、人体健康和大气环境质量都有较大的影响。西峰区的环境质量不容乐观，本项目在西峰城区设置 5 个 $PM_{2.5}$采样点进行夏季和冬季两个阶段的采样，对采集的 $PM_{2.5}$样品进行质量分析并对其质量控制进行研究，相关结果可以为庆阳市环境污染源解析提供合格的样品和基础数据，为制定西峰大气污染防治规划提供科学依据。

2. 项目特色

本项目采用全天式采集样品，收集全部高峰期的空气污染物，采用石英滤膜和聚四氟乙烯滤膜平行采集样品，有利于后期对无机物和有机物的检测，而且有平行对照作用。

五、项目建设成果

(1) 团队完成西峰区大气污染源 $PM_{2.5}$夏、冬两季各一个月以上的样品采集工作与质量分析，并对其质量控制进行研究与实践，采集到带尘的石英膜和聚四氟乙烯膜共计 500 余张，并对采集的 $PM_{2.5}$样品进行质量分析和计算。其中，裁剪分装 1/4 聚四氟乙烯膜 260 多份送庆阳市环保局，其余 3/4 聚四氟乙烯膜和全部石英膜和实验数据交给兰州大学大气学院陈强教授课题组做 $PM_{2.5}$成分分析与庆阳大气主要污染源解析与研究。

(2) 撰写《西峰区 $PM_{2.5}$样品采集与质量分析及其质量控制研究》研究报告。

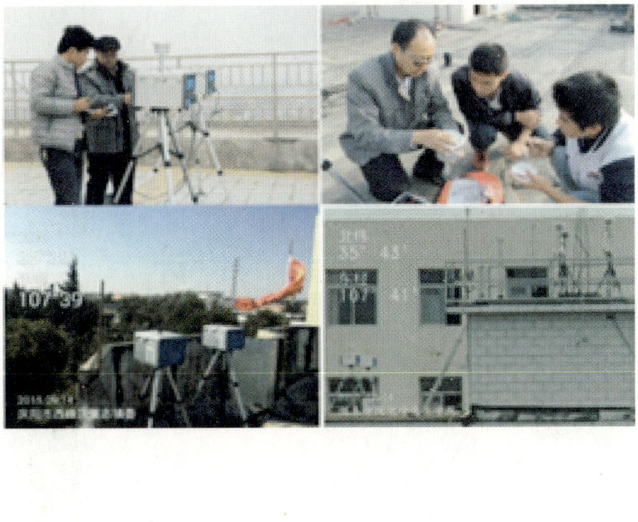

废聚苯乙烯泡沫塑料(PSF)制备建筑涂料的工艺设计

一、项目类型

创新训练

二、项目组成员

朱治明　化学化工学院，化学工程与工艺

三、指导老师

胡浩斌 化学化工学院，教授

四、项目介绍

1. 立项背景

随着人类生活水平的提高，对塑料制品的需求量会越来越大，使用范围也越来越广，使用后的废弃品若得不到有效的处理，堆放在自然环境中浪费资源，同时还会造成严重的“白色污染”。

本项目以废弃聚苯乙烯泡沫塑料为原料，石油裂解副产物为溶剂，用松香对预处理的聚苯乙烯泡沫塑料进行改性，制备乳液型建筑涂料，充分挖掘石油裂解副产物的作用，从而达到废物回收利用的目的。通过探究溶剂的用量、复合乳化剂的种类及用量、改性剂的种类及用量、增塑剂的种类及用量以及 pH 值对涂料稳定性的影响，对涂料的硬度、附着力、耐水性等 17 个性能指标进行测定。

2. 项目特色

利用废弃的资源，添加适当的助剂，制备乳液型建筑涂料，从而达到变废为宝的目的，减少白色污染。

五、项目建设成果

(1) 获国家发明专利 1 项。
(2) 荣获庆阳市科技进步一等奖。

四轴飞行器的设计

一、项目类型

创新训练

二、项目组成员

祁宝祥 机械工程学院，机械设计制造及其自动化
刘伟铭 机械工程学院，机械设计制造及其自动化
毛宇龙 机械工程学院，机械设计制造及其自动化

三、指导老师

敬志臣 机械工程学院，副教授

四、项目介绍

1. 立项背景

四轴飞行器作为时下最热门的一种飞行器，越来越受到广大科技爱好者和商业公司的关注。如果陇院能打造出属于自己的一支航拍团队，那么，在以后的活动中都会有很大的帮助。

我们逐步成立一个校级航拍团队，集飞行器的设计制作与航拍摄像功能于一体，既可以带动科技创新，又可以实现成果转化应用。由两架飞行器组成，这样可以随时替换，顺利开展正常拍摄。航拍由四轴飞行器和在它下方挂载的摄像机组成，能随时将画面传到电脑。该四轴飞行器可以实现悬停和空间的自由移动，具有很大的灵活性。

2. 项目特色

该四轴飞行器结构简单、稳定性好、成本低廉、性价比很高。对该四轴飞行器功能进行拓展，还可以实现快递的投送。

五、项目建设成果

(1) 制作远距离图像传输模型、3D打印机架模型。
(2) 制作货物机械手设计模型。
(3) 荣获甘肃省第二届“创新杯”工业设计大赛金奖。
(4) 荣获陇东学院第十六届“挑战杯”大学生课外学术科技作品竞赛三等奖。

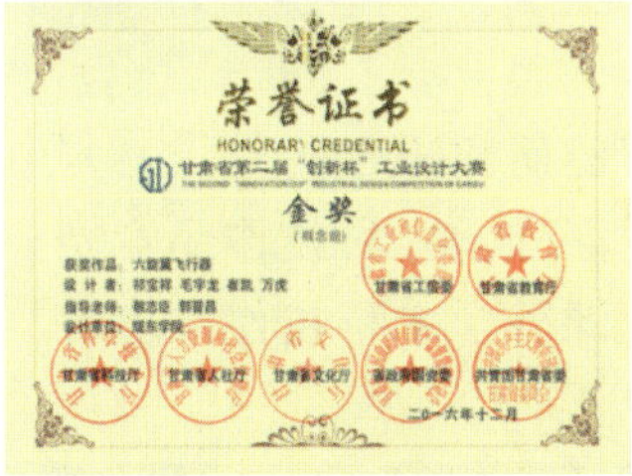

无人机快递机器人的创新设计

一、项目类型

创新训练

二、项目组成员

朱生彦　机械工程学院，机械设计制造及其自动化
洪壮灵　机械工程学院，机械设计制造及其自动化
赵　红　机械工程学院，机械设计制造及其自动化
梁东杰　机械工程学院，机械设计制造及其自动化
王万贤　机械工程学院，机械设计制造及其自动化

三、指导老师

寇元哲　机械工程学院，副教授

四、项目介绍

1. 立项背景

本项目采用多旋翼质量小、投入低、效率高的优点，对多旋翼飞行姿态解算的研究使其飞行更加稳定，搭载了GPS模块实现定位飞行及航道锁定，设置了数据传输对其全程跟踪，加载了超声波模块实现自主避障，附加激光传感器对其进行精确降落，同时，设计了特殊的机械手使其能对快递进行抓取与放置，配备摄像头，实现图片传输，方便确定快递的派送。

2. 项目特色

本项目采用了技术非常成熟的多旋翼，在此基础上对多旋的飞行姿态进行了更深入的研究，运用了四元数与欧拉角对其进行姿态解算，使其飞行更加稳定，抗风性更强。对电机和机架以及整体做了特殊处理，可以在小雨甚至中雨天气飞行；在核心控制方面加入了超声波传感器，可以进行自主避障；在降落方面运用了激光传感器，解决了以往GPS不能精确定位的问题，同时加有摄像头，以便核对快递正确派送。

五、项目建设成果

（1）撰写《无人机快递机器人的设计与实现》研究报告。
（2）获陇东学院第十五届“挑战杯”大学生课外学术科技作品竞赛一等奖。
（3）获陇东学院第十六届“挑战杯”大学生课外学术科技作品竞赛二等奖。
（4）制作货物机械手设计模型。

以瓷换米陶瓷手工精品小店

一、项目类型

创业实践

二、项目组成员

李　艳　经济管理学院，经济学
王　勇　经济管理学院，经济学
平　妍　经济管理学院，经济学
杨国霞　经济管理学院，经济学

三、指导老师

何剑鸣　经济管理学院，讲师

四、项目介绍

1. 立项背景

近年来，电子商务迅猛发展，显示出了其巨大的商业价值，而电子商务发展无疑对传统零售业造成了巨大冲击。传统零售业必须进行自我调整和改革，顺势而为，线上和线下结合，结合市场的需要进行整体的运营。

以瓷换米是一家成本较低、规模较小的陶瓷手工精品小店，主营各类陶瓷饰品、头饰、香水、手工包包、彩妆等。结合传统产业经营模式和电子商务模式，包括学校实体店、淘宝店铺、蘑菇街小店、微店、线上线下双线宣传经营。

2. 项目特色

(1) 产品新颖、美观、实惠。

(2) 线上线下双线销售，并开通微信公众平台。

(3) 实行会员制，积累忠实粉丝。

五、项目建设成果

校园会员粉丝超过 1 000 人；线下单日销售额超过 500 元；线上单日销售额超过 200 元；总销售额超过 40 000 元；总利润超过 18 000 元。

以瓷换米陶瓷精品
长按或扫描二维码进入店铺
扫描二维码逛本店

大学生服务庆阳市中小企业发展中介平台建设项目

一、项目类型

创业实践

二、项目组成员

廉恒吉　经济管理学院，经济学
柳　斌　教育学院，小学教育
朱　建　化学化工学院，石油工艺
刘文姚　鼎越商贸，网络软件

三、指导老师

张松柏　经济管理学院，教授

四、项目介绍

1. 立项背景

为响应国家鼓励大学生自主创业和积极参加各类有益的社会实践，将高校中大学生的所学所长最大程度地发挥出来，我们小组积极讨论调研，确定了基本的创业思路——成立一家文化信息类的公司，致力于服务庆阳市各中小企业及商家，为其提供优质的商务信息。

公司成立后，主要集中精力于教育咨询、礼仪模特、婚庆主持、晚会策划、国内外广告制作与发布，先后在公司旗下增加了玄博教育、爱未来教育、哈佛教育、庆阳清大教育总校。后来，张洁文化艺术学校也加入体系之下，应张洁董事长的邀请，公司将办公地点搬迁至张洁艺术学校三楼。公司在两年多的时间里，服务当地教育机构 28 家，并与 15 家培训机构建立了长期合作关系，为在校大学生提供岗位 1 500 人次，输送了舞蹈、瑜伽、钢琴、声乐、书法、美术、国学、围棋、文化课等 800 多名在校优秀大学生，为大学生提供兼职平台 300 多家，参与婚庆主持、礼仪模特等活动 80 多次，获得了社会企业和参与大学生的一致好评。

2. 项目特色

在汲取传统模式优势的同时，引进了“互联网＋”文化，采取“互联网＋”实体的新运营模式，走传统与潮流相结合、发展与创新相结合的新路子。

五、项目建设成果

(1) 完成陇院非常道 App。

(2) 教育培训资源的重组整合。

(3) 荣获全国大学生商务大赛甘肃选拔赛第一名。

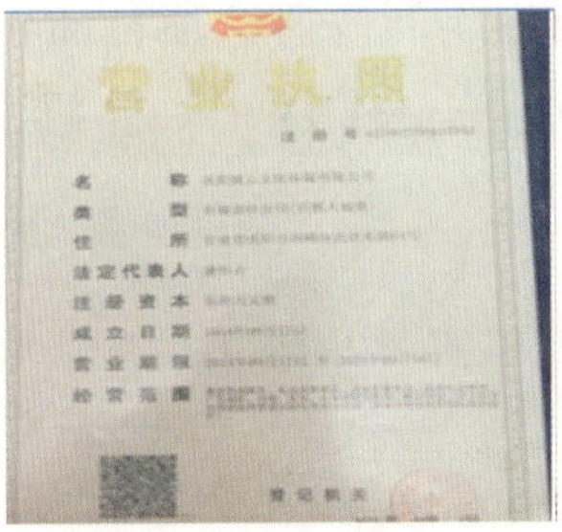
营业执照

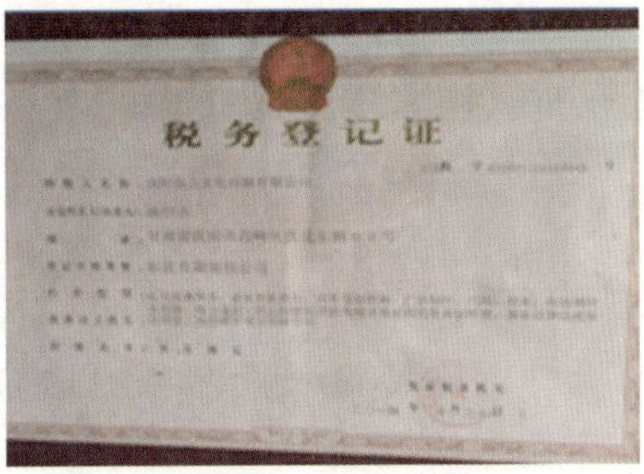
税务登记证

天水乔璇商务服务有限责任公司

一、项目类型

创新训练

二、项目组成员

赵芳斌　历史与地理学院，文化产业管理
高富平　历史与地理学院，文化产业管理
王平平　历史与地理学院，文化产业管理
李昱臻　历史与地理学院，文化产业管理

三、指导老师

马卓群　历史与地理学院，助理研究员

四、项目介绍

1. 立项背景

该项目通过成立天水乔璇商务服务有限公司并开展经营，从班级做起，渐渐扩大团队，培养同学们的兴趣爱好，改变当前就业状态下的严峻形势。团队的主要研究内容如下：

第一阶段(2015 年 10 月—2016 年 4 月)：公司通过业务的开拓以及市场的深度开发，基本在天水地区形成了一定的知名度，在人力资源行业取得了一定成绩，为当地剩余劳动力转出做出贡献。

第二阶段(2016 年 5 月—2016 年 11 月)：项目做出相关调整，旨在培养一批具有实干精神的本科生。大部分同学对该项目有了一定的了解，自愿报名加入本团队。

第三阶段(2016 年 12 月—2017 年 5 月)：经过项目指导老师的精心指导与院系领导的协同合作，我公司已有接近 3 万人次人力输出，让当地外出务工人员前往西安、上海、浙江、苏州、宁波等地长期工作和生活，希望能从根本上解决就业难的问题。

2. 项目特色

公司项目紧紧围绕企业、学生、项目部三方共赢的目标，在项目负责人与企业自愿合作的前提下，设定理论知识培训和实岗能力训练两个板块和阶段。项目部根据专业设置选择企业，企业根据实际需要选拔学员。

五、项目建设成果

(1) 联系天水师院汽车机械学院学生赴长华汽车实习并建立实习基地。
(2) 和上海天坤国际签订长期劳务输送合同。
(3) 和上海韩膳宫签订实习生输送协议。
(4) 和上海太吉文化传播公司签订劳务输出合同。
(5) 带领120余人远赴上海和硕科技有限公司进行寒假社会实践活动。

庄浪社火民俗文化保护与传承对策研究

一、项目类型

创新训练

二、项目组成员

刘晓波　历史与地理学院，历史学
万红艳　历史与地理学院，历史学
璩淑芬　历史与地理学院，历史学

三、指导老师

李晓梅　历史与地理学院，讲师

四、项目介绍

1. 立项背景

庄浪社火是一种典型的中国传统民俗文化活动，起源于宋元，扩展于明清，盛行于民国。20世纪八九十年代，伴随着中国改革开放进程，庄浪社火的活动内容也开始推陈出新，与时俱进。伴随着社火规模的逐步扩大，现已发展成有固定脸谱、服饰、道具和表演时间的群众性民间艺术娱乐活动，演变成为如今全民支持、广泛参与的重要年俗活动。

庄浪社火属于“三区”中“陇东南历史文化区”的农耕文化和民俗文化，通过对社火文化的研究和重视提升甘肃省文化软实力，增强中华民族凝聚力，打造文化创新发展区。庄浪社火是华夏文明中的重要组成部分，创新区的建设对庄浪社火的保护与发展具有重要意义。

2. 项目特色

(1) 本项目以继承和发展中华传统民俗文化为基点，继而引起政府和人们对于传统民俗文化的重视。

(2) 本项目以现当代的热点问题为研究对象，对于城乡发展和区域文化传承建设具有较强的现实意义。

(3) 本项目主要程序为实地走访、问卷调查和汇总记录，具有真实性、客观性、实际性、可用性等特点。

(4) 本项目主要对庄浪社火文化进行深入的发掘，充分显现出社火文化的优越作用。

五、项目建设成果

撰写论文《华夏文明传承创新区视野下的庄浪社火文化研究》。

庆阳博野教育科技有限责任公司之学生家长培训

一、项目类型

创业实践

二、项目组成员

刘占明　农林科技学院，农业资源与环境
柳　颜　政法学院，思想政治教育
杨彦龙　化学化工学院，石油化工
白海勇　农林科技学院，农业资源与环境

三、指导老师

马　剑　农林科技学院，副教授

四、项目介绍

1. 立项背景

在办辅导班期间，发现一些孩子存在的一些问题通过学校和辅导班很难纠正，走访了家长，也去中小学与老师进行了交流，发现问题的根源在于家庭教育中父母教育方式不当。由此，萌发了进行“家长教育培训”的想法，组建了团队，并且组织外出学习，接触了亚洲八大名师之一的姜岚昕老师以及优秀团建设导师董秀珍等国际知名老师，为项目的建设发展积累了宝贵的经验，通过整理学习建立了自己的知识体系。

庆阳博野教育科技有限责任公司现已注册成立，主要针对小初高学生家长教育孩子的方式进行培训，建设家长大学堂、孩子性格色彩分析和野外生存训练营三门主要课程。家长大学堂主要讲述家长如何教育孩子，家长在日常生活中教育孩子方法的利弊、引发的后果及如何引导和矫正“病孩子”的方式方法。孩子性格色彩分析剖析不同年龄段孩子的性格以及日常行为背后所隐藏的潜能、兴趣、长处和弊端，并传授给家长如何正确引导孩子健康发展、成才成人的方法理念。

2. 项目特色

线上线下教育相结合，不舍弃粉笔教学，引入 PPT 教学和网络教学。粉笔教学可促进学员和老师真实沟通，同时，为更直观地讲述课程，引入 PPT 与粉笔教学结合，录制讲课视频上传公众号，学员可以在网上进行二次学习。

五、项目建设成果

公司已在星源幼儿园、西安盛元教育、渭南白水蒲城幼儿园、南阳巧手教育、渭南育才幼儿园、渭南延兴幼儿园、渭南贾曲幼儿园等做了幼儿园一日流程礼仪培训，培训幼儿园教师 220 人，培训家庭教育讲师 32 人，成果依托会玲幼儿园、红太阳幼儿园建立起了家长大学。

速食小米的开发

一、项目类型

创新训练

二、项目组成员

杨　丰　农林科技学院，食品科学与工程
杨小兵　农林科技学院，食品科学与工程
惠新凯　农林科技学院，食品科学与工程
肖世娣　农林科技学院，食品科学与工程

三、指导老师

王应强　农林科技学院，教授

四、项目介绍

1. 立项背景

小米中蛋白质的质量常优于小麦、稻米和玉米，但是必需氨基酸中的赖氨酸含量低。小米具有防治消化不良，防止反胃、呕吐以及滋阴养血的功效。除含有丰富的营养成分外，小米中色氨酸含量为谷类之首，色氨酸有调节睡眠的作用。尤其是什社小米，是庆阳主要谷物中品质最好的代表，中心产区在西峰区什社乡，位于董志塬中东部。什社小米熬成的稀饭色泽橙黄，雪花般绽开的米粒悬浮均匀而黏稠，明亮的米脂油漂浮于上，闻一下香气沁人肺腑，喝一口香甜无比。

速食小米的开发主要是用快速干燥技术进行处理，干燥是影响产品复水性的重要因素，不同的干燥方法影响成品小米的复水性及感官效果。常用的干燥方法有热风干燥、微波干燥、微波热干燥。产品干燥后水分控制在6%～9%。由于干燥后小米粒有黏连现象，需采取一定的方法将米粒离散，保持米粒颗粒的分散性，利于产品复水，缩短复水时间。添加配料，真空包装。

2. 项目特色

研究开发出健康的速食高品质方便小米，满足消费者的需求。

五、项目建设成果

五种不同的干燥方法均能够进行速食小米的制备，但是不同处理对速食小米品质的影响是有差异的。综合表明，微波热风干燥法对小米的影响相对较小，处理后的产品综合品质相对较高。

（1）完成样品：速食小米及粉体的产品。

（2）专利：一种基于微波对流恒温干燥技术制备速食小米的方法。

（3）撰写论文《速食小米的开发》。

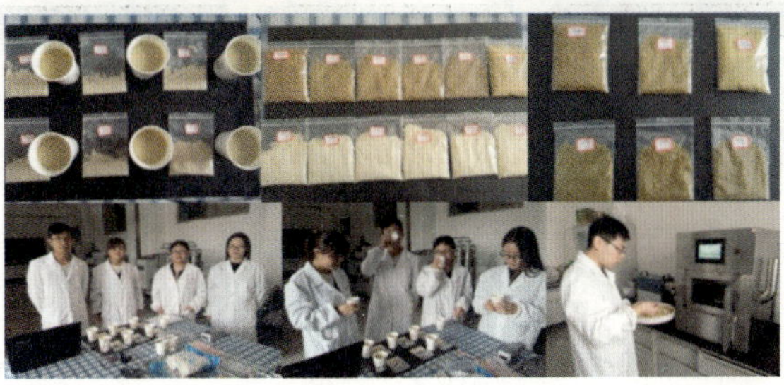

陇东学院大学生手册手机软件 App 的开发

一、项目类型

创新训练

二、项目组成员

张玮琪　农林科技学院，食品科学与工程
孙　宁　农林科技学院，食品科学与工程
王芳芳　农林科技学院，食品科学与工程
姚　玮　农林科技学院，食品科学与工程
杨继刚　土木工程学院，人文地理与城乡规划

三、指导老师

韩　雍　农林科技学院，副教授

四、项目介绍

1. 立项背景

通过对本校学生的调研分析，发现每年学校印发的《陇东学院大学生手册》在开学的几周内有学生翻阅之外，其他时间都是被束之高阁，在印刷方面也是对学校财力、物力的一种浪费。团队将《陇东学院大学生手册》电子化，使之成为一款软件 App。

本项目主要是借助手机 App 平台，将纸质版书籍电子化。软件开发成功后，在开学时学校便不用再花费高额的印刷费，只要在学院报名处张贴一张二维码，新生便可扫二维码进行下载。下载之后便可进行阅读及关键字查询，如输入"宿舍"，便可弹出与宿舍有关的条文规定。

2. 项目特色

陇东学院大学生手册手机软件 App 的开发节约了大量的印刷成本，使用方便。

五、项目建设成果

完成陇东学院大学生手册手机软件 App。

岐黄故里生鲜农产品网店

一、项目类型

创业实践

二、项目组成员

赵娟娟　农林科技学院，农学
徐超强　农林科技学院，农业资源与环境
张　博　农林科技学院，农学

三、指导老师

马生发　农林科技学院，教授

四、项目介绍

1. 立项背景

网络销售已成为一种新的营销趋势，全国网店销售量占市场总销售量的5%以上，并且呈现强劲上升态势。随着庆阳市鲜特优农产品网店的开设，必将引领本地农产品市场的革新，也可为其他农产品市场模式改变积累经验。

本项目主要选择庆阳本地特优水果（杏、苹果、核桃）作为明星产品，干果作为理想产品，季节性平衡，在淘宝网开店经销当地特鲜农产品，提高农民收益，并从中获益。销售产品季节分布在5—6月份，主营镇原红杏和宁县曹杏，7—11月份主营青皮核桃和湿核桃，12月至次年4月主营当地苹果，同时以核桃、杏、苹果三种水果干果作为辅助产品增加网店热度。运营管理由大学生组建公司，筹划开设生鲜淘宝网店，通过和相关农户签订供货协议，并给予相关技术支持，保障质量稳定的货源供给。团队总体规划、统一布局、分工负责，运营管理淘宝网店，从市场调查、货源保障、网站装修、铺货上架、营销推广、客服咨询、销售、物流保障、售后服务等各个细节分工负责、相互衔接，保障网店健康营运。

2. 项目特色

生鲜农产品以不易保存、不便长途运输等特点使得其销售受限。目前，庆阳市线上销售生鲜农产品市场空白，只有少数干货，本公司采用真空保鲜、保鲜膜包装、加冰袋包装等技术保存农产品，保证产品的鲜活度，利用现代物流保障产品的品质，将庆阳生鲜农产品销往全国。

五、项目建设成果

（1）2016年12月，完成公司和网店注册，拥有完善的店铺工作体制和详细的工作分工，拥有成熟的产品种类，建立良好的物流系统，与农户确立长期、稳定、友好的供货关系，保证产品供应。建立自己的小货仓，使得货仓里有足够的商品储备。

(2) 2016年12月，完成3万以上交易量。

(3) 2017年6月，带动2名以上在校大学生学习掌握淘宝相关业务，并能独立带领团队开展淘宝业务。

陇东学院公益自行车

一、项目类型

创业实践

二、项目组成员

吴卫刚　土木工程学院，工程管理
朱景陶　土木工程学院，工程管理
柳续艳　能源工程学院，安全工程
高丽丽　土木工程学院，工程管理
王新沛　土木工程学院，工程管理

三、指导老师

王　昀　土木工程学院，讲师

四、项目介绍

1. 立项背景

低碳绿色的出行方式越来越受到追捧，全国各地兴起了建设公共自行车系统的热潮。据不完全统计，已有株洲、杭州、北京等市建成公共自行车租赁系统，还有合肥、柳州、银川等市在规划或建设中。公共自行车租赁系统在国外已很普及，所以在国内也必将得到推广普及。

"公益自行车"就是在学校的学习区、生活区规划设置一些公用的自行车停放点，然后每个点分别放置一些公用的自行车，这些公用的自行车可由废旧自行车回收再利用所得，也可来源于投资人投资。对于废旧回收的自行车，我们会统一维修、喷色，绘制有陇东学院特色的图案，体现我校的人文与魅力。对于后期管理，我们会安装智能锁，采用刷卡锁系统，如果后期运营成本较高，也可以按时间相对低额收费，实现收益。所有流程都是接近于无人化、智能化。这种体系可以先在陇东学院学生公寓区和图书馆试点推广，我们也会拟定相应的管理条例。争取两年内使公益自行车系统得到完善，五年内向全校推广乃至市级推广，完善学校基础设施建设，为陇东学院的师生提供便利。

另一方面，我们会制作一些大型工艺品，可以用于学校公共区的展出以及学校办公室的装饰，体现学校环保、资源利用的理念。

2. 项目特色

陇东学院“公益自行车”是为解决学校学生出行、自行车乱停乱放、资源浪费的问题而提出的。本项目分为三个阶段：① 在校园内回收废旧自行车，经维修、美化后投入“公益自行车”系统，实现部分车辆或时间段免费使用。② 如果能够取得市场认可，后期可考虑在学校规划公用的自行车停放点，利用已有资源在每个点放置一定数量的公用自行车，大家有偿使用。③ 依据后期投入与收入状况，考虑建立团队，以回收自行车废弃物做一些大型工艺品，用于学校公共区的展出以及学校办公室的装饰。

五、项目建设成果

（1）校园内及周边回收维修废旧自行车，回收废旧自行车 30 余辆，且全部再利用。

（2）推出陇东学院共享单车，成立轮道单车俱乐部。

（3）单车免费共享。

老年人居家养老型住宅需求的调查研究

一、项目类型

创新训练

二、项目组成员

常智远　土木工程学院，土木工程
王国保　土木工程学院，土木工程
李　祥　土木工程学院，土木工程
董其东　土木工程学院，土木工程

三、指导老师

张振宁　土木工程学院，副教授

四、项目介绍

1. 立项背景

目前,我国已经初步形成了一套较为完备的社区居家养老服务运作体系,各地正努力探索社区居家养老模式,已经积累了一些经验。在部分大中城市已初步形成了设施服务、定点服务和上门服务,以生活照料、医疗保健、心理保健、文化娱乐、参与社会及权益保护为主要服务内容的社区养老服务格局。

本研究主要探讨城市老年人的属性特征对居家养老型住宅需求的影响,目的在于为促进居家养老型住宅的发展提出针对性的策略建议。通过对城市老年人的生活方式、健康状况、经济状况和养老住房政策认知度四个方面进行调查、研究和统计分析。把居家养老型住宅分为居住形式需求、居住环境需求和住宅设计需求三个方面。根据老年人迁移理论、人居环境学理论、老年人需求理论和相关的老年人养老住房政策认知理论,构建研究模型,并提出研究假设,根据假设内容设计调查问卷。通过此研究为城市老年人提供安全可靠的居住环境和适合城市老年人居住的有利户型,能为今后的居家养老型住宅提供一定的理论依据。

2. 项目特色

(1) 本项目具有较好的可操作性,对西峰地区老年人养老型住宅的研究具有现实意义,还可以进行后期跟踪调查,方便采集最新数据。

(2) 此项目专门针对老年人进行调查,在调查方面具有针对性。

(3) 此项目符合可持续发展性原则,为老年人提供安全、舒适的居住环境,进一步维护老年人的权益,构建一个符合中国国情的养老居住模式。

五、项目建设成果

(1) 完成养老型住宅图纸。

(2) 撰写论文《老年人居家养老型住宅需求的调查研究——以庆阳市西峰区为例》。

庆阳市西峰美丽乡村住宅改进方案

一、项目类型

创新训练

二、项目组成员

段彦福　土木工程学院,土木工程
唐占明　土木工程学院,土木工程
韦祥云　土木工程学院,土木工程
杨永志　土木工程学院,土木工程

三、指导老师

张振宁　土木工程学院,副教授

四、项目介绍

1. 立项背景

传统农村住宅的设计方法较为简单，大多只凭借建筑经验和当地的传统文化进行设计，缺少科学的规划和理论依据，建房时多为自筹自建、布局随意，仅仅能够满足基本的居住要求，舒适性较差，缺少基础设施的设计和建造，耗能严重，对资源的利用率较低，给农村的发展带来了一定的困难。近几年，地震频繁，资源短缺，农村住宅抗震性能差，所以，全国农村住宅急需改进已成为必然的趋势，包括抗震性能的改进、节能的改进、造型的改进等。

通过对西峰农村住宅缺陷的研究，把营造温馨家园、改善美化农民居住条件和环境作为改进目的，从过去人畜未分、柴草乱放、抗震性能差，向既经济实用又节约用地的新型住宅过渡，全面建设庆阳市西峰美丽乡村。

2. 项目特色

把住宅造型和修建节能作为创新点，传统的农村住宅结构单一、造型简单，改进后的住宅房屋布局既合理又美观，节省材料，取暖方式一体化。

五、项目建设成果

制作出一套可供农民选择的多种住宅户型。

土木工程专业课程学习资料 App 的开发

一、项目类型

创新训练

二、项目组成员

秦　卿　土木工程学院，土木工程
刿建国　土木工程学院，土木工程
谢荣荣　土木工程学院，土木工程
李振华　土木工程学院，土木工程
常龙龙　土木工程学院，土木工程

三、指导老师

王　博　土木工程学院，副教授

四、项目介绍

1. 立项背景

土木工程是应用型学科，该专业学生必修的课程多且难，经调查统计，陇东学院土木工程专业的学生挂科率高、考研率低。原因主要有以下两点：① 随着电子设备不断发达，现在的大学生几乎人人一部智能手机，课堂上或多或少地被游戏、聊天软件等吸引而无法认真上课记笔记。② 土木工程专业课程内容繁多且深奥难懂，致使不少同学望而生畏失去了学习的兴趣，有部分同学虽然很认真但却不容易抓住课程的精髓，效果欠佳。所以，对于土木工程专业的学生来说，一个可以随时随地查阅专业知识的手机 App，给热爱学习的同学节省了大量翻阅书籍的时间并降低了总结的难度。

本次项目从土木工程知识入手，以手机 App 为媒介，致力于打造方便热爱土木工程的学子的 App。此 App 主要是对书本知识的一个归纳总结，类似于学霸手中的笔记，从土木工程专业第一本课本起，着重归纳各个知识点。

2. 项目特色

(1) 将传统的课本学习知识转化为电子 App 格式。

(2) 学生自主研发归纳总结，不仅能服务大众，而且自身在此次项目中也学习了众多专业知识。

五、项目建设成果

此 App 软件开发成功后，前期在本学院推广应用，学生在脱离课本的情况下也可以进行专业知识学习；中期软件在 App 市场上市，设置为收费软件，凭借下载量盈利；后期在各大高校推广，将软件推广向全国。

陇东学院万名大学生电子商务创业中心

一、项目类型

创业实践

二、项目组成员

孙鹏博　土木工程学院，土木工程
李　娜　教育学院，幼儿教育
贺建勇　土木工程学院，土木工程
杨　敏　土木工程学院，土木工程

三、指导老师

陈香凤　土木工程学院，讲师

四、项目介绍

1. 立项背景

本项目以陇东学院学生为对象，以技能培训为主要方向，面向陇东学院全校有志在电子商务创业的学生进行免费培训。

此项目由北京上市公司“抠抠电子商务集团”赞助完成，该公司为陇东学院万名大学生电子商务创业中心中的学生进行电子商务线上“开店”创业、实践方面的培训，并免费提供培训师资和相关课件，在网上“开店”过程中，遇到的所有技术、市场推广、线上营销等各方面的问题，培训营相关部门会及时免费给予解决和指导。同时，此项目已得到市商务局的肯定，市商务局认为该项目切合政策方向，有利于地区工作开展，项目已备案。

2. 项目特色

通过建立基地，进一步完善学校“创业教育课程化、创业实践项目化、创业管理制度化、创业平台基地化、创业指导全程化、创业宣传多样化”的创业教育实践模式。创业基地围绕学校的人才培养目标，着力培养学生的创业意识、创业精神品质、创业知识结构、创业能力等综合性的创业素质，使创业者在经营管理、资本运营、团队协作、公共关系、风险竞争、法律契约等方面得到锻炼和提高。

五、项目建设成果

(1) 如期完成一期培训任务。

(2) 经过培训让学员熟练掌握 Photoshop 网页工具进行图片处理、网店设计、网站搭建,熟练掌握网络营销各种方法。

(3) 能够在各网络平台建设自己的网店,能够独立地经营店铺。

(4) 促进北京电子商务集团与学校达成长期的校企合作关系,建立陇东学院电子商务创业培训基地。

影响黄土压缩模量敏感因素的实验分析

一、项目类型

创新训练

二、项目组成员

王克印 土木工程学院,土木工程
白雪龙 土木工程学院,土木工程
安健民 土木工程学院,土木工程
王 凯 土木工程学院,土木工程
王根太 土木工程学院,土木工程

三、指导老师

王进玺 土木工程学院,副教授

四、项目介绍

1. 立项背景

湿陷性黄土在中国分布较广,特别是庆阳地区,黄土的厚度最厚达 200 多米,为世界之最，黄土的颗粒组成以粉粒为主，有肉眼可见的大孔隙，富含碳酸盐，垂直节理发育。具有天然含水率的原状黄土，一般强度高、压缩变形很小。压缩模量可以直观地反映土层的力学性质，在实际工程中运用不当会造成人力和经济上的损失。

该项目是一个以实验为主、实践为辅的综合性创新项目，主要是实验研究陇东地区黄土干密度、孔隙比、含水率等因素对压缩模量的影响。通过查阅相关资料并进行系统归类，对所归类的材料进行综合分析，找出理论上可以影响黄土压缩模量的因素，就这些因素进一步地通过实验研究，利用单因素分析法、多因素分析法，通过室内实验得出影响黄土压缩模量的敏感因素，确定黄土弹性模量最大时敏感因素的合理取值。

2. 项目特色

本项目对黄土压缩模量的研究，可以使我们更加了解黄土的性质，对以后各类关于黄土的研究具有一定的帮助，更对工程地质的研究有重要意义。

五、项目建设成果

(1) 本项目通过实验分析对压缩模量的影响因素进行研究，结合实际工程验证实验结论，分析出客观的敏感因素，为高层、超高层工程在深厚黄土地区的建设提供设计依据。

(2) 本项目研究结论对在深厚黄土地区建设超高层、桥梁等工程设计提供合理的工程参数。

(3) 完成论文《CFG 桩在大厚度湿陷性黄土地区高层建筑中的应用》《沥青路面使用性能指标确定及预测》。

万　事　屋

一、项目类型

创业训练

二、项目组成员

张建华　土木工程学院，人文地理与城乡规划
王　晗　土木工程学院，人文地理与城乡规划
袁艳艳　土木工程学院，人文地理与城乡规划
刘　伟　美术学院，艺术设计

三、指导老师

王　昀　土木工程学院，讲师

四、项目介绍

1. 立项背景

本项目旨在创立一个以网络信息服务平台为技术支撑的服务公司，在学校租赁一个项目实践基地作为服务站点，并结合服务网点为大家提供帮助。针对在校大学生，后期根据发展情况再增加服务对象和服务站点。服务项目有情感交流或心理咨询（无偿）、导游、代签包裹并送货上门、外卖、策划、寻找兼职、免费咨询（西峰路线咨询、图书馆书籍存放……）、新生帮扶、晨练陪练、占座（上课或上自习）、充当篮球或乒乓球教练（包会）、找人、失物招领、不出门就可以充话费和流量、寻找学霸陪上自习……根据人员数量和同学们的需求，在后期我们会对服务项目进行增减调整，也会在服务的过程中总结，进一步完善。

2. 项目特色

(1) 项目以省时、省心、省力、方便、快捷为核心，为同学们提供一整套优质服务体验。

(2) 服务项目内容涉及范围广，服务站点集中。

(3) 有偿服务与无偿服务结合。

五、项目建设成果

(1) 撰写论文《浅析校园电子商务与物流配送问题及对策——以陇东学院为例》。

(2) 开通公众号“万事屋”。

陇东地区农耕文化在古代文学作品中的体现与演变

一、项目类型

创新训练

二、项目组成员

高盈盈　文学院，汉语言文学
黄园园　文学院，汉语言文学
赵志文　文学院，汉语言文学
汪　琪　文学院，汉语言文学

三、指导老师

孟丽君　文学院，副教授

四、项目介绍

1. 立项背景

庆阳是华夏农耕文化的发祥地之一，周祖曾经在此兴建基业，进而有了中国的农耕文化。在几千年的历史发展过程中，庆阳先民们重农务本，民风敦厚，逐渐形成了内涵丰富的农耕文化。

项目小组立足于陇东地区乡土文化代表之一农耕文化的发展现状，选择以“陇东地区农耕文化在古代文学作品中的体现与演变”为研究课题。借助项目成员所在的学院优势，通过挖掘农耕文化内在蕴涵，以文学作品的形式将农耕文化与先秦文学进行整合和研究，以此来推动陇东地区农耕文化与文学创作方面的衔接，使得陇东地区的农耕文化借助文学创作平台得以更好地传承与发展。

2. 项目特色

(1) 将农耕文化、文学历史、经济发展及文学创作理论四者相结合，使农耕文化在发展的道路上得到更好的继承与发扬。

(2) 文学的发展始终牵受于历史背景的影响，浓厚的文化底蕴和纯朴的民俗地域特点同样深深影响着文学创作，因此，将文学创作与农耕文化相联系，不但可以传承农耕文化的精髓，而且为当代文学创作开辟了新视野。

五、项目建设成果

撰写论文《庆阳地区农耕文化在先秦文学作品中的体现》。

能与传统行业融合的平台设计

一、项目类型

创新训练

二、项目组成员

吕　誉　信息工程学院，计算机科学与技术

刘海渊　信息工程学院，计算机科学与技术
王　虎　信息工程学院，计算机科学与技术
马永珍　信息工程学院，计算机科学与技术
苏惠德　信息工程学院，计算机科学与技术

三、指导老师

曹建英　信息工程学院，教授

四、项目介绍

1. 立项背景

四线城市以中部地区的地级市为主，也包括一些经济发达省份的相对欠发达地区，它们的经济发展往往依托于本地的中小企业或者资源性企业，居民的消费能力处于增长过程中。在大公司和大品牌的战略中，它们往往要依托于区域重点城市的辐射，但是它们本身对中国本土中等规模的企业和二线品牌有一定的吸引力。五线城市多数都是中西部地区的地级市，经济基础较差，交通不够便利，成规模的企业数量有限，辖区内农业人口仍占大多数，各自正在探求工业化的发展方向。

项目以建材家居为主要产品，采用 O2O 模式经营，以 Web 网站为搭载平台，配合实体店线下体验进行本项目的实现与运营。云端大数据洞察及应用对传统行业的 O2O 品牌同样适用，传统行业的 O2O 品牌可以根据消费者浏览页面商品的类别、浏览时间、跳转页面、页面评价等判定用户消费特性，更好地满足客户需求。

2. 项目特色

（1）资源整合性：使各种供需信息都聚集到平台上，形成一个产业链条，使各个环节整合起来，信息充分沟通，缩短供应链，节约成本，降低价格。

（2）销售模式创新性：既能弥补传统家居建材产品销售的弊端，又能利用电子商务的优势。同时，满足家居建材产品体验性需求高的特点。

五、项目建设成果

制作软件：能与传统行业融合的平台设计。

掌上校园

一、项目类型

创业实践

二、项目组成员

能文鹏　信息工程学院,通信工程
吴　欢　土木工程学院,土木工程
白　杨　信息工程学院,通信工程
赵国宏　土木工程学院,土木工程
马京京　土木工程学院,土木工程

三、指导老师

赵鸣奇　信息工程学院,助教

四、项目介绍

1. 立项背景

“掌上校园”由校园微信公众平台+校园区域电子商务平台组成。校园微信公众平台主要以服务学生为主,校园区域电子商务平台主要以孵化创业为主,带动在校大学生创业,实现“大众创业、万众创新”。“掌上校园”定位服务于甘肃高校30万在校大学生,前期通过各校平台的运营扩大影响和获取收入,后期逐步整合为统一平台,实现更多的跨校综合服务。

目前,运营有“陇院 Style”“陇东学院”“定西校区”“甘医大助手”“兰财助手”“西北师大助手”“甘政法助手”“兰交大助手”“甘农大助手”“博文助手”“甘肃校园”“甘肃招考”等微信公众平台。

2. 项目特色

既能弥补传统媒体单一的广告变现方式,又能利用新媒体的优势进行第三方商品的推广及付费服务。同时,满足信息化社会的信息需求高、快、准的特点。

五、项目建设成果

(1)“掌上校园”项目已参加中国“互联网+”大学生创新创业大赛甘肃省省赛并获优秀奖。

(2)陇东学院试点微信公众平台“陇院 Style”已经运营。

(3)已经初步形成微型商业生态系统。

庆阳红色旅游服务人才数字仿真管理实训平台

一、项目类型

创业实践

二、项目组成员

司　璐　信息工程学院，计算机科学与技术
姚雯凯　信息工程学院，电子信息工程
苏文斌　信息工程学院，电子信息工程
胡智亿　信息工程学院，计算机科学与技术
尉雪龙　信息工程学院，计算机科学与技术

三、指导老师

郭　涛　信息工程学院，教授

四、项目介绍

1. 立项背景

庆阳市是著名的革命老区，境内有南梁革命纪念馆、抗日军政大学第七分校旧址、东老爷山红军长征宿营地、三岔镇红军长征毛泽东居住旧址、习仲勋故居纪念馆、宁县烈士陵园等丰富的红色旅游景区景点。通过对庆阳红色旅游资源整体情况调查，选取需重点建设的景区，利用声、光、电一体的半环绕式多媒体设施，开发出红色旅游景区、本土资源、纪念品、红色剧本、皮影道情等具有庆阳特色文化的数字展示平台，实现对庆阳文化的传承及发扬，扩大革命老区文化的国家影响力和国际传播力。

该项目基于B/S结构实现，开发了特色旅游景区数字化系统，实现了景区的虚拟仿真。

建立旅游资源数字展示平台，建立特色纪念品数字展示平台，开发皮影道情管理系统，开发旅游培训信息管理系统，建成综合实训平台。解决红色旅游景区缺少虚拟仿真系统支持的问题，为培养行业管理服务人员提供便利，也为游客了解庆阳红色旅游资源提供便利。成果可以用于旅游景点、资源宣传、游客体验、红色知识普及、旅游专业培训等领域。

2．项目特色

项目以“应用性”为突出特点，以学员的职业需要构建课程体系，追求应用性与实际操作性。

五、项目建设成果

制作软件：庆阳红色旅游服务人才数字仿真管理实训平台。

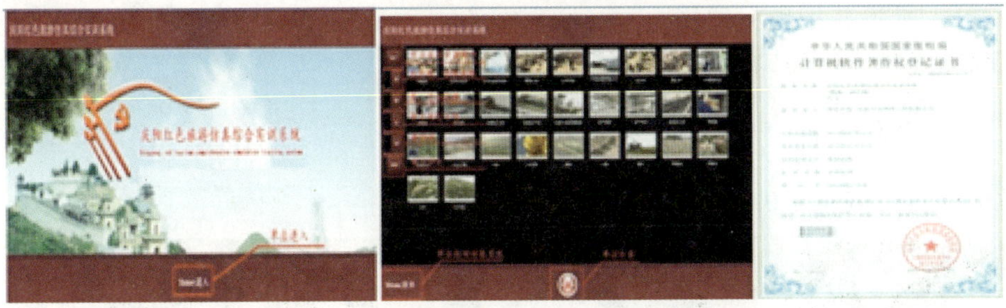

花椒脱籽机

一、项目类型

创新训练

二、项目组成员

巩家庆　电气工程学院，测控技术与仪器
张　宁　电气工程学院，测控技术与仪器

三、指导老师

雷继海　电气工程学院，讲师

四、项目介绍

1．立项背景

随着电子机械技术的发展，机器已成为现在电子行业的热门话题，家用机器的应用更是受到人们的关注。服务型机器人已经渗透到了我们的生活、工作的各个领域，为了能够彻底地将人们从固定工作中解放出来，深入研究家庭服务机器人变得越来越重要。服务机器的出现有三大原因：一是劳动力成本的上升；二是人类想摆脱枯燥乏味的体力劳动；三是人口的老龄化和社会福利制度的完善也为某些服务机器提供了广泛的市场应用前景。

此项目设立初期，我们主要研究了现在农业生产中利润高、销量好但却需要大量人力才能完成的产业，经调查发现花椒的加工生产需要大量的人力，在花椒的脱籽过程中大部分是采用人力脱籽，这使得成本大幅地提高。

本设计使用了多种加工工艺。现在花椒产量已经大幅度增加，成为某些家庭主要经济来源，为了提高花椒脱籽效率且不受自然环境影响，花椒脱籽机应运而生！此设计功能实现主要是通过电机的振动装置进行控制，节省人力，不受天气干扰，取代人工花椒脱籽，可以很大程度上减少人工作业时间。花椒脱籽机组装简单、易操作、性价比高。经调查发现，我国主要生产花椒的地区还是靠人力作业，所以此设计具有广泛的市场前景。

2. 项目特色

具有可大批量花椒脱籽的能力；振动筛体积小、重量轻、结构简单、安装方便、维修容易；筛分精度高，无粉尘污染，有利于环境保护。

五、项目建设成果

制作模型：花椒脱籽机。

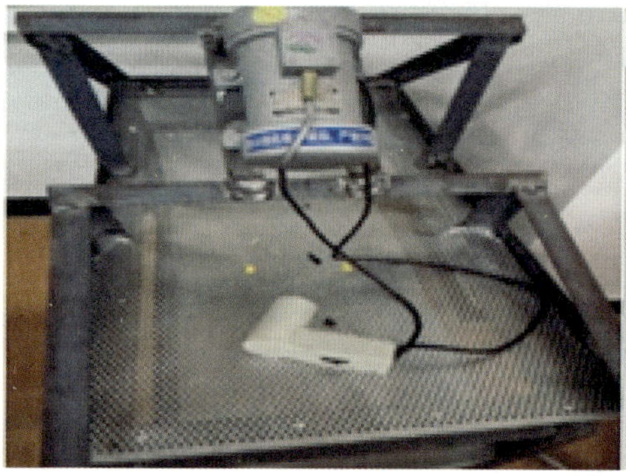

垂直循环立体车库

一、项目类型

创新训练

二、项目组成员

何银泉　电气工程学院，自动化
周白克　电气工程学院，自动化
马向峰　电气工程学院，自动化

三、指导老师

张可儿　电气工程学院，教授

四、项目介绍

1. 立项背景

我国国民经济的高速发展和城市化水平的不断加快，车辆的保有量在飞速地增长。由于停车场地的严重缺乏，尤其是住宅小区、医院等地的停车场地的严重不足，造成了车辆乱停乱放的现象，间接造成了城市交通的混乱，破坏了城市居住环境和城市形象。目前，我国城市内大多采用平面式停车场，占地面积大，设备复杂，有效停车位置少，对人员车辆安全的保障性差。

立体车库空间利用率非常高，大大节约了土地资源和土建开发成本，可以实现自动化操作，使用方便，建设成本大大低于传统停车场，配备自动检测系统、各种安全机构、自动锁死系统，安全可靠。可以因地制宜，利用零星空地，配以美观的外形，美化城市环境。

车主进入车库后，只需刷卡或按键即可取车，一般一次取车不超过120秒，也减少了找车过程中的时间耗费。综合投资少，大大节省了土地投资费用，而且空间利用率高，运营过程中能耗低，管理人员少，不仅有效改善了停车环境，也可减少废气排放、噪声及土地覆盖，改善了行车环境，改善了人的生活环境，实现了人车分流，同时改善了居住环境。

2. 项目特色

(1) 空间利用率高，可充分利用城市边角地带。

(2) 采用智能化停车系统，停车方便，不需要专门操作人员。

五、项目建设成果

制作模型：垂直循环立体车库机械系统及垂直循环立体车库控制系统。

自走式墙面玻璃清洗装置

一、项目类型

创新训练

二、项目组成员

李　杨　电气工程学院，测控技术与仪器
付培博　电气工程学院，自动化
官辅亮　电气工程学院，自动化

三、指导老师

雷继海　电气工程学院，讲师

四、项目介绍

1. 立项背景

随着计算机技术与人工智能技术的发展，智能家居已成为现在电子行业的热门话题，智能机器的应用更是受到人们的关注。服务型机器人已经渗透到了我们的生活、工作的各个领域，为了能够彻底地将人们从家居清洁工作中解放出来，深入研究智能家庭机器人这类服务型机器人变得越来越重要。

本设计是一款使用方便、清洁能力强、操作简单的玻璃清洁器，采用80C51单片机对电机进行控制，带有自动操作按钮，可反复擦拭玻璃，清洗装置易于更换。由芯片控制的两个电机组，分别对清洗装置及平移装置进行精密控制，带有自动进水装置，节省人力，不受天气干扰。可以取代人工擦拭玻璃，可以很大程度上减少室外操作的危险。

2. 项目特色

(1) 具有可大面积清洗的能力。

(2) 可以进行示教再现。

(3) 加入了物联网技术，方便快捷。

五、项目建设成果

(1) 制作模型：自走式墙面玻璃清洗装置。

(2) 获陇东学院第十七届“挑战杯”大学生课外学术科技作品竞赛二等奖。

PV光伏家庭供电系统

一、项目类型

创业训练

二、项目组成员

杨万里　电气工程学院，电器及其自动化
李小东　电气工程学院，电气工程及其自动化
张　勇　经济管理学院，财务管理

三、指导老师

齐晓龙　电气工程学院，副教授

四、项目介绍

1. 立项背景

随着社会经济的快速发展，人类面临着一系列的环境及能源问题。本设计基于这一现

状，采用光伏板逆变系统进行发电，主要针对家庭用电，可以相应地解决一些地区用电不方便以及能源不足、环境污染等问题。

PV光伏家庭供电系统采用太阳能光伏板收集太阳能，经过逆变生成220 V的正弦交流电，将逆变后的电能直接供给家庭用电设备。设计采用STC89C52RC单片机为核心控制器件。

2. 项目特色

提高了太阳能发电板的利用效率，有效地解决了太阳能光伏板的寿命短和太阳能利用率低等问题。

五、项目建设成果

（1）模型：实物DIY。

（2）结题报告1份。

基于人工智能的家庭助手机器人

一、项目类型

创新训练

二、项目组成员

张宝宝　电气工程学院，自动化

闫玉国　电气工程学院，自动化

张玉飞　电气工程学院，自动化

三、指导老师

王彦璋　电气工程学院，讲师

四、项目介绍

1. 立项背景

随着计算机技术与人工智能技术的发展，智能家居已成为现在电子行业的热门话题，机器人的应用更是受到人们的关注。服务型机器人已经渗透到了我们的生活、工作的各个领域，为了能够彻底地将人们从家居清洁工作中解放出来，深入研究智能家庭机器人这类服务型机器人变得越来越重要。

机械机构采用四轮车＋扫地装置。控制系统采用 TMS320F8335DSP 芯片为核心。示教过程主要根据机器人工作环境、障碍物、垃圾分布情况而定，免去了机器人室内定位需要昂贵的传感系统。在日常生活中，生活垃圾的分布总是呈现一定的规律，如厨房会产生废弃的蔬菜叶子和根部，书房会产生纸屑、纸团等，垃圾的出现时间和地域分布呈现规律性，在一次示教后，可完成多次打扫，可设定清理时间、清理次数，通过寻迹完成自动充电。

2. 项目特色

将工业机器人技术应用领域的示教再现技术引入普通家庭生活中，通过示教再现的手段，彻底解决当前家庭中出现的重复、枯燥的家庭卫生等问题。

五、项目建设成果

完成机器人样机 1 件。

基于 SPP 的移动温控小车

一、项目类型

创业实践

二、项目组成员

张海银　电气工程学院，测控技术与仪器
杨万里　电气工程学院，测控技术与仪器
马国辉　能源工程学院，采矿工程

三、指导老师

王彦璋　电气工程学院，讲师

四、项目介绍

1. 立项背景

随着汽车工业的迅速发展，关于汽车的研究也就越来越受到人们的关注。各级电子大赛几乎每次都有智能小车这方面的题目，全国各高校也都很重视该题目的研究，但是与国际先进还存在一定的差距，其研究意义很大。

本小车是以STC89C52R为主控制器。由电脑或者手机发送蓝牙无线信号来启动并复位小车，由超声波传感器或红外光电传感器进行障碍检测，通过单片机控制小车行驶、显示、避障和调速。智能车使用四轮驱动，以提高整车运动的平稳性。在智能车行驶过程中，采用双极式H型PWM脉宽调制技术实现快速、平稳地调速。通过超声波传感器和红外光电传感器实现自动避障、自动循迹等功能。通过透射式光电传感器计量轮子旋转的圈数（也就是脉冲数）实现速度检测功能。最后，通过蓝牙无线传输功能将智能车的行驶信息实时地传送给上位机，以实现实时监控功能。当然，也可通过蓝牙无线遥控来控制小车的行驶状态。

2. 项目特色

无线遥控的机器人小车在危险环境作业、人员搜集等应用中可发挥特殊的作用。

五、项目建设成果

（1）模型：实物DIY。

（2）结题报告1份。

医用消毒洗手液研究

一、项目类型

创新训练

二、项目组成员

李芬川　化学化工学院，应用化学

张振鹏　化学化工学院，化学工程与工艺

李杨杰　化学化工学院，过程装备与控制工程

三、指导老师

仵博万　化学化工学院，教授

四、项目介绍

1. 立项背景

手部卫生是一种最基本、最简便、最易行的有效预防病原微生物传播的手段，是降低医院感染最重要的措施。随着医学的发展，医院感染问题越来越引起医学界的高度重视，医院感染的预防与控制越来越困难，引起医院感染的因素很多，而手是接触传播各种病原微生物的最重要媒介之一，医护人员的手是造成医院交叉感染的重要途径，本项目的研究将改善这一现状。

本项目可以改善洗手液的杀菌效果，研制一种医用消毒洗手液，以便在医院和公共场所推广，为以后创新创业打基础。

2. 项目特色

实验合成高效杀菌、安全护肤、无刺激、无残留的洗手液，不仅容易合成，而且降低了成本，减少了环境污染，提高洗手液的使用效果。

五、项目建设成果

洗涤剂试样、洗手液成品。

长庆油田油污泥中含油废水的无害化处理技术

一、项目类型

创新训练

二、项目组成员

钱星星　化学化工学院，化学工程与工艺
李亮亮　化学化工学院，化学工程与工艺
薛玺桐　化学化工学院，化学工程与工艺

三、指导老师

韩明虎　化学化工学院，副教授

四、项目介绍

1. 立项背景

近年来，长庆油田经过多年的勘探开发，由于大量使用注水及聚合物驱的开发方法，采出原油的含水率较高且产生了大量的废水。油田油污泥中含油废水的来源较多，导致水质中成分复杂，既有石油类悬浮物，也有固体颗粒悬浮物，还有分散油及乳化油。另外，还有大量化学处理剂等。正因为油田污水成分复杂，因此在回注时必须进行处理，否则就会产生沉淀，堵塞地层缝隙及裂缝，导致注水层渗透效果变差，降低注水效率，使注水井寿命缩短，造成资源浪费。

针对含油污泥而言，一方面油田含油污水处理厂排出的含油污泥占整个污水处理量的2.5%～3%，其中含水率约为99%，且具有废水矿化度高的特点，同时，含油污泥的含油量是干污泥的10%～20%；另一方面，含油污泥黏度较高，胶状亲水性是其颗粒的主要状态，然而其沉降性和过滤性相对较差，导致脱水存在困难，因此，研发一种含油污泥中废水的无害化处理技术迫在眉睫。

通过查阅大量文献资料，采用技术难度适中、处理效果好、处理成本低廉的化学絮凝法，设计“破胶→絮凝→调 pH 值→氧化还原→分离→检测”油田污泥中废水处理工艺，将水资源存留且回收利用，经过实验，有望实现长庆油田油污泥中废水的无害化处理的新工艺。

2. 项目特色

该方法中采用的试剂都是产量高、价格低的工业试剂，生产装置处理工艺简单，设备成本低廉，且处理后水各项指标符合国家污水二级排放标准，具备实际生产应用的可能。

五、项目建设成果

(1) 获2017年庆阳市优秀学术论文。

(2) 甘肃新型能源工程有限公司取得应用。

蓖麻油压榨与精制工艺研究

一、项目类型

创新训练

二、项目组成员

王亮亮　化学化工学院，化学工程与工艺

魏晋颉　化学化工学院，化学工程与工艺

三、指导老师

张甜甜　化学化工学院，讲师

四、项目介绍

1. 立项背景

黄土高原大部分地区都能种植蓖麻，蓖麻特别适宜在阳坡山地种植，但蓖麻油的加工技术落后，蓖麻油深加工的产品与技术开发不足，导致蓖麻应用范围受限，有些品种尚属空白。因此，很有必要发展蓖麻油加工产业，以推进地方蓖麻种植产业的发展。

蓖麻籽经压榨、提取后，其副产物蓖麻粕可作为动物饲料。但由于蓖麻粕中残留蓖麻毒、蓖麻碱等有毒物质，在用作饲料之前需要对其进行加工处理以除去有毒物质。已报道的脱毒方法有：用氨、苛性碱和石灰粉处理或者通过加热的方法脱毒；还有一种脱毒方法是用盐与湿润的蓖麻粕混合，这样蓖麻粕中的有毒成分被单宁酸中和。虽然经过脱毒的蓖麻粕可以作为饲料使用，但在使用之前应该进行必要的动物实验，以确保其安全性。

2. 项目特色

通过本项目研究，提高了蓖麻的榨油率，对蓖麻油的精制工艺进行了优化，为蓖麻油提纯工艺的工业化、规模化应用提供了技术支持。

五、项目建设成果

撰写论文《聚氧乙烯蓖麻油酸甲酯对液体洗涤剂的性能影响研究》。

蓖麻籽

冷榨得到的蓖麻泥

毛油

毛油碱炼

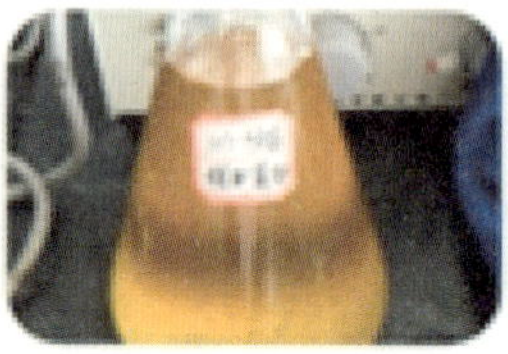

旋蒸得到的蓖麻油

精制蓖麻油

青皮核桃的开发利用

一、项目类型

创新训练

二、项目组成员

赵世财　化学化工学院，应用化学
张荣旭　化学化工学院，应用化学
张雄飞　化学化工学院，应用化学
王宏明　化学化工学院，应用化学

三、指导老师

武　芸　化学化工学院，教授

四、项目介绍

1. 立项背景

核桃青皮又称青龙衣，为核桃外部的一层厚厚的绿色果皮。我国核桃栽培面积居世界首位，核桃青皮年产量在35万吨以上。核桃果实采收后，坚果外面的青皮基本是作为垃圾堆放在田间、地头或沟边。核桃青皮有毒，随意堆放会污染环境。利用核桃青皮为原料开发生物农药，不仅资源相当丰富，市场容量大，而且是推行“绿色化学”“绿色农药”农业可持续发展的重要举措。

本项目选用不同极性的有机溶剂萃取核桃青皮的农药活性成分，选取常见菌体、田间害虫进行杀菌、杀虫活性实验，研制高效、低污染的生物农药，为核桃青皮的合理利用提供参考，同时减少其随意堆放对环境造成的污染。

2．项目特色

将核桃青皮用于植物源农药研究，减少环境污染，制备环境友好型杀菌、杀虫的植物源农药。

五、项目建设成果

完成了核桃青皮中最重要的一类成分——醌类成分的提取方法筛选、实验设计、实验实施，得出了最佳提取工艺参数。

石油醚提取物

氯仿提取物

乙酸乙酯提取物

正丁醇提取物

钻井压裂反排液的无害化处理及二次利用

一、项目类型

创新训练

二、项目组成员

周　旭　化学化工学院，应用化学
路环宇　化学化工学院，化学工程与工艺
刘五凡　化学化工学院，化学工程与工艺

三、指导老师

胡浩斌　化学化工学院，教授
韩明虎　化学化工学院，副教授

四、项目介绍

1．立项背景

陕北地区长期处于干旱或半干旱，其地层大多属于低渗-特低渗储层，几乎每口油井都需进行压裂增产，需水量巨大，而压裂施工结束后返排回地面上的返排液，对脆弱生态环境影响巨大，故对合理高效处理压裂返排液提出了更高的要求。基于这一现状，考虑压裂返排液无害化处理及二次利用将是非常有必要的。

通过破胶→絮凝→混凝→调 pH 值→过滤→氧化还原→过滤→检测→配胶工艺后，使返排液各项指标满足国家污水排放二级标准，处理液二次配胶各项指标符合油田压裂液使用标准。该工艺操作简单、成本低廉、适用性强、处理效果好，可作为压裂返排液预处理的优选工艺，有一定的实际应用价值。

2. 项目特色

研发一种新型压裂返排液处理工艺，压裂返排液经该工艺处理后各项指标都满足国家工业废水排放标准和油田压裂液使用标准，实现了压裂返排液无害化处理及二次利用。

五、项目建设成果

(1) 获 2017 年庆阳市优秀学术论文。

(2) 甘肃新型能源工程有限公司取得应用。

撬装式水成膜泡沫喷淋灭火装置专用火灾探测器控制系统设计

一、项目类型

创新训练

二、项目组成员

周映君　化学化工学院，过程装备与控制工程
陈　皓　化学化工学院，过程装备与控制工程
邵晓娟　化学化工学院，过程装备与控制工程
刘菊芳　化学化工学院，过程装备与控制工程
张红红　化学化工学院，过程装备与控制工程

三、指导老师

任金平　化学化工学院，讲师

四、项目介绍

1. 立项背景

水成膜泡沫灭火剂简称 AFFF，又称“轻水”泡沫或氟化学泡沫，是指能在烃类液体表面形成水膜的泡沫灭火剂。AFFF 的核心成分为氟碳表面活性剂，氟碳表面活性剂的性能优劣、价格高低直接影响着 AFFF 的应用。

各国科学家都在致力于研究更高效、更环保、更低成本的泡沫灭火剂，对于蛋白型泡沫灭火剂，可以发挥其成本低廉的优势。欲使水成膜泡沫灭火剂大量推广使用，选择和制备性能优异且价格低廉的碳氟表面活性剂是关键因素之一。撬装式水成膜泡沫喷淋灭火装置作为水成膜泡沫灭火剂的专用喷淋设备，集成度高、移动方便、自动控制性强、操作简单、使用

维护方便。目前，在国内很少有撬装式水成膜泡沫喷淋灭火装置专利申报，也很少有相关报道，在本省、市更无任何研究与报道。因此，设计开发撬装式水成膜泡沫喷淋灭火装置具有非常显著的经济和社会效益以及广阔的发展空间和市场前景。

2. 项目特色

撬装式水成膜泡沫喷淋灭火装置专用火灾探测器控制系统作为撬装式水成膜泡沫喷淋灭火装置的重要组成部分，自动化程度高、操作简单，可自动识别火源位置和火灾大小程度，然后自动控制撬装式水成膜泡沫喷淋灭火装置定量喷淋灭火。

五、项目建设成果

（1）专利：一种撬装式水成膜泡沫喷淋灭火装置。

（2）研究报告《撬装式水成膜泡沫喷淋灭火装置专用火灾探测器控制系统设计》。

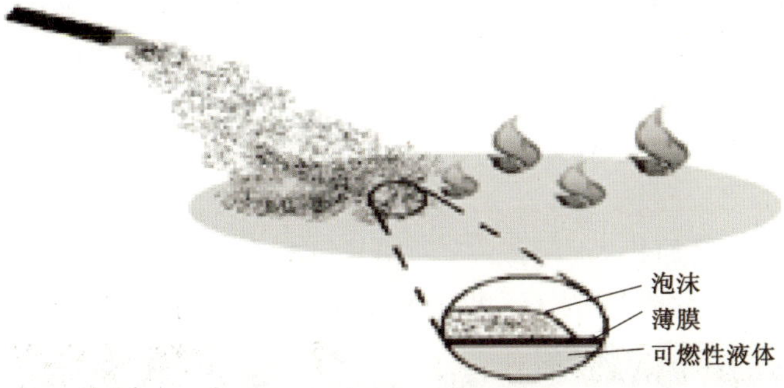

全自动牛筋面机

一、项目类型

创新训练

二、项目组成员

胡利国　机械工程学院，机械设计制造及其自动化

贺鹏翔　机械工程学院，材料成型及控制工程

李　治　机械工程学院，机械设计制造及其自动化

张鑫鑫　机械工程学院，机械设计制造及其自动化

三、指导老师

郭晋昌　机械工程学院，副教授

四、项目介绍

1. 立项背景

传统的牛筋面机需要人工喂料，当生产量特别大的时候，传统牛筋面机已经满足不了市场的需求。整个生产过程都要人工喂料，喂料时保证不了机器100%的输出效率，生产效率会大打折扣。人手时时刻刻都与面机接触，可想而知卫生方面保证不了。我们所研究的全自动牛筋面机，可以解决传统牛筋面机的所有问题。

全自动的牛筋面机就是自动下面、自动输送、自动出牛筋面、自动接牛筋面。全自动牛筋面机配备一个三相电机，通过调速开关调节电机的转速为和面筒与出面筒提供不同的转速，实现一机两用，节约客户再买电机的成本。

2. 项目特色

全自动牛筋面机不仅可以生产不同样式宽度的牛筋面，还可以生产大小不同的圆牛筋面、麻辣片和麻辣条等麻辣食品以及热干面和压面条。全自动牛筋面机全部使用不锈钢设计，外观好看，而且维修清洗也方便。

五、项目建设成果

(1) 样机：全自动牛筋面机。

(2) 获陇东学院第十八届“挑战杯”大学生课外学术科技作品竞赛二等奖。

新型工地灰斗车研制

一、项目类型

创新训练

二、项目组成员

孙国辉　机械工程学院，机械设计制造及其自动化

张克理 机械工程学院,机械设计制造及其自动化
罗　旭 机械工程学院,机械设计制造及其自动化
黄亚军 机械工程学院,机械设计制造及其自动化
王辉道 机械工程学院,机械设计制造及其自动化

三、指导老师

张建锐 机械工程学院,副教授

四、项目介绍

1. 立项背景

在自动化技术不断进步的今天,智能车辆以及自动化设备成为工地运输材料的关键工具。团队通过理论研究、技术创新和工程实践,形成了一套成熟的具有推广应用前景的实用机器。该产品通过一对啮合的齿轮、链轮及链条将动力传到轴,轴带动轮子转动,通过手把上的开关控制前进和后退。设备结构简单,维修使用方便,性能稳定,运营成本低,耐磨、抗压,寿命长。

2. 项目特色

此种电动手推车,结构简单,使用方便,使用时可以大大降低使用者的体能消耗。车子爬坡能力强,路面不平的地方也可操作,省时又省力,很适合在建筑工地、小型场地使用。

五、项目建设成果

样机:新型工地灰斗车。

贝克街音乐演艺公司

一、项目类型

创业实践

二、项目组成员

白家辉 经济管理学院,财务管理

邓建强　经济管理学院，公共事业管理
安　勇　经济管理学院，公共事业管理
姜振华　经济管理学院，财务管理

三、指导老师

许　捷　经济管理学院，讲师

四、项目介绍

1. 立项背景

贝克街演艺公司是一家以乐器出售、培训、演出设备租赁、承接演出为一体的综合性音乐演出公司。公司本着以实体经营为主、互联网线上教学及运营为辅的经营理念，着力打造陇东地区第一家新型音乐演出、培训机构。

通过多种合作方式吸纳人才加入公司，参与公司运作与管理，在为人才提供良好发展平台的同时提高和完善公司内部组织管理能力，以此来破解大学生创业管理经验不足、管理能力亟待提高的发展瓶颈。

2. 项目特色

(1) 依托互联网进行以线下授课为主、网络直播互动培训为辅的新型教学方法。
(2) 公司通过异业联盟的营销方式达成企业间的互利共赢。

五、项目建设成果

(1) 2016 年 9 月开设了迷徒音乐工作室，招收学员、销售乐器，共招收了 5 届学员。
(2) 2016 年 12 月举办了第一届陇东学院民谣音乐节。
(3) 2017 年 6 月举办了“燥青春”校园摇滚音乐节。

Farmer family

一、项目类型

创业实践

二、项目组成员

才让扎西　经济管理学院，经济学
李　艳　经济管理学院，经济学
高航宇　经济管理学院，经济学
兰亚倩　经济管理学院，财务管理
马燕芳　经济管理学院，财务管理

三、指导老师

肖海霞　经济管理学院，教授

四、项目介绍

1. 立项背景

Farmer family 是一个以"服务三农"为宗旨的互联网服务平台。该项目主要是在"互联网＋"逐步嵌入农业产业链的大背景下，依托区域优势，整合当地有利资源，聚集农业生产资料、产品、技术、信息等要素，构建以 PC、移动端为平台的 Farmer family，连接农户与消费者，使农产品销售渠道扁平化、个性化，并为农户提供一揽子农业生产服务，解决农业产销脱节问题，构建消费者对农产品安全的认知。

该网站以自选农场、私人订制、观光农业为主，给予消费者一种安全、个性的农产品消费新体验，多层次地解决农产品销售单一、附加值低等问题。为农业迈向现代化的进程中插上"互联网＋"的翅膀，发展生态农业产业链，缓解农业萎缩，减少农产品过剩，增加农产品附加值，使农民实现在宽带上增收、在键盘上小康，最终发家致富。

2. 项目特色

Farmer family 以本地特色农业为依托，面向全国农产品市场，通过连接生产者、销售者、供应商、消费者，对农业生产投入要素和产出品提供电子商务交易、信息服务以及农业电子商务交易衍生产业链（如观光农业、体验农业、订制农业等）一条龙服务。

五、项目建设成果

（1）获第二届中国"互联网＋"全国大学生创新创业大赛陇东学院校赛银奖。
（2）获"甘肃银行杯"甘肃省第七届大学生创新创业大赛优秀奖。

"互联网＋"智能养老服务体系建设

一、项目类型

创业实践

二、项目组成员

高毅丽 经济管理学院，财务管理
张雅捷 经济管理学院，财务管理
王　旭 经济管理学院，公共事业管理
张　腾 经济管理学院，公共事业管理

三、指导老师

齐　欣 经济管理学院，副教授

四、项目介绍

1. 立项背景

进入信息化时代，传统养老模式正面临挑战，公共养老设施资源短缺，选择余地少，机构设施和服务水平偏低，已不能满足多数老人对高水平生活品质的需求。

“互联网＋”智能养老服务体系建设是一个基于本地O2O模式的移动网络平台，采用将互联网移动终端平台装入老年人手机中，与信息服务平台相结合，系统由智能交换系统软件和终端通信设备组成，终端通信设备实现通信及网络功能。

2. 项目特色

“互联网＋”智能养老服务体系构建了以“公益化为前提、社会化为基础、市场化为补充”的信息化、智能化的网络虚拟养老院运营模式，可有效推动居家养老服务行业持续、健康地循环发展。

五、项目建设成果

智能养老服务体系建设App。

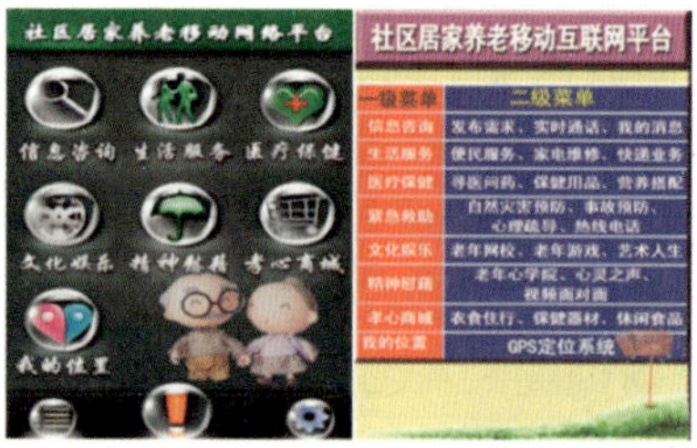

VR 视 界

一、项目类型

创新训练

二、项目组成员

乔　敏　经济管理学院，财务管理
张雅捷　经济管理学院，财务管理
石　慧　经济管理学院，财务管理
郭　宇　经济管理学院，财务管理
能文鹏　信息工程学院，信息工程

三、指导老师

石林溪　经济管理学院，讲师

四、项目介绍

1. 立项背景

从 2014 年开始，VR 这个全新的领域开始受到全球资本的高度关注，国内互联网“BAT”以及乐视、小米等巨头都开始在这个新的领域内纷纷布局。由此衍生出众多的全新 VR/AR 行业。抛开其他方面不谈，光就文化娱乐与内容领域就有极大的发展前景，如游戏、影视、旅游、全景极限、全景式教学等几大方面。但与之相配套的内容应用及平台导口却呈现出缓慢的发展速度，与急速发展的硬件技术呈现出不相符的态势。

本项目通过对 VR 内容聚合、产品销售、增值服务的逐步开发，结合传统的互联网营销模式，逐步实现线上分享、硬件设备推介、产品应用商店的综合型商业平台模式。通过把零散的 VR 视频资源有机整合满足消费者的需求。

2. 项目特色

本项目定位于广大 VR 视频资源的爱好者，且主要服务于高校学生和 80、90 后热爱 VR 视频体验的年轻用户群，这部分用户具有较高的猎奇心理和消费动机，通过平台资源聚集的功能将这部分用户吸引进来，并通过各种线上活动培养会员的用户黏性，为用户量身打造便捷而充实的内容社区平台。

五、项目建设成果

（1）样机：VR 定制产品。
（2）产品投入使用。

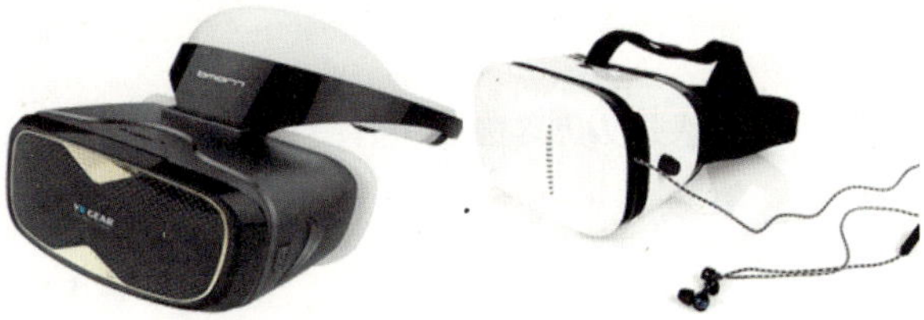

甘肃新生态网络科技有限责任公司

一、项目类型

创业实践

二、项目组成员

陶清远　经济管理学院，公共事业管理
马新承　经济管理学院，公共事业管理
李润萍　经济管理学院，公共事业管理
蒲莉娜　经济管理学院，公共事业管理
陶清远　经济管理学院，公共事业管理

三、指导老师

马永祥　经济管理学院，教授

四、项目介绍

1. 立项背景

项目主要是帮助企业搭建微信公众平台，实现价值变现。在原有公众平台的基础上，加入更多的功能和工具，使公众平台结合商户更好地为顾客服务，实现效益的最大化。公众平台整体运营分为线上、线下两部分：

线上部分：按照价值可分为宣传展示、推广吸粉、营销活动、电商交易、行业功能、会员管理六大模块；特色功能有自定义 LBS、微网页底部导航、摇一摇周边、智慧 WiFi、微名片等；电商功能有多种支付接口配置、微商城、微团购、微秒杀、微砍价等。会员管理模块基于 CRM 管理体系，可记录每一位会员信息、消费习惯，从而开展精准营销。

线下部分：分为硬件与软件功能。硬件包括微信智能打印机、iBeacon 设备管理；软件包括微信收银系统和微信连 WiFi 系统，旨在通过公众平台帮助商家发现顾客、理解顾客、服务顾客、价值变现。

2. 项目特色

帮助商家实现"互联网＋"跨越式发展，为消费者打造一个更舒服、更便捷、更人性化的消费体验。

五、项目建设成果

（1）成立新生态网络科技有限公司。
（2）公众平台：白银工商微政务平台、元一学习。

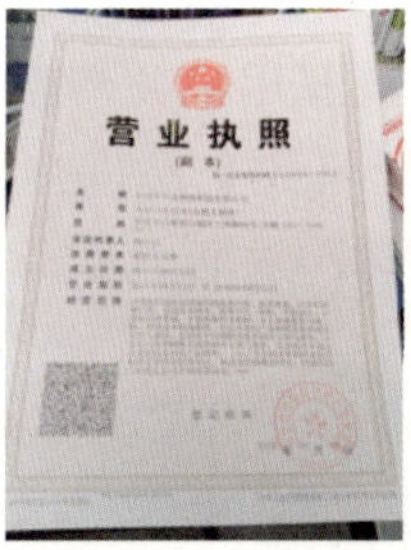

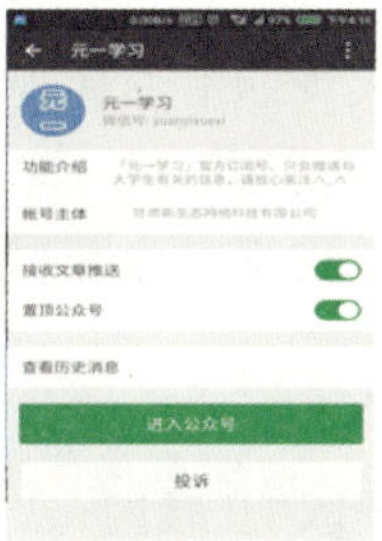

甄 油 网

一、项目类型

创业实践

二、项目组成员

王斌实 经济管理学院，公共事业管理
马于森 经济管理学院，公共事业管理
李争明 经济管理学院，公共事业管理

三、指导老师

范 颖 经济管理学院，副教授

四、项目介绍

1. 立项背景

传统车用润滑油市场以4S汽配商城及汽配维修网点为主，部分市场加油站也兼售车用润滑油。4S汽配商城润滑油产品以品质保证、价格高昂为主要特点。其他汽配维修网点润滑油则价格相对较低，但品质却无法保证。车用润滑油作为汽车保养维护的消耗品，在保证车辆行驶安全方面起到重要作用。因此，随着消费者认识的不断提高，选择物美价廉的车用润滑油以及相关服务成为市场需求的主流。

O2O作为新兴的商业模式，为车用润滑油产品销售提供了新的发展契机。以网络作为主要载体，严格把控经销商资质，整合销售网点资源，为消费者提供便捷、高质量、丰富的产品及服务。

“甄油网”是一个以传统润滑油行业为依托，借助互联网发展和汽车后服务为目的的服务型平台。我们通过甄油网在线、甄油网App和甄油网商家在线等互联网商业模式，连接供求双方，增加润滑油产品附加值，为消费者提供可选择性、多元化的汽车后服务产品，并且提升商家利润、拓宽商家销路，营造互利共赢的局面。

2．项目特色

甄油网以本地大牌润滑油代理商为依托，面向全国汽车后服务产品市场，通过连接生产者、销售者、供应商、消费者，对汽车后服务产品提供电子商务交易、信息服务以及汽车后服务产品电子商务交易衍生产业链（如汽车改装、汽车维修等）一条龙服务。

五、项目建设成果

（1）获第二届中国“互联网＋”大学生创新创业大赛陇东学院校赛金奖。

（2）获第二届中国“互联网＋”大学生创新创业大赛省级金奖。

租赁车行

一、项目类型

创业实践

二、项目组成员

成军鹏　历史与地理学院，文化产业管理

张爱斌　历史与地理学院，文化产业管理

司宝明　历史与地理学院，文化产业管理

三、指导老师

张梦怡　历史与地理学院，讲师

四、项目介绍

1．立项背景

从2015年4月5日开始，本届学生就开始了关于自行车行建立和创办的活动，在校内和后门分别开办了一系列的车行，如“黑马自行车行”“登山自行车行”“乐在其中自行车行”“轮道单车自行车行”等。我们在出租过程中，联系厂家、确定租价、修理自行车、与人交流，个人能力得到了巨大的提升，也为以后在社会中立足打下了基础。

为了不影响项目组成员的学习，租赁车行采用节假日工作制，车行通常在周六、周日营业，但为了方便同学们在周内租借自行车，采取网络租赁制，租赁车行将自行车统一编号，同学们可以依据个人喜好选择自行车，同时以QQ群或短信的形式给予个人信息和车辆编号。这样既可以方便师生用车，也不会影响项目组成员的学习。

2．项目特色

租赁车行始终坚持“服务校友、便利师生”的宗旨，恪守以方便师生为主、盈利为辅的准则，立志提供更加便捷、更加优质的服务。

五、项目建设成果

（1）为甘肃省第三届大学生运动会开幕式表演提供表演用车，并提供免费维修服务。

（2）为各班级的大型出游活动提供自行车，大力支持校内的骑行活动。

（3）租赁车行 2015 年 5 月—2015 年 10 月盈利 7 000 元左右。

（4）撰写论文《自行车行的可行性分析和发展前景》。

“陇院小助手”微信公众号平台

一、项目类型

创业实践

二、项目组成员

章照乾　历史与地理学院，地理科学

张　杰　历史与地理学院，地理科学

王　彬　历史与地理学院，地理科学

三、指导老师

李朝阳　历史与地理学院，教授

四、项目介绍

(1) 建立微信公众号平台(已注册成功),平台名称为“陇院小助手”,作为一个校园自媒体平台为广大师生提供各类服务。

(2) 实现课表查询、个人成绩查询的技术开发,接入快递、天气等生活服务类的查询及咨询功能,把周边商区环境的信息加以整理满足目标群体对信息咨询的需求。

(3) 直接与教学行政系统连接,将学生的学号与网站绑定,这样学生可以通过微信上网查看自己的课程安排、考试成绩、日常考勤,甚至在微信上选课也可以实现。

(4) 作为学校的服务机构,还可以通过这个来收集学生们的意见及建议,汇总后提交至学校,做学生与学校沟通的桥梁。

(5) 在平台发展后期,去食堂也不用饭卡了,去图书馆之前在微信就可以查询到书的位置并且进行预订、续借,还可以在微信上看到还书日期。

(6) 经过前期的运营推广,当拥有一定数量的粉丝后,可以开展信息推广业务,并获取一定的利润(初定为广告推送单价为 100 元/条,粉丝数量上涨后价格依推送内容形式相应上调)。

五、项目建设成果

截至 2018 年 5 月 23 日,粉丝:5 341 人,推送文章:100 余篇。

接入第三方平台:腾讯微校、掌上大学、萌小助、清博大数据等。

开发小程序:陇小助。

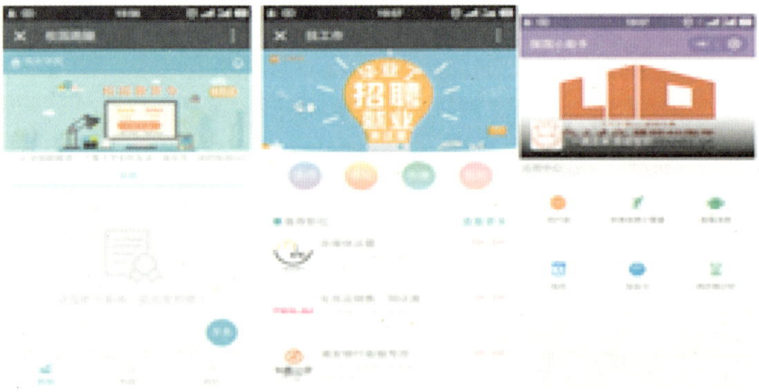

陇东学院二手书店

一、项目类型

创业实践

二、项目组成员

李嘉欣　能源工程学院，石油工程
朱伟伟　能源工程学院，石油工程
程　焱　能源工程学院，石油工程
何天双　能源工程学院，石油工程
李苗苗　能源工程学院，油气储运

三、指导老师

崔建斌　能源工程学院，教授

四、项目介绍

1．立项背景

二手书的循环再利用，不但能节约纸张，减少对森林的采伐量，减轻环保压力，而且能减少学生费用，减轻社会负担。在活动过程中，还可以增强广大师生的环保意识，从而实现环境、社会、学生、学校等多方共赢。

陇院二手书店采用O2O模式，把“实体店”与“网店”结合了起来。“实体店”与“网店”的经营方式各有利弊，两者相结合可以互取其长，由博弈变为共赢。根据陇东学院各院系最新培养计划，按专业、年级回收旧书，通过扫描ISBN归档、整理和配套，可采取少量库存＋预购模式经营。

2. 项目特色

形成线上、线下双向交易的二手交易系统，达到买家、卖家、实体经营者共赢。

五、项目建设成果

(1) 获第二届中国“互联网＋”大学生创新创业大赛陇东学院校赛铜奖。

(2) 获第十七届“挑战杯”大学生课外学术科技作品竞赛三等奖。

“五位一体”钻孔施工智能化装置

一、项目类型

创业实践

二、项目组成员

刘亚新　能源工程学院，安全工程
杨继业　能源工程学院，安全工程
李进虎　能源工程学院，安全工程
聂生元　机械工程学院，机械设计制造及其自动化
黄　华　电气学院创业，电气工程及其自动化

三、指导老师

杨峰峰　能源工程学院，副教授

四、项目介绍

1. 立项背景

目前煤矿井下钻机施工工艺主要存在以下不足：① 煤矿井下中、小型钻机一般没有配备移动设备，大多利用倒链、撬杆等方式搬运钻机，这种搬运方式不仅劳动强度大，而且严重影响钻孔施工效率；② 钻孔移动到指定位置后，施工钻孔角度的调节、拆卸、固定钻机也需要耗费大量的时间，钻杆的搬运也浪费大量的人力、物力；③ 钻孔的操作主要是人工操作，

打钻过程中一般不少于 3 人，钻孔施工时需要通过数钻杆来确定钻孔深度，如果施工时间较长，可能会出现计算混乱现象。因此，实现井下钻机设备的现代化、智能化、人性化是促进煤矿安全生产的关键点。

煤矿井下巷道掘进、支护、探水、瓦斯抽采等施工均需要施工钻孔，而施工钻孔离不开钻机。“五位一体”钻孔施工智能化装置主要由钻机底座(包括万向轮)、施工动力装置、角度调节装置及钻机移动遥控系统、动力控制系统、瓦斯监测系统及超声波系统组成。井下需要施工钻孔时，可以使用轮胎变换将钻机移动到指定位置并固定，根据现场环境找到合适的角度参照系，然后由遥控操作的工作人员通过遥控器发送角度指令，同时对于钻机位置、钻头的伸缩程度进行调整，启动钻机开始打钻，并依次启动超声波系统、瓦斯检测系统来实时监测钻孔深度和钻孔瓦斯浓度。该钻机可以降低工人患职业病的风险，集钻机移动、施工控制、监测瓦斯浓度及钻孔深度于一体，使钻机更加智能化、自动化。

2. 项目特色

(1) “五位一体”钻孔施工智能化装置可以实现钻机的全方位自由移动、运输钻杆和施工角度的自动精确定位(360°范围内均可实现)。

(2) 通过智能控制装置实现自动施工钻孔，并在钻孔施工过程中实时、连续地监测孔口瓦斯浓度和钻孔施工深度。

(3) 最大限度地降低施工区域人数，减少接触煤(岩)尘的频次，保护工人身体健康。

五、项目建设成果

“五位一体”钻孔智能化装置模型。

无线智能火灾探测及报警装置

一、项目类型

创业实践

二、项目组成员

杨继业 能源工程学院，安全工程
马新军 机械工程学院，机械设计制造及其自动化
张亚鹏 电气工程学院，电气工程及其自动化
梁 祎 能源工程学院，安全工程
张保政 能源工程学院，安全工程
王 琦 能源工程学院，安全工程

三、指导老师

杨峰峰　能源工程学院，副教授

四、项目介绍

1. 立项背景

目前，火灾报警系统研究现状为：① 适用范围过小，易造成群死群伤，防范措施不到位；② 智能化程度低，传感器件探测的参数较少、支持系统的软件开发不成熟、各种算法的准确性缺乏足够验证、火灾现场参数数据库不健全；③ 网络化程度低，自我封闭，尚未形成区域性网络化火灾自动报警系统；④ 组件连接方式有待改善，探测器和报警器及控制器之间是采用两条或多条的铜芯绝缘导线或铜芯电缆穿管相接，存在耗材多、成本高、抗干扰能力差的缺点。

无线智能火灾探测及报警装置是对火灾发生时的烟雾、CO、温度等的变化通过对应的传感器进行探测，如果发现有火灾苗头，可以将信息传递给报警响铃装置，采用无线技术给相关人员发短信、打电话，并且可以通过预先编写的程序直接给“119”报警。该装置主要包括烟雾探测系统、CO 探测系统、温度探测系统、火灾警报装置、无线传输系统，前三个系统将探测到的信息传输到火灾报警控制系统，并通过无线传输系统告知火灾发生的部位、时间，使人们能及时发现火灾，并及时采取有效措施，扑灭初期火灾，最大限度地减少因火灾造成的生命和财产的损失。

2. 项目特色

(1) 安装、维护简单。

(2) 不需要专门人员值班。

五、项目建设成果

(1) 无线智能火灾探测及报警装置实体模型 1 件。

(2) 获第三届全国安全科学与工程大学生实践与创新作品大赛三等奖。

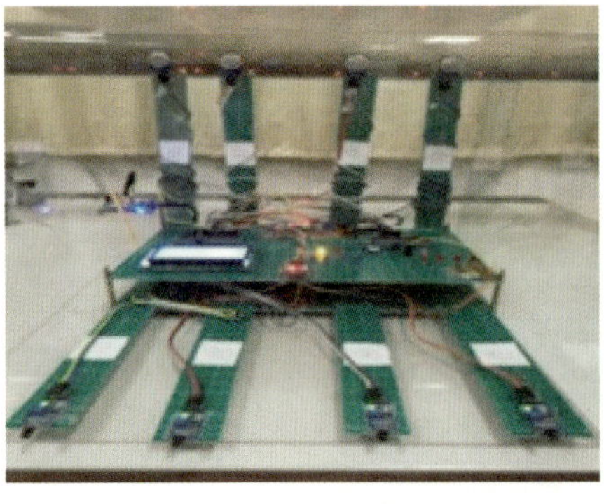

庆阳核桃峪煤矿深部开采地表沉陷的数值模拟研究

一、项目类型

创新训练

二、项目组成员

王连玉　能源工程学院，采矿工程
赵鹏飞　能源工程学院，采矿工程
赵爱斌　能源工程学院，采矿工程
徐宝娃　能源工程学院，采矿工程

三、指导老师

雷武林　能源工程学院，讲师

四、项目介绍

1. 立项背景

庆阳煤炭资源丰富，预计储量约占甘肃省煤炭资源的90%以上。地下煤炭资源的大规模开采会带来一系列的负面效应，如地表沉陷灾害、水资源破坏、土地沙漠化、植被破坏、生态环境破坏、沉陷引发的地质灾害等。庆阳矿区属于新矿区，在地表沉陷的研究实践方面几乎空白，可借鉴的实践经验不多。因此，在巨厚黄土层、深埋藏的特殊条件下矿井开采给煤矿安全生产提出一个新的研究课题。

核桃峪煤矿位于陇东黄土高原的西部，属黄土高原丘陵沟壑地形，矿区地形地貌复杂、第四系黄土层厚度大、煤层埋藏深，地下煤层开采后引起的地表移动变形具有特殊性，针对其开采沉陷规律进行研究，对庆阳矿区安全、绿色采煤具有十分重要的意义。以核桃峪煤矿为研究对象，在分析矿区地质采矿条件的基础上，结合 FLAC 3D 数值模拟实验揭示巨厚黄土覆盖下深部开采矿区地表沉陷的基本规律及其特殊性，着重研究巨厚黄土层的开采沉陷机理及深部开采地表沉陷的机理和特点。

2. 项目特色

(1) 总结了巨厚黄土层下深部开采地表移动和变形动态、静态分布规律，并与一般条件下开采地表移动规律进行对比分析。

(2) 预测了庆阳矿区未来大规模采煤可能诱发的一系列开采沉陷灾害的情况，提出了积极进行开采沉陷监测预报、综合采用减轻地表沉降技术、全面治理塌陷区域环境灾害等综合防治对策。

五、项目建设成果

（1）数值模型。

（2）发表论文《特厚煤层综放开采冲击矿压防治的数值模拟研究》。

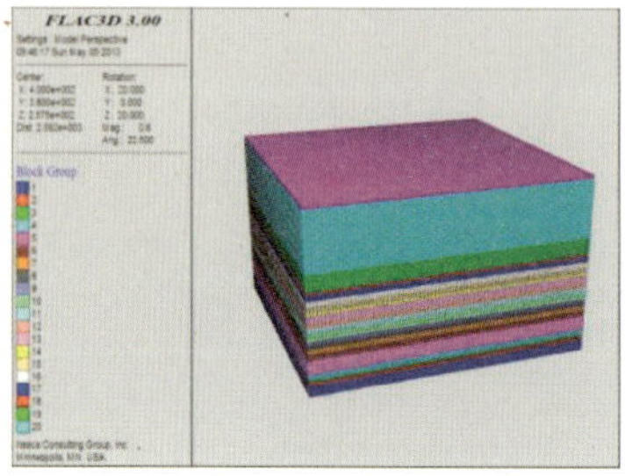

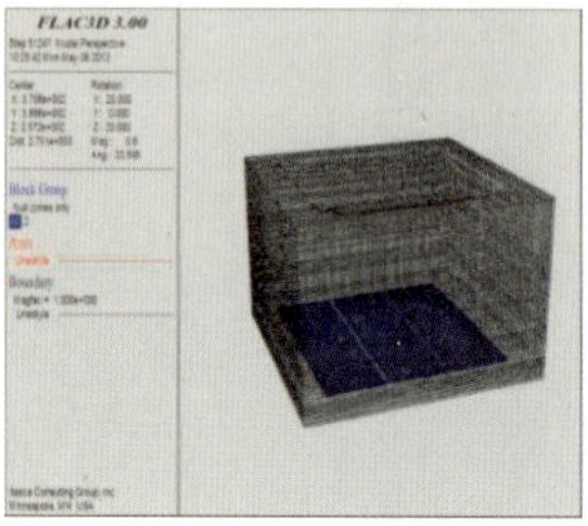

新型实验室局部通风机性能测定装置

一、项目类型

创新训练

二、项目组成员

张家旭　能源工程学院，安全工程

李勋广　能源工程学院，采矿工程

杨云飞　能源工程学院，安全工程

毛叔周　能源工程学院，安全工程

三、指导老师

余　岚　能源工程学院，教授

四、项目介绍

1．立项背景

通风机性能测定是“矿井通风技术”课程的一项基础实验。通风机性能测定装置主要针对现场进行工况调节，只需简单操作计算机即可在真实巷道实现自动采集数据，测定完毕即可打印数据报表和性能曲线，极大减小了煤矿现场开展此项工作的难度。针对实验室小断面巷道如何进行工况调节，实现手工与机器测定相结合还没有范例，通过实验室项目改造形成标准风硐，完成工况调节，形成风压、风速测定点，连接小型通风机，完成性能测定，绘制个体特性曲线，并与自动测定相结合具有十分重要的意义，可用于高校实验教学以及科研测试服务。

本项目是在现有的矿井通风仿真模型的基础上进行改造，扩充部分巷道形成标准模拟风硐，在风硐中设置工况调节点，能够形成8～10次的工况调节；形成稳固的测压断面，采用十字连通静压管和倾斜压差计测试风流的静压、动压；布置测风速断面，在选定的测风断面固定传感器支架6～8只，能够将选用的风速传感器固定在支架上，实现自动测风。形成测风站，能够完成人工测风。巷道中开设风门，实现反风。连通通风机并启动电源，实现电流、电压的测定。

2. 项目特色

(1) 将实物模型按照教学需要进行改造。

(2) 与风机相连接的一段风筒改造后，既可以实现传感器传输、软件系统解算风机性能数据，又预留出用基本仪器仪表测试风机参数的空间，用人工测定的方法对风机性能予以分析。

五、项目建设成果

项目完成后，通风机运转正常，建造的标准风硐与矿井风硐结构基本一致，按比例缩放，仿真效果好。

云畔农家

一、项目类型

创业实践

二、项目组成员

达先鹏　农林科技学院，农学
孙　建　农林科技学院，农学
吕能文　农林科技学院，农学
王月萍　农林科技学院，农学
党晓丽　农林科技学院，农学

三、指导老师

化　烨　农林科技学院，副教授

四、项目介绍

1. 立项背景

室内绿化是室外绿化的延伸，两者关系密切。尽管在植物材料选择、造景空间布置等方面差异较大，但往往能够起到互补的作用。尤其把室内绿化与庭间小院、屋顶、阳台和墙面等过渡空间的绿化相结合，可达到相得益彰的效果。目前，全国各地兴起的绿色餐厅、室内植物园、引种园、温室浴及绿色廊道等，均是以营建室内绿色空间、创造舒适且有益人们身心健康的环境为主。

项目首先通过社会调查，深入了解广大老百姓对于家庭绿化的认识。根据调查结果，一方面整理出初步的服务方案，并构建互联网服务平台，通过专业知识解决百姓家中的绿植养护问题，进一步根据不同家庭的不同需求，量身打造适合不同家庭的绿植栽培方案及景观设计；另一方面，在实验室内针对不同植物种类的多发问题，研发相应的营养液及药品，从基础做起，力争建立成为室内绿植养护专家。

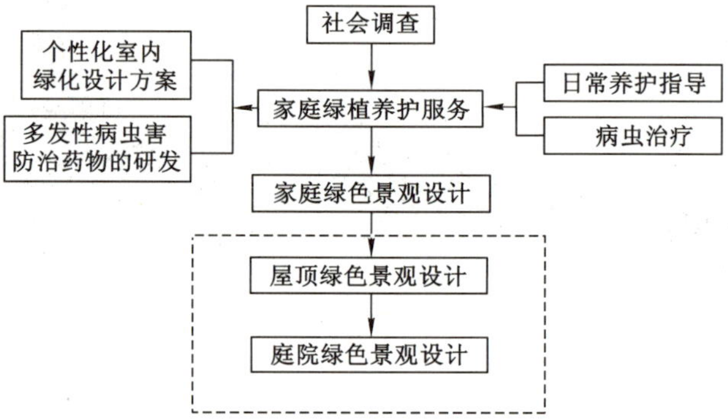

2. 项目特色

(1) 本项目将日常养护问题的解决→室内绿化景观的设计→栽培方法指导→后期跟踪服务结合在一起，形成一站式服务，根据客户的要求呈现出实景。

(2) 在满足视觉需求之外，更能够顺应当地的整体环境布局，使每一个设计作品都能够长久保持，并为家居景观、气候增色。

(3) 在保证美观的前提下，能够更周密地考虑当地的气候条件、室内采光条件、植物本身特性等。

五、项目建设成果

(1) 编写《绿植养护手册》。

(2) 研发高效广谱杀虫剂。

(3) 开发微信公众号。

鹌鹑蛋果冻的研制

一、项目类型

创新训练

二、项目组成员

周翰林　生命科学与技术学院，生物技术
马旭东　生命科学与技术学院，生物技术
刘　倩　生命科学与技术学院，生物技术
李雪丽　生命科学与技术学院，生物技术
侯婉茹　生命科学与技术学院，生物技术

三、指导老师

张娟丽　生命科学与技术学院，讲师

四、项目介绍

1. 立项背景

根据研究发现，鹌鹑蛋不仅营养价值高，而且富含人体需要的蛋白质、脂肪、碳水化合物、维生素 A 等营养素，在民间被称为“动物人参”。它还有药理作用，对治疗肺病、胃病、高血压都有一定的辅助疗效，更重要的是鹌鹑蛋对老人、幼儿、孕妇而言是一种理想的滋补品。但是，商家对鹌鹑蛋的利用仅仅停留在罐头和腌制产品上，有很多成分都没有开发利用，造成资源白白浪费。

鹌鹑蛋果冻主要以鹌鹑蛋为原料，借鉴果冻的制作流程，在口感与色泽方面都以国家食品安全相关法律法规内容作为评定标准。利用生物技术将鹌鹑蛋和果冻结合在一起，不仅保留了鹌鹑蛋原来的营养价值，而且还对果冻的口感与色香味进行了深化。

2. 项目特色

(1) 安全性高：冲破了以明胶、防腐剂、色素为主要原料的传统果冻生产工艺理念。

(2) 营养价值：以素有“动物人参”的鹌鹑蛋为主要原料，采用果冻加工工艺，既充分利用蛋品资源，提高果冻的营养价值，又丰富了果冻产品的种类，符合果冻产品营养保健的新潮流。

(3) 药用价值较高：具有较好的护肤美肤作用，是一个真正属于女性消费者的果冻零食品牌。对于体质虚弱、气血不足、神经衰弱、心血管疾病、胃气不足的患者具有很好的疗效。

(4) 鹌鹑蛋来源广、成本低，为鹌鹑蛋的深加工开辟了新的有效途径，促进了鹌鹑产业的健康快速发展。

(5) 开发出既有果冻口感又有鹌鹑营养价值的果冻，丰富市场品种，在未来竞争中也能抢得市场先机。

五、项目建设成果

鹌鹑蛋果冻配方。

陇东庆阳民间传统武术的挖掘整理

一、项目类型

创业实践

二、项目组成员

佘成虎　体育学院，体育教育（武术）
温　丽　体育学院，体育教育（武术）
朱　艳　体育学院，体育教育（武术）

三、指导老师

梁燕飞　体育学院，副教授

四、项目介绍

1. 立项背景

在大武术观的指导下，各地相应开展了各种各样的非物质文化遗产保护工作。作为高校武术受益者，有义务对陇东庆阳地区的民间传统武术进行挖掘整理，将陇东武术继承下来，结合地方学校优势，整理形成优秀的庆阳特色武术项目，开展地方项目学习，为后期的庆阳武术培训基地做好准备工作，为庆阳地区陇东武术的传承与发展服务。

陇东地区地理环境独特，民族文化深厚，民风淳朴，该地区武术源流清晰、拳理清晰、传承有序、风格突出、形式多样。积极主动开展陇东庆阳民间传统武术挖掘整理工作，为地方文化保护部门提供理论与实践资料支撑。将老一辈武术家珍贵的拳种项目进行影像资料包装，将陇东武术继承下来，结合地方学校优势，整理形成优秀的庆阳特色武术项目，开展地方项目学习，对促进地方民族文化的传承与发展起到积极作用。

2. 项目特色

本项目以非物质文化遗产项目保护与发展为指导，紧紧围绕陇东庆阳地区民间传统武术的挖掘与整理开展工作，努力将庆阳地区优秀的、特色的民间民族武术挖掘开发出来，为庆阳地区的民族文化保护与发展服务。同时，将这些优秀拳种整理出来，为建立庆阳武术培训基地做好准备工作。

五、项目建设成果

（1）撰写研究报告《陇东庆阳地区民间传统武术的挖掘整理》。
（2）制作《庆阳武术集》影像视频。

黄土高原地区新型混凝土开发研究

一、项目类型

创业实践

二、项目组成员

薛连乾　土木工程学院，土木工程
陈　瑞　土木工程学院，土木工程
史文全　土木工程学院，土木工程
马　超　土木工程学院，土木工程
陈　旭　土木工程学院，土木工程

三、指导老师

胡建桥　土木工程学院，讲师

四、项目介绍

1．立项背景

此项目立足于黄土高原地区特殊的地质环境与环境类型，有针对性地对该地区所适用的混凝土做研究。黄土高原地区的地质特征明显、地质松软、地基基础强度不够，所以每个工程都面临着黄土的湿陷性对工程的影响，那么就有必要从建筑材料的轻质上着手以减轻这方面的影响。再者，黄土高原地区季节性明显、温差大，这就对工程的胀缩性有着很大的影响，所以需要有一种新型混凝土来适应这种环境。

此项目致力于研究黄土高原地区各类环境下所适用的高强混凝土，能够改善或解决我国黄土高原地区建筑施工过程中存在的相关问题，如混凝土的抗寒、抗热、抗碱、抗风蚀，能够进一步发展我国西部地区的建设行业，有很好的发展前景。

2．项目特色

此项目对黄土高原地区的建筑行业有一定的贡献。

五、项目建设成果

(1) 形成研究论文，申请专利。

(2) 研发出适用于湿陷性黄土地区环境下的高强混凝土。

网客空间

一、项目类型

创业实践

二、项目组成员

陈世强　信息工程学院，通信工程
罗　杰　信息工程学院，通信工程

三、指导老师

郭　祎　信息工程学院，讲师

四、项目介绍

1. 立项背景

本项目主要针对网页的开发、网站的设计开发及上线与维护。在开发与制作过程中，我们的项目组成员受益良多，主要采用 Nginx、IIS、Apache＋PHP5、PHP7/MySQL 等服务。

2. 项目特色

本项目主要利用最新的 HTML5、Javas、AJAX 技术，利用少量的代码实现预期的效果。

五、项目建设成果

(1) 完成网页。

(2) 完成网站二级页面。

创新创业基地网页制作工作室

一、项目类型

创新训练

二、项目组成员

李永东　信息工程学院，网络工程
高慧芳　信息工程学院，网络工程
李　巧　信息工程学院，计算机科学与技术
吴　欢　信息工程学院，计算机科学与技术

三、指导老师

曹建英　信息工程学院，教授

四、项目介绍

1. 立项背景

随着人们生活水平的不断提高，信息化程度日益加深，网站设计与相关需求越来越大。网页制作与我们的专业理论知识结合很紧密，能够学以致用。让我们把课本中所学到的知识应用于实际，在实践中得以应用总结，使我们的综合素质能够得到提升，为以后的就业打好坚实的基础。

本项目以工作室的形式运作，主要利用学到的网页设计与制作的知识为企事业部门定制网站、制作通用网页模板、前台页面开发、后台系统开发、页面优化、图形美化、域名申请、网站代理、服务器管理。通过项目实施锻炼项目组成员的实践能力，提升职业技能，为将来创业打好基础。

2. 项目特色

网站建设基本都是以模块的形式进行分割，各个模块都比较清晰明朗，各个模块之间的隔离性也相对较好，对网站的后期建设以及维护提供了示范。

五、项目建设成果

制作陇东学院大学生创新创业指导中心网站。

忆摄影工作室

一、项目类型

创业训练

二、项目组成员

刘振邦　信息工程学院，网络工程
谭志超　电气工程学院，自动化
景　亮　美术学院学院，视觉传达设计

三、指导老师

郑　璐　信息工程学院，讲师

四、项目介绍

1. 立项背景

忆摄影工作室不同于众多摄影工作室的地方在于其提供航拍，工作室团队拥有大疆创新精灵系列航拍器 2 台。

2. 项目特色

团队成员有无人机驾驶经验，熟悉机器的各种性能，可以完成高难度的拍摄任务。

五、项目建设成果

(1) 忆摄影工作室。

(2) 陇东学院校园风光航拍成品照片（组）。

(3) 视频制作。

(4) 个人写真、集体合照。

智能检测环保安全垃圾箱

一、项目类型

创业实践

二、项目组成员

操　健　电气工程学院，自动化
王延魁　电气工程学院，自动化
任威妃　电气工程学院，自动化
梁生海　电气工程学院，自动化
杨斌龙　电气工程学院，自动化

三、指导老师

郑耐琴　电气工程学院，讲师

四、项目介绍

1. 立项背景

随着生活水平的提高，人们对生活品质更为关注，为了使我们办公、学习和生活更加方便和卫生，智能垃圾桶应运而生。

本项目致力于设计出一种通过检测并自动打开垃圾桶盖的智能系统。当人的手或物体接近桶盖约 1 米时，垃圾桶盖便会自动开启，等垃圾投入完毕，在设定时间内垃圾桶盖又会自动关闭，人、物不需接触垃圾桶，在长时间不使用的情况下会自动进入休眠模式以便节能。智能检测环保安全垃圾箱由红外热成像模块、声控部分及语音模块、冷处理模块、NB-LOT 模块组成。智能垃圾箱的声控装置体现了现代化的简约，通过人声可以控制箱盖的开合，便利了人们的生活。除此之外，垃圾箱里的冷却装置能够达到除臭清洁的效果。这是一款集智能、安全、环保于一身的垃圾箱。

本设计利用了单片机、数电、模电、C语言编程知识，物理模块主要包括HT46F49E(作为主控单片机)以及红外传感器、振动传感器、语音芯片、超声波控制、冷处理等。

2. 项目特色

(1) 节能环保。本作品有休眠唤醒功能，在长时间没有人来投垃圾时，单片机自动将除红外感应以外的电路电源关闭，之后单片机进入休眠，从而大大减少能源的浪费。

(2) 干净卫生。自动感应开、关桶盖让人们在丢垃圾时少了份担心，减少了生活中各种病菌交叉感染的可能。同时，具有良好的密封性，无垃圾异味溢出，确保四周空气清新。

(3) 安全可靠。本产品具有自动检测的功能，通过内置的NB-LOT模块对垃圾箱内废弃物状态进行检测，包括满空状态、火灾隐患、倒伏状态等，从而解决了生活中人为造成的安全隐患。

(4) 娱乐性。语音系统会根据不同情况发出一些幽默诙谐的话语。

(5) 运用广泛。提升了公共场合及居家档次，是办公、家用、公用、会议、医疗等场合使用的理想选择。

五、项目建设成果

智能检测环保安全垃圾箱样机。

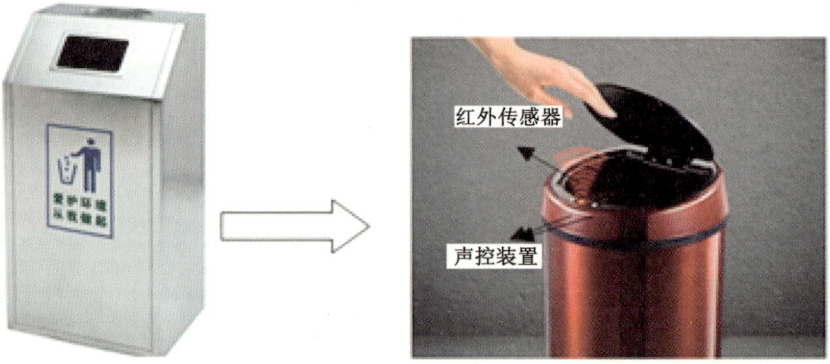

基于WiFi控制的户外勘测救援攀爬机器人的设计

一、项目类型

创新训练

二、项目组成员

陈瑾瑜　电气工程学院，电气工程及其自动化

党率才　电气工程学院，电气工程及其自动化
王建强　电气工程学院，测控技术与仪器
杜金徽　电气工程学院，测控技术与仪器

三、指导老师

齐晓龙　电气工程学院，副教授

四、项目介绍

1. 立项背景

随着现代社会的发展，人们在高空进行作业的情况也越来越多，在高空作业时，工作人员的劳动强度大、危险程度高，人身安全难以得到可靠的保证。对于一些直径较小、强度较弱的杆件的维修，人工攀爬较为困难。应用带升降机的工程车进行作业，作业成本又较高，而且对于狭窄的胡同，工程车难以进入，会造成作业困难。

本项目通过将涵道风扇构成负压发生器安装在履带式底盘上，以 STM32F411 控制器为核心，通过 WiFi 实现控制指令及视频数据的交互，设计完成能够在陡峭的坡上行走的勘测机器人。

2. 项目特色

该攀爬机器人体积小、重量轻、成本较低、操作简单，负重可达 5 千克，可以代替人工进行一些危险度较高、人工难以到达的高空作业，不仅快捷方便，而且成本低。该攀爬机器人的吸附装置由涵道风扇构成，通过真空负压原理让机器人吸附在接触面上，吸附稳定。通过 WiFi 实现控制指令及视频数据的交互，以便于及时掌握具体情况。

五、项目建设成果

完成基于 WiFi 控制的攀爬机器人的设计样机，获甘肃省第三届工业设计大赛三等奖。

智能追踪摄像及定时充电手机支架

一、项目类型

创新训练

二、项目组成员

陈晓全　电气工程学院，自动化
文旭荣　电气工程学院，自动化
常彦来　电气工程学院，自动化
路征儒　电气工程学院，自动化
宋　瑞　电气工程学院，自动化

三、指导老师

郑耐琴　电气工程学院，讲师

四、项目介绍

1. 立项背景

在实际应用中，采用步进电机控制摄像头，常常会出现图像抖动现象。如何获得稳定清晰的图像信息是该技术普及的关键，为此我们对视频摄像头驱动方式进行了专项研究。

该步进电机控制系统采用ATMEL公司的AT89C51单片机作为核心运算器件，实时把电机状态和转速通过LCD液晶显示器显示出来，并结合软件来控制电机的转速、转向、定转圈数。还可以在运行过程中利用键盘输入步进电机将要工作的速度、圈数及方向等数据，来达到脱离计算机的情况下还可以正常工作的目的。

2. 项目特色

(1) 实现手机追踪式视频通话，扩大了视频摄入范围 。

(2) 实现了原地摆动式视频通话或录像。

(3) 实现了自动断电与充电的功能。

五、项目建设成果

完成智能追踪摄像及定时充电手机支架样机。

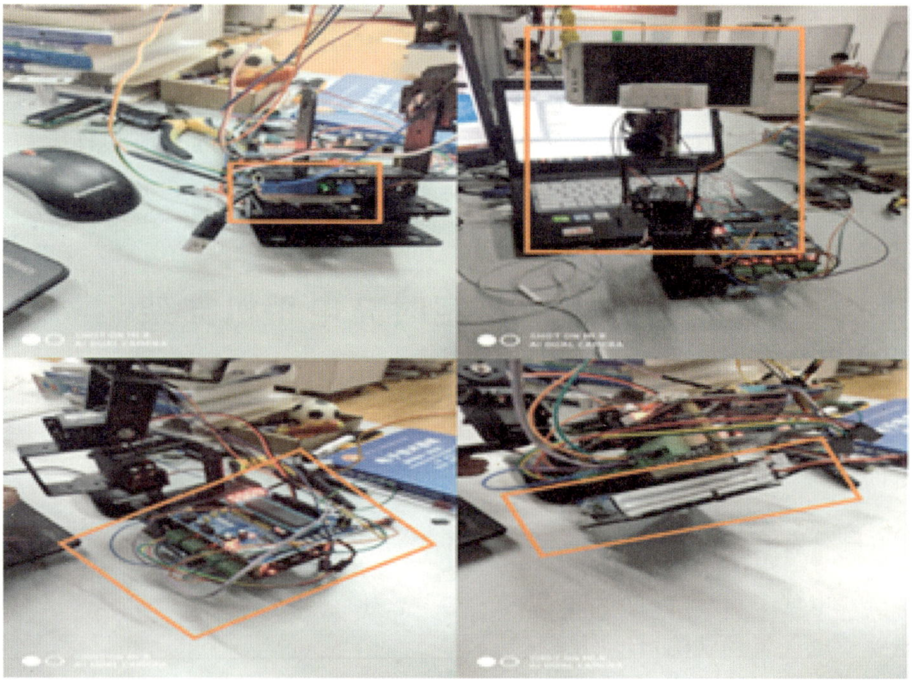

图书馆智能监控系统方案设计与实现

一、项目类型

创新训练

二、项目组成员

何　莹　电气工程学院，测控技术与仪器
蔺正聪　电气工程学院，测控技术与仪器
王彦杰　电气工程学院，测控技术与仪器
于　琦　电气工程学院，测控技术与仪器

三、指导老师

付喜锦　电气工程学院，教授

四、项目介绍

1. 立项背景

本项目基于新建的逸夫图书馆设计图书馆智能监控系统，优化图书馆监控系统的原有设计，实现图书馆的智能监控。

在逸夫图书馆监控系统的设计中，在工程预算和最大限度使用范围内，将监控系统进行了局部的优化设计：取消原模拟的44台云台摄像机和2台枪式摄像机，采用40台红外网络半球摄像机和4台网络红外室内云台摄像机；增加网络交换机，用于传输网络视频信号；增加主干光纤至安保室的核心交换机，取消8台21寸监视器电视墙，改为先进的4块LCD 46寸液晶拼接大屏；取消模拟视频线，采用6类网络线缆传输视频信号。对监控系统进行专业测试后，能够达到预期效果。

2. 项目特色

(1) 将模拟量的监控系统转换为图像解析度高、抗干扰能力强的数字监控方式。

(2) 模拟型监控分量传输，节约了施工成本，提高了工程设计安全性。

(3) 将消防与监控结合为一体，改变了之前两者分开的方式，减少了工作量，提高了工作效率，增加了图书馆的安全性能。

五、项目建设成果

(1) 撰写论文《图书馆智能监控方案设计》。

(2) 获奖：遥控高压静电场电源推广、遥控高压静电场电源。

基于示教再现与主动跟随的扫地机器人设计与实现

一、项目类型

创新训练

二、项目组成员

马棋棋　电气工程学院，电气工程及其自动化
陈晓全　电气工程学院，自动化
张鹏飞　电气工程学院，自动化
王苗苗　电气工程学院，电气工程及其自动化
常彦来　电气工程学院，自动化

三、指导老师

王彦璋　电气工程学院，讲师

四、项目介绍

1．立项背景

在当前扫地机器人领域，绝大多数是以吸尘与拖地功能相结合的机器人，其主要针对灰尘类垃圾，而无法清扫体积较大、质量较重的垃圾，如纸团、果皮等。当地面出现此类垃圾时，扫地机器人无能为力，必须人为清扫。基于示教再现的新型扫地机器人能够将市面上扫地机器人不能处理的垃圾处理掉，为人们的生活提供了更加智能的生活方式。

机械机构采用四轮车＋扫地装置。控制系统采用 TMS320F8335DSP 芯片作为核心，红外传感器、激光雷达、光电编码器等传感器作为检测装置，小功率直流电机作为驱动轮，步进电机作为扫地装置转轴，红外线通信系统对机器人进行示教，示教过程主要根据机器人工作环境、障碍物、垃圾分布情况而定。在一次示教后，可完成多次打扫，可设定清理时间、清理次数，最后通过寻迹完成自动充电。

2. 项目特色

通过对家庭日常生活中垃圾的产生与分布分析、细化，得到垃圾的产生和分布规律，比较了当前市面在售的扫地机器人的缺陷，将工业机器人技术应用领域的示教再现技术引入设计中，通过示教再现的手段解决了当前市场上绝大多数扫地机器人无法完成的垃圾清扫问题。

五、项目建设成果

完成扫地机器人样机。

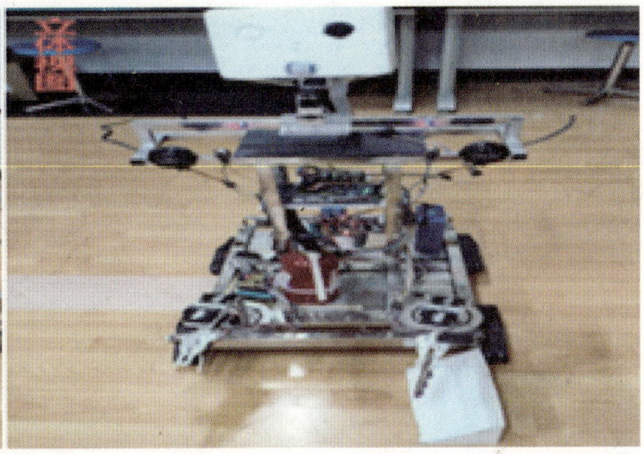

数字遥控高压静电场电源开发与营销

一、项目类型

创新训练

二、项目组成员

邱志鸿　电气工程学院，测控技术与仪器
柳桂芳　电气工程学院，测控技术与仪器
刘瑞婷　电气工程学院，测控技术与仪器
赵艳芳　电气工程学院，测控技术与仪器

三、指导老师

付喜锦　电气工程学院，教授

四、项目介绍

1. 立项背景

将已研发的高压静电场电源专利产品进行更新优化，研究开发、批量制造有数字遥控、输出电压精确调节、数字显示等功能的大功率高压静电场电源，用以代替市场现有的输出电压调节范围小、显示性能差、手动调节存在安全隐患的高压静电场电源，满足现今市场对数字高压静电场电源的需求。

2. 项目特色

（1）利用静电隔离技术、光电隔离技术、静电屏蔽技术和PCB电路结构布图设计，研发4个独立的单元电路，解决了高压静电场电源既要输出高压又要能够数控的难题，消除高压静电干扰，符合国家标准。

（2）通过更新高压驱动电路、设计高压输出变压器的线径和匝数比，来提升高压输出电压和输出功率值，以满足教学科研、植物种子播前处理及空间静电场高压灭菌的高电压大功率问题。

（3）利用单片机控制技术，将行业现有的高压静电电源的手动调节方式更改为遥控控制方式，实现数字遥控型高压远距离精度调节。

（4）依托现有的硬件设施作为生产制造和优化更新基地，通过技术改进和工艺优化，形成熟练的生产技术和工艺，成功解决了产品的质量控制问题和生产销售问题。

五、项目建设成果

（1）获第四届中国“互联网＋”大学生创新创业大赛甘肃省分赛铜奖。

（2）获“甘肃银行杯”优秀奖。

（3）获庆阳市创新创业大赛三等奖。

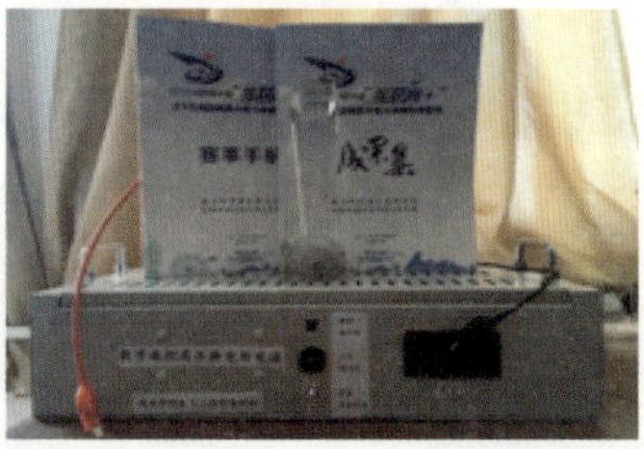

物理师范生实验教学技能的培养与提高

一、项目类型

创新训练

二、项目组成员

王富龙　电气工程学院，物理学
刘　吉　电气工程学院，物理学
肖国华　电气工程学院，物理学
付丽娜　电气工程学院，物理学
赵学德　电气工程学院，物理学

三、指导老师

付喜锦　电气工程学院，教授

四、项目介绍

1. 立项背景

本项目主要以“中学物理实验研究”课堂教学为主，研究中学物理实验教学中的优缺点，创新改进制作中学物理实验教学仪器。

2. 项目特色

针对中学物理实验教学中存在的问题，通过改进自制创新物理实验教学仪器、发表专业学术论文，不仅有利于解决仪器短缺问题，而且能提高老师实验技能素质，从而提高教学质量。

五、项目建设成果

模型：多功能潜水艇实验仪器的设计与制作、“超重与失重”实验改进、“物体做曲线运动的条件”实验改进、“验证动量守恒定律实验”改进、“弹性势能与动能的相互转化”演示实验、遥控直流稳压电源的设计与制作、基于单片机 ATMEGA128A 红外遥控电路的设计与制作、高压取样电路的设计、水压力臂原理演示、通电线圈的磁场方向演示实验、光的全反射演示实验。

纳米氟碳防腐涂料的制备与应用

一、项目类型

创新训练

二、项目组成员

龚玉萍　化学化工学院，应用化学
于欣欣　化学化工学院，应用化学
李芬川　化学化工学院，应用化学

三、指导老师

韩明虎　化学化工学院，副教授

四、项目介绍

1. 立项背景

随着涂料工业的发展和环保意识的提高，人们越来越注重高效无污染或少污染的环境友好型高性能防腐涂料的开发。单一组分的涂料因其性质与应用上的缺陷已经不能满足人们和社会越来越高的要求，越来越多的研究人员将精力投入涂料的改性与双组分乃至多组分的高性能防腐涂料研究。

项目采用核壳型乳液聚合的方法，制备出具有粒径细、性能优异等特点的纳米氟碳乳液。以制备好的纳米氟碳乳液为成膜物质，按基础配比进行配方研究，最终研制出光泽、防腐性、化学稳定性、耐水性、耐酸性、耐碱性、耐洗刷性和硬度极佳的纳米氟碳涂料。首次使用高温煅烧的黄土代替适当比例的钛白粉，可明显降低生产成本且制备工艺简单环保。

2. 项目特色

该产品采用水为分散介质，其来源丰富、价格低廉且环保无污染。首次使用高温煅烧的黄土代替适当比例的钛白粉，可提高性能、降低成本；采用纳米粒子，性能优异。

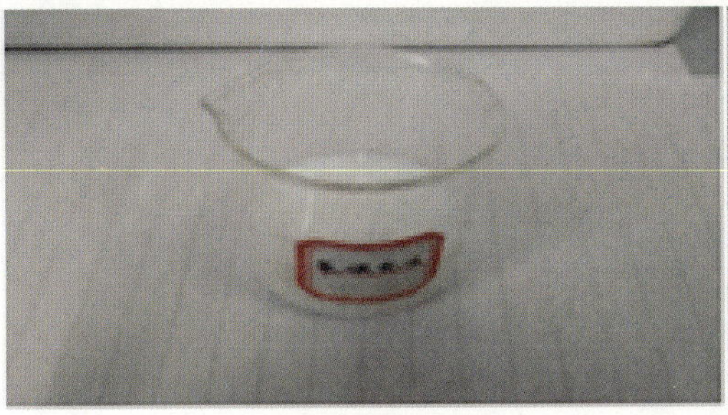

纳米氟碳乳液

纳米氟碳涂料

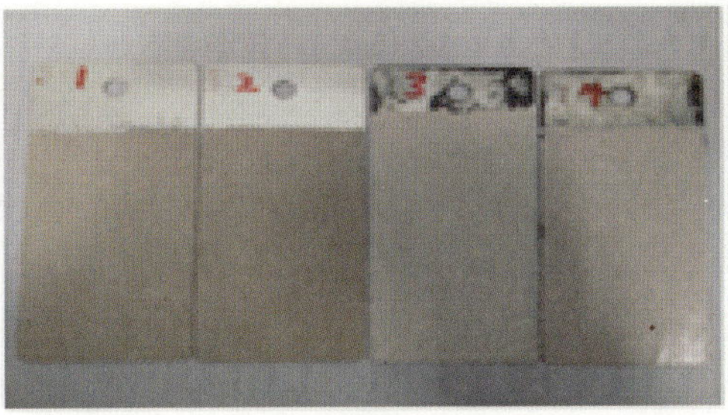

纳米氟碳涂层

附水性测试

耐酸性测试

耐碱性测试

五、项目建设成果

（1）撰写论文《纳米改性氟碳涂料的研究进展》。

（2）完成结题报告《纳米氟碳防腐涂料的制备与应用》。

N、In共掺杂TiO_2催化剂光催化活性研究

一、项目类型

创新训练

二、项目组成员

张小琳　化学化工学院，化学工程与工艺
周卫棋　化学化工学院，化学工程与工艺
何旭芳　化学化工学院，化学工程与工艺

三、指导老师

张鹏会　化学化工学院，副教授

四、项目介绍

1. 立项背景

光催化是在光的辐照下使催化剂周围的氧气分子和水分子转化成极具活性的氧自由基，氧化能力极强，几乎可以分解所有对人体或环境有害的有机物质。现今，光催化剂研究已经与环境科学相互渗透、融合，形成一个新的分支——环境光催化。环境污染处理虽然已经形成了许多方法，如生化法、反渗透法、物理法等，但这些方法投入大、处理周期长、降解率低，特别是对非生物降解的有毒、有害物质(如二噁英等)无能为力，而光催化却能除去这些污染物。

本实验首次以N、In作为掺杂元素，采用溶胶-凝胶法制备N、In共掺杂TiO_2光催化剂，提高其在太阳光下的催化活性。

2. 项目特色

将适量的氮元素和铟元素同时引入催化剂，氮源为尿素，尿素易得，化学结构简单，其化学性质被学界研究得比较深入，易于后期反应机理的推导。纳米级微粒提升了催化剂的活性。

五、项目建设成果

(1) 结题报告《N、In共掺杂TiO_2催化剂光催化活性研究》。
(2) 发表论文《N、In共掺杂TiO_2光催化剂制备及性能》。
(3) 专利：一种超声清洗器的大口径容器固定装置。

水处理技术
TECHNOLOGY OF WATER TREATMENT

N、In 共掺杂 TiO_2 光催化剂制备及性能

绿色洗涤剂配方研究

一、项目类型

创新训练

二、项目组成员

张振乾　化学化工学院，化学工程与工艺
赵振涛　化学化工学院，化学工程与工艺
郭娜娜　化学化工学院，化学工程与工艺
蔺银霞　化学化工学院，化学工程与工艺
张　艳　化学化工学院，化学工程与工艺

三、指导老师

张甜甜　化学化工学院，讲师

四、项目介绍

1. 立项背景

目前，国内外常用的表面活性剂原料为棕榈油。该作物国内产量较少，导致国内原材料成本高，不宜作为表面活性剂原料。陇东地区盛产蓖麻，其具有产量高、成本低、运输方便、易于提取等特点。所以，以蓖麻油作为表面活性剂提取原材料具有较高的研究价值和意义。绿色化、高效化、浓缩化是未来洗涤剂的趋势。

本项目以陇东地区种植的蓖麻为原材料，通过压榨和精制蓖麻油，经化学法合成脂肪酸甲酯乙氧基化物(FMEE)，以此为表面活性剂结合其他表面活性剂进行复配，并添加若干种洗涤助剂及小料(香料、色素)，经大量筛选配制成低成本、高效率、低泡易漂洗的绿色液体洗涤剂。

2. 项目特色

切合现状，充分发挥资源优势与价格优势，弥补了传统原料因运输距离远、采购不便、性价比低等所带来的不足。

五、项目建设成果

绿色洗涤剂配方样品。

陇东地区玉米地废膜捡拾机的设计

一、项目类型

创新训练

二、项目组成员

后二龙　机械工程学院，机械设计制造及其自动化
张荣通　机械工程学院，机械设计制造及其自动化
孙国辉　机械工程学院，机械设计制造及其自动化
张克理　机械工程学院，机械设计制造及其自动化

三、指导老师

王建吉　机械工程学院，教授

四、项目介绍

1. 立项背景

地膜覆盖栽培技术在庆阳冷凉灌区以其保温、保湿、抑制土壤水分蒸发、提高粮食产量及减少风沙扬尘的优势特点，已广泛应用于蔬菜大棚及小麦、玉米和马铃薯种植。薄膜的需求每年以成千上万吨增长，但人工捡拾残膜费工费时，高额的人工费用造成土地生产投入成本逐年增加，给耕作者带来了负担，也给后代留下了难以解决的耕地污染。为此，我们设计了玉米残膜捡拾机。

2. 项目特色

(1) 适合复杂地形作业。

(2) 适合多种农作物的废膜捡拾，实用性强。

(3) 集多种功能于一体，作业效率高。

(4) 机械性能安全可靠,方便维护。

五、项目建设成果

(1) 样机:废膜捡拾机。

(2) 专利:外观设计专利 2 项、实用新型专利 3 项。

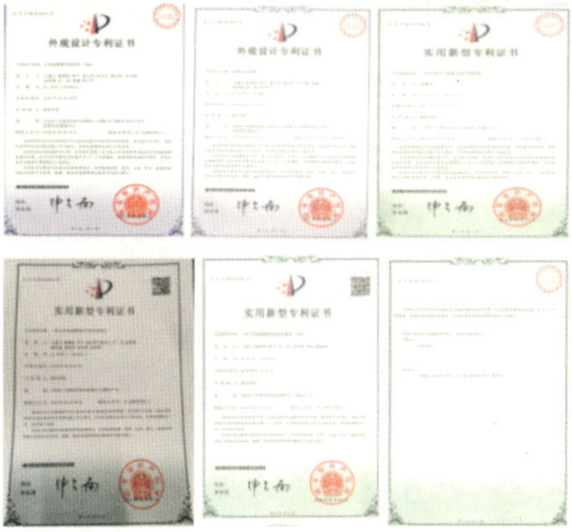

环保型电动清扫车的研制

一、项目类型

创新训练

二、项目组成员

胡利国　机械工程学院,机械设计制造及其自动化
张　华　机械工程学院,机械设计制造及其自动化
蒙旭成　机械工程学院,机械设计制造及其自动化
李　治　机械工程学院,机械设计制造及其自动化

三、指导老师

王建吉　机械工程学院，教授

四、项目介绍

1. 立项背景

目前，除大型清扫车的应用较广以外，一般的环保型室内外打扫方式仍然以最为传统的扫帚和拖把为主。如需要打扫室内体育馆、室外广场等面积过大的场地，若只采用传统的清扫工具，不仅劳动强度大，而且劳动效率低。

利用电瓶作为驱动源，设计出既对环境无污染又可以节省劳动力的小型自动清扫车。该清扫车主要由扫地部分和附属组件组成，电动车用可控硅调速，比传统的机械调速运行更稳定且没有噪声等。用滚刷和传送带实现将垃圾扫入车内并送到垃圾箱。在保证作业的前提下，操作简单，尽量降低成本及后期的维修。

2. 项目特色

（1）该清扫装置结构简单，可以实现清洁环保打扫，机车可以调整，以适应不同的清扫状况。

（2）该清扫装置采用电力推动，使用方便。

（3）采用惯性轮，既省力又可以达到传动平稳的要求。

五、项目建设成果

（1）样机：环保型电动清扫车。

（2）专利：实用新型专利、外观设计专利各 1 项。

（3）荣获第四届中国“互联网＋”大学生创新创业大赛陇东学院校赛优秀奖。

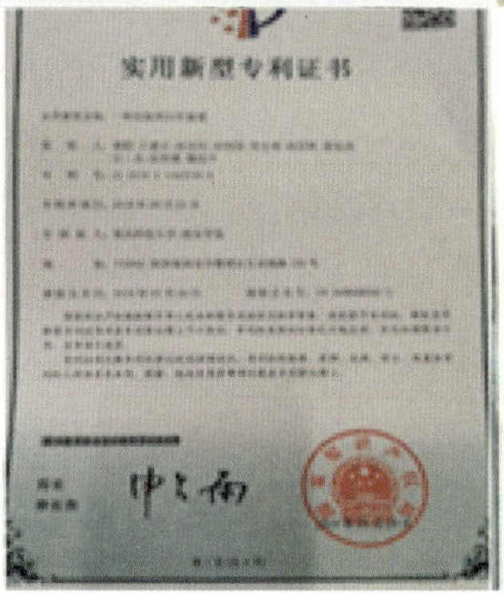

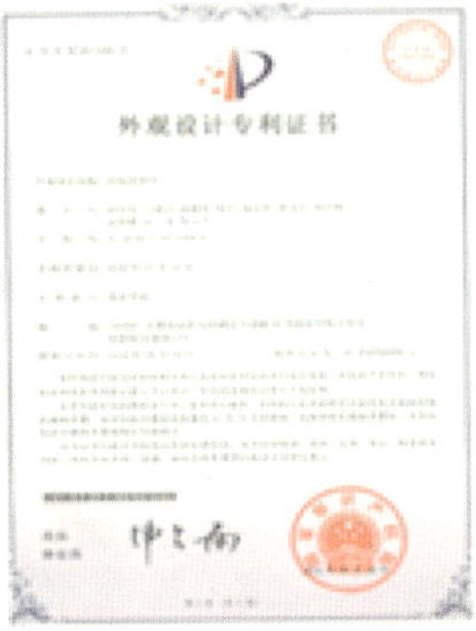

智能解魔方机器人

一、项目类型

创新训练

二、项目组成员

黄　华　机械工程学院，机械工程及自动化
马新军　机械工程学院，机械设计制造及其自动化
孙宁生　电气工程学院，电气工程及其自动化
王建禄　能源工程学院，采矿工程
孙建业　电气工程学院，电气工程及其自动化

三、指导老师

郭晋昌　机械工程学院，副教授

四、项目介绍

1. 立项背景

根据数学推导计算，三阶魔方总的变化约为 4.3×10^{19}，变化的数目之大不禁令人大为惊讶。要在很短的时间内把一个被任意打乱的魔方还原并不是一件容易的事。如何能够快速还原魔方，吸引着众多魔方爱好者们。

现实中魔方一般都是被手动还原，作为一名魔方爱好者，如何能做一个用机器还原魔方的设计？如何借助前人研究出来的解法让机器成功还原魔方变为现实？这都是很值得去思索的问题。相信这个设计的成功定会对魔方这一款益智玩具的学习、研究和推广有很大的意义。

2. 项目特色

(1) 能快速还原魔方，甚至能打破人手工还原速度纪录。
(2) 还原具有任意性。
(3) 计算机软件与硬件结合。
(4) 几乎实现完全自动化。
(5) 采用了图像处理技术。

五、项目建设成果

完成智能解魔方机器人样机。

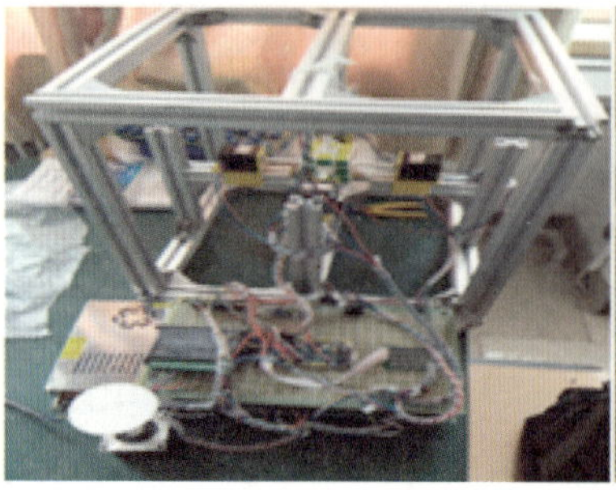
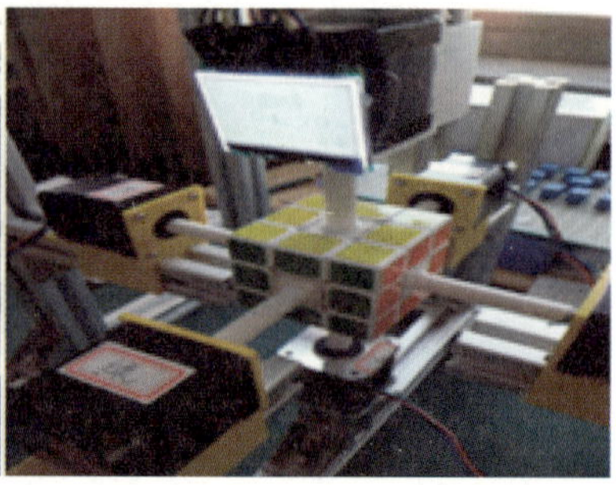

便携式滑板健身器

一、项目类型

创新训练

二、项目组成员

刘彦兵 机械工程学院,机械设计制造及其自动化
王江东 机械工程学院,机械设计制造及其自动化
张文博 机械工程学院,机械设计制造及其自动化
王蓉蓉 机械工程学院,机械设计制造及其自动化

三、指导老师

张建锐 机械工程学院,副教授

四、项目介绍

1. 立项背景

本项目在现有仰卧起坐和滑板的基础上进行加工设计,打破以往的固定式健身器,从而使健身器"动"起来。主要针对"健身与出行运动结合"进行创新创造,使各项运动器材结合起来,不再是传统的单调式,考虑到全民健身的需要,所以采用轻型材料。为了面向大众化的发展,该器材在室内可以用于健身,户外可以当作出行工具。为绿色出行做出贡献,低碳环保。家用时省空间、省材料,无污染。

2. 项目特色

本健身器材的设计创新、实用、美观、经济,造型具有形式美、结构美、工艺美等特点。

五、项目建设成果

样机:便捷式滑板健身器。

轻松清洁玻璃士

一、项目类型

创新训练

二、项目组成员

吕　博　机械工程学院,机械设计制造及其自动化
魏选平　机械工程学院,机械设计制造及其自动化
蒙旭成　机械工程学院,机械设计制造及其自动化

三、指导老师

贺文江　机械工程学院,讲师

四、项目介绍

1. 立项背景

随着城镇居民的增多,室外侧的玻璃难以清理成为越来越多居民的新烦恼。然而,市面上的各种清洁玻璃产品却不尽如人意,无法满足用户的要求。因此,设计一款廉价而又实用的清洁机器人显得非常重要。

清洁机器人两个吸盘上外圈为橡胶气垫圈,内部为纳米清洁布,其工作原理为:① 吸附。它有两个圆底吸盘,吸盘上套有橡胶气垫圈,内部装有高速风扇,风扇旋转抽出气垫圈里的空气,产生气压差,使其紧紧地吸附在玻璃上,市场上大多也采用这种吸附方式,成本低廉。② 移动。吸附上之后,由两个底盘交替转动,一个转动的时候另一个作为支点。③ 清洁。底盘气垫圈里有清洁布,清洁布在移动旋转的过程中进行清洁。④ 供电。可充电也可插电,插头自锁。

2. 项目特色

机器具有清洁不留痕、体积小、效率高、制作成本低、使用方便等特点,有较高的性价比,可以让擦玻璃机器人进入普通的家庭,做到真正的普及。

五、项目建设成果

(1) 完成轻松清洁玻璃士外观设计及三维建模。
(2) 完成《轻松清洁玻璃士工程项目介绍及使用说明书》。

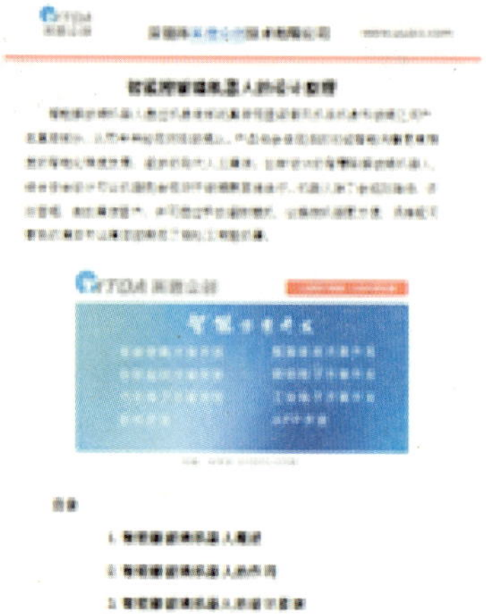

新型水泥发泡保温板的研制及应用

一、项目类型

创新训练

二、项目组成员

乔　娜　机械工程学院，机械设计制造及其自动化
王　震　机械工程学院，机械设计制造及其自动化
王　凯　机械工程学院，机械设计制造及其自动化
张九鹏　机械工程学院，材料成型
曹　龙　机械工程学院，材料成型

三、指导老师

赵　磊　机械工程学院，讲师

四、项目介绍

通过在水泥发泡板中加入憎水剂来改善保温板的吸水性能，研究憎水剂的加入形式与保温板微观结构和表面浸润性能的关系，进而控制保温板的吸水性、外墙黏附性和变形性，研究早强剂对保温板骨架结构初期的力学性能的影响。

五、项目建设成果

通过在水泥发泡板中加入憎水剂来改善保温板的吸水性能，研究了憎水剂的加入形式与保温板微观结构和表面浸润性能的关系，进而控制保温板的吸水性、外墙黏附性和变形性，研究早强剂对保温板骨架结构初期的力学性能的影响，防止保温板成型初期变形和塌陷。提高了保温性能，力学性能和稳定性仍然保持良好。

设备

模具

产品

智能节水冲厕双用开关

一、项目类型

创新训练

二、项目组成员

万　虎　机械工程学院，机械设计制造及其自动化
李　治　机械工程学院，机械设计制造及其自动化
刘建军　机械工程学院，机械设计制造及其自动化
齐殿昭　机械工程学院，机械设计制造及其自动化
张九鹏　机械工程学院，机械设计制造及其自动化

三、指导老师

郭晋昌　机械工程学院，副教授

四、项目介绍

1. 立项背景

传统的冲厕工具只能是人手按，具有不确定性，按钮用力太大觉得不妥，力气小时按不动。特别是公共卫生间，大家总觉不卫生，不愿用手去按，总之有众多的不方便。

本项目研发的开关可以自动冲厕，能检测到人离开后才冲厕，从而防止了冲水溅到衣服，保持了卫生。其核心是应用STC89C52单片机控制，利用人体感应模块、机械传动结构组装成智能开关。同时，也支持手动冲厕，解决停电时无法自动冲厕问题，保证了卫生干净。本产品具有使用简单、安装方便、高效经济、体积小的特点，易使用在各种手按式冲厕开关上。

2. 项目特色

(1) 在原有机械装置加装设备,不需要大规模改造,容易实现。
(2) 机械结构布局简单,损耗小,易长久使用。
(3) 程序可以按照实际情况修改,适应性强。
(4) STC89C52 单片机工作稳定,价格便宜,易广泛使用。
(5) 解决了无人冲厕问题,减轻了清洁保洁工作,提高了文明度,改善了环境。

五、项目建设成果

样机:智能节水冲厕双用开关。

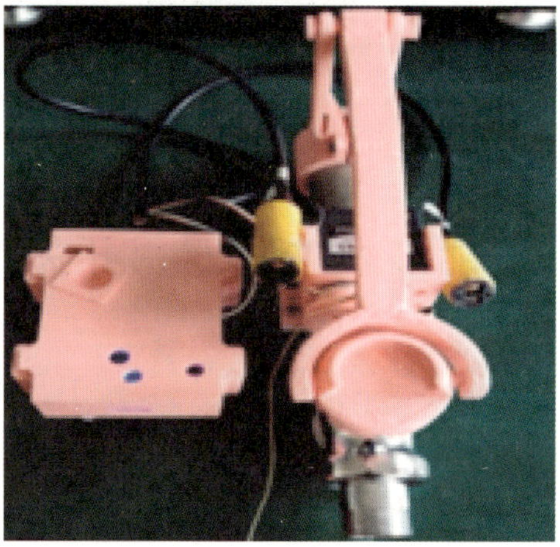

行走式组合机构演示教具的设计制造

一、项目类型

创新训练

二、项目组成员

王　凯　机械工程学院,机械设计制造及其自动化
马新军　机械工程学院,机械设计制造及其自动化
王　震　机械工程学院,机械设计制造及其自动化
张鸿萍　机械工程学院,机械设计制造及其自动化
魏选平　机械工程学院,机械设计制造及其自动化

三、指导老师

郭晋昌　机械工程学院,副教授

四、项目介绍

1. 立项背景

通过对各种教学教具的长期研究，现已可以搭建一款组合式机构完成教学，且实现了仿生行走。行走式组合机构演示教具以机械传动为主，应用了较为简单的齿轮传动、链传动、铰链四杆机构、凸轮机构、间歇运动机构等。

机械机构在工业方面有重要应用，为了使机械专业刚入门的“小白”对机械有准确、全面的认识，我们开始了行走式组合机构演示教具的研究。

2. 项目特色

我们的机械教具结构简单、体型较小、移动方便，可实现远程遥控和手机控制，是一款机器模型教具，可以通过手动方式实现机构运动。

五、项目建设成果

行走式组合机构演示教具、行走式组合机构演示教具三维建模。

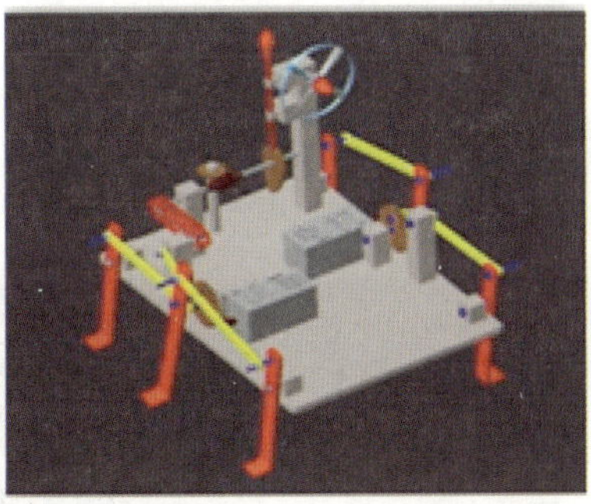

可折叠购物单车

一、项目类型

创新训练

二、项目组成员

朱小龙　机械工程学院，机械设计制造及其自动化
杨　静　机械工程学院，机械设计制造及其自动化
岳雯丽　机械工程学院，机械设计制造及其自动化
高　鑫　能源工程学院，安全工程
任海波　机械工程学院，机械设计制造及其自动化

三、指导老师

李　晓　机械工程学院，讲师

四、项目介绍

1. 立项背景

传统超市购物车体积庞大、不灵活，只具备采购功能，缺少运输功能，购物耗时耗力，因此，设计一种占地面积小、轻便、安全、时尚的可折叠购物单车就显得尤为重要。

这款购物单车是在传统款自行车基础上增加了购物箱模块，可折叠变为小型购物车，并且利用互联网技术制作电子锁，可以直接使用此车辆进入超市或商场购物，休闲娱乐后可直接将购物车推行回家或者推行至停车场。

2. 项目特色

此款购物单车与传统的简易折叠方式相比较，具有快捷、轻便、简单的优势，且在材料上进行了多次研究讨论，初步选定了重量轻、强度高、稳定性好的现代铝合金材料，是真正意义上的一款现代化多功能可折叠购物单车。

五、项目建设成果

模型、专利：可折叠购物单车。

"城市之光"汽车影院

一、项目类型

创新训练

二、项目组成员

冯蔚华　经济管理学院，财务管理
朱晨亮　经济管理学院，财务管理
吕雯悦　经济管理学院，财务管理
巫启航　土木工程学院，人文地理与城乡规划
高　蓉　计算机工程学院，计算机科学与技术

三、指导老师

马永祥 经济管理学院，教授

四、项目介绍

1. 立项背景

目前，人们观看电影会选择两种方式：在电影院观看或者在手机上观看。而汽车影院作为一种新兴的观影方式，给观众带来了不一样的观影效果。汽车影院的娱乐形式显得更加清新和浪漫，是家庭和朋友聚会的新颖方式。

本项目将在庆阳选择适宜的场地，场地面积大致在 3 000 平方米，按照每个车位 20 平方米来计算，这样可以放置大约 80～100 辆汽车。场地内放置两台 60～120 平方米的防风防震的钢质银幕和两台高亮度高清数字放映机用来放电影。影院建好后，影院内和影院周边可以发展相应的餐饮、娱乐、汽车产业，让观影群众能吃好、玩好、看好。同时，我们将通过我们的官网、微信公众号等来宣传，吸引市民前来观看电影。

2. 项目特色

汽车影院是少有的以家庭、朋友聚会为单位的新型文化消费产业。相对于在商业影院进行观影，汽车影院具有明显的自主性、私密性。

五、项目建设成果

影院模型：城市之光汽车影院。

“智慧校园”：多拉自助智能校园共享打印机

一、项目类型

创新训练

二、项目组成员

李文君 经济管理学院，公共事业管理
陈家骥 经济管理学院，公共事业管理
罗羚菱 经济管理学院，公共事业管理

蒲莉娜　经济管理学院，公共事业管理

三、指导老师

马永祥　经济管理学院，教授

四、项目介绍

1. 立项背景

传统校园打印店都有固定的营业时间和营业地点，无法满足全校师生全方位、24 小时全时段的打印需求，不能满足随时随地打印和学习的基本服务。同时，打印店占地面积大、运营成本高、机器性能差，经常需要排队打印，不仅浪费大家时间，打印质量也是参差不齐，传统打印店通过优盘或邮件发送打印，无法保证消费者数据安全。多拉自助智能云打印终端设备占地面积小、打印速度快，选用 HP 顶级工业级打印终端，保证高质量、高速度。打印终端一切传输数据通过 PCI 协议加密，保证用户数据安全。多拉打印价格优惠透明，付款便捷，为用户提供优质服务。

2. 项目特色

多拉自助云打印终端在各大居民社区、高校、写字楼等人流密集的区域落地并投入商业运营，为数十万用户提供了便捷的打印服务。为全校师生提供安全、稳定、环保、节能的校园打印环境，助力打造智慧校园、绿色校园和共享校园。

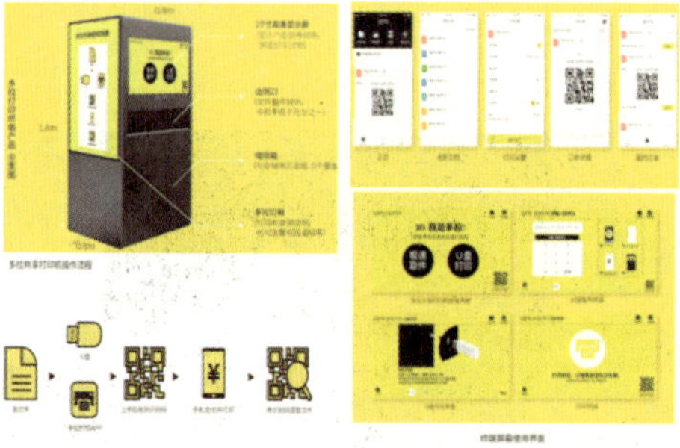

五、项目建设成果

(1) 专利：智能终端打印。

(2) 获中国“互联网＋”大学生创新创业大赛校赛金奖。

果真好：甘肃奥宝果品开发有限公司

一、项目类型

创新训练

二、项目组成员

秦雪莹　经济管理学院，财务管理
张　娜　经济管理学院，经济学
魏小莉　经济管理学院，财务管理

三、指导老师

马永祥　经济管理学院，教授

四、项目介绍

1. 立项背景

果业是陇东地区农村的一项支柱产业，而庆阳是甘肃及全国优质果品生产基地。目前生产上所用的三色或纸夹膜长方形纸袋存在不少缺点，而在新型果袋研制方面国内外目前还未见新成果发布。因此，尽快研制一种快速省时、价廉耐用，能避免农药渗透、日灼、鸟啄、冰雹等损伤果品的新型球形果袋具有重大而现实的意义。

可防冰雹的吸塑苹果套袋是集吸塑苹果套袋技术研发、生产制造、产品营销一体化的项目。符合现代农业发展需求，项目实施既是果业工程，也是生态工程、环保工程，具有十分突出的生态环保效果。

2. 项目特色

可以解决制约果业发展的重大共性和关键技术，支撑产业优化升级，对推动甘肃果业规模化生产与示范具有重大现实意义。

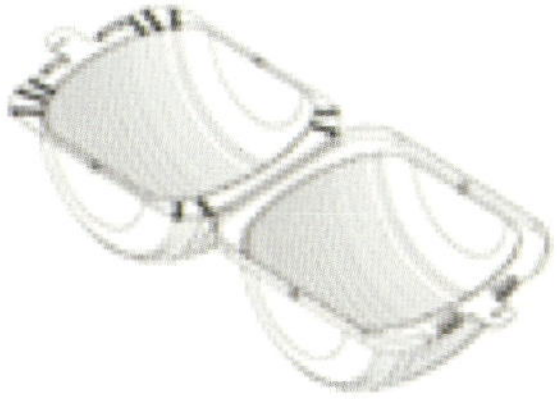

五、项目建设成果

本项目荣获 2017 年“甘肃银行杯”大学生创新创业大赛一等奖，甘肃省科技厅、白银科键投资 50 万元。

御风服务

一、项目类型

创新训练

二、项目组成员

米治鹏　历史与地理学院
马　勇　历史与地理学院
张艺星　历史与地理学院
谢槟谦　历史与地理学院

三、指导老师

张娅莉　历史与地理学院，讲师

四、项目介绍

在快节奏的社会基调下，网购已经成为时尚，变成了大家平时必不可少的消费方式之一，越来越多的人热衷于网上购物，但是大多数人日常工作学习忙碌，当收到快递到达接收站信息时，无暇抽出时间专门去取快递；再者，取快递时，包裹众多，又不易于找寻，给师生造成诸多不便。

我们计划创办一个为大家服务的平台，随时随地解决大家取快递难的问题。我们很乐意在课余时间，充分发挥自己的潜力，解决大家身边的问题，让大家感受到校园的温馨氛围。

五、项目建设成果

已经研发出属于自己的平台，包括微信公众号、微生活等相关平台，可以及时地利用网络科技信息，为全体师生提供便捷的一站式服务。

苏宁易购校园俱乐部

一、项目类型

创业实践

二、项目组成员

周星飞　历史与地理学院，地理科学
何　昕　历史与地理学院，理科学
马娜妹　历史与地理学院，历史学

三、指导老师

张娅莉　历史与地理学院，讲师

四、项目介绍

1. 立项背景

苏宁云商作为中国电商巨头之一，但其在三四线城市的线下发展与其整体发展不相匹配。地推是苏宁易购校园俱乐部营收的重要手段。在陇东学院的校园中，已经有了京东的线下营收、线下宣传、线下地推。而恰恰缺少一个苏宁易购与广大同学交流沟通的平台。通过对于校园师生及周边人员的服务、宣传、引导，实现自我价值，从而创造收益。

这个项目的最初的想法是首先在陇东学院成立起一个“苏宁易购校园俱乐部”。现在已经得到了苏宁易购校园总部的支持和认可。

2. 项目特色

(1) 苏宁易购校园俱乐部主要致力于面向服务广大学生，为学生的生活和购物提供便利。

(2) 以互联网零售行业研究为特色的服务学生的职业类社团，在如今网购行为日益兴起的时代相比普通购物来说具有一定的优越性。

五、项目建设成果

App及微信公众号推广。

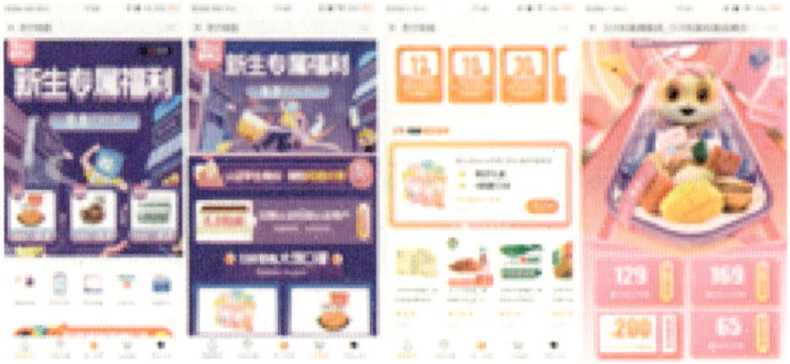

自动化控制的智能化太阳能换热器研究

一、项目类型

创新训练

二、项目组成员

郝开成　能源工程学院

三、指导老师

朱秀兰　能源工程学院，讲师

四、项目介绍

1. 立项背景

传统的换热器都是由加热炉来提供热能，加热炉一般都是使用燃油或者燃气作为原料，由于原油和燃气中含有大量的有害物质，对环境和大气都有严重的污染，而且原料燃烧不充分就会造成大量的能源损失，这与我国提倡的“节能减排、低碳环保”理念是相悖的。所以，研发一套以大西北太阳能、风能为能源基础，使自动化和互联网相结合的换热器装置是非常有必要的。这样既符合我国节能环保的理念，也符合国家提出的推进智能能源发展的策略。

本款太阳能换热器由太阳能电池板、辅助风力发电机组、不间断电源(UPS)、储液箱、太阳能集热器、电加热箱(电加热棒)、换热器、测量仪表(流量计、温度计、液位计)、电磁阀、泵机、中央控制器以及移动终端控制软件(App)组成。

2. 项目特色

充分使用西北地区丰富的风能和太阳能作为能源供应，代替常规能源的使用，解决常规能源对环境污染的问题。

五、项目建设成果

(1) 移动终端控制软件(App)。

(2) 太阳能换热器装置。

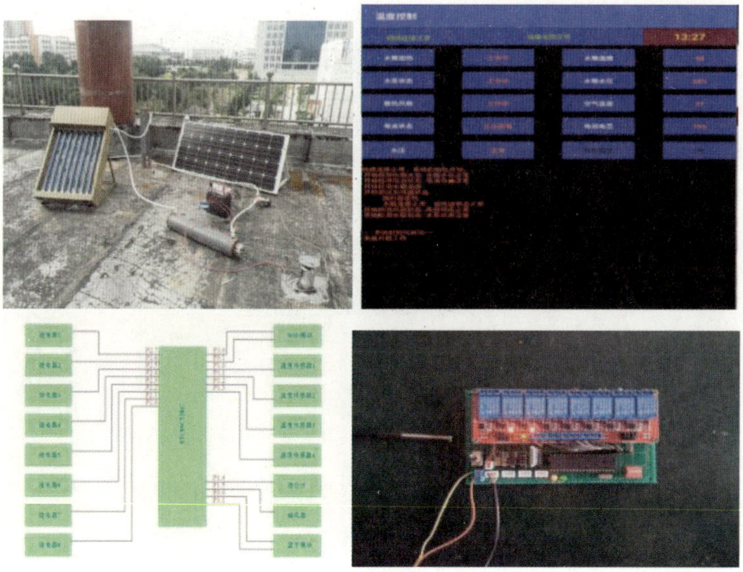

基于 51 单片机的自动除尘喷雾系统

一、项目类型

创新训练

二、项目组成员

刘亚新　能源工程学院

三、指导老师

杨峰峰　能源工程学院，副教授

四、项目介绍

根据工作场所粉尘浓度接触限值要求，该除尘装置通过传感器采集现场作业环境中的粉尘浓度，传输到中心控制系统，与国标规定接触限值（或自行设置低于国标的限值）相比较，如果超过设定阈值，该装置将启动喷雾装置，自动进行喷水（或掺其他化学试剂）除尘，直至降低到作业环境职业卫生要求的标准。如果自动喷雾出现故障，可以手动按下启动开关，开始喷雾除尘。

该装置遇到障碍物会自动转向或避开障碍物，可以随时随地运行，灵敏度高，简单实用。除具有除尘功能外，还可以与火灾探测报警系统相结合，根据火灾报警信息进行喷雾灭火。

五、项目建设成果

自动避障除尘喷雾系统。

复杂条件下“新型无极绳绞车”

一、项目类型

创新训练

二、项目组成员

麻俊林　能源工程学院

三、指导老师

周华龙　能源工程学院，副教授

四、项目介绍

1. 立项背景

早在 20 世纪五六十年代，世界上一些主要采煤国家就开始着手解决本国煤矿井下辅助运输机械化的问题。到七八十年代已相继建立了具有自己特色的煤矿辅助运输系统及装备，并产生了巨大的经济效益。当前，国外煤矿实用的高效辅助运输设备有单轨吊、卡轨车、齿轨车和无轨胶轮车等四大类。

该绞车具有结构新颖、布局紧凑、效率高、操作方便、运行安全可靠等特点，可满足复杂条件下煤矿辅助运输的需要。新型无极绳绞车是现代煤矿高产高效的重要而理想的装备，具有良好的社会经济效益。

2. 项目特色

新型无极绳矿用绞车是在普通无极绳绞车的基础上对某些机构进行改进后设计出的，适用于长距离、大倾角、多变坡、大吨位工况条件下的工作面。减少了运输环节，消除了多部小绞车接力、对拉所带来的安全隐患，可实现快速直达、减员提效和安全运输，是一种高效、安全的运输方式，是替代传统小绞车接力、对拉运输的一种理想装备。

五、项目建设成果

荣获第31届全国高校采矿工程学术年会暨第七届全国高等学校采矿工程专业学生实践作品大赛二等奖。

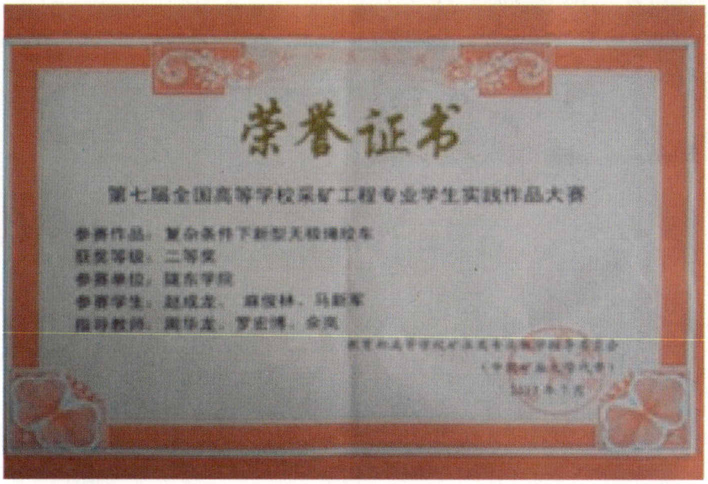

ZNN-D6六速旋转黏度计指针读数优化设计

一、项目类型

创新训练

二、项目组成员

席　喆　能源工程学院，石油工程

三、指导老师

刘雪芬　能源工程学院，教授

四、项目介绍

ZNN-D6六速旋转黏度计用于钻井液流变参数的研究分析，可进行动静切力、流性指数和稠度系数等技术参数的测定。在读数时，由于刻度盘小、刻度较密集、指针离刻度盘有一定距离，实验员观测指针视线很难与刻度盘垂直，因而不能一次性快速、准确读数，影响参数计算。改进后的六速旋转黏度计用带对比色的指示片取代指针，对实验员的要求低，减小了人为误差，可以更快速、准确地测得钻井液流变参数。

五、项目建设成果

(1) 实用新型专利：一种六速旋转黏度计。

(2) 改进后的六速旋转黏度计样机。

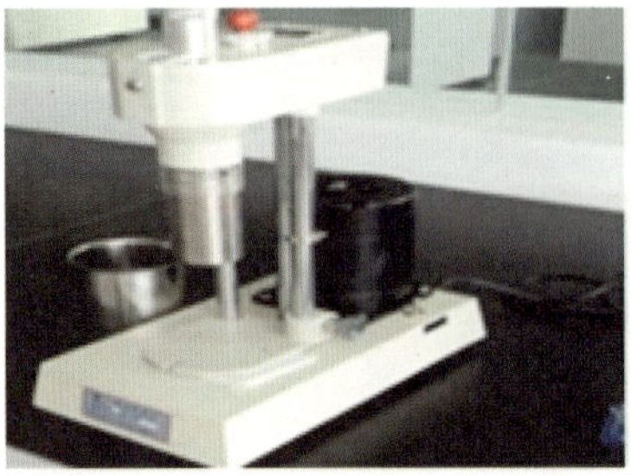

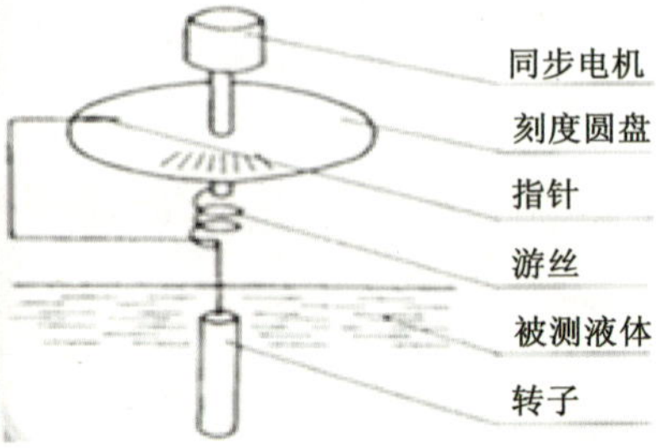

槑文化传播工作室

一、项目类型

创业实践

二、项目组成员

姚佳茹 农林科技学院,食品科学与工程
张 鑫 机械工程学院,机械设计制造及其自动化
李春波 农林科技学院,农学
唐松林 化学化工学院,应用化学

三、指导老师

杨丽霞 农林科技学院,副研究员

四、项目介绍

1. 立项背景

校园文化产品是学校特色文化的一种凝练,承载着一所学校浓厚的历史底蕴和文化内涵。视听和互动媒体产品在文化交流、传播、形象展示等方面具有不可替代的作用,这一领域的市场前景非常可观,成长空间也是巨大的。在新媒体环境下,校园文化的建设、传播和发展也较传统文化有很大的不同,我校校园文化产品的发展尚处于初级阶段,尤其是在视听和互动媒体产品这一领域,专业人才匮乏,没有太多的创新创意,优秀作品非常少。针对此现象,决定组建槑文化传播工作室。

2. 项目特色

槑文化传播工作室致力于创作独具特色的校园文化产品,打造校园影视作品、开发校园多媒体,构建模式化产业链,搭建连接大学师生、历届校友与学校情感的桥梁,通过文化产品的展示、销售和推广,把独具特色的校园精神和文化"物化"相传。

五、项目建设成果

（1）制作视听作品《不说再见》《你曾是少年》。

（2）获甘肃省共青团新媒体创新大赛十佳作品。

（3）获“创青春”全国大学生创业大赛甘肃赛区二等奖。

（4）获中国“互联网＋”大学生创新创业大赛陇东学院选拔赛银奖。

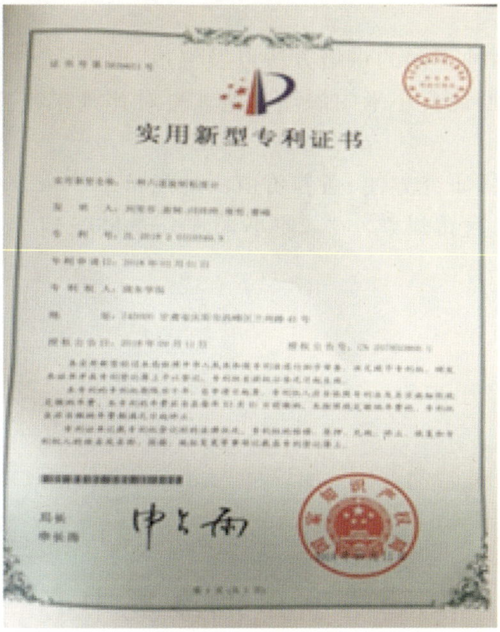
实用新型专利证书

烘焙型速食小米产品的制备与在奶茶中的应用研究

一、项目类型

创新训练

二、项目组成员

叶佩佩　农林科技学院，食品科学与工程

丁凯辉　农林科技学院，食品科学与工程

李秀莉　农林科技学院，食品科学与工程

谢　姣　农林科技学院，食品科学与工程

三、指导老师

王应强　农林科技学院，教授

四、项目介绍

1. 立项背景

随着社会的不断发展，人们对膳食营养平衡和搭配的要求逐步提高，但又因为生活节奏的加快，速食食品又成了人们的首选。烘焙型速食小米粉冲剂具有杂粮食品的营养价值，营养成分齐全、丰富，并且各种营养成分的吸收率高，能满足人们的营养要求。所以其发展前景广阔，具有研究价值。

本项目主要是研究两种不同的烘焙方法以及温度、时间对小米外观、风味、营养价值的影响，以及进一步在烘焙型速食小米中添加其他辅料对其风味和营养价值的影响。

2. 项目特色

以特色小杂粮为原料，研究方便、营养价值高的烘焙型小米，填补市场的空白，满足消费者的需求。利用烘焙技术直接烘熟小米，使小米水分含量降到7%以下，风味更佳，更方便速食的小米及冲剂。

五、项目建设成果

(1) 样品：速食小米及小米粉。

(2) 发表论文。

嘛嘛咪呀产后康复中心

一、项目类型

创业实践

二、项目组成员

刘　水　岐伯医学院，护理
温　婷　岐伯医学院，护理
董宏伟　岐伯医学院，护理
韩倩倩　岐伯医学院，护理
邵金梅　岐伯医学院，护理

三、指导老师

韩星星　岐伯医学院，讲师

四、项目介绍

1. 立项背景

全国各城市产后恢复服务项目屈指可数，专业产后恢复培训机构更是凤毛麟角，产后康复市场缺口巨大，远远不能满足日益扩大的产后恢复市场需求。我团队潜心研究产后女性体质，针对女性产后症状开设多个产后恢复专项，如健康母乳组合（开奶、催乳、增乳、排积乳、疏通奶节、疏通结节、气血调理）、形体恢复（全身经络疏通、深层次经络疏通、拔罐、刮痧、瘦身、艾灸、排寒湿）以及月子病调理和心理疏导。

2. 项目特色

通过个性诊断，评估收集资料，综合分析症状，快速、全面、量身定制服务。

五、项目建设成果

（1）成立工作室。

（2）获得证书：营养师资格证、催乳师资格证、育婴师资格证、催乳师讲师证。

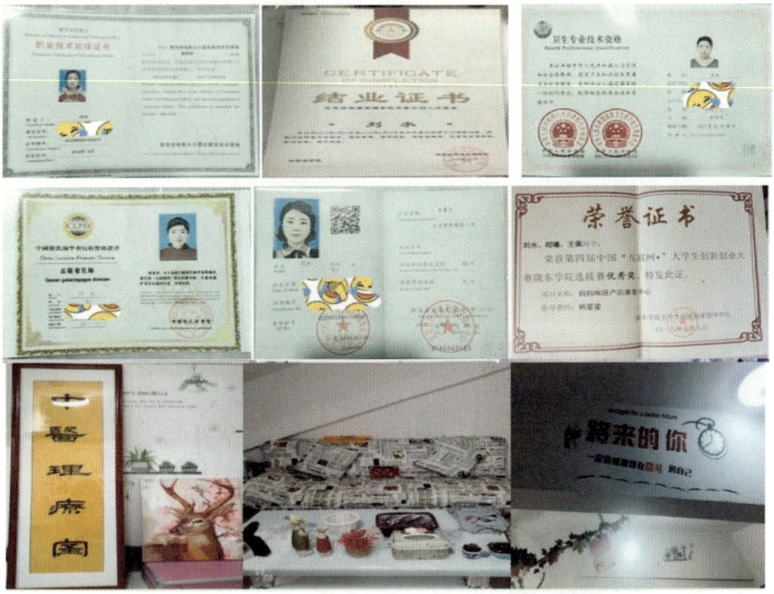

注塑上扣式水果袋

一、项目类型

创业实践

二、项目组成员

包金朋　体育学院，体育教育

张荣通　机械工程学院，机械设计制造及其自动化

王仁兵　体育学院，体育教育

三、指导老师

苟小平　体育学院，副教授

四、项目介绍

1. 立项背景

苹果套袋就是一项提高商品外观质量的配套技术，广泛应用果实套袋仍是目前无公害绿色果品生产最直接、最有效的技术。为克服现有技术的不足，本项目提供了注塑上扣式水果袋，2 秒完成一个苹果的套袋，比现有套农技术的速度提高了 6 倍。

2. 项目特色

套袋、取袋速度快，节能环保，容易推广和普及使用。节省原材料，符合环保绿色包装的要求，能包装任何异形产品，装箱无须另加缓冲材料。

五、项目建设成果

(1) 获 2017 年"甘肃银行杯"大学生创新创业大赛一等奖。

(2) 获 2018 年中国"互联网＋"大学生创新创业大赛国赛银奖，签订 50 万校企合作合同。

(3) 2018 年，在甘肃、陕西、山东、河南、新疆等地区推广试验 5 000 亩以上。

涂抹式果树剪

一、项目类型

创业实践

二、项目组成员

王富龙　体育学院，体育教育
张荣通　机械工程学院，机械设计制造及其自动化
后二龙　机械工程学院，机械设计制造及其自动化

三、指导老师

苟小平　体育学院，副教授

四、项目介绍

1. 立项背景

中国是水果的生产大国，果业是农业的经济支柱产业。果业操作过程周期长，劳动负荷大，果树修剪后，为了防止病虫害的发生，修剪后的果树枝条横断面需要涂抹果树剪口的涂抹液，加速被剪枝条伤口的快速愈合。很多时候修剪的枝条在高空，需要踩在梯子上长时间进行作业，涂抹的速度慢，也存在安全隐患。为了克服现有的技术不足，果园操作设备的改良是一项迫在眉睫的工作。

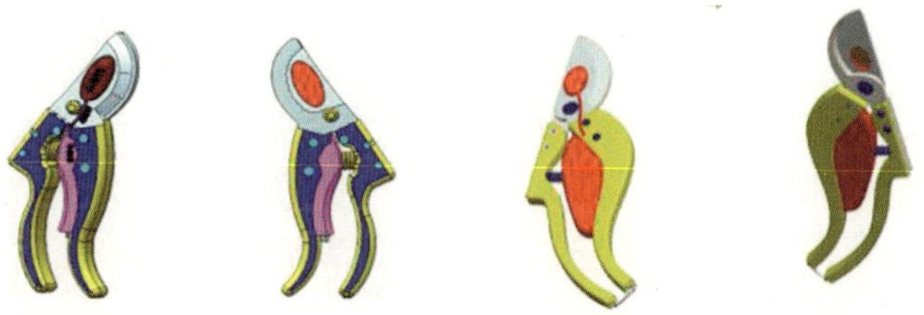

2. 项目特色

将涂抹液安装在果树剪的手柄内侧，在果树剪刀刃上设置海绵体凹槽，每次剪枝后随手涂抹伤枝，事半功倍，提高了劳动生产效率，生产劳动力成本减少了一半，有效地减少了农业的生产成本。

五、项目建设成果

(1) 取得专利 3 项。
(2) 获得中国“互联网＋”大学生创新创业大赛甘肃省赛优胜奖。

实用新型专利证书

外观设计专利证书

外观设计专利证书

陇东学院健身健美运动服务中心

一、项目类型

创业实践

二、项目组成员

许　琳　美术学院，绘画
高占才　体育学院，体育教育
徐　飞　体育学院，体育教育
史许杰　体育学院，体育教育

三、指导老师

刘冬梅　体育学院，讲师

四、项目介绍

1. 立项背景

国家大力提倡增强大学生的身体素质，鼓励学生积极参加体育锻炼。为了响应国家的政策，顺应大学生创新创业时代潮流，更是为了维护同学们的身心健康，活跃校园运动氛围，发挥同学们专业特长，我们决定成立陇东学院健身健美运动服务中心。

2. 项目特色

陇东学院健身健美运动服务中心专注于体育产业、体育项目训练、体育课程、健身服务、体育培训班、教练员培训等业务。

五、项目建设成果

2017 年 11 月，在庆阳市各中小学、单位、协会、健身房开展服务，业务已拓展到白银、陇南、兰州等地，现已盈利 3.8 万元。

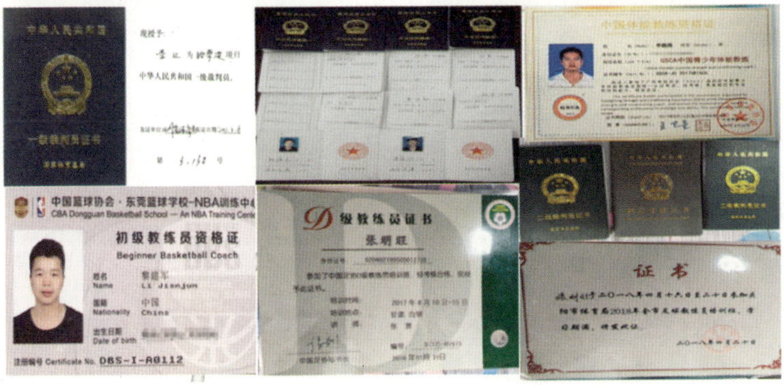

体育文化产业服务责任有限公司

一、项目类型

创业实践

二、项目组成员

周苗苗　体育学院，体育教育
祁发旺　体育学院，体育教育
陈赵龙　体育学院，体育教育
肖贝贝　体育学院，体育教育
董彦雄　体育学院，体育教育

三、指导老师

曹俊宁　体育学院，讲师

四、项目介绍

1. 立项背景

依托学校大学生创新创业指导中心、体育场地器材、体育学院教师专业知识指导，以体育学院 2016 级 3 班学生为基础，边学习边实践而建立的学校产、学、研实践基地，服务当地社会需要。

2. 项目特色

庆阳市体育有形和无形资源的经济价值、开发潜力、市场容量和发展前景都十分巨大，具备新经济增长点的特征和潜质，应为提升庆阳经济实力和综合竞争力做贡献，今后要以健身服务业、竞赛表演业、体育用品业等为重点，逐步形成多业并举、多种所有制共同发展的体育服务业发展新格局。走品牌带动、人才带动、开放带动之路，与体育教学建设协调发展。

五、项目建设成果

(1) 举办庆阳市第四届中学生运动会。

(2) 举办庆阳市银行业第四届“银协杯”职工篮球联谊赛。

(3) 举办西峰第三届“体彩杯”中小学生足球联赛。

湿陷性黄土地区水泥土的特性研究

一、项目类型

创新训练

二、项目组成员

陈　瑞　土木工程学院，土木工程

马　超　土木工程学院，土木工程

陈　旭　土木工程学院，土木工程

李宗轩　土木工程学院，土木工程

梁　珍　土木工程学院，土木工程

三、指导老师

孙　波　土木工程学院，副教授

四、项目介绍

1. 立项背景

甘肃大部分地区都属于湿陷性黄土地区。湿陷性黄土是一种特殊性质的土，其土质较均匀、结构疏松、孔隙发育。在未受水浸湿时，一般强度较高，压缩性较小。当在一定压力下受水浸湿，土结构会迅速破坏，产生较大附加下沉，强度迅速降低，施工难度大。水泥土是以当地的特细沙（来源于风积或河道清淤等）或沙壤土为主要原料，加少量水泥、微量的外加剂和适量的水拌和均匀，采用专用机械设备压制成不同规格的板块，经洒水养护一段时间后即可作为建筑材料使用。

本项目立足于黄土高原地区特殊的地质环境与环境类型，有针对性地研究对该地区所适用的水泥土的特性。黄土高原地区的地质特征明显、地质松软、地基基础强度不够，所以，每个工程都面临着黄土的湿陷性对工程的影响，那么就有必要从建筑材料的轻质上着手以减轻这方面的影响。再者，黄土高原地区季节性明显、温差大，这就对工程的胀缩性有着很大的影响，所以，需要有一种新型水泥土来适应这种环境。

2. 项目特色

寻找一种适应本地区环境、取材容易、有良好的实用性及经济性的新型水泥土就成为工程建设中越来越重要的发展趋势。

五、项目建设成果

撰写论文《湿陷性黄土地区水泥土的特性研究》。

BIM 技术的推广及研究其在实际项目中的作用

一、项目类型

创新训练

二、项目组成员

黄建平　土木工程学院，工程管理
卢亮锋　土木工程学院，工程管理
武鑫爽　土木工程学院，工程造价
胡莹莹　土木工程学院，工程管理
李幸娅　土木工程学院，土木工程

三、指导老师

刘莉萍　土木工程学院，副教授

四、项目介绍

1. 立项背景

市场上的三维建模软件很多，但大多软件都有其自身的局限性，无法充分发挥三维模型的优越性。然而广联达却不一样，其不仅上手快，使初学者容易较快掌握，而且可以使工程量与造价紧密对接，最后得出造价信息，同时使用漫游演示，使监理单位迅速得到工程的相关信息。

通过将 CAD 或天正图纸导入广联达算量软件中建成三维模型，将钢筋、土建、安装工程信息汇总导出 BIM 交换文件，将以上工程量导入 GBQ 计价软件，得出造价指标，再导出合同预算文件和成本预算文件，利用广联达施工现场布置软件建立场地布置模型，利用斑马梦龙进度计划软件编制施工进度计划和网络图，在 BIM5D 软件中将已经建好的土建、钢筋、安装图形和预算书及场地模型等进行整合，并划分其流水段。导入进度计划，将进度计划与模型进行关联，关联完成后即可对任意时段、区域、楼层、构建类型进行工程量查询，将现场的材料、进度以及资金的使用情况作出图表，方便检查，也可进行三算对比，对施工过程进行模拟及模型碰撞检查，极大地节省了施工成本，提高了工作效率。

2. 项目特色

项目充分利用 BIM 技术的可视化、模拟化、协调性、优化性及出图性，对建筑的整个建筑周期进行模拟，及时发现施工过程中可能出现的问题并进行解决，降低工程成本，同时本项目最终目的是向广大造价学生推广 BIM 技术的实际应用，提高学生的学习实践能力，同时与企业形成对接，加强校企合作关系，增强学生的社会竞争力。

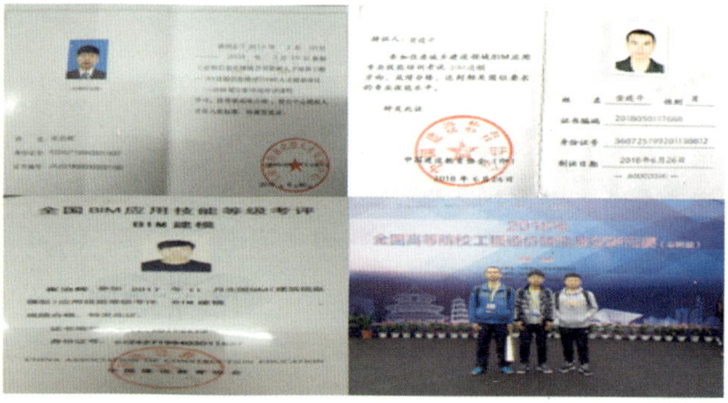

五、项目建设成果

(1) 建立 BIM 全专业模型。

(2) 土建安装碰撞问题处理。

(3) 取得 BIM 一级证书、BIM 二级证书。

节能利废自保温(轻集料)混凝土小型空心砌块砖的研发

一、项目类型

创业实践

二、项目组成员

刘学成　土木工程学院，土木工程
马宝宁　土木工程学院，土木工程
刘德安　土木工程学院，土木工程

三、指导老师

郭建博　土木工程学院，教授

四、项目介绍

1. 立项背景

在国家政策的大力支持下，作为节能效果明显的节能利废自保温砌块将会显现出明显的市场竞争优势。由于这类产品具有的性能优势、社会效益优势、经济效益优势等优越性，使其在建筑工程中得到越来越广泛的应用，成为砌体材料的主导产品。因此，在庆阳市推广利用建筑垃圾生产节能利废自保温混凝土空心砌块的应用，将能有效缓解当地市场对于新型墙体材料的迫切需求。

项目以生产经营轻集料(砖渣)混凝土小型砌块为主，主要原料为建筑垃圾和砖厂废料，生产过程免烧节能。产品原料来源广泛，可就地取材，成本低、质量好，与其他建材相比性能优化，符合建筑材料的发展趋势。本产品具有广阔的市场前景，且生产技术易于掌握，可大规模进行生产销售，而且可以根据原材料来源等任意搬迁生产场地。

2. 项目特色

(1) 从理论和实践两个方面进行了计算、分析、测试，得到了理论与实践的共同验证。

(2) 利用了建筑垃圾作为原材料，既可以使建筑垃圾得到再生利用，又可以节能减排，保护环境。

(3) 针对庆阳地区的地域特色和资源分布情况，明确了节能利废自保温混凝土砌块原材料的更新替代。

五、项目建设成果

运用全寿命周期成本分析法和工程实例法对外墙外保温、自保温两种保温体系的初始化建设成本和全寿命周期成本节约进行计算、对比分析，总结出外墙自保温体系的经济效益最明显。从理论和实践两个方面对节能利废自保温混凝土砌块的传热系数进行了计算、分析、测试，验证了其满足节能设计规范的要求。

建设工程资料制作驿站

一、项目类型

创业实践

二、项目组成员

陶维垚　土木工程学院，工程管理
李　柏　土木工程学院，工程管理
吴　欢　土木工程学院，工程管理
贾雄飞　土木工程学院，工程管理
任东民　土木工程学院，工程造价

三、指导老师

闫铁成　土木工程学院，副教授

四、项目介绍

1. 立项背景

近年来，我国建筑市场的竞争越来越激烈，工程投标中的商务标和技术标编制都逐渐成为关注的焦点，商务标和技术标主要由企业的财务能力、信誉及施工经验、拟投入项目主要管理人员与资质资信等重要内容组成。许多工程项目评标办法规定，商务标是最先评审的内容。项目利用校企实践教学基地、实习单位为交流平台，灵活运用恒智天成项目管理软件、预算软件、检索软件、Office办公软件，为相关施工、咨询、造价单位提供完整、充分、准确的工程纸质资料，为毕业生顺利走向工作岗位提供较好的平台，壮大企业制作工程资料的队伍，让双方达到双赢的效果。

2. 项目特色

“建设工程资料制作驿站”让客户在最短的时间内获取到自己想要的、最专业的工程资料。根据建设单位以及施工单位提出的要求，做出满意的、高标准的、专业的工程资料文件以及直接提供已有的建筑工程资料，包括项目开始阶段、项目施工阶段以及项目竣工验收阶段的资料。

“建设工程资料制作驿站”为建筑企业提供一流、正规、专业、高质量的建设工程资料，并根据客户需求提供售后服务，以资料借阅、资料撰写为主要业务收入。

五、项目建设成果

(1) 为北师大庆阳附小制作建设项目安装工程技术标。

(2) 项目完成世行贷款甘肃庆阳城市基础建设项目过境交通走廊工程建立竣工资料的编制。

(3) 为华池县林业局长庆油田生态林建设项目提供服务。

庆阳苹果加工成苹果酒

一、项目类型

创新训练

二、项目组成员

王芳军　土木工程学院，土木工程

王强军　生命科学与技术，生物工程

乔静娟　农林科技学院，农学

罗海洲　电气工程学院，电气工程及其自动化

周泽军　土木工程学院，土木工程

三、指导老师

杨宏平　土木工程学院，讲师

四、项目介绍

1. 立项背景

在庆阳建立果酒加工不但可以解决地区苹果滞销的问题，还可以解决苹果销售后剩下的中、低等水果，带动该地区经济的发展。庆阳地区果酒目前还没有规模稍大一点的加工厂。

果酒主要以水果本身的糖分被酵母菌发酵成为酒精得酒，含有水果的风味。果酒、果醋具有促进新陈代谢、消除疲劳、抑制脂肪、养颜美容的功效。果酒、果醋饮料行业具有巨大的潜力。国家的酒业总体政策为“限制高度酒，鼓励发酵酒和低度酒的发展，尤为支持果酒的发展”，这为果酒的发展带来了契机。

2. 项目特色

果酒含有丰富的维生素和人体所需的氨基酸。果酒纯天然，男女老少皆宜，对人类健康更有益。

五、项目建设成果

苹果酒样品。

煤矸石骨料混凝土的力学性能试验研究

一、项目类型

创新训练

二、项目组成员

吴耿强　土木工程学院，土木工程
颜维丞　土木工程学院，土木工程
刘德安　土木工程学院，土木工程
张　磊　土木工程学院，土木工程
李霁容　土木工程学院，土木工程

三、指导老师

张兴元　土木工程学院，副教授

四、项目介绍

1. 立项背景

陇东地区煤炭储蓄量大，煤矸石是煤炭开采过程中丢弃的固体废物，随着煤炭开采量不断增加，煤矸石的堆积量也会越来越多。大量煤矸石的堆积不但会占用耕地，还容易引起火灾，污染环境。

项目利用煤矸石作为混凝土的骨料，制作试块和普通混凝土试块进行养护，然后测试不同龄期、不同配合比和不同养护条件下试块的强度和耐久性，对比研究煤矸石混凝土的力学性能，将煤矸石变废为宝，能够在混凝土结构中加以利用。

2. 项目特色

将煤矸石应用在混凝土结构中，这既为煤矸石的回收利用提供了一种有效的方法，又解决了煤矸石的大量堆积污染环境、占用耕地、容易引发崩塌和泥石流的问题，为庆阳矿区的经济发展和人民财产安全提供保障，同时填补了庆阳乃至甘肃省在煤矸石方面研究的空白。

五、项目建设成果

撰写论文《陇东地区煤矸石细骨料混凝土的工程性能研究》。

诗阁工作室:最全能的陇院打印工作室

一、项目类型

创新训练

二、项目组成员

武鑫爽　土木工程学院,工程造价
张明旺　体育学院,体育教育
贾　亮　信息工程学院,电子信息工程
王开旭　机械工程学院,机械设计制造及其自动化
王瑞涛　电气工程学院,电气工程及其自动化

三、指导老师

马永祥　经济管理学院,教授

四、项目介绍

本项目以打字复印、彩色打印、传真扫描、设计排版、名片制作、工程制图、横幅锦旗等为主营业务,同时也拓展单反摄影、数码照片冲印、个性相册制作、个性门牌指示牌等辅助业务,兼营实体咖啡吧。项目于 2017 年 11 月立项成功后筹集资金 8.3 万元在陇东学院后门创立,因业务内容以及主打业务的需求,开店时将店名命名为“老猫工作室”,2018 年 6 月在项目经营状况良好的情况下注册成立老猫文化传媒公司,采用 O2O、B2C 模式及“线上+线下+休闲娱乐”的模式运营,满足顾客在获取主营业务需求的同时消费闲暇时光。截至目前,公司营业收入 37 万元,获得净利润 15 万元左右,预计未来 5 年内将在甘肃省内开设多家分店。

五、项目建设成果

(1) 第八届全国大学生电子商务“创新、创意及创业”挑战赛甘肃赛区省级选拔赛优秀奖。

（2）第四届中国“互联网＋”大学生创新创业大赛陇东学院选拔赛优秀奖。

荣誉证书

荣誉证书

荣获第四届中国“互联网+”大学生创新创业大赛陇东学院选拔赛优秀奖，特发此证。

荣誉证书

优秀奖

一种简易桩土相互作用实验箱研制

一、项目类型

创业实践

二、项目组成员

杨新龙　土木工程学院，土木工程

杨　鑫　土木工程学院，土木工程

马　忠　土木工程学院，土木工程

牛泽琦　土木工程学院，土木工程

陶　宁　土木工程学院，土木工程

三、指导老师

王进玺　土木工程学院，副教授

四、项目介绍

1．立项背景

本项目从力学与工程相结合的角度来研究桩基础力学特性分析相关的理论与实验模

拟，为高层、超高层工程在深厚黄土地区的建设提供设计依据。

项目设计实验箱，并在实验箱进行桩基与土相互作用的实验，通过反复对实验箱进行改造和优化，然后与实验室实验结果进行对比，将误差控制在一定范围之内，并尽可能地让实验箱操作简单、实验方便。

2. 项目特色

项目依据陇东地区湿陷性黄土建设过程中的桩基工程为研究对象，拟开展桩-土相互作用模型实验，揭示水平荷载作用下的桩-土相互作用规律。研究结果对黄土压缩模量的研究，对以后各类关于黄土的研究具有一定的借鉴，更对工程地质的研究有重要意义。

五、项目建设成果

（1）实验设备：桩-土相互作用实验箱。

（2）完成论文《承受多荷载工况的大跨度空间网架结构模型设计与承载力性能研究》《异形桩桩土相互作用对截面形状的力学响应》。

（3）软件著作：地基承载力触探实验数据记录软件。

异形桩桩土相互作用对截面形状的力学响应

承受多荷载工况的大跨度空间网架结构模型设计与承载力性能研究

Model Design and Bearing Capacity Performance of Large-span Spatial Grid Structure under Multi Load Conditions

黄土地区单桩竖向承载力计算理论及桩-土相互作用的实验研究

一、项目类型

创新训练

二、项目组成员

张　恒　土木工程学院，土木工程
赵　鹏　土木工程学院，土木工程
何立强　土木工程学院，土木工程
张　鹏　土木工程学院，土木工程
龙佳强　土木工程学院，土木工程

三、指导老师

王进玺　土木工程学院，副教授

四、项目介绍

1. 立项背景

传统的桩基已不能满足生产需求，其设计将呈现多元化、经济化和技术化发展。本项目从实际工程热点问题出发，针对广大黄土地区在各建筑领域有关桩基问题的处理，就单桩竖向承载力和桩-土相互作用进行深入研究。

2. 项目特色

项目利用深厚黄土地区地域优势，迎合国家发展战略，结合建筑工程领域亟待解决的实际问题，进行科学的实验研究。依托甘肃省高校黄土工程性质及工程应用省级重点实验室、陇东学院土木工程材料实验室、材料力学实验室、工程地质实验室和工程结构实验室等多个实验研究平台，利用所学专业知识，结合老师指导，团队协作开展科学的研究实验。

五、项目建设成果

(1) 论文《异形桩桩土相互作用对截面形状的力学影响》《承受多荷载工况的大跨度空间网架结构模型设计与承载力性能研究》。

(2) 软件：地基承载力触探实验数据记录系统软件。

(3) 获奖：《深厚黄土地区高等级公路沥青路面使用性能预测》。

(4) 报告：《黄土地区单桩竖向承载力计算理论及桩-土相互作用的实验研究》。

BHR-1拉压应力传感器

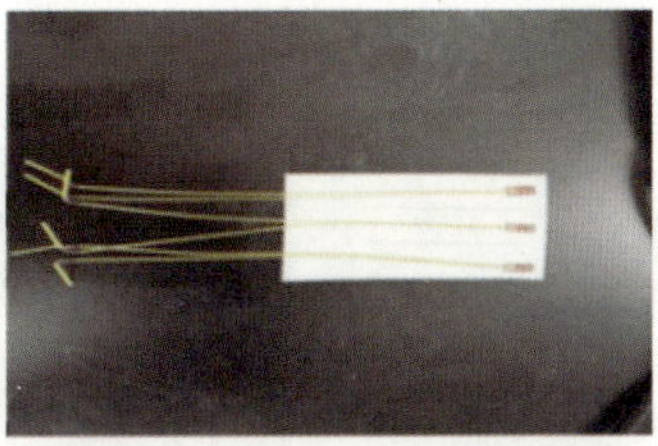
型号为BFH120-3AA-D100的应变片

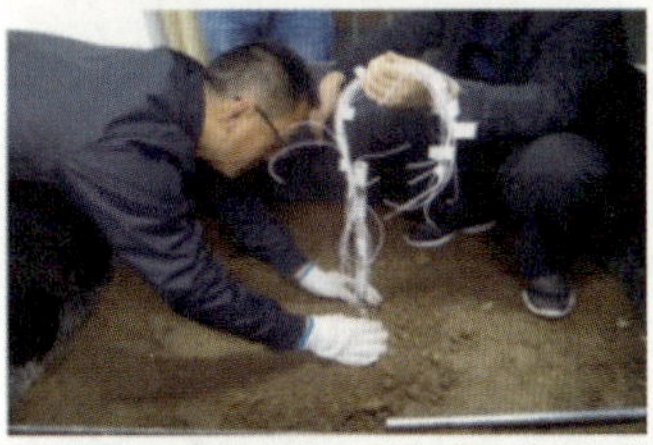
慢速维持荷载法单桩承载力实验设备组装

油压千斤顶加载过程

贴有应变片的模拟铝管桩连接DH3816N
静态应变测试系统

桩顶荷载沉降观测

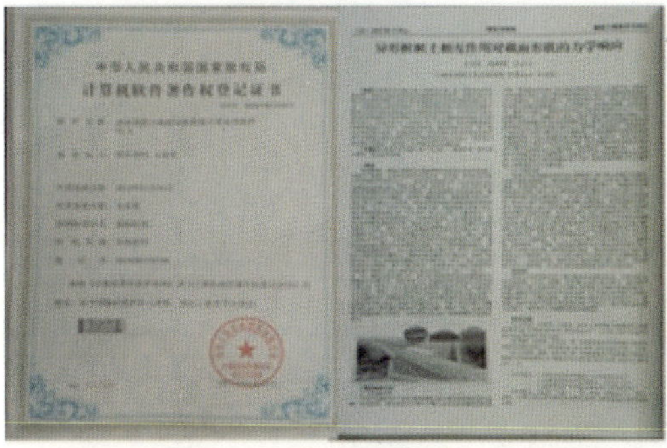

承受多荷载工况的大跨度空间网架结构
模型设计与承载力性能研究

Model Design and Bearing Capacity Performance of Large-span Spatial Grid Structure under Multi Load Conditions

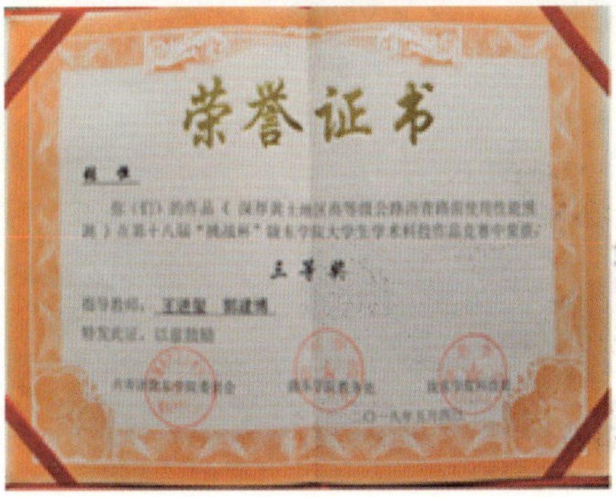
荣誉证书

三等奖

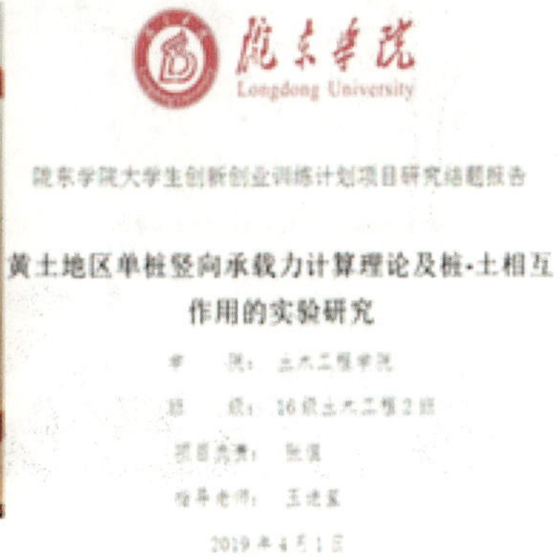

陇东学院大学生创新创业训练计划项目研究结题报告

黄土地区单桩竖向承载力计算理论及桩-土相互作用的实验研究

学　院：土木工程学院

班　级：16级土木工程2班

2019年4月1日

致青春摄影工作室

一、项目类型

创业实践

二、项目组成员

曹阿娜　外国语学院，英语

三、指导老师

南鸿志　外国语学院，讲师

四、项目介绍

本项目主要是以个人视频制作、图像处理、动画制作为主要业务，且以门店自营的方式获取合理利润并服务本校学生。以“自我”“个性”为创新点，为每个想要留住回忆的顾客提供服务。

五、项目建设成果

2018年3月，入驻陇东学院大学生创新创业基地，成立办公室，并开始正式营业。2018年6月，除以毕业学生为主要客户群体外，与测量社团、七彩社团等有了一定的业务。新增电子照片、宣传彩页、打印等业务。净利润2万多元。

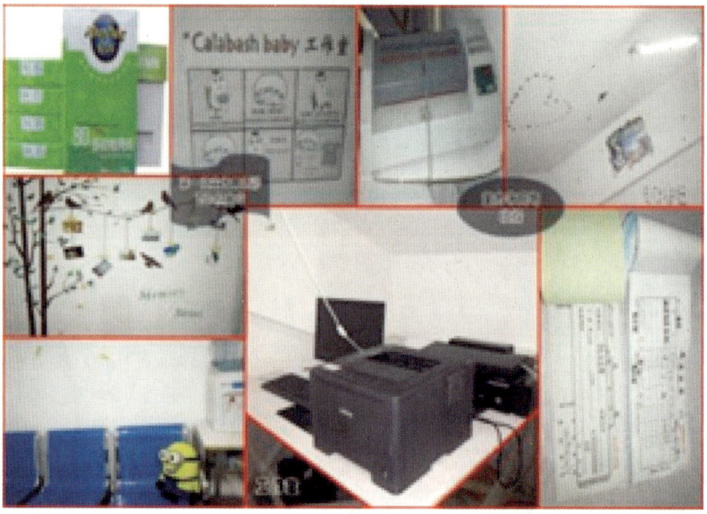

基于单片机系统的高精度医用电子秤设计

一、项目类型

创新训练

二、项目组成员

常小忠　信息工程学院，电子信息工程
毛利宏　信息工程学院，电子信息工程
路秀明　信息工程学院，电子信息工程
史　悦　信息工程学院，电子信息工程

三、指导老师

董　松　信息工程学院，讲师

四、项目介绍

1. 立项背景

随着科学技术和经济的发展，人们对称重装置的要求也越来越高。电子称重装置精确、智能、方便、明了、可靠，克服了传统杆秤的不精确、速度慢、不能计价等缺点，但市面上大多数电子秤的精度不够。

本项目基于单片机系统设计电子秤，主要对电子秤一些加单功能进行了研究。通过软件功能实现电子秤的自我校正、去皮、净重价格显示和数据处理等功能，以满足多种使用要求。

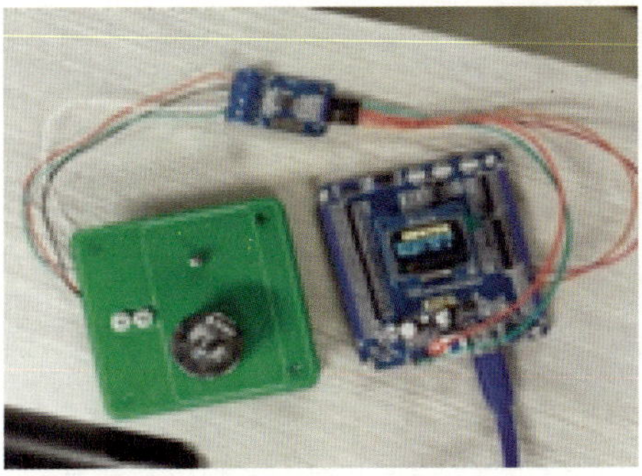

2. 项目特色

与传统小杆秤和现代普通电子秤相比，高精度电子秤由单片机控制，集传感器技术、计算机技术、数字显示技术于一体，精密度高、准确度高、误差小，符合中药材的称量要求；智能化，自动归零，反应快，称量效率高，操作便捷；稳定性好，可以进行长时间重复称量，显示直观，便于使用。

五、项目建设成果

(1) 样机：基于单片机系统的高精度(1 g)医用电子秤。
(2) 撰写研究报告。

龙影武道国际跆拳道

一、项目类型

创新训练

二、项目组成员

谢秉兴　信息工程学院，计算机科学与技术
王春英　教育学院，小学教育
赵志荣　信息工程学院，计算机科学与技术
刘彦兵　机械工程学院，机械设计制造及其自动化

三、指导老师

唐　婷　信息工程学院，讲师

四、项目介绍

1. 立项背景

随着全民健身、大众体育的发展，越来越多的人开始注重体育锻炼。散打、跆拳道作为一种室内运动逐渐获得了广大人群的喜爱。跆拳道及散打运动将在相当长的一段时间内不断发展壮大，具有很好的发展前景。

龙影武道教育创办于 2017 年 8 月，面向广大跆拳道爱好者，主要以教授跆拳道技术动作为主。现有常年班学员 30 余人，短期班学员 50 余人，并且组建了一支凝聚力、执行力和责任感强的团队。龙影武道本着将单纯的跆拳道技术动作的教学转变为以"道"为核心的精神理念，通过创建良好的道馆氛围，进行合理、正确的引导和激励，让学员在练习跆拳道的同时提高自身修养和素质，树立人生目标，将跆拳道的精神运用到自身的实际生活中，学会做人与做事。

2. 项目特色

通过研究让学生了解和掌握基本的跆拳道技术技能和品德修养，能使用一些简单的套路和技术动作。结合跆拳道逐步创建跆拳道舞，满足多方需求。

五、项目建设成果

(1) 成功举办并参加"龙影杯"青少年跆拳道精英赛，获得金奖 7 项、银奖 12 项、铜奖 9

项，并获团体一等奖。

(2) 参加甘肃省第三届“舞动金城”跆拳道邀请赛，获得金奖 2 项、银奖 5 项、铜奖 6 项，在全省共 97 个道馆中排第 32 名。

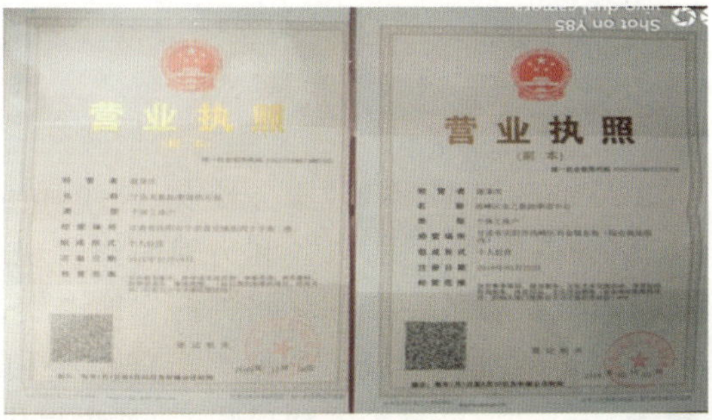

香港鸡蛋仔

一、项目类型

创业实践

二、项目组成员

李守越　政法学院，思想政治教育
邢博雅　政法学院，思想政治教育
杨　婧　政法学院，思想政治教育

三、指导老师

张丽娟　政法学院，讲师

四、项目介绍

1. 立项背景

香港鸡蛋仔从2017年9月4日创建，本着“服务校友、健康师生”的宗旨，为广大陇东学院师生提供饮食上的享受。恪守以服务为主、以盈利为辅的经营观念，得到越来越多师生的认可和支持。创业伊始，项目组成员曾前往江苏苏州进行实地考察，与加盟商达成固定货源关系，和庆阳勇业食品专卖达成长期批发协议。香港鸡蛋仔价格相对便宜，主要提供原味、抹茶、巧克力、蔓越莓、葡萄干、朱古力、草莓等多种口味，为师生提供健康、美味的食品。

2. 项目特色

(1) 迎合社会的需要，实现个人成长：大学生是当代发展的重要源动力，创新创业与就业影响着社会的发展，大学生自主创业具有很大的现实意义。

(2) 宣传一种健康理念：健康饮食，充分诠释安全食用理念，小店的建立便是遵循这种理念。

(3) 拓宽大学生饮食范围，增强健康意识。

五、项目建设成果

龍园影视

一、项目类型

创业实践

二、项目组成员

陈玉龙 信息工程学院，通信工程
张成龙 化学化工学院，过程装备与控制工程
张 博 信息工程学院，通信工程
李明星 信息工程学院，通信工程
李文铖 信息工程学院，通信工程

三、指导老师

李 娟 信息工程学院，高级实验师

四、项目介绍

1. 立项背景

"互联网＋"背景下，"大众创业、万众创新"已成为新常态，如何更好地对大学生进行创新创业教育一直是困扰高校工作者的一个难题。各行各业中略有规模的大中型企业，基本都会有自己的IT部门或者各类应用管理软件，其中网站、视频等行业顺势而生，项目将不同技术人员集齐，注册开设公司，将软件开发、小程序制作、网站开发、广告设计、影视制作、宣传片制作等业务作为公司的主流业务。

2. 项目特色

学生人群中技术人员相对较多，可接纳的业务也比较多。

五、项目建设成果

(1) 制作陇东学院审计处、教务处等网站。
(2) 制作陇东学院各类专题网页。
(3) 制作口腔医院宣传片。
(4) 成立甘肃象达数字传媒有限公司。
(5) 与甘肃链农供应链有限公司签订电商平台建设、店铺装修服务协议(金额2万元)。

多功能智能休闲拐杖

一、项目类型

创新训练

二、项目组成员

刘彦兵 机械工程学院，机械设计制造及其自动化
刘　博 机械工程学院，机械设计制造及其自动化
李小龙 机械工程学院，机械设计制造及其自动化
秦久龙 机械工程学院，机械设计制造及其自动化
王奎宇 机械工程学院，机械设计制造及其自动化

三、指导老师

王建吉 机械工程学院，教授

四、项目介绍

1. 立项背景

随着人口出生率的降低和寿命的提高，老龄人口在社会中的比例逐年上升。而现代日趋复杂多变的生活环境，给老人及行动不便者的出行带来了很多的障碍，不仅需要拐杖提供支撑作用，还需要诸如坐下休息以及在夜晚照明等功能。该项目不但可以为老人提供帮助，还可以为伤残人士等带来便利。

2. 项目特色

项目实现雨伞与板凳的结合，板凳采用双三角形组合设计，比现有的更加稳定，也方便工厂批量加工；板凳材料选用航空铝合金，以达到质量轻的效果，从而减轻拐杖整体的重量；雨伞采用铰链伸展，采用具有玻璃纤维的防晒布，可以防晒和防雨。连接环采用滑动式连接，不但连接可靠，而且还可以方便老人分离，以达到省力的效果。拐杖的底座采用三支球铰链进行稳定支撑，可以完全代替现有的四角拐杖。

产品加装了定位器，利用手机 App 可以对老人的行踪进行定位，能够防止老年人走丢。定位器具有踪迹回放功能，即使老人走丢也能查询历史踪迹。也可以设定范围，对老人的出行距离进行监测，如果超出范围将会通过 App 报警。

五、项目建设成果

(1) 多功能智能拐杖产品模型。
(2) 产品设计说明书。

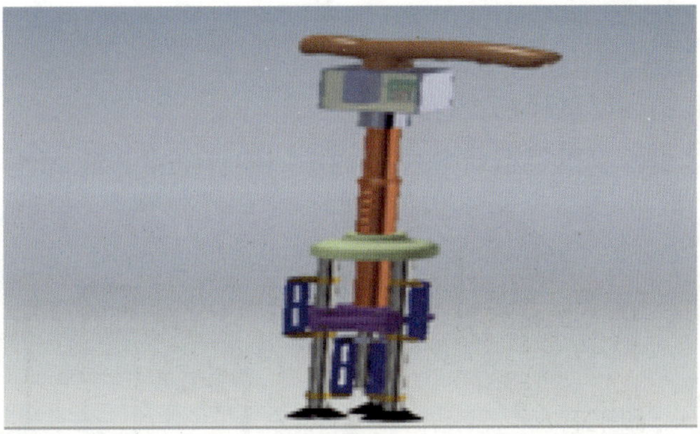

苹果套网装箱一体机

一、项目类型

创新训练

二、项目组成员

魏选平　机械工程学院，机械设计制造及其自动化
蒙旭成　机械工程学院，机械设计制造及其自动化
刘彦兵　机械工程学院，机械设计制造及其自动化
刘　博　机械工程学院，机械设计制造及其自动化
李玉成　机械工程学院，机械设计制造及其自动化

三、指导老师

王建吉　机械工程学院，教授

四、项目介绍

1. 立项背景

目前我国有大面积的苹果种植区，当苹果成熟的季节到来时，果农就面临着大量的苹果无法及时收购的问题，导致错过最佳销售的时机，主要是时间浪费在苹果防撞网的套装与苹果均匀分布地装箱。

项目计划设计出一款能将苹果防撞网的套装与装箱结合在一起的机器，将会缩短果农套苹果防撞网与装箱的时间，从而避免错过最佳销售时机。考虑到大型机器进入不了苹果种植区，因此本设计主要采用小型化和轻型化。

2. 项目特色

利用软管实现苹果边采摘边投放，最大程度上减小了对苹果的损伤，节省果农的时间，提高原有的工作效率。防撞网袋整体套装，避免苹果二次损伤。

五、项目建设成果

(1) 苹果套网装箱一体机样机1台。
(2) 产品设计说明书1份。

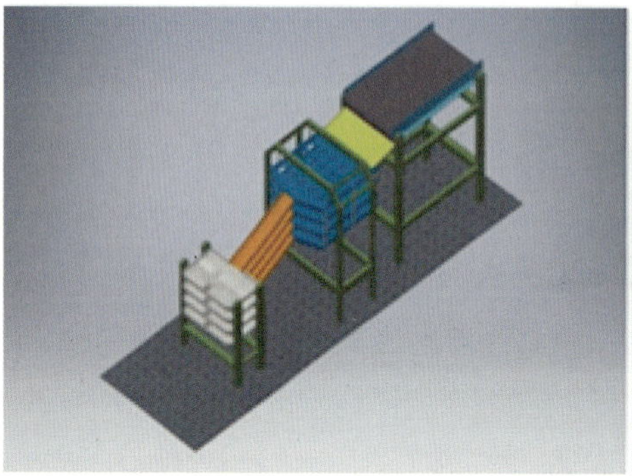

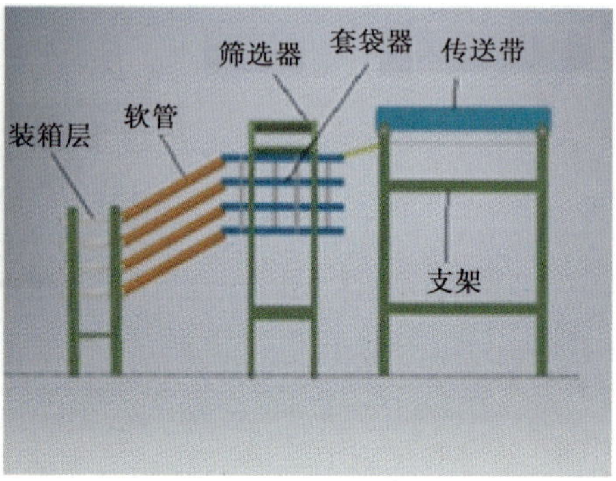

煤矿开采沉陷区保护装置

一、项目类型

创新训练

二、项目组成员

王　斌　能源工程学院,采矿工程
袁永强　能源工程学院,采矿工程
樊长春　能源工程学院,采矿工程
王　浩　能源工程学院,采矿工程

三、指导老师

何姜毅　能源工程学院,教授

四、项目介绍

1. 立项背景

根据煤矿沉陷区的现状以及沉陷区保护装置的发展前景,建立了三维模型。该模型能够为今后教学、教研和观摩学习提供帮助,为专业竞赛及设备推广使用奠定良好的基础,达到学习、思考、创新和动手等能力的综合训练。

2. 项目特色

(1) 通过设置连接杆和第二滑槽,避免出现保护装置在需要移动时出现移动不便捷的状况;通过设置风机和吸风管,可对箱体内的灰尘进行吸除,防止开采工人在开采时吸入大量的灰尘，从而影响工人的健康；通过设置日光灯，可以给工人提供视野，方便工人进行开采。

（2）设备安装简单、容易操作、维修方便、机械结构可靠性强。

五、项目建设成果

（1）煤矿开采沉陷区保护装置设计专利1份。

（2）建立三维模型。

（3）制作实体模型样机。

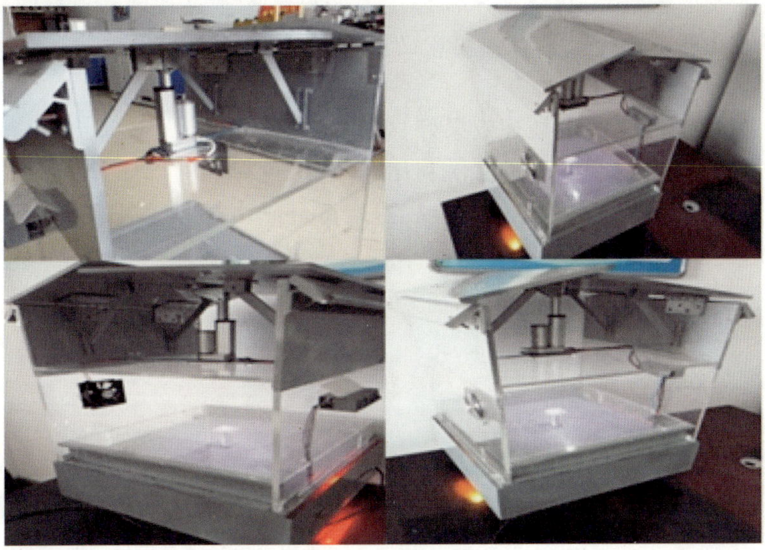

矿业废水处理装置设计与模型制作

一、项目类型

创新训练

二、项目组成员

沈秉涛　能源工程学院，采矿工程

蔡旭东　能源工程学院，采矿工程

王亮鹏　能源工程学院，采矿工程

三、指导老师

何姜毅　能源工程学院，教授

四、项目介绍

1. 立项背景

煤炭开采过程中会排放大量废水，若不经处理直接排放，会对环境造成严重污染，同时造成水资源的浪费，无法实现循环经济的目标。矿区多处于山区，水资源缺乏，地表水又多为间歇性河流，枯洪水季节流量相当悬殊，常年流量稀释能力差，排入河流的污水会造成严重污染。因此，开发、管理、利用好煤矿水资源，对煤炭工业可持续发展具有重要意义。矿井废水经治理后综合利用，对矿区经济的发展起到至关重要的作用，但是目前调节池对矿井水的调节以及预沉效果较差，一体化净水器作用不明显。鉴于这种现状，设计一种矿业废水处理装置对较好地处理矿业废水具有现实意义。

2. 项目特色

(1) 实现了绿色开采，废水处理效果好、效率高。

(2) 矿业废水经过处理，实现了二次利用，符合绿色环保的理念。

(3) 与传统废水处理方式相比，经济效益好，符合矿山企业发展的经济理念。

(4) 操作容易、维修方便、可靠性强。

五、项目建设成果

(1) 矿业废水处理装置实用新型专利 1 项。

(2) 矿业废水处理装置实体模型 1 件。

(3) 在第十九届全国高校采矿工程实践作品大赛中获奖。

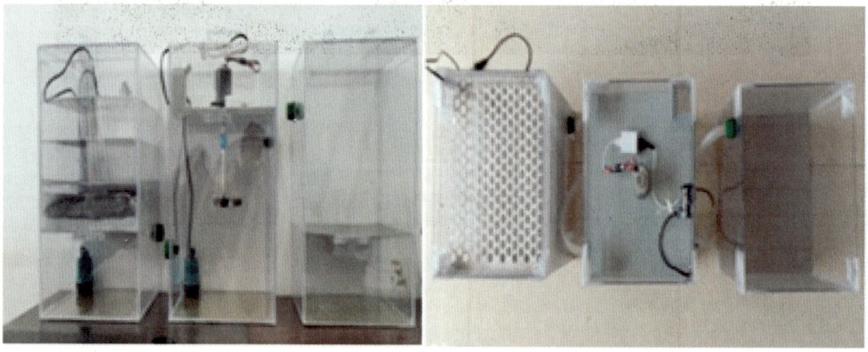

趣味型乳化液自动配制装置

一、项目类型

创新训练

二、项目组成员

赵克贞　能源工程学院，安全工程

麻俊林 能源工程学院，安全工程
王 斌 能源工程学院，采矿工程
令如军 能源工程学院，采矿工程
马新军 机械工程学院，机械设计制造及其自动化

三、指导老师

周华龙 能源工程学院，副教授

四、项目介绍

1. 立项背景

矿山井下使用的液压设备，乳化液不仅是起动力的传递作用，而且还起润滑、冷却作用，同时还对腐蚀和锈蚀起抑制作用。现在井下设备的液压系统使用的乳化液是由工人手动配置的，属于水包油型乳化液，按照一定的比例溶于水中，形成外观似乳状的液体，实际效果并不是太好。

趣味型乳化液自动配制装置结合力学原理，可实现井下乳化液的自动配制，配置的乳化液黏温性好、自身抗氧化较强、性能稳定，对液压元件有防锈保护作用，液体自身难燃且成本低廉。

2. 项目特色

该装置能很好解决井下煤矿工人劳动强度大、配比随意性大和不能实现无人值守等问题，设计合理、安装方便、操作简单、配制准确、可靠性强和趣味性强，是一种理想的、经济的乳化液自动配制装置。能适应矿井下恶劣的工作环境，对实现采煤工作面无人化开采有着积极的作用。

五、项目建设成果

(1) 完成趣味型乳化液自动配制装置。
(2) 产品说明书、简介各 1 份。
(3) 在第八届全国高等学校采矿工程专业学生实践作品大赛中荣获三等奖。

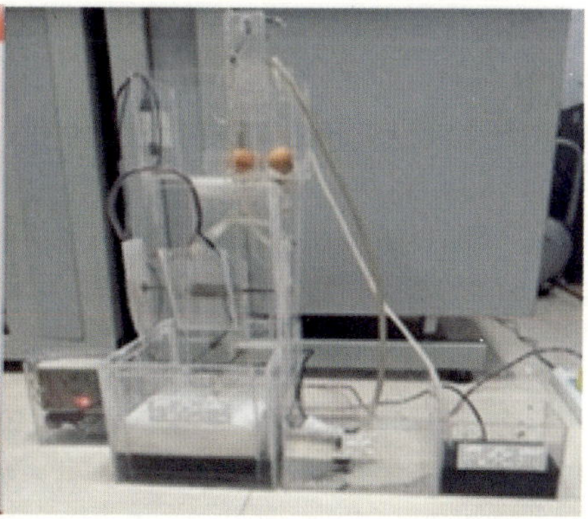

中学物理实验技能训练与提高

一、项目类型

创新训练

二、项目组成员

倪文刚　电气工程学院，物理学
王继宏　电气工程学院，物理学
马耀宗　电气工程学院，物理学
唐丽丽　电气工程学院，电气及其自动化

三、指导老师

付喜锦　电气工程学院，教授

四、项目介绍

1. 立项背景

实验是物理学的基础，是检验物理理论的标准。演示实验是指为配合教学内容由教师操作表演的示范性实验，创新演示实验是物理教师必备的实验技能素养。在学生建立完整的物理概念和导出正确物理规律的课堂教学中，实验是最活跃、最具生命力的部分，是深受学生欢迎的教学形式，是教师施展教学艺术的独特方法。它能化抽象为具体、化枯燥为生动，把要研究的物理现象清楚地展示在学生面前，引导学生观察并进行思考，配合讲授使学生认识物理概念和规律，达到“事半功倍”的效果。

本项目主要以“中学物理实验研究”课堂教学为主阵地，依托电气工程学院实验室，改进制作或研发中学物理演示实验教学仪器。

2. 项目特色

研究中学物理实验教学中存在的问题，通过改进自制创新物理实验教学仪器、发表专业学术论文，不仅有利于解决仪器短缺问题，而且是一项提高老师实验技能素质从而提高教学质量且具有长远意义的重要措施。

五、项目建设成果

(1) 在第十二届“挑战杯”甘肃省大学生课外学术科技作品竞赛中获三等奖。

(2) 在第五届中国“互联网＋”大学生创新创业大赛甘肃赛区决赛中获铜奖。

(3) 在第九届全国大学生电子商务“创新、创意及创业”挑战赛甘肃赛区决赛中获一等奖。

(4) 在首届“甘青宁”高校创新创业大赛学生组荣获三等奖。

(5) 完成中学演示实验仪器使用情况调查问卷。

(6) 发表论文《100 kV 高压模块的设计与制作》。

多功能“魔镜”

一、项目类型

创新训练

二、项目组成员

曹家博　信息工程学院，电子信息工程

魏登伟　信息工程学院，电子信息工程

贾　亮　信息工程学院，电子信息工程

三、指导老师

董　松　信息工程学院，讲师

四、项目介绍

1. 立项背景

童话《白雪公主》里那个恶毒的王后拥有一面神奇的魔镜，可以回答世间一切问题的魔镜能在现实世界中做出来吗？我们的项目就是基于“树莓派”来研发一款可以回答问题的魔镜。

市场调查和研究发现，市场上有一些镜子可以实现报时、测温等功能，但很少能见到一款可以回答问题的“魔镜”。于是，我们打算做一款可以回答问题的“魔镜”，用麦克风作为信号采集外设，通过“树莓派”处理来辨别要让“魔镜”回答的问题，再通过液晶显示屏和音响来输出内容，在液晶显示屏前安装一个原子镜来完成。

2. 项目特色

“魔镜”实现了情感互动和语音交流，可通过网络访问一些搜索引擎来找出答案进行语音或者文字输出。

五、项目建设成果

“魔镜”实物一个，可以进行语音交流，镜子上可以显示出日期、时间、提醒事件、新闻头条等内容。

基于 Midas Gen 的大跨度空间结构模型仿真分析

一、项目类型

创新训练

二、项目组成员

赵雪峰　土木工程学院，工程造价
国　星　土木工程学院，工程造价
王　丹　土木工程学院，工程管理
王　维　土木工程学院，土木工程
侯志永　土木工程学院，工程管理

三、指导老师

杨　阳　土木工程学院，副教授

四、项目介绍

1. 立项背景

针对大跨度结构对静载、随机选位荷载及移动荷载等多种荷载工况下的空间结构进行受力分析、模型制作及实验，实现对多种工况的综合性工程分析，并建立仿真模型实时观测建筑破坏极限及破坏趋势，设计出最轻质高强的建筑结构。

借助 Midas Gen 软件进行模型杆件受力变形分析，并结合模型加载实验，逐步完善优化模型，达到位移与质量最佳结合。

2. 项目特色

借助高性能的仿真分析可以有效地弥补实验室研究的不足。以仿真软件为平台的大跨度空间结构仿真分析程序，具有实时仿真和预测的功能，并且有较好的通用性和开放性，能够不断开发，以达到更好的精度和实现更多的功能。

五、项目建设成果

（1）发表论文《承受多荷载工况的大跨度空间网架结构模型设计与承载力性能研究》。

（2）在甘肃省第二届结构设计竞赛暨第十二届全国大学生结构设计竞赛分区赛中荣获三等奖。

（3）制作大跨度空间模型。

第30卷 第2期 2019年3月 陇东学院学报 Journal of Longdong University Vol.30 No.2 Mar. 2019

文章编号:1674-1730(2019)02-0059-05

承受多荷载工况的大跨度空间网架结构模型设计与承载力性能研究

王进玺[1,2]，张斌伟[1,2]，杨 阳[1,2]，张 恒[1]，杨新龙[1]

(1. 陇东学院 土木工程学院，甘肃 庆阳 745000；2. 甘肃省高校黄土工程性质及工程应用省级重点实验室，甘肃 庆阳 745000)

关键词:空间网架;结构设计;承载力;骨架杆件

中图分类号:TU312 文献标识码:A

Model Design and Bearing Capacity Performance of Large-span Spatial Grid Structure under Multi Load Conditions

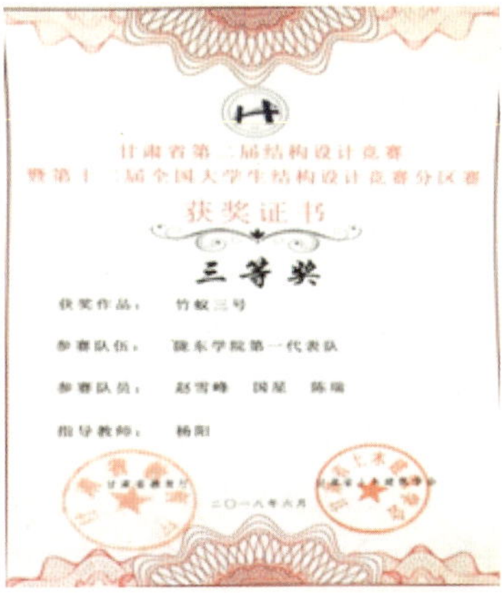
甘肃省第二届结构设计竞赛

暨第十二届全国大学生结构设计竞赛分区赛

获奖证书

三等奖

获奖作品： 竹蚁三号

参赛队伍： 陇东学院第一代表队

参赛队员： 赵雪峰 闵星 陈瑞

指导教师： 杨阳

二〇一八年六月

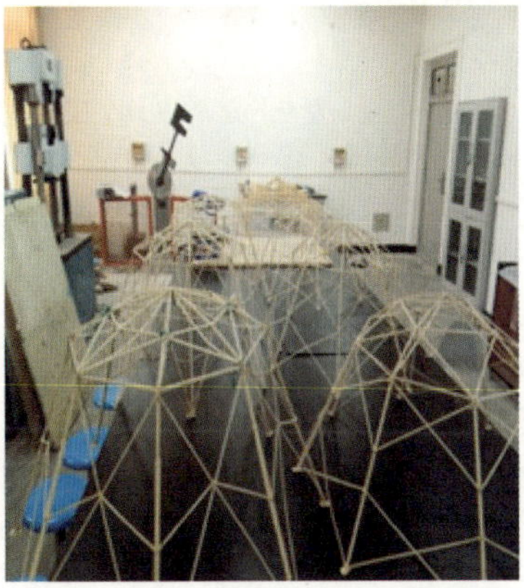

大学生废旧教学资源回收利用项目

一、项目类型

创业训练

二、项目组成员

马　祥　经济管理学院，财务管理
张潘龙　电气工程学院，测控技术与仪器
王绪峰　电气工程学院，电气工程及其自动化
朱　坚　经济管理学院，财务管理
卢　思　经济管理学院，财务管理
马　萱　经济管理学院，财务管理

三、指导老师

张松柏　经济管理学院，教授

四、项目介绍

1. 立项背景

大学校园是产生垃圾比较多的地方，如果能将校园的垃圾分类处理加以回收利用，把垃圾当成资源，既提高了校园环境质量，也减少了环境污染。在校大学生的旧书、旧电脑、手机等的处理成为困扰大学毕业生的一个很大的问题，尤其是旧书，无论是自己收藏还是低价卖掉，都造成了书籍的严重浪费。

2018 年 5 月 18 日，我们成立了西安新贝天资源回收有限公司，公司业务涉及办公家具、家用电器、计算机、厨房设备金属材料、电线电缆的安装、销售及技术服务以及金属及非金属再生资源的回收销售。

2. 项目特色

项目以环保为主题，废旧资源回收的行为容易得到共鸣，把收购来有用的书籍拿出来供同学们反复使用。

五、项目建设成果

截至目前，在陇东学院、庆阳职业技术学院、庆阳林业学校等各项业务已初步开展，在陇东学院后门有办公室两间。

陇东地区大中专学生就业服务平台

一、项目类型

创业实践

二、项目组成员

拜学义　经济管理学院，财务管理

荀进鹏 经济管理学院，财务管理
张潘龙 电气工程学院，测控技术与仪器
纪 翔 经济管理学院，财务管理
王俪蓉 经济管理学院，财务管理

三、指导老师

张松柏 经济管理学院，教授

四、项目介绍

1. 立项背景

成立正规的就业服务平台，注册就业服务公司，是各级各类学生和社会人员的强烈愿望，也是这一行的发展方向，使陇东地区毕业生得到专业培训和就业指导，让他们找到适合自己的工作，也使得公司在招聘兼职人员时大大提高效率及质量，学生和商家都能及时知道自己所需的信息。

本平台是一个免费提供兼职家教的平台，主要为商家以及公司免费提供兼职、家教、模特、礼仪、辅导老师等信息。同时为求职者提供兼职岗位、勤工俭学岗位、寒假工以及暑假工的信息。

2. 项目特色

(1) 信息通畅。保证了兼职人员以及求职者信息通畅，搭建了求职者跟企业的桥梁。

(2) 建立履历库，实现精准对接。与传统的劳务公司相比，本平台更注重于对于求职者履历库的建立，实现兼职招聘人员准确选择，服务到位。

(3) 注重对于兼职人员的管理，从信誉以及技能方面建立信誉等级制度，对于信誉高者优先安排工作。

(4) 加强培训。注重对于兼职人员以及求职者的技能培训，使其有一技之长，更能适应社会的需要。

(5) 建立长久的合作关系，建立属于自己的一手单企业，不局限于一家来做，摆脱二手调单企业，摆脱下层代理。

五、项目建设成果

(1) 成立甘肃鹏越人力资源有限公司。

(2) 拥有专业技能的兼职人员 1 000 人，普通兼职人员 1 500 人，兼职储备人员 3 000人。

(3) 每年提供长期工工作岗位 800 个，勤工俭学岗位 1 000 个，兼职人员工作岗位 2 000个。

(4) 每年提供专业培训 20 余次，涉及 500 余人，提供专业对口工作 1 000 余个。

(5) 拥有本地合作企业 500 余家，外地合作企业 1 000 余家。同时，与这些企业达成培训合作，使员工拥有一技之长。

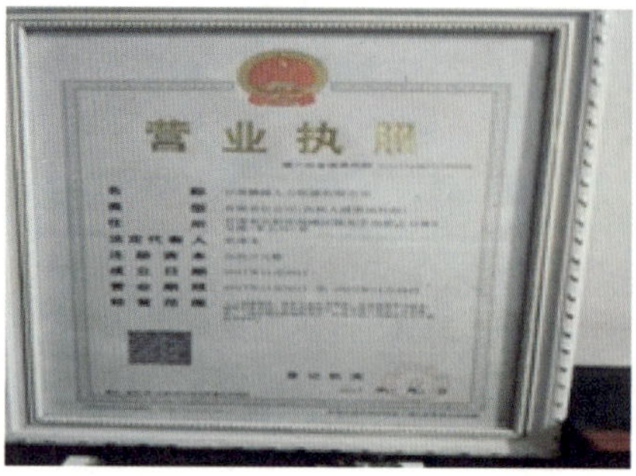

330 kV 变电站智能室内巡检机器人系统研究与实现

一、项目类型

创新训练

二、项目组成员

马建成　电气工程学院，自动化
陈晓全　电气工程学院，自动化
龙文吉　电气工程学院，自动化
黄继虎　电气工程学院，自动化

三、指导老师

袁斌华　电气工程学院，讲师

四、项目介绍

1. 立项背景

变电站监控主要依靠留守现场人员移动巡视查看，人力、物力成本高；遇到恶劣天气状况，交通不便，技术人员无法及时到位，变电站事故发生概率增大，且易受操作人员状态的影响，导致失误，人员在控制室的出入本身带入了不确定因素。无人值守的智能电网技术是未来电网的发展方向，无人化变电站智能室内巡检机器人系统是未来智能电网装备的核心技术之一，具有深远的研究与现实意义。

本设计由巡检机器人控制系统、智能报警系统、控制显示终端、遥控键盘、变电站控制室电子地图、目标运行状态信息检测系统、巡检机器人本体及运行曲线轨道、通信系统实现变电站控制室关键设备运行状态参数的监测，为变电站的关键设备遥测、遥信、遥控、遥跳创造基本条件。

2. 项目特色

(1) 将变电站内传统的人工巡检变为智能巡检机器人巡检。

(2) 通过远程监控的方式实现室内变电站的巡检。

五、项目建设成果

完成室内巡检机器人样机1套。

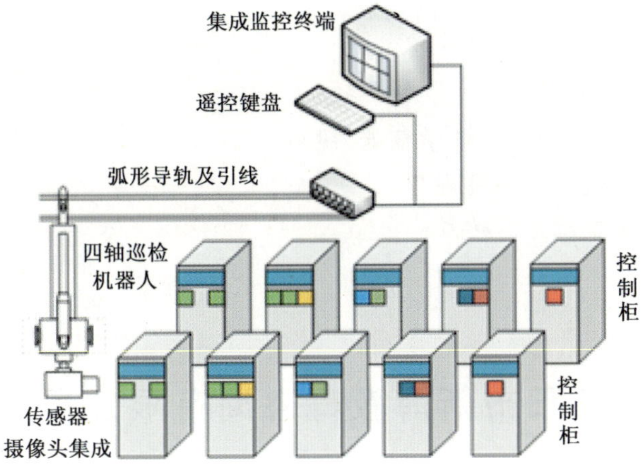

迷之视觉工作室

一、项目类型

创业实践

二、项目组成员

曹小涛　信息工程学院，物联网工程
杨　晖　信息工程学院，网络工程
高红梅　信息工程学院，网络工程
尹贤铁　信息工程学院，计算机科学与技术

三、指导老师

严　瑾　信息工程学院，副教授

四、项目介绍

1. 立项背景

工作室从事个性扑克制作及各类短视频制作、VCD及DVD刻录、摄影、摄像、剪辑、冲洗照片、工作证制作等服务，主打精品课程、慕课、微课及各类视频课程制作。已经进行了各类数字传媒业务2年的实践以及慕课制作3年的实践，积累了大量的经验和各类制作素材，能够紧跟慕课研究发展的前沿，制作出多种类型的慕课。

2. 项目特色

工作室主要从事与视频相关的文化产业、影视节目的拍摄以及后期制作、电视节目包装、企业专题片、广告片制作以及微电影的创作等。同时，还从事自由专属婚纱摄影、婚礼跟拍、婚礼策划、个人写真摄影、艺术摄影、商业摄影、广告摄影策划，涉及多领域、多行业产品的拍摄服务，力求探索出一条全新的商业摄影模式。

五、项目建设成果

(1) 为经济管理学院制作《会计学基础》视频。
(2) 为信息工程学院制作参赛视频。
(3) 为继续教育学院制作宣传片。

庆阳市新博教育咨询有限公司

一、项目类型

创业实践

二、项目组成员

卜雯玥 数学与统计学院，信息与计算科学
李祥善 数学与统计学院，数学与应用数学
赵建强 数学与统计学院，数学与应用数学
陈慧敏 数学与统计学院，信息与计算科学

三、指导老师

张丽丽 数学与统计学院，讲师

四、项目介绍

1. 立项背景

家庭教育在人的成长过程中起着举足轻重的作用，家长的教育观念制约着自身的教育行为。辅导孩子功课是家长教育孩子的重要方面，随着社会的发展和教育制度的变迁，辅导学生功课的主体发生了变化，目前课外辅导机构已经成为辅导学生功课的新兴主体。

新博文化培训学校是一家专业从事中小学学生文化课辅导的教育培训机构，成立于2015年。成立5年以来，新博文化培训学校一直致力于学生的提分和素质拓展工作，积累了丰富的教学经验和学生管理经验。

2. 项目特色

项目引进目前最先进的K12教育教学管理模式，能对学生进行有效的优化教学。凭借着一流的师资队伍、专业的服务团队、先进的教育辅导模式和独特高效的教学方法，至今已向西峰的广大中小学学生提供了优质的教育教学服务，赢得了家长们的信赖与好评。

五、项目建设成果

成立庆阳市新博教育咨询有限公司，在校人数达 60 人，教职工 4 人。

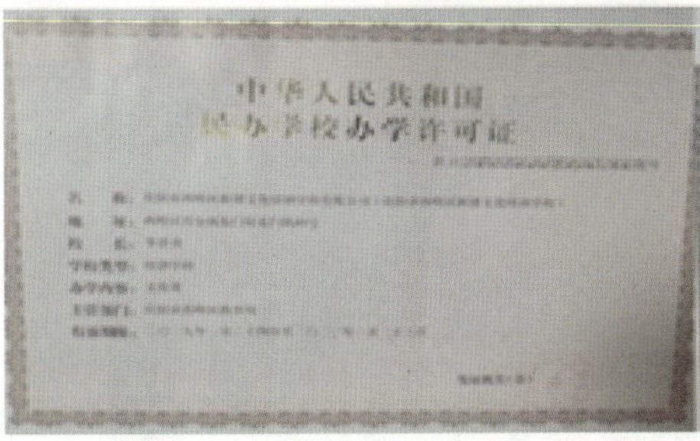

基于主动跟随与自主避障的超市购物车管理系统设计与实现

一、项目类型

创新训练

二、项目组成员

杨　刚　电气工程学院，电气工程及其自动化
马棋棋　电气工程学院，电气工程及其自动化
王巧娟　生物科学与技术学院，生物科学
赵雨婷　电气工程学院，电气工程及其自动化

三、指导老师

王彦璋　电气工程学院，讲师

四、项目介绍

1. 立项背景

针对超市购物过程中，必须手推购物车，无法做到自由方便的筛选商品，降低了购物的

愉悦性，以超市便利化、无人化管理为目标，设计了以 STM32F103RCT6 系列的微控制器作为本控制系统的主控芯片，使用 UWB DWM1000 定位以及红外避障传感器作为辅助进行购物车的方向控制，通过 PI 算法精确控制购物车的速度，避开前进路线的货架等障碍物，实现了超市购物车自动跟踪和避障、自动归位充电功能。经过测试，购物车稳定运行，能实时跟踪用户，也能有效绕过障碍物。

2. 项目特色

购物小车可自主躲避障碍物，避免了自助购物小车碰伤顾客的可能，可自主归位充电。

五、项目建设成果

(1) 完成主动跟随避障购物车的研制。
(2) 在陇东学院第十九届“挑战杯”大学生课外学术科技作品竞赛中荣获二等奖。
(3) 在甘肃省第十二届“挑战杯”大学生课外学术科技作品竞赛中荣获二等奖。

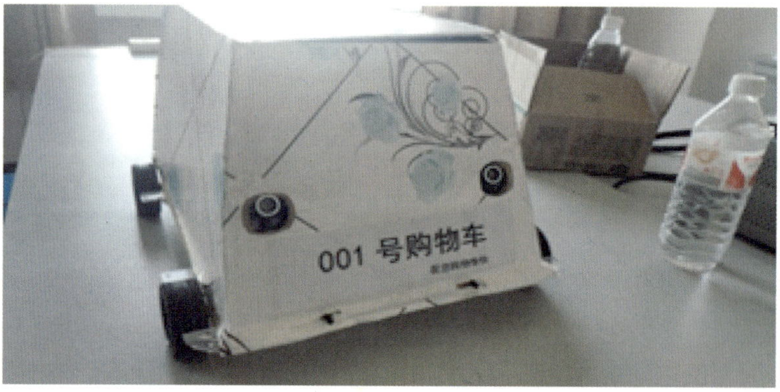

“两堵一注”囊袋式注浆封孔演示动画制作

一、项目类型

创新训练

二、项目组成员

陈　静　能源工程学院，安全工程
苏芮庆　能源工程学院，安全工程
尚丽萱　能源工程学院，安全工程
李进虎　能源工程学院，安全工程
崔小燕　能源工程学院，安全工程

三、指导老师

杨峰峰　能源工程学院，副教授

四、项目介绍

1. 立项背景

囊袋式封孔装置是基于“固体封液体、液体封气体”的封孔原理设计的，整个囊袋式封孔装置由囊袋、单向逆止阀、爆破阀和注浆管组成。注浆时，将封孔装置的注浆管与注浆泵连接，浆液在注浆泵的作用下通过单向逆止阀向 2 个囊袋内充入水泥浆，2 个囊袋达到一定压力后在钻孔内形成一个封闭的空间，当注浆压力达到爆破阀的爆破压力时，浆液注入封闭的钻孔段，并在注浆压力的作用下向钻孔围岩裂隙内渗透，封堵由于钻孔施工影响和卸压造成的围岩裂隙，提高煤层瓦斯压力测定的准确率和成功率。当注浆压力达到 4.0 MPa 时，注浆泵自动停止，封孔结束。待封孔的水泥浆达到初凝后，连接自动测压装置进行压力的动态记录和显示。

2. 项目特色

囊袋式注浆封孔技术是我国煤矿瓦斯抽采的主流方法，采用演示动画的方式将井下的封孔过程进行演示，保证封孔人员能高质量完成封孔工艺。

五、项目建设成果

(1) 完成“两堵一注”囊袋式注浆封孔演示动画。
(2) 制作说明书、简介各 1 份。
(3) 完成结题报告。

基于网络购物的中国产业布局研究

一、项目类型

创新训练

二、项目组成员

陈　武　土木工程学院，人文地理与城乡规划
刘争龙　土木工程学院，人文地理与城乡规划
任燕霞　土木工程学院，人文地理与城乡规划
何　凯　信息工程学院，计算机科学与技术

三、指导老师

高峙南　土木工程学院，讲师

四、项目介绍

1. 立项背景

网络信息技术以及电子商务的使用，促使网络消费逐渐成为城乡居民消费选择的重要方式，网络消费市场得到了较快的发展。移动信息技术的广泛使用，城乡居民购物消费和休闲消费方式的巨大变革，使得传统的基于实体消费空间的出行购物消费转向网络与实体并存的方式，这种变化对中国产业布局和城市空间产生不同程度的影响。

项目所研究的中国空间分布格局及其影响因素主要用于了解我国电子商务和网络消费的综合发展情况，为政府的产业结构调整和政策制定提供思路与决策依据，引导商户的智慧营销。

2. 项目特色

本课题采用可视化的表达方式，根据物品类型、空间分布、空间集聚进行特征研究，以更好、更全面地向消费者出行提供意见。

五、项目建设成果

(1) 发表论文《基于 POI 数据的西安市幼儿园空间分布格局研究》。
(2) 完成《基于网络购物的中国服装产业布局研究》研究报告 1 份。
(3) 完成《基于网络购物的中国化妆品产业空间布局研究》研究报告 1 份。
(4) 完成《化妆品、服装产业分布指南》研究报告 1 份。
(5) 完成中国产业布局调整建议书。

乡村“未来教育”

一、项目类型

创业实践

二、项目组成员

兰　妮　教育学院，小学教育
马　帅　文学院，汉语言文学

三、指导老师

卜鹏翠　教育学院，副教授

四、项目介绍

1. 立项背景

我国农村教育状况已经有了很大的改善。但是边远贫困地区的农村，在教育方面还存在着许多不足，如政策制度不完善、农村教师队伍建设和管理亟待加强、农村留守儿童教育问题突出、城乡教育差距不断扩大、农村学生辍学问题依旧严重、政府对农村教育重视程度不够、教育经费不足、办学布局不合理等。

乡村"未来教育"是一家致力于农村青少年儿童学习能力研究、学习习惯培养、应试技巧培训的中小学课外辅导机构。以乡村中小学学生为主体，关注农村学生学习成长、体察学生学习细节、端正学生学习态度、引导学生学习行为、激发学生学习动机、唤醒学生求知欲望、挖掘学生学习潜能。

2. 项目特色

目前城镇和农村教育还是有一定差别的，虽然农村家长也逐渐开始重视孩子的学习，但是农村几乎没有辅导班，而且城镇辅导班太远也太贵。

五、项目建设成果

从最初不到 20 名学生的补习班，到 100 多名学生的乡村"未来教育"培训中心。为小学至初中生提供全部实训的方案及资料。拓展了两处培训基地，形成一套正规的管理模式。

清思私人管家

一、项目类型

创业实践

二、项目组成员

马　锐　信息工程学院，计算机科学与技术
孟金玲　信息工程学院，计算机科学与技术
周　芮　信息工程学院，电子信息工程
司培培　信息工程学院，计算机科学与技术
刘佳莹　信息工程学院，通信工程

三、指导老师

郭　涛　信息工程学院，教授

四、项目介绍

1. 立项背景

随着社会的发展，社会的信息量较以往极大丰富，几乎任何一件事情都可以去专门研究，但人们往往没有精力为自己的每一件事情去搜集、甄别、专门化地去做出决策，人们也常常因为各种生活琐事而无法正常完成自己最应该做的事情。

本产品利用互联网、通信、信息技术，由专业团队分析用户日常活动，整合社会资源，刻画用户模型，以事件为驱动地为用户提供整套日常活动解决方案，使用户能够获取最优经验。

2. 项目特色

项目主要通过App、服务号、电话平台搭建客户与优质商家的合作平台，该平台主要致力于整合社会资源，节约客户时间成本，帮助客户决策，进而提升客户生活质量。

五、项目建设成果

(1) 在第九届全国大学生电子商务“创新、创意及创业”挑战赛甘肃赛区选拔赛陇东学院校赛中获二等奖。

(2) 在第五届中国“互联网＋”大学生创新创业大赛甘肃赛区选拔赛陇东学院校赛中获优秀奖。

喷漆机器人

一、项目类型

创新训练

二、项目组成员

吕晓举　电气工程学院，电气工程及其自动化
景宏星　电气工程学院，电气工程及其自动化
宋锦鹏　电气工程学院，电气工程及其自动化
史文迪　电气工程学院，电气工程及其自动化

三、指导老师

王彦璋　电气工程学院，讲师

四、项目介绍

1. 立项背景

喷涂机器人已经是我国需求最多的机器人之一，而我国在这方面相对落后，目前来看，我国大部分都是采用的国外的喷涂机器人，有的照搬国外的生产线，还存在维修、保养等问题，影响我国喷涂业的发展。所以，设计制造出我国自己的喷涂机器人是非常迫切和必要的。

本设计是基于机器人的自动喷漆，通过对红外遥控底座小车进行遥控，让喷漆机器人到达需要喷漆的各个工作区域。对步进电机进行控制，让步进电机导轨自动向上移动规定的距离后停止。机械臂开始动作，按下喷漆按钮，同时小车自动行驶，开始进行喷漆。等到喷完这条线后，步进电机自动转动一个角度，调整机械臂位置，让机械臂上移，重复下一次喷漆动作。

2. 项目特色

将传统中人手持喷枪改进成由机械臂完成，完成了喷漆的第一步无人化；采用步进电机进行传送，让喷枪能够灵活地进行垂直运动，且精准定时，使得喷枪能准确地到达垂直面上的每一个点；采用红外遥控控制，让整个装置能够到达工作区域。

五、项目建设成果

（1）完成喷漆机器人的整体研制。

（2）完成一台喷漆机器人系统设计与实现。

多功能安全折叠梯

一、项目类型

创新训练

二、项目组成员

杨继业　能源工程学院，安全工程
李进虎　能源工程学院，安全工程
丁　洋　能源工程学院，安全工程
王宏斌　机械工程学院，材料成型及控制工程

三、指导老师

贺文江　机械工程学院，讲师

四、项目介绍

1. 立项背景

“多功能”“方便”这些词语频繁出现在我们的生活中，这也是我们人类所追求的，越来越多的人喜欢追求多功能、方便、舒适。人们在工作的时候，经常会使用梯子这一辅助工具，每年因为梯子的不安全性所引发的事故不计其数，究其原因，主要是因为目前市场上的梯子设计不够安全、不够全面。现有市场上的梯子大多数为一字梯、人字梯。这两种梯子在设计上有很大的缺陷和不足，适应性较差。在搬运过程中，由于梯身过长、重量较重，使用起来极不方便。

2. 项目特色

(1) 踩踏面积增大，活动空间变大，工作环境舒适，安全系数增高，事故风险率降低。

(2) 具有普遍适应性，对使用环境不做严苛要求。

(3) 便携，单人可独立操作完成，使用方便，操作简单。

五、项目建设成果

(1) 完成实体装置模型 1 件。

(2) 完成说明书 1 份。

(3) 在陇东学院第十九届“挑战杯”大学生课外学术科技作品竞赛中荣获三等奖。

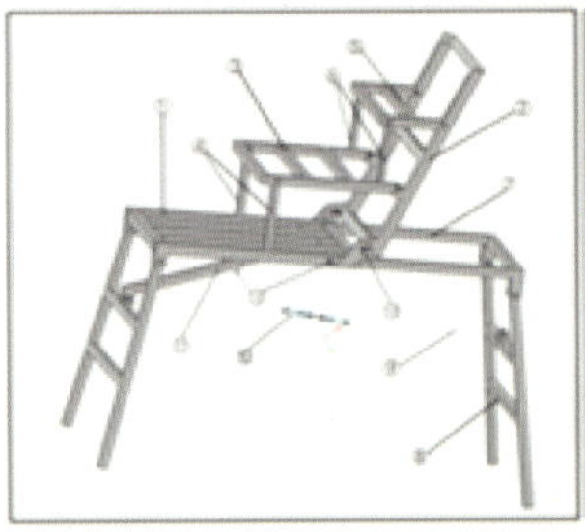
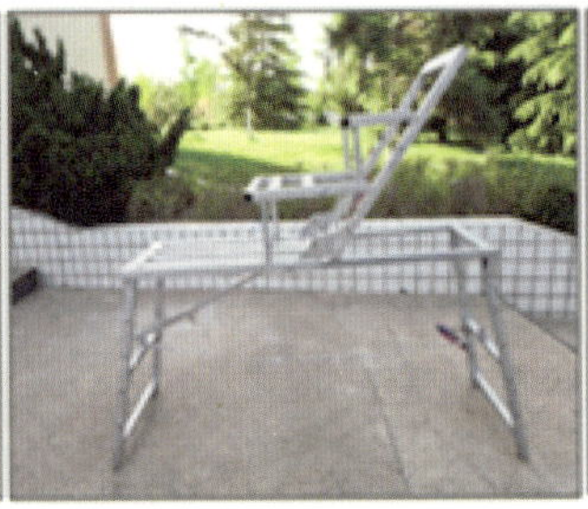

手血管模型的研发与推广

一、项目类型

创业实践

二、项目组成员

马　欣　经济管理学院，财务管理
毛晓英　经济管理学院，财务管理
赵文鹏　机械工程学院，机械工程
白芳芳　岐伯医学院，护理学

梁国晶　岐伯医学院，护理学

三、指导老师

马永祥　经济管理学院，教授

四、项目介绍

1. 立项背景

传统手血管模型操作烦琐、成本高、穿刺效果不够明显、回血速度没有预期效果、携带不方便、废液处理不够好，使用一段时间后整个手臂模型会被废液污染，造成视觉恐惧，会让学生产生一定的恐惧心理。针对传统手血管模型的缺点，我们构想出了自制手血管模型，它会克服以上传统手血管模型的不足，达到我们预期的效果，而自制手血管模型制作简单、成本低、携带方便，随时随地可以练习。

2. 项目特色

自制手血管模型不仅对学生静脉穿刺技术的提升有很大帮助，且对学生自身起到很好的保护作用。在静脉输液实验教学过程中，通过自制手血管模型练习静脉穿刺技术，使学生在短时间内掌握触摸血管和持针的感觉与技巧，给学生创造了一个从模型到真人的过渡阶段，减少学生的恐惧心理，并且可以尽快适应医院的发展，满足患者及家属的需求。本产品具有取材来源广泛、成本低、携带方便、可随时随地练习等特点。

五、项目建设成果

(1) 制作静脉穿刺模拟训练模型。

(2) 在庆阳市创新创业大赛中荣获二等奖。

(3) 在第四届中国“互联网+”大学生创新创业大赛甘肃赛区陇东学院校赛中荣获金奖。

(4) 在第五届中国“互联网+”大学生创新创业大赛甘肃赛区陇东学院校赛中荣获银奖。

(5) 在第五届中国“互联网+”大学生创新创业大赛中荣获甘肃省银奖。

校园文化纪念品产品

一、项目类型

创业实践

二、项目组成员

王三元　经济管理学院，财务管理
鲁尔斐　信息工程学院，物联网工程

牛艳辉　历史与地理学院，文物与博物馆学
宗　晶　信息工程学院，计算机科学与技术

三、指导老师

马永祥　经济管理学院，教授

四、项目介绍

1. 立项背景

为了方便大学生留一份纪念，以及毕业多年后不留遗憾。本项目以当代喜闻乐见的文化元素与校园的对接为契合点，实施校园纪念品产品的生产及推广。创新文化产品形式，丰富校园文化，进行线上线下销售，完成在校大学生及毕业生的纪念品需求。

2. 项目特色

项目以自然、环保为原则，以传承、创新为理念，将自然美与艺术美相结合，化腐朽为神奇，通过将天然树叶进行柔化、保色、防腐等多种生物化学处理及其他 20 多道加工工序，独创融合自然之美与艺术设计的树叶相片、花瓣照片、叶画叶雕等多种原创产品及其衍生品。

五、项目建设成果

制作校园文化纪念品。

中国庆阳特色馆

一、项目类型

创业实践

二、项目组成员

董小红　经济管理学院，财务管理
武　鹏　经济管理学院，公共事业管理
刘　晶　经济管理学院，财务管理

康银霞　经济管理学院，公共事业管理
方　静　经济管理学院，财务管理

三、指导老师

马永祥　经济管理学院，教授

四、项目介绍

1. 立项背景

中国庆阳特色馆是基于庆阳独特的自然资源和文化资源，利用电子商务技术搭建信息服务平台，通过线上订购与线下实体店体验相结合的营销方式，充分利用目前已经形成的城乡物流系统实现产品配送，为城市白领阶层和国内外客户提供庆阳剪纸、香包、刺绣、皮影四大民俗文化产品和白瓜子、金针菜等特色农产品，以推动庆阳特色产业发展。

2. 项目特色

在淘宝网站建立了“中国庆阳特色馆”淘宝店，处于项目试运营阶段。给每件产品赋予寓意，让产品故事化。通过客户参与宣传海报、微电影扩大宣传。线上视频教学，定期开展作品大赛，线下建立客户体验园。

五、项目建设成果

(1) 获第八届全国大学生电子商务“创新、创意及创业”挑战赛甘肃省选拔赛校赛一等奖。

(2) 获第四届中国“互联网＋”大学生创新创业大赛陇东学院选拔赛优秀奖。

(3) 获庆阳市创新创业大赛二等奖。

(4) 获第五届中国“互联网＋”大学生创新创业大赛甘肃赛区铜奖。

美丽人生

一、项目类型

创业训练

二、项目组成员

李书金 历史与地理学院，文物与博物馆
邵贞岚 历史与地理学院，文物与博物馆
关雪洁 历史与地理学院，地理科学
白 婷 历史与地理学院，地理科学

三、指导老师

王 浩 历史与地理学院，副教授

四、项目介绍

1. 立项背景

当代人文素质教育一般渗透在历史文化、哲学、伦理学等学科中，而礼仪教育涵盖了中华民族的文化教育和道德教育。礼仪可以把内在的道德精神与外在的道德形象很好地结合起来。在社会生活和交往中，总是通过礼仪来显现修养，表现一个人内在的涵养素质。

项目主要让大学生学习礼仪的基本知识、个人礼仪、社交礼仪、校园礼仪、求职礼仪等，在内容上从大学生现代交际的实际出发，重点培养大学生应有的语言、行为举止和相应的礼节礼貌，具有较强的针对性和实用性。

2. 项目特色

使学生在学习专业知识的同时，能全面掌握在人际交往活动中的一系列礼仪规范，为其踏入社会、发展自我、开拓事业做好充分的准备。

五、项目建设成果

让学生在大一就开始接触到相关礼仪课程，提早适应职场礼仪，学会展现自己，同时承接各二级学院晚会彩妆项目用于项目维护发展，以社团的形式存在，长久帮助本校学生进行相关方面的提升。

基于不同恒定低温下的水泥水化热实验研究

一、项目类型

创新训练

二、项目组成员

闫菲菲　土木工程学院，土木工程
冯进存　土木工程学院，土木工程
尚明强　土木工程学院，土木工程
杨　刚　土木工程学院，土木工程

三、指导老师

孙　波　土木工程学院，副教授

四、项目介绍

1. 立项背景

随着科技的发展，对混凝土的强度也会有越来越严格的要求，水泥水化状况直接关系到混凝土的强度。在低温条件下，水泥水化热往往会给混凝土带来严重的影响。水泥在水化过程中产生的热量将会聚集在结构内部不易散失出去，导致混凝土内部温度升高，如果混凝土内外温差过大，混凝土的抗拉强度不足以抵抗由温差引起的拉应力时就会产生表层温度裂缝，对结构造成损害。项目基于水泥水化热在低温环境中对工程带来的严重影响进行实验研究。

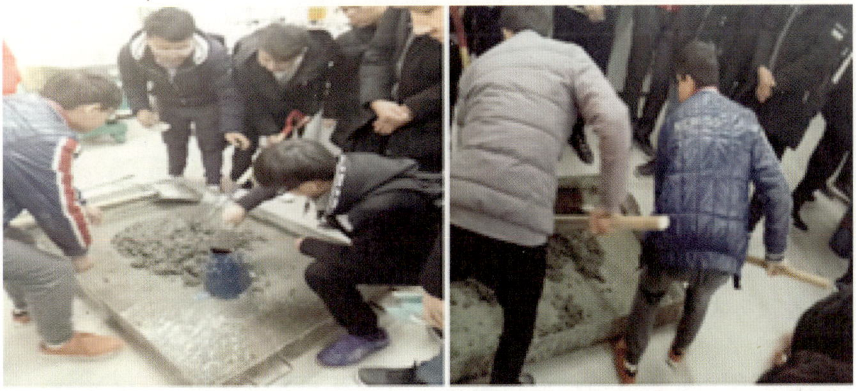

2. 项目特色

(1) 改善了不同恒定低温下水泥水化热对混凝土的影响,有针对性地改善施工过程中低温带来的不便情况。

(2) 解决了低温环境中施工不易、混凝土易出现裂缝等问题,而且延长建筑使用年限,有效地解决了施工成本高的问题。

(3) 通过分析温度及其他因素对混凝土的影响,从而研究出最利于建筑结构水泥水化温度,促进施工技术的成熟和发展。

五、项目建设成果

发表论文《基于 3 ℃恒定低温条件下水胶比和掺和料对胶凝材料水化热影响的实验研究》。

城市道路路段优化改造研究

一、项目类型

创新训练

二、项目组成员

樊永涛　土木工程学院,人文地理与城乡规划
赵宝军　土木工程学院,人文地理与城乡规划
车银凤　土木工程学院,人文地理与城乡规划
颉文珍　土木工程学院,人文地理与城乡规划

三、指导老师

李旭升　土木工程学院,讲师

四、项目介绍

1. 立项背景

尽管世界各国政府在道路建设上均投入了大量资金,城市及其周围修建了大量的交通设施,但是交通拥堵在世界许多国家仍然十分严重,已经成为非常突出的世界性难题。中国经济的迅猛发展以及都市生活质量的提高和节奏的加快,城市的道路网改进的速度不及城市车辆的增加速度,对于城市居民的上下班、上下学、休闲娱乐等造成了极大的困扰,同时也对城市的发展产生了相当的阻碍。

世界各国开始将计算机、信息、通信等技术引入公共交通领域,借助新技术来保障交通流畅、减少交通拥挤以降低污染。智能交通系统的规划、建设,归根到底是服务于城市交通发展的总体目标,提高设施系统的使用效率和服务水平。优化改造研究改变了以往的交通

管制方法，结合现代科技，将道路上行驶的车辆数量化、交通信号灯时长智能化、道路分隔带美观化。车辆、信号灯、分隔带“三位一体”的新型智能化交通管制系统是我们研发的适应当下和未来城市交通需求的产品。

2. 项目特色

使用智能交通系统，交通基础设施会得到充分利用，交通安全水平会得到大幅度提高，交通环保节能目标会得到更好地实现，交通系统的服务水平会得到不断提升。

五、项目建设成果

(1) 发表论文《庆阳市城区公共交通现状及发展研究》。
(2) 发表论文《庆阳市智能交通发展现状及研究策略》。

三种不同规格汽车防滑链盘研发及推广

一、项目类型

创新训练

二、项目组成员

王　晶　经济管理学院，财务管理
魏　涛　经济管理学院，财务管理
汪纽儿　经济管理学院，财务管理
高文华　经济管理学院，财务管理
贺振乾　机械工程学院，材料成型及控制工程

三、指导老师

马永祥　经济管理学院，教授

四、项目介绍

1. 立项背景

铁制防滑链因其对路面和轮胎的损害都很大，逐渐退出了市场。取而代之的是更加经济耐用且设计更加人性化的橡胶和牛筋防滑链，因为其内侧紧贴轮胎表面，外侧有钢钉和特质纹理，所以既不损伤轮胎也保证了防滑性能。

项目基于汽车行驶安全而研制的大、中、小三种规格的防滑链盘，应用于大型卡车、中小型汽车，开发的防滑链盘对轮胎具有保护、防撞、防暴晒、防爆胎后侧翻等功能。

2. 项目特色

该防滑链盘可以一直安装在汽车的轮胎上，在遇到泥泞路、冰雪路、野外勘探、山路驾驶等各种路况中有着不可替代的作用。

五、项目建设成果

研发出三种规格的防滑链盘，并获得国家发明专利。

农产品产销一体化

一、项目类型

创业实践

二、项目组成员

邓　婕　经济管理学院，财务管理
杨姝萱　经济管理学院，财务管理
张莹霞　经济管理学院，财务管理
鲁桐桐　经济管理学院，财务管理
岳生绢　经济管理学院，财务管理

三、指导老师

南亚娣　经济管理学院，讲师

四、项目介绍

1. 立项背景

互联网技术在农业信息的汇集、传播和利用过程中具有其他渠道无法比拟的优势，在现代农业发展过程中的应用越来越广泛，极大地促进了我国农业现代化的发展，促进了农业资源的优化合理配置。农民也可以通过多渠道宣传并销售农产品，提高经济效益，对于发展现代农业意义重大，推动传统农业向知识型农业发展。

项目旨在提前根据顾客需求为顾客提供不同农户种植的农副产品样品，让顾客提前认购，认购后再种植，同时定期向顾客提供所认购的农产品的生长情况，成熟后可让消费者采取自己采摘收获或网络监督收获的方式。

2. 项目特色

(1) 本项目主要满足顾客的个性化需求。

(2) 打破时空限制,进行线上线下相结合的营销方式。

(3) 极大发挥市场作用,解决农产品滞销问题。

(4) 吸引更多创业者转战农村,为农产品市场注入活力。

五、项目建设成果

建立农产品生产者与消费者之间互利互惠的营销平台,帮助广大农业生产者尽可能地获利。以市场需求为导向,根据顾客需求情况合理组织生产,避免因产量和价格的巨大波动带来的效益不稳定,降低农业生产风险。

一种尺寸可调节式衣撑的研发及市场推广

一、项目类型

创业实践

二、项目组成员

王强乐　土木工程学院,土木工程
邱阳焱　土木工程学院,土木工程
柳智刚　土木工程学院,土木工程
余正鹏　土木工程学院,土木工程

三、指导老师

杨　阳　土木工程学院,副教授

四、项目介绍

1. 立项背景

本款可调节式衣撑解决了传统衣撑对于一些大件物品晾晒困难、各类尺寸不一的衣服找不到合适衣撑的问题,提高了衣撑的使用率,而且耐久性、承重性好,可以长时间地使用,解决了传统衣撑使用过程易出现的断裂问题,降低了使用成本,避免了资源浪费,同时达到了环保的目的。

2. 项目特色

该项目在研发过程中采用观察法和类比法,研究出与可伸缩梯子类似的伸缩结构,增加了衣撑的功能。材料采用 304 不锈钢,大大降低了成本,便于大批推广使用。

五、项目建设成果

一种尺寸可调节式衣撑实用新型专利。

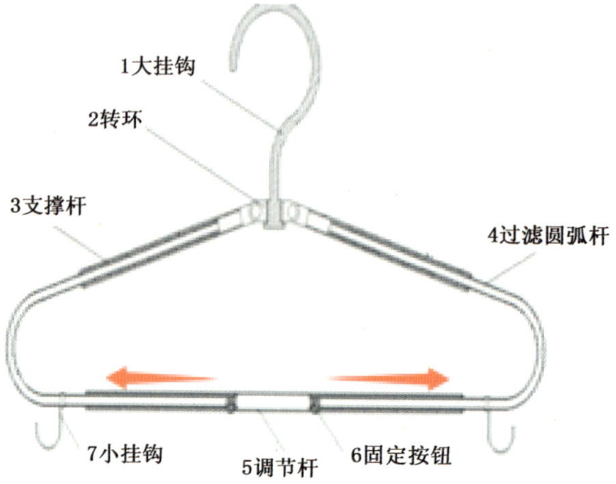

新型热蒸汽清洁油田抽油管杆清洗装置研发与推广

一、项目类型

创业训练

二、项目组成员

赵小军　数学与统计学院，数学与应用数学
郭　帅　能源工程学院，石油工程
郭培培　能源工程学院，石油工程
赵调兄　数学与统计学院，信息与计算科学

三、指导老师

付桐林　数学与统计学院，副教授

四、项目介绍

1. 立项背景

采用油井自产液作为洗井介质，在热洗过程中不需要向地层注入外来水，对油井的地层不会造成伤害，采用热蒸汽清洁技术有效减少油管杆的地表污染，提高清洗质量和清洗效果。

2. 项目特色

本项目提供了一种新型热蒸汽清洁油田抽油管杆和井口清洗装置，可以提高清洗质量和清洗效果。

五、项目建设成果

发表论文《油井防垢与清蜡现状及措施》。

智能医疗健康手环

一、项目类型

创业实践

二、项目组成员

谢　望　经济管理学院，经济学
刘发强　经济管理学院，财务管理
王　静　经济管理学院，财务管理
王昌毅　经济管理学院，财务管理

三、指导老师

马永祥　经济管理学院，教授

四、项目介绍

1. 立项背景

智慧养老是面向居家老人、社区及养老机构的传感网系统与信息平台，并在此基础上提供实时、快捷、高效、低成本、物联化、互联化、智能化的养老服务。随着科技的进步，新型养老方式日趋流行，社会上也涌现出一系列如只为父母设计的电视盒子等高科技产品，提升老人的晚年生活质量，最大限度地解决空巢老人的问题，是智慧养老、候鸟式养老、信息化养老、中国式养老的新形式。

智慧健康养老利用物联网、云计算、大数据、智能硬件等新一代信息技术产品，能够实现个人、家庭、社区、机构与健康养老资源的有效对接和优化配置，推动健康养老服务智慧化升级，提升健康养老服务质量。

2. 项目特色

本产品外观新颖，营造拥有情感的中国元素，以传统艺术结合现代工艺，设计出有利于人类健康发展的智能终端产品。

五、项目建设成果

(1) 制作智能医疗健康手环模型。

(2) 初步与灵台惠仁中医院取得联系，以求进一步研发合作。

图书馆茶吧计划

一、项目类型

创业实践

二、项目组成员

吕亚楠　经济管理学院，财务管理

王列云　经济管理学院，财务管理

张　攀　经济管理学院，财务管理

三、指导老师

南亚娣　经济管理学院，讲师

四、项目介绍

1. 立项背景

在图书馆设立茶吧，为图书馆读书的同学和老师泡一杯茶、冲一杯咖啡、温一杯牛奶，让书香与茶香相伴，并可以让勤工俭学的同学在茶吧工作，一边勤工俭学，一边可以在图书馆学习，既避免了校外兼职的安全风险，又提供了更多的工作机会，最重要的是为图书馆添一份温情与舒适，为本校师生在图书馆提供更人性化的服务。

2. 项目特色

项目的主要特色是便捷，在图书馆开茶吧可以很大程度上给老师同学带来便利，在长时间学习后可以去茶吧放松一下。

五、项目建设成果

建设并运营茶吧。

鱼疗咖啡厅

一、项目类型

创业实践

二、项目组成员

李启华　经济管理学院，财务管理
马志雄　经济管理学院，财务管理
马雄忠　经济管理学院，财务管理
穆晶晶　经济管理学院，财务管理
肖旭红　经济管理学院，财务管理

三、指导老师

李　婷　经济管理学院，讲师

四、项目介绍

1. 立项背景

鱼疗对人体有极大的好处，可以吸食人体新陈代谢的死皮以及残留在人体表皮毛孔中的垃圾和细菌。咖啡厅自诞生以来受到了各大消费群体的青睐，咖啡厅往往能给人带来小资、文艺、温馨的感受，能够隔绝外界的嘈杂，缓解压力，给人们带来精神上的疗养，给思考和工作提供了缓冲，同时使人们以更加积极的态度面对生活。

鱼疗咖啡厅是结合鱼疗与咖啡厅各自特色的产物，为在快节奏下生活的广大消费群体推出集养生与慢节奏品味咖啡于一体的精神放松与身体疗养。

2. 项目特色

摒弃了传统鱼疗由于时间过长而导致的肢体的浮肿，提高了消费者的舒适性。以蓝色调为整个店面的主打色，易让顾客联想到海洋、天空、水以及宇宙。

五、项目建设成果

成立鱼疗咖啡厅，为在辛劳工作后的人提供一个放松、休闲、阅读于一体的场所。

变色多功能笔

一、项目类型

创业实践

二、项目组成员

刘发强　经济管理学院，财务管理
张　瑞　经济管理学院，财务管理
宋文斌　经济管理学院，财务管理

三、指导老师

李　婷　经济管理学院，讲师

四、项目介绍

1．立项背景

我国自来水笔、圆珠笔、木杆铅笔的产量均居世界首位，是当之无愧的制笔大国，但我国制笔产业却大而不强，甚至面临生存危机。科技改变了我们的生活，电子时代、智能信息、大数据等无不影响着我们的工作和学习，使用笔那是不可或缺的，在笔的背后蕴含着一个非常广阔的消费市场。我们计划设计出一款新型笔，使用时无须替换笔芯并能够变换颜色，便利工作和学习。

2. 项目特色

利用内置墨盒可变换笔芯颜色，墨盒中储存多种颜料，适应于不同环境下的学习记录和工作会议记录，书写更加清楚且不易褪色。拥有永久性笔芯，无须更换。笔杆外部采用复合亚克力材质，手感爽滑，环保性强，有极佳的耐候性，兼具良好的表面硬度与光泽，无毒无辐射，加工可塑性强，适用于不同的群体。

五、项目建设成果

制作变色笔的构造模型。

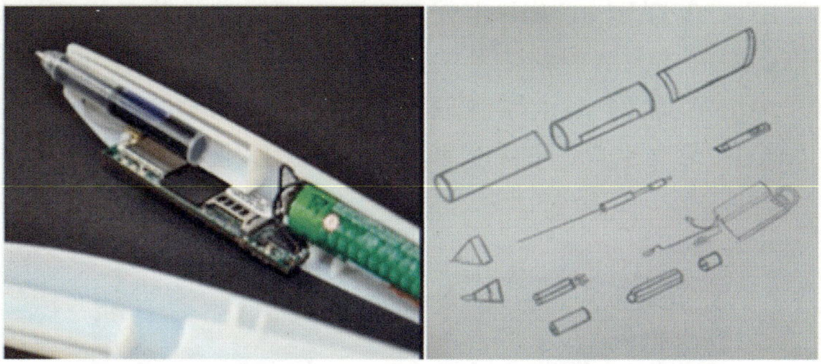

便携式智能输液器

一、项目类型

创业实践

二、项目组成员

杨大伟　经济管理学院，财务管理
李　露　经济管理学院，财务管理
董小红　经济管理学院，财务管理
罗亚丽　岐伯医学院，护理学
李　辉　机械工程学院，机械设计制造及其自动化

三、指导老师

马永祥　经济管理学院，教授

四、项目介绍

1. 立项背景

医疗器械行业是当今世界发展最快的行业之一，市场需求以最新产品的升级换代为主，市场规模庞大，高端医疗电子设备需求增长稳定。而传统输液器仍保留着最原始的功能，缺

乏智能化的控制手段;新型输液器还未被广泛推广,应用的领域也很少。新一代智能输液器作为一种新型产品,在全球智能化的大环境下具有广阔的市场前景。

2. 项目特色

新一代智能输液器使病人可以在输液期间自由活动,消除病人由于长期卧床或静坐给身体带来的不适,也避免了传统输液方式的诸多不便。根据自身的需要对液体的流速和流量进行控制,且产品结构稳定,可重复使用。

五、项目建设成果

(1) 在第四届中国"互联网+"大学生创新创业大赛陇东学院选拔赛中获铜奖。

(2) 在庆阳市创新创业大赛中获二等奖。

(3) 在第五届中国"互联网+"大学生创新创业大赛陇东学院选拔赛中获铜奖。

(4) 在第九届全国大学生电子商务"创新、创意及创业"挑战赛陇东学院校赛中获优胜奖。

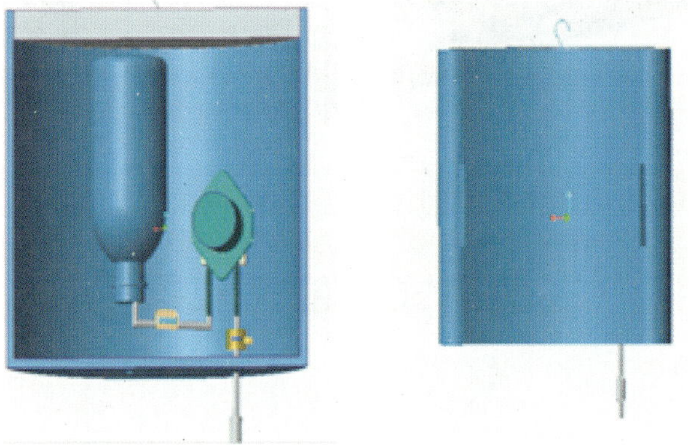

黑果枸杞多酚保健品的制备

一、项目类型

创新训练

二、项目组成员

曾文齐　化学化工学院,应用化学
巩文清　化学化工学院,应用化学
王　洋　化学化工学院,应用化学
杨娜娜　化学化工学院,化学

三、指导老师

武　芸　化学化工学院,教授

四、项目介绍

1. 立项背景

黑果枸杞被誉为“软黄金”，果实为黑色，茄科枸杞属植物。野生枸杞资源分布于大西北地区，含有丰富的营养成分，在民间常被作为野生果实或者榨汁作为红色饮料食用。据记载，藏医以其成熟的果实入药，治疗心热病、心脏病、月经不调、停经等病症。

本项目以黑果枸杞粉碎提取后的多酚为原料，通过选用合适的大孔树脂进行黑果枸杞多酚纯化工艺研究，得到纯度较高的黑果枸杞多酚。再以纯化之后的黑果枸杞多酚为原料，制备出一种方便携带、易于存放的黑果枸杞多酚保健品。

2. 项目特色

采用天然植物中提取的营养物质为原料制备保健品，无毒无害、绿色环保、易于存放、便于携带，在黑果枸杞开发利用方面进行了探索。

五、项目建设成果

(1) 研制出黑果枸杞多酚口服液。

(2) 提交研究报告1份。

(3) 撰写论文《溶剂法与超声辅助法提取黑果枸杞多酚的工艺比较》。

废膜清洗机

一、项目类型

创新训练

二、项目组成员

蒙旭成 机械工程学院，机械设计制造及其自动化
魏选平 机械工程学院，机械设计制造及其自动化
张文博 机械工程学院，机械设计制造及其自动化
付云斌 机械工程学院，机械设计制造及其自动化
田玉琢 机械工程学院，机械设计制造及其自动化

三、指导老师

王建吉 机械工程学院，教授

四、项目介绍

1. 立项背景

废膜清洗机是进行废膜清洗及回收的装置。近年来，由于采用大面积地膜种植技术，所形成的残膜不能够彻底捡拾造成土壤污染。随着我国对农业清洁生产示范项目的深入推行，要求对包括农用废膜、滴灌带、农药包装废塑、编织袋等在内的农业废塑达到80%以上的回收利用率，并从多方面加强审批或监管。

本项目是由传送带将废旧膜送至旋转清洗桶进行清洗，清洗完成后用传送带传送到甩干桶进行甩干，然后再进行压块处理，以达到完全清洗的作用。

2. 项目特色

(1) 本设计遵循创新、实用、美观、经济。

(2) 实现了一体化，可进行白色垃圾的回收，减少环境污染。

五、项目建设成果

(1) 制作完成废膜清洗机三维模型图。

(2) 废膜清洗机设计说明书1套。

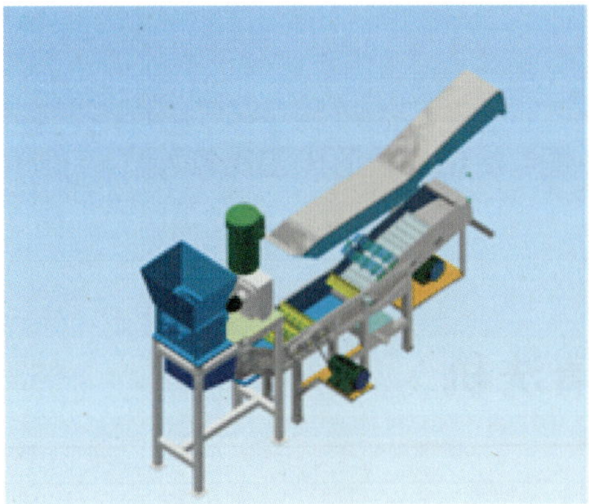

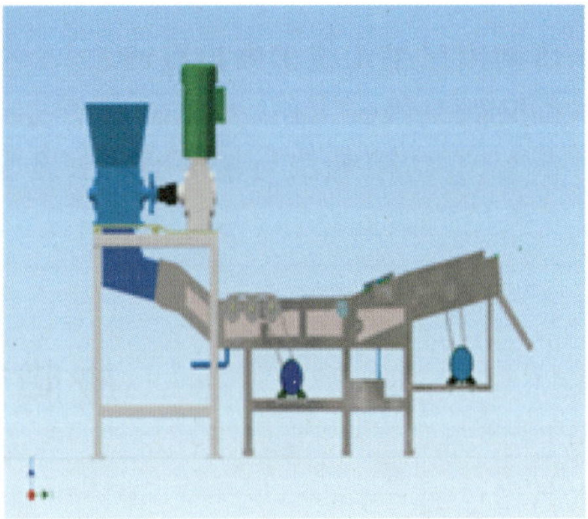

精准扶贫战略下陇东黄土高原区农户可持续生计研究

一、项目类型

创新训练

二、项目组成员

王菊萍　历史与地理学院，地理科学
李继文　历史与地理学院，地理科学
邢亚利　历史与地理学院，地理科学
白郭军　历史与地理学院，地理科学

三、指导老师

石　彦　历史与地理学院，讲师

四、项目介绍

1. 立项背景

项目从当前实施的精准扶贫相关政策入手，从多角度、多层次剖析陇东黄土高原区农户生计资本和生计活动状况以及可持续生计所存在的问题。通过采用 DFID 的 SLA 框架，从农户的生计资本、生计策略、生计后果三方面入手，运用资料分析、文献研究及比较研究和数学统计等方法，分析陇东黄土高原区不同类型区农户生计资本与生计活动的关系和差异。

2. 项目特色

项目研究以陇东黄土高原区农户可持续生计作为研究内容，成果有利于生态环境改善、生活水平提高，弥补了相关实证研究对陇东黄土高原区生计策略单一、对区域经济发展研究不足等缺陷，从而为陇东黄土高原区未来发展战略的制定提供了丰富的资料和参考。

五、项目建设成果

(1) 完成《精准扶贫战略下陇东黄土高原区农户可持续生计研究》研究报告 1 份。
(2) 完成《精准扶贫战略下陇东黄土高原区农户可持续生计研究》论文 1 篇。

基于 COMSOL 数值模拟的石门揭煤效果检验模型构建

一、项目类型

创新训练

二、项目组成员

陈　静　能源工程学院，安全工程
苏芮庆　能源工程学院，安全工程
尚丽萱　能源工程学院，安全工程
李进虎　能源工程学院，安全工程
崔小燕　能源工程学院，安全工程

三、指导老师

杨峰峰　能源工程学院，副教授

四、项目介绍

1. 立项背景

随着浅部资源逐渐枯竭，我国矿井开采迅速向深部延伸，深部矿井具有高地应力、高地温、高岩溶水压的复杂力学环境，煤与瓦斯突出的危险较大。

根据石门揭煤工作面采取防突措施前后煤层变化的特点，提出了一种新的适合快速检验煤层防突效果的方法。通过理论分析，得到连续钻进初始瓦斯流量法检验石门揭煤防突效果的理论基础。采用 COMSOL 软件模拟不同条件下的连续钻进过程瓦斯涌出特性。

2. 项目特色

项目可以根据矿井实际条件及瓦斯地质参数，对突出矿井或突出工作面进行更简单、准确的效果检验，减少效果检验钻孔数量，通过 COMSOL 模拟软件建立物理模型方程，构建效果检验模型，降低开采成本。

五、项目建设成果

(1) 建立基于 COMSOL 数值模拟的石门揭煤效果检验模型。
(2) 说明书、简介各 1 份。
(3) 完成《基于模糊综合评价法的学生创新创业能力评价研究》学术论文 1 篇。

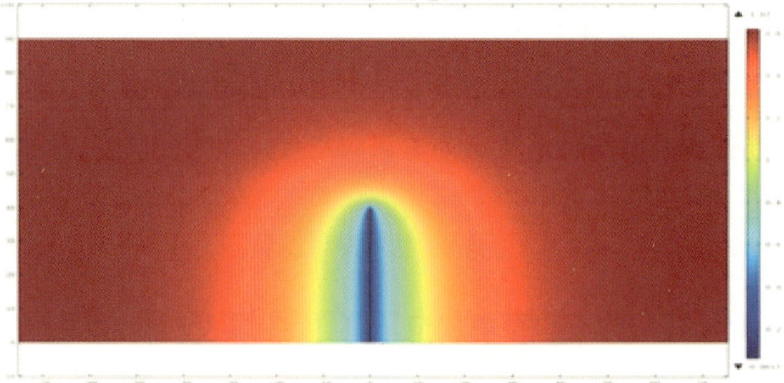

基于开放数据的庆阳城区餐饮业空间布局特征研究

一、项目类型

创新训练

二、项目组成员

陈伟宏 土木工程学院,人文地理与城乡规划
韩桂孝 土木工程学院,人文地理与城乡规划
牛玉珍 信息工程学院,计算机技术与科学

三、指导老师

高崻南 土木工程学院,讲师

四、项目介绍

1. 立项背景

"民以食为天",从某种意义上讲,餐饮业作为一种消费空间,映射出一个地区的文化底蕴和生活形态。餐饮商户的数量、餐饮业态及其空间分布是衡量一个地区服务业发展状况的重要指标,也是评价区域经济发展水平和对外开放程度的重要依据。餐饮业在经历了理性消费时代、感觉消费时代,最终跨入情感消费时代后,其业态和服务形式也发生了剧变。传统的社会统计和问卷方法,难以支撑新常态下餐饮业的现状评估与发展预测,需要挖掘新的数据来源,探索新的研究方法与范式。

项目研究庆阳城区餐饮业空间分布格局及综合评价主要用于了解城市内部餐饮业综合发展情况,为政府的服务设施规划和政策制定提供思路与决策依据,引导智慧营销和智慧出行。

2. 项目特色

以美团为基础,通过火车采集器对庆阳城区范围内的餐饮商户信息数据和点评数据进行抓取,并进行数据的清洗和预处理,采用核密度分析法对其空间分布特征进行分析。在建立综合发展水平指标体系的基础上,通过 SPSS 软件进行数据统计,计算各商户的综合得分和排名,结合各类餐饮业密度分布的空间聚类分析,明确庆阳城区主要餐饮业态构成和空间集聚程度,使用 ArcGIS 进行空间可视化表达;在对庆阳城区餐饮业划定密度空间聚类识别的基础上,提出庆阳城区公共服务设施体系优化与调整建议。

五、项目建设成果

(1) 发表论文《基于 POI 数据的西安市幼儿园空间分布格局研究》。
(2) 完成论文《基于美团网的西峰区餐饮业空间布局分析》。
(3) 完成论文《基于网络口碑度的庆阳市城区餐饮业空间布局研究》。
(4) 完成庆阳市城区美食指南研究报告 1 份。

稚子影像:儿童个性发展筑梦坊

一、项目类型

创新训练

二、项目组成员

李　丹　教育学院,学前教育
路昀灵　教育学院,学前教育
张　芳　教育学院,学前教育
鲁　昊　教育学院,小学教育
孙玉川　信息工程学院,计算机科学与技术

三、指导老师

张莉萍　教育学院,副教授

四、项目介绍

1. 立项背景

"互联网+"时代遇上大数据时代,基于互联网的数据统计具有不可预估的价值。微信公众平台具有复杂的数据分析功能,这一功能在一些企业和商业营销中应用十分广泛。

本项目数字化的学前教育资源库的建设规模虽然较小,但方便快捷、资源种类相对丰富,具有较强的针对性,富有特色,能够满足幼儿个性教育资源的需求。

2. 项目特色

筑梦坊提供切实的教育支持与帮助(可线上私发求助,可线下面对面),摒弃商业化竞争模式,利用周边资源进行适合幼儿的游戏活动,开发幼儿兴趣,培养幼儿良好品质、行为习惯。

五、项目建设成果

成功开发出稚子影像——儿童个性发展筑梦坊微信公众号。将微信平台发展为专门的App,承载更多的注册用户需求。定期地开展线下筑梦团的活动,打造强而有力的品牌文化效应。

小蜜蜂兼职平台

一、项目类型

创业实践

二、项目组成员

向　婷　经济管理学院，财务管理
夏安康　土木工程学院，土木工程
章三虎　土木工程学院，土木工程
郭世妮　经济管理学院，财务管理

三、指导老师

郭威威　经济管理学院，副教授

四、项目介绍

1. 立项背景

近几年来，随着大学生人数的不断增加，毕业后的就业压力也随之增大。为了帮助大学生能够提前适应社会和提前接触社会，以便能更好地提升社会实践能力，特此推出小蜜蜂兼职平台，让同学们利用兼职实习锻炼自己，帮助大学生尽早树立正确的就业观，为大学生兼职提供思想和行动上的系统帮助。

小蜜蜂兼职平台负责联系各中小型企业、辅导机构，进行资源整合，进行规模化的宣传，并对用人机构以及兼职人员的具体需求做出资料整合，以便后期有针对性地培训，让在校大学生利用兼职锻炼自己、提升自身的综合素质。

2. 项目特色

兼职平台是一个以线上信息交流为主、线下宣传为辅的资源交流平台，其项目运营成本较为低廉，采用线上和线下相结合的模式进行宣传。

五、项目建设成果

打造微信小程序、微信公众号平台。

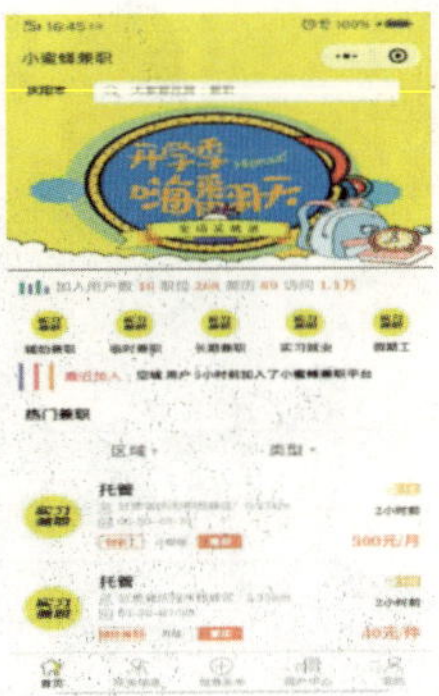

第五章　创新创业风采

一、上级领导关怀

2016 年 5 月，省人社厅副厅长刘诚莅临我校督察大学生创新创业基地建设情况

2016 年 8 月，党委副书记、院长郭维俊教授检查指导学生创新创业项目

2017 年 6 月，省科技厅副厅长巨有谦出席我校首届“劲速杯”电车方程式锦标赛开幕式

2017 年 7 月，省政协原副主席郝远在第三届中国“互联网＋”大学生创新创业大赛甘肃赛区决赛颁奖仪式上与我校参赛代表队合影

2017 年 7 月，党委常委、副院长刘万锋教授现场指导第三届中国“互联网＋”大学生创新创业大赛甘肃赛区决赛

2017 年 12 月，校党委书记曹复兴出席陇东学院首届大学生创意集市开幕式

2018 年 5 月，党委常委、副院长刘万锋教授参加
第四届中国“互联网＋”大学生创新创业大赛“青年红色筑梦之旅”活动

2018 年 7 月，省教育厅厅长王海燕现场指导我校
第四届中国“互联网＋”大学生创新创业大赛甘肃赛区决赛项目

2018 年 10 月，省教育厅高校工委专职副书记张晓东与我校参加
第四届中国“互联网＋”大学生创新创业大赛全国总决赛的团队代表合影

2019 年 5 月，党委常委、副院长刘万锋教授参加第五届中国“互联网＋”
大学生创新创业大赛甘肃赛区“青年红色筑梦之旅”活动启动仪式

2019 年 6 月，兰州理工大学党委常委、副校长曾华辉教授一行
在孙立峰研究员的陪同下检查指导我校创新创业工作

2019 年 10 月，省教育厅高教处处长张发旺与我校参加
第五届中国“互联网＋”大学生创新创业大赛全国总决赛的教师代表合影

2019 年 12 月，兰州理工大学党委常委、副校长曹洁教授一行检查指导我校就业创业能力工程项目建设工作

2020 年 6 月，院长辛刚国教授检查指导学校创新创业工作

2020 年 11 月，西安财经大学副校长李佼瑞一行来我校考察创新创业工作

2021 年 3 月，省教育厅副厅长张国珍指导学校创新创业工作

2021 年 9 月，甘肃省副省长张世珍指导第六届中国国际“互联网＋”大学生创新创业大赛甘肃省分赛我校参赛项目

二、各类创新创业大赛

2016 年 8 月，陇东民俗文化艺术中心创新团队在第二届“中国创翼”青年创业创新大赛甘肃赛区决赛现场展示

2016 年 9 月，我校代表队参加“中国创翼”青年创业创新大赛全国总决赛

2016 年 12 月，我校代表队参加在兰州新区举行的甘肃省第七届大学生创新创业大赛

2017 年 7 月，我校选手在第三届中国“互联网＋”大学生创新创业大赛省级决赛现场路演

2017 年 7 月，我校师生在第三届中国“互联网＋”大学生创新创业大赛省级决赛现场交流

2017 年 10 月，我校创新创业导师观摩第三届中国“互联网＋”大学生创新创业大赛全国总决赛，甘肃省教育厅高校工委专职副书记张晓东（右一）现场指导

2018 年 6 月，第四届中国“互联网＋”大学生创新创业大赛陇东学院选拔赛产品展示

2018 年 6 月，我校代表队参加第八届全国大学生电子商务“创新、创意及创业”挑战赛甘肃赛区决赛

2018 年 6 月，我校代表队参加在陇南市武都区举行的第八届全国大学生电子商务
“创新、创意及创业”挑战赛甘肃赛区决赛并获一等奖

2018 年 9 月，我校师生参加第四届中国"互联网＋"大学生创新创业大赛省级决赛

2018 年 9 月，首届庆阳市学术年会创新创业大赛在我校举行

2018 年 10 月，我校代表队参加第四届中国“互联网+”大学生创新创业大赛全国总决赛

2018 年 12 月，我校代表队参加“兰州银行杯”甘肃省第九届大学生创新创业大赛

2019 年 5 月，我校代表参加第五届中国"互联网＋"大学生创新创业大赛
甘肃赛区启动会暨甘肃省"青年红色筑梦之旅"活动启动仪式

2019 年 6 月，第五届中国"互联网＋"大学生创新创业大赛甘肃赛区决赛陇东学院校赛

2019 年 6 月，我校代表队参加第五届中国"互联网＋"大学生创新创业大赛
全国"青年红色筑梦之旅"活动启动仪式

2019 年 6 月，我校代表队参加在张掖市甘州区举行的
第九届全国大学生电子商务"创新、创意及创业"挑战赛甘肃赛区决赛并获一等奖

2019 年 8 月，我校代表队参加第五届中国“互联网＋”大学生创新创业大赛省级决赛

2019 年 10 月，我校代表队参加首届“甘青宁”高校创新创业大赛

2020 年 7 月，我校代表队参加第十届全国大学生电子商务“创新、创意及创业”挑战赛甘肃赛区选拔赛省级决赛

2020 年 9 月，我校代表队参加第六届中国国际“互联网＋”大学生创新创业大赛甘肃省分赛

2020 年 11 月，我校代表队参加庆阳市首届直播电商带货大赛启动仪式暨预赛现场集中比赛

2020 年 11 月，我校举办首届大学生就业创业大赛（创业实践组）

2020 年 12 月，我校举办第二届“陇匠杯”创新创意挑战赛

2021 年 4 月，我校代表队参加庆阳市创业创新大赛

2021 年 4 月，我校举办第十一届全国大学生电子商务“创新、创意及创业”挑战赛校赛

三、各类创新创业活动

2016 年 7 月，新道公司创新创业教育专家来我校进行创新创业师资培训

2016 年 9 月，我校第一届大学生创新创业成果展示交流会开幕

2016 年 9 月，我校第一届大学生创新创业成果展示交流会现场交流

2016 年 9 月，我校创新创业导师环县汇聚翔工贸有限公司总经理李书勤女士来校做报告

2017 年 6 月，我校首届“劲速杯”电车方程式锦标赛开幕

2018 年 4 月，陈铭元素绘画艺术作品展举行

2018 年 5 月，我校第三届剪纸作品展现场

2018 年 6 月，我校举行"创客杯"舰船创新创意设计竞赛

2018 年 7 月，党委书记曹复兴参观并指导我校首届大学生创意集市作品展

2018 年 7 月，我校师生参加“陇商崛起、对话庆阳”活动

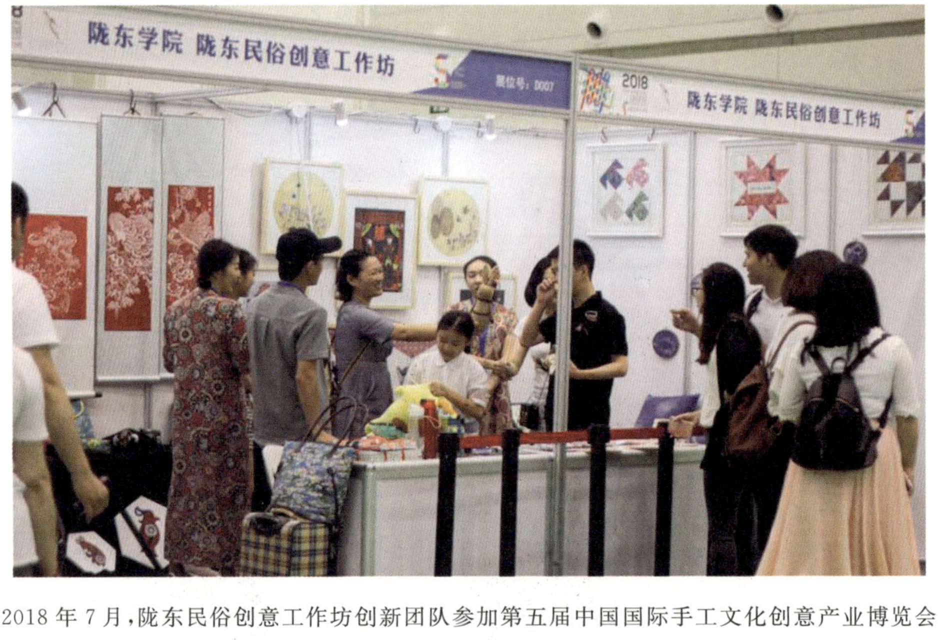

2018 年 7 月，陇东民俗创意工作坊创新团队参加第五届中国国际手工文化创意产业博览会

2018 年 8 月，杨骞鑫个人剪纸作品展

2018 年 9 月，我校第三届剪纸大赛现场交流

2019 年 3 月，美国密苏里大学创新与创业学博士杨晓明莅临我校做创新创业专题报告

2019 年 12 月，我校在全省高校新创业教育暨“互联网＋”大学生创新创业大赛总结推进会上做经验交流

2020 年 10 月，甘肃中庆财富实业集团有限公司董事长、庆阳中庆农产品有限公司董事长刘万年来我校做创新创业报告

2020 年 10 月，我校举行大学生创新创业及电子商务培训活动

2020 年 11 月，甘肃环球快运商旅集团有限公司董事长、总经理
毛永吉来我校做创新创业报告

2020 年 12 月，深圳职业技术学院黄灯教授来我校做创业励志报告

2021 年 4 月，我校举办“区块链技术走进校园”主题宣讲暨赛前培训会

2021 年 4 月，我校“青年红色筑梦之旅”活动启动

2021 年 4 月，兰州理工大学创新创业学院常务副院长冯辉霞教授
来我校做创新创业工作交流

四、各类创新创业获奖

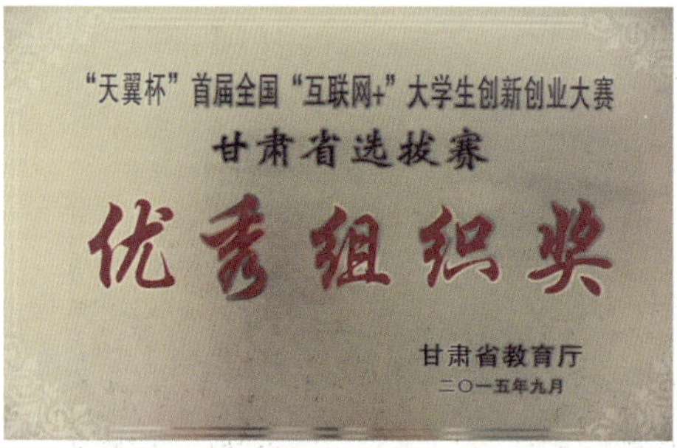

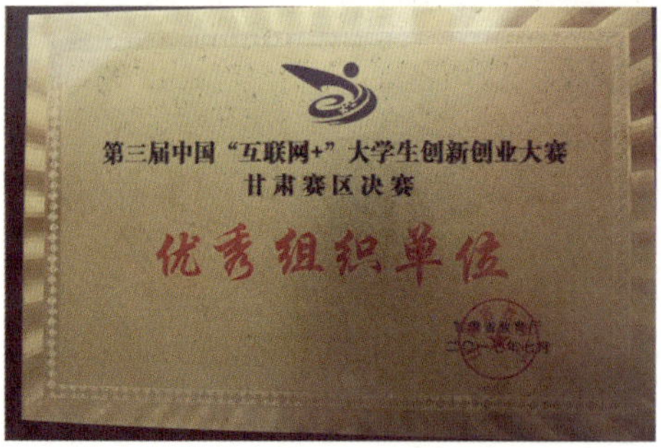

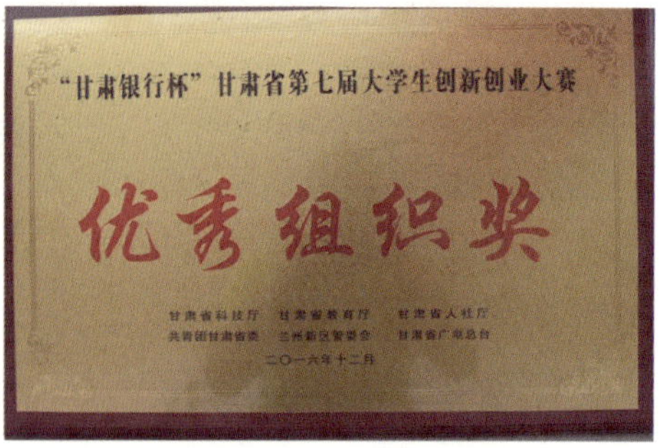

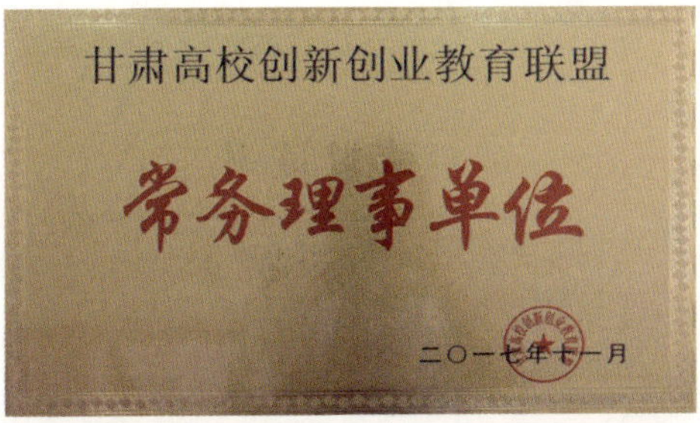
甘肃高校创新创业教育联盟
常务理事单位
二〇一七年十一月

庆阳市首届
直播电商带货大赛
优秀组织单位
庆阳市商务局
二〇二〇年十二月

银奖
铜奖
一等奖

获奖证书
包金朋、张明旺、张 娜、杜丽丽、陈雪琴、张荣通：
你们的作品《千万亩苹果防冰雹套袋新产品推广》，在第四届中国"互联网+"大学生创新创业大赛中荣获 银奖
指导教师：杨春华、张小伟、苟小平、马永祥
特发此证，以资鼓励。
中国"互联网+"大学生创新创业大赛组织委员会
证书编号：201810038

第三届中国"互联网+"大学生创新创业大赛
甘肃赛区决赛
果真好--甘肃奥宝果品开发有限公司 项目获得：
金 奖
甘肃省教育厅
二〇一七年七月三十日

三创赛
获奖证书
贵团队的作品荣获第八届全国大学生电子商务"创新、创意及创业"挑战赛总决赛
特发此证，以资鼓励。
团队成员：
指导老师：
证书编号：
全国大学生电子商务"创新、创意及创业"挑战赛竞赛组织委员会

三创赛
第九届全国大学生电子商务"创新、创意及创业"挑战赛甘肃赛区决赛
获奖证书
王继宏、景钰军、倪文刚、张雪容、吕亚楠同学：
你（们）的项目《 数字遥控高压静电场电源产业化与营销 》在第九届全国大学生电子商务"创新、创意及创业"挑战赛甘肃赛区决赛荣获
一等奖
指导教师：付春锋、郭炜、柳光明
特颁此证，以资鼓励。
甘肃省教育厅
二〇一九年十月

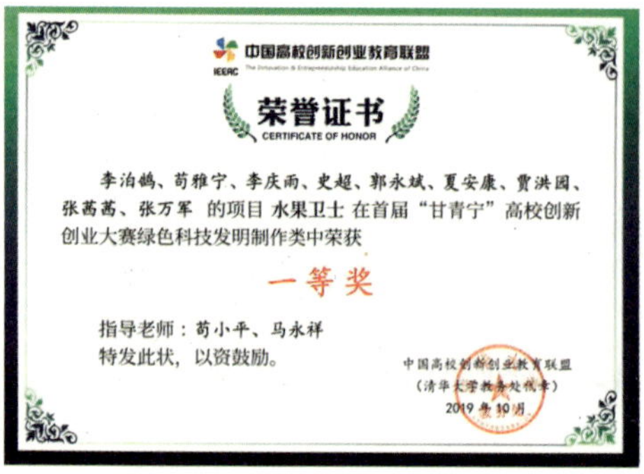

中国高校创新创业教育联盟
IEERC The Innovation & Entrepreneurship Education Alliance of China

荣誉证书
CERTIFICATE OF HONOR

李泊鹤、苟雅宁、李庆雨、史超、郭永斌、夏安康、贾洪国、张茜茜、张万军　的项目 水果卫士 在首届“甘青宁”高校创新创业大赛绿色科技发明制作类中荣获

一等奖

指导老师：苟小平、马永祥
特发此状，以资鼓励。

中国高校创新创业教育联盟
（清华大学教务处代章）
2019年10月

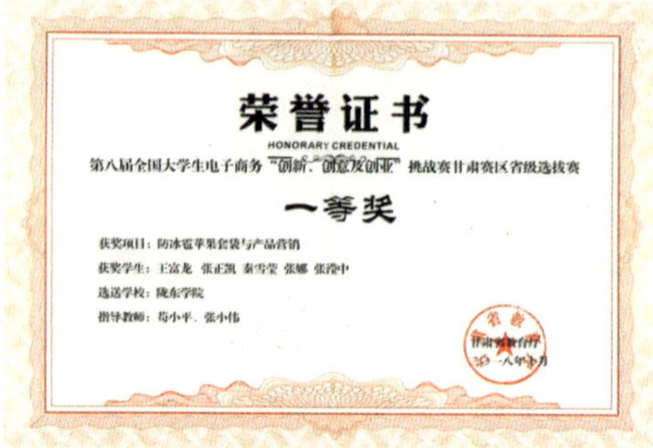

荣誉证书
HONORARY CREDENTIAL
第八届全国大学生电子商务“创新、创意及创业”挑战赛甘肃赛区省级选拔赛

一等奖

获奖项目：防冰雹苹果套袋与产品营销
获奖学生：王富龙　张正凯　秦雪莹　张娜　张澄中
选送学校：陇东学院
指导教师：苟小平、张小伟

甘肃省教育厅
二〇一八年十月

第三届中国“互联网+”大学生创新创业大赛
甘肃赛区决赛

Aviator无人机培训公司 项目获得：

银　奖

项目团队成员：贺鹏翔　刘蓓蓓　王鹏　王能庆　徐小龙　他登林　李佩佩
指导教师：郭香昌、王玉岳　选送学校：陇东学院

甘肃省教育厅
二〇一七年七月三十日

获奖证书

寇雅馨、郑晓、王美毓、高东英、蔡亚鹏、王峣、贡去才让、杜泽尧、安悦华、刘学雅、马成：

你们的作品《0+创客营——美育创城服务与拓展》，在第五届中国“互联网+”大学生创新创业大赛甘肃赛区中荣获 银奖

指导老师：王俭　师晓艳　张小伟
特发此证，以资鼓励。

证书编号：201901034

甘肃省教育厅
二〇一九年九月

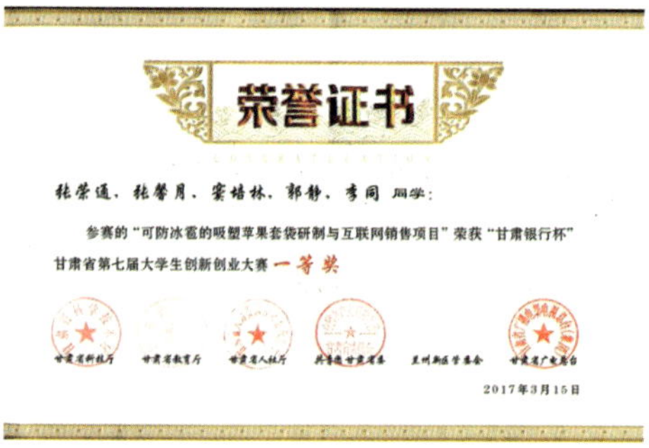

荣誉证书

张荣通、张馨月、窦培林、郭静、李同 同学：

参赛的“可防冰雹的吸塑苹果套袋研制与互联网销售项目”荣获“甘肃银行杯”甘肃省第七届大学生创新创业大赛 一等奖

甘肃省科技厅　甘肃省教育厅　甘肃省人社厅　共青团甘肃省委　兰州新区管委会　甘肃省广电总台

2017年3月15日

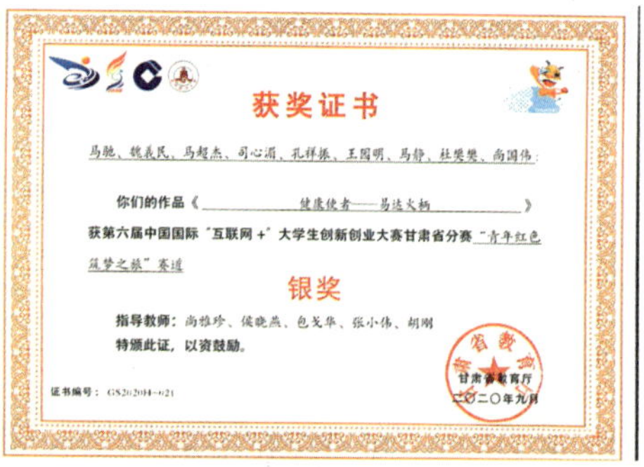

获奖证书

马驰、魏義民、马超杰、司心湄、孔祥振、王国明、马静、杜樊樊、尚国伟：

你们的作品《健康使者——易达火柄》
获第六届中国国际“互联网＋”大学生创新创业大赛甘肃省分赛“青年红色筑梦之旅”赛道

银奖

指导教师：尚雅珍、侯晓燕、包戈华、张小伟、胡刚
特颁此证，以资鼓励。

证书编号：GS202011-021

甘肃省教育厅
二〇二〇年九月

三创赛

第十届全国大学生电子商务“创新、创意及创业”挑战赛甘肃赛区省级选拔赛

获奖证书

马　驰、杜樊樊、马超杰、蒋衡杰、魏義民 同学：

《远承火柄》 项目在第十届全国大学生电子商务“创新、创意及创业”挑战赛甘肃赛区省级选拔赛中荣获：

一等奖

指导教师：尚雅珍、侯晓燕、胡　刚
特颁此证，以资鼓励。

甘肃省教育厅
二〇二〇年九月

荣誉证书
HONOR CERTIFICATE

首届甘肃省高校大学生就业创业大赛暨首届西北四省区大学生就业创业大赛省赛
（本科组）

二等奖

赛　　道：创业实践组
项目名称：拾荒者
项目负责人：王绪峰
团队成员：
指导老师：张松柏、刘桂霖、张涵玥

甘肃省教育厅
二〇二〇年十二月

五、各类创新创业平台建设成果展示

陇东学院大学生创新创业基地(一)

陇东学院大学生创新创业基地(二)

大学生创新创业基地电子商务众创空间(一)

大学生创新创业基地电子商务众创空间(二)

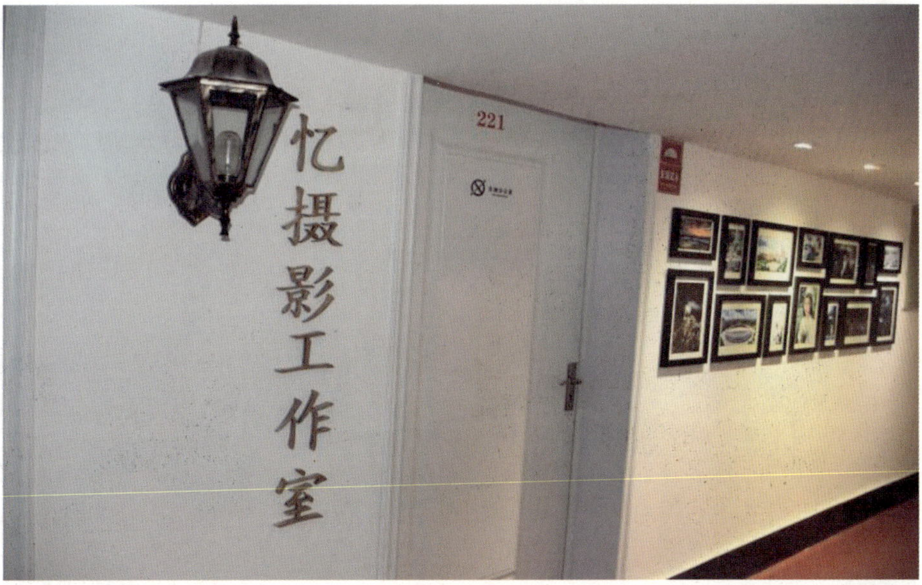

忆摄影工作室

机电设计众创空间

民俗文化众创空间(一)

民俗文化众创空间(二)

民俗文化众创空间(三)

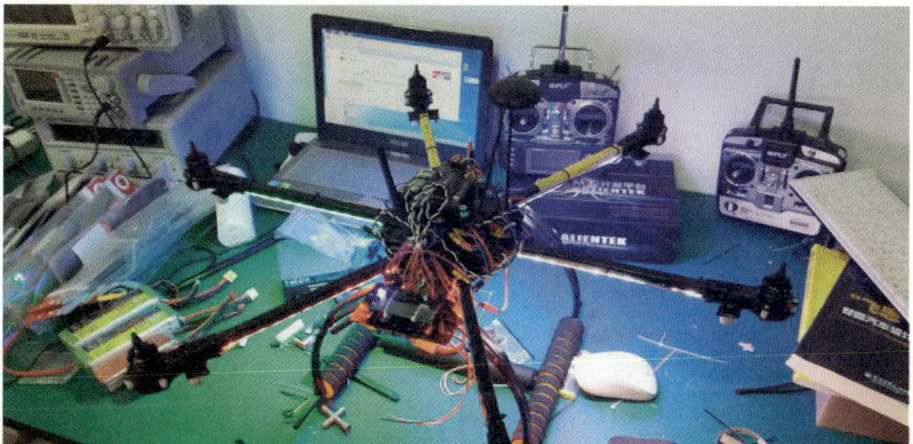

软件开发众创空间

数字传媒众创空间团队

Arthas 团队

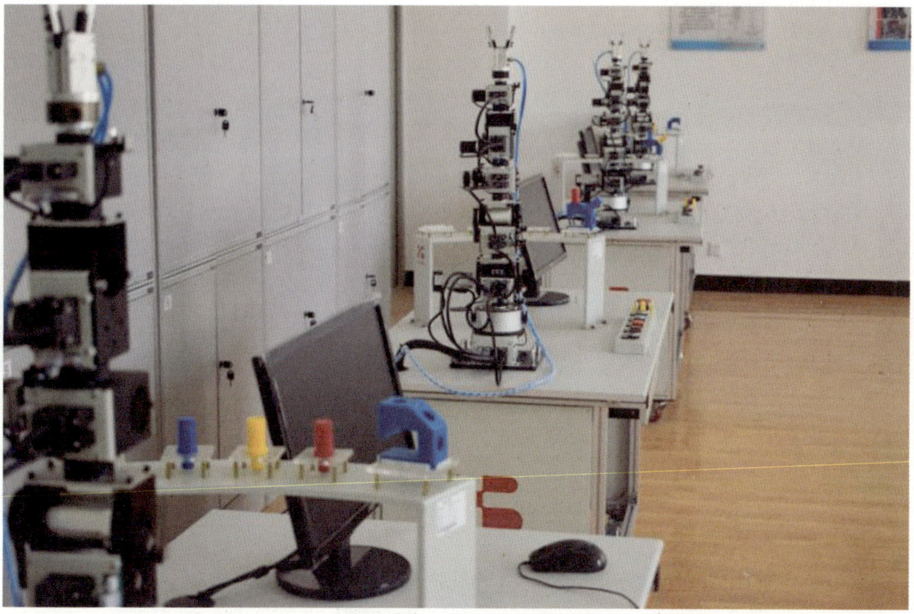

机器人工作室

陇东学院商科实践基地

六、创新创业成果展示

学生机电设计作品

智能家居

3D 打印作品

工业流水线作品

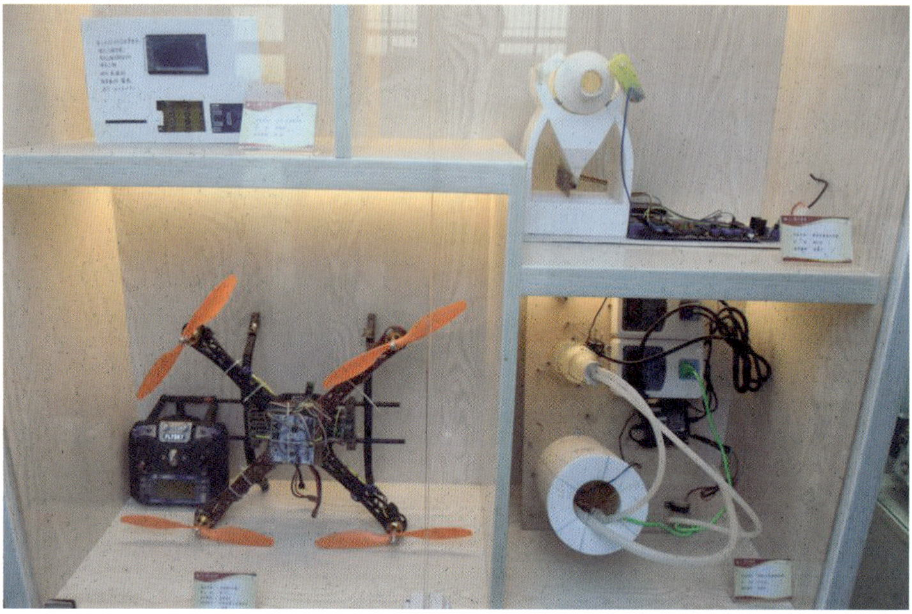

学生科创作品

自动避障机器人

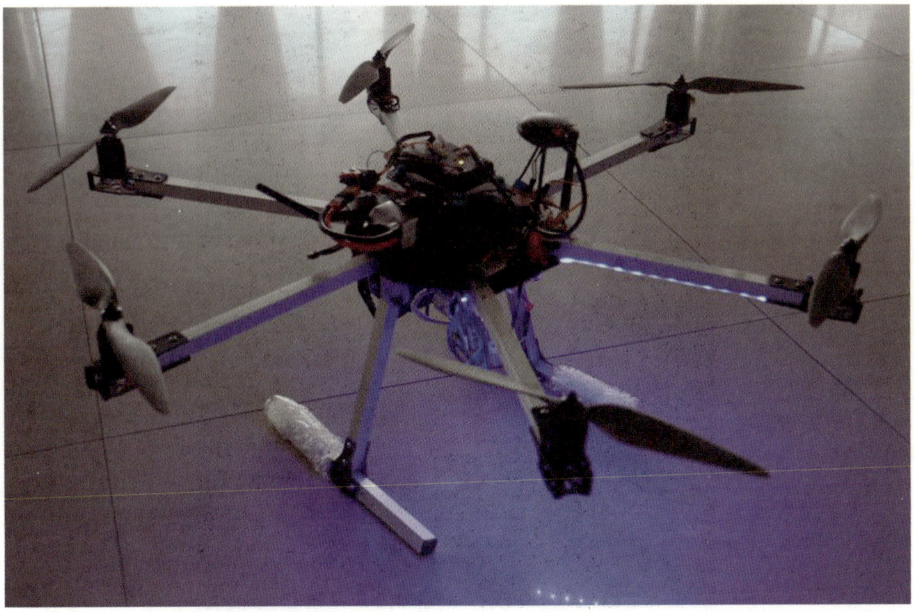

六旋翼直升机

机器人

剪纸——赫本头像

剪纸——福虎

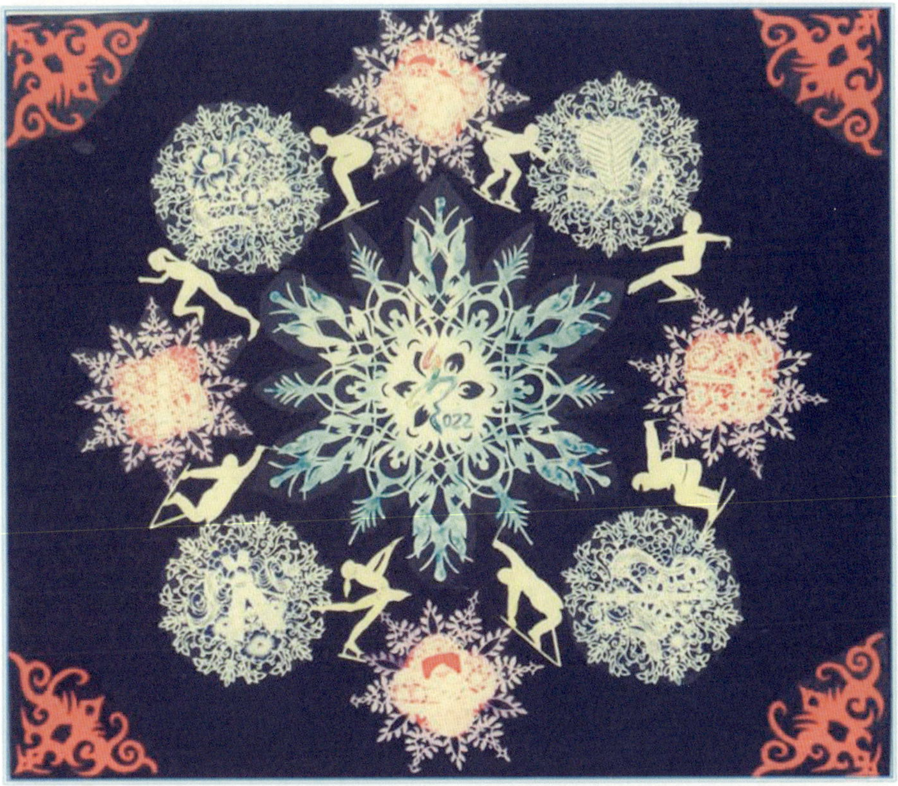

剪纸——八仙齐迎冬奥

剪纸——吉祥奥运(被中国剪纸文化博物馆永久收藏)

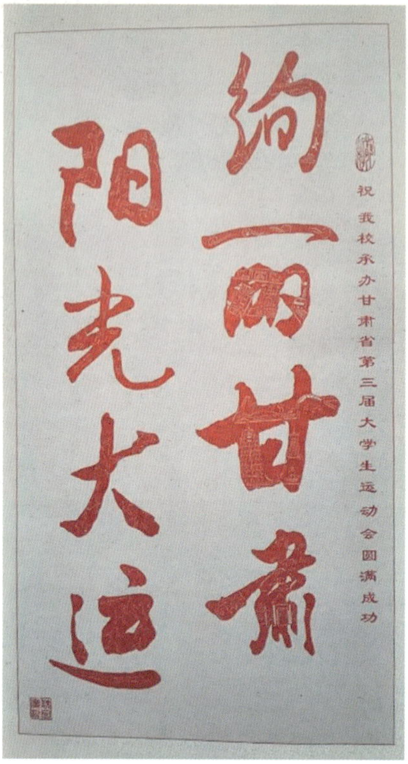

魏金广书法作品《绚丽甘肃 阳光大运》

刘振邦摄影作品《校园霞光》

七、部分孵化微小企业

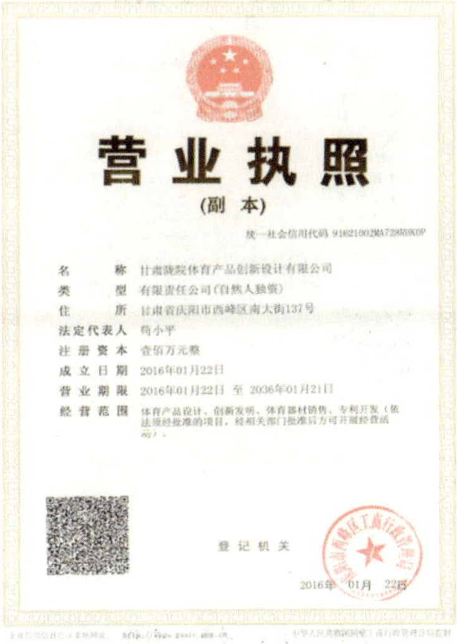

营业执照
（副　本）

统一社会信用代码 91621002MA728R9K0P

名　　称　甘肃陇院体育产品创新设计有限公司
类　　型　有限责任公司（自然人独资）
住　　所　甘肃省庆阳市西峰区南大街137号
法定代表人　苟小平
注册资本　壹佰万元整
成立日期　2016年01月22日
营业期限　2016年01月22日 至 2036年01月21日
经营范围　体育产品设计、创新发明、体育器材销售、专利开发（依法须经批准的项目，经相关部门批准后方可开展经营活动）。

登记机关
2016年 01月 22日

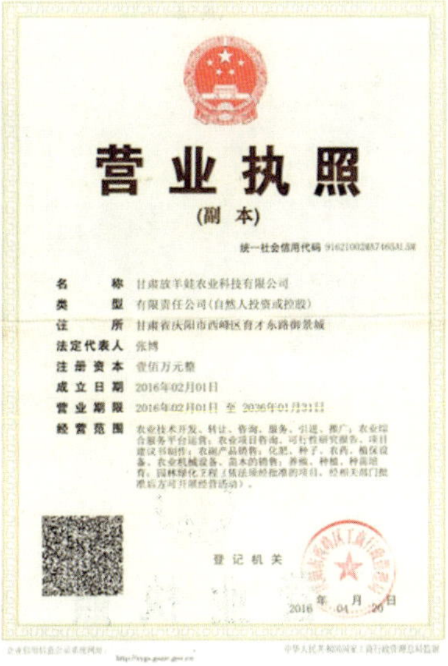

营业执照
（副　本）

统一社会信用代码 91621002MA74665AL5M

名　　称　甘肃放羊娃农业科技有限公司
类　　型　有限责任公司（自然人投资或控股）
住　　所　甘肃省庆阳市西峰区育才东路御景城
法定代表人　张博
注册资本　壹佰万元整
成立日期　2016年02月01日
营业期限　2016年02月01日 至 2036年01月31日
经营范围　农业技术开发、转让、咨询、服务、引进、推广；农业综合服务平台运营；农业项目咨询、可行性研究报告、项目建议书制作；农副产品销售；化肥、种子、农药、植保设备、农业机械设备、苗木的销售；养殖、种植、种苗培育；园林绿化工程（依法须经批准的项目，经相关部门批准后方可开展经营活动）。

登记机关
2016 年 04 月 20 日

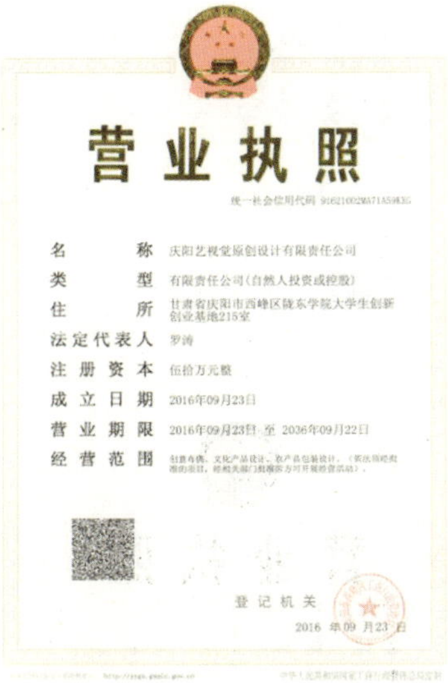

营业执照

统一社会信用代码 91621002MA71A59K3G

名　　称　庆阳艺视堂原创设计有限责任公司
类　　型　有限责任公司（自然人投资或控股）
住　　所　甘肃省庆阳市西峰区陇东学院大学生创新创业基地215室
法定代表人　罗涛
注册资本　伍拾万元整
成立日期　2016年09月23日
营业期限　2016年09月23日 至 2036年09月22日
经营范围　创意有偶、文化产品设计、农产品包装设计。（依法须经批准的项目，经相关部门批准后方可开展经营活动）。

登记机关
2016 年 09 月 23 日

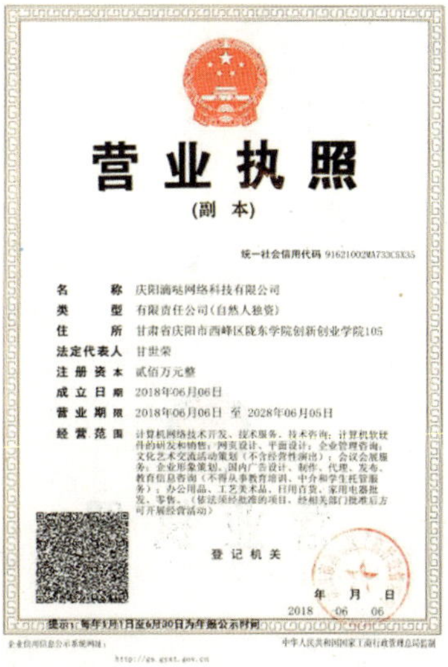

营业执照
（副　本）

统一社会信用代码 91621002MA733C5X35

名　　称　庆阳滴哒网络科技有限公司
类　　型　有限责任公司（自然人独资）
住　　所　甘肃省庆阳市西峰区陇东学院创新创业学院105
法定代表人　甘世荣
注册资本　贰佰万元整
成立日期　2018年06月06日
营业期限　2018年06月06日 至 2028年06月05日
经营范围　计算机网络技术开发、技术服务、技术咨询；计算机软硬件的研发和销售；网页设计、平面设计；企业管理咨询；文化艺术交流活动策划（不含经营性演出）；会议会展服务；企业形象策划、国内广告设计、制作、代理、发布、教育信息咨询（不得从事教育培训、中介和学生托管服务）；办公用品、工艺美术品、日用百货、家用电器批发、零售。（依法须经批准的项目，经相关部门批准后方可开展经营活动）

登记机关
2018 年 06 月 06 日

提示：每年1月1日至6月30日为年报公示时间
企业信用信息公示系统网址：http://gs.gsxt.gov.cn
中华人民共和国国家工商行政管理总局监制

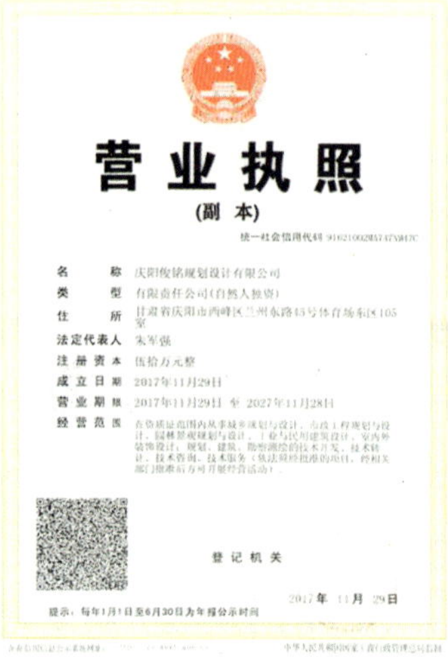

营业执照

（副　本）

名　　称　庆阳俊铭规划设计有限公司
类　　型　有限责任公司（自然人独资）
住　　所　甘肃省庆阳市西峰区兰州东路45号体育场东区105室
法定代表人　朱军强
注册资本　伍拾万元整
成立日期　2017年11月29日
营业期限　2017年11月29日 至 2027年11月28日
经营范围

登记机关

2017年 11月 29日

提示：每年1月1日至6月30日为年报公示时间

营业执照

（副　本）

统一社会信用代码 91621002MA73PEL80P

名　　称　甘肃思睿教育咨询有限责任公司
类　　型　有限责任公司（自然人独资）
住　　所　甘肃省庆阳市西峰区兰州东路东段（陇东学院斜对面）
法定代表人　陈彦翔
注册资本　贰佰万元整
成立日期　2015年12月15日
营业期限　2015年12月15日 至 2035年12月14日
经营范围　教育信息咨询服务、企业管理咨询服务、教育科技研发、商务服务、企业形象策划、会务服务、文化艺术交流策划、庆典活动策划、企业营销策划、展览展示服务；广告设计、制作、代理、发布；文化广告传媒、教育科技产品研发、教育文化艺术活动策划、教育项目与教育科研文献研究与开发、教育软件的研究与开发、教育文化活动组织策划、教育文化交流、企业形象设计（依法须经批准的项目，经相关部门批准后方可开展经营活动）。

登记机关

2016 年 10 月 18 日

中华人民共和国国家工商行政管理总局监制

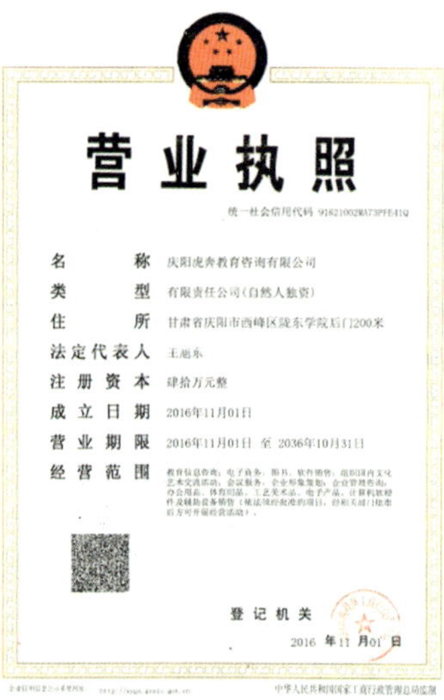

营业执照

统一社会信用代码 91621002MA73PFE41Q

名　　称　庆阳虎奔教育咨询有限公司
类　　型　有限责任公司（自然人独资）
住　　所　甘肃省庆阳市西峰区陇东学院后门200米
法定代表人　王旭东
注册资本　肆拾万元整
成立日期　2016年11月01日
营业期限　2016年11月01日 至 2036年10月31日
经营范围

登记机关

2016 年 11 月 01 日

中华人民共和国国家工商行政管理总局监制

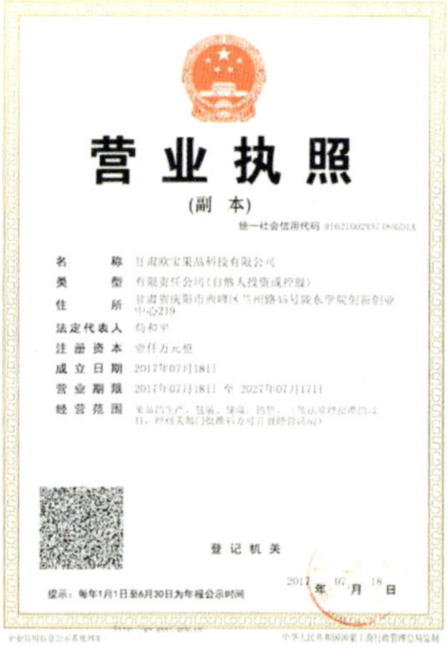

营业执照

（副　本）

名　　称　甘肃欧宝果品科技有限公司
类　　型　有限责任公司（自然人投资或控股）
住　　所　甘肃省庆阳市西峰区兰州路45号陇东学院创新创业中心219
法定代表人
注册资本　壹仟万元整
成立日期　2017年07月18日
营业期限　2017年07月18日 至 2027年07月17日
经营范围

登记机关

2017 年 07 月 18 日

提示：每年1月1日至6月30日为年报公示时间

中华人民共和国国家工商行政管理总局监制

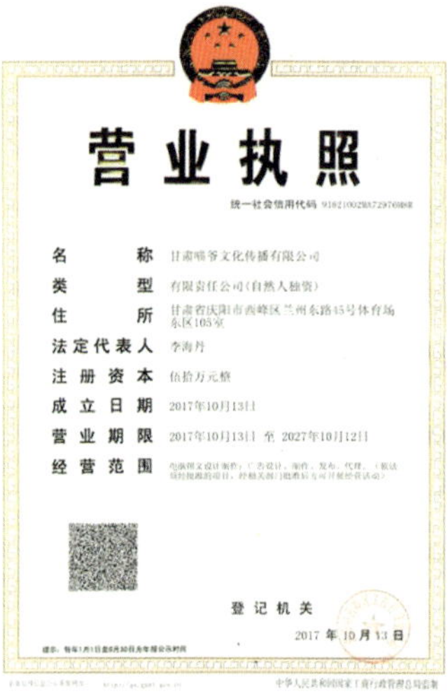

营业执照

名　　称　甘肃晴爷文化传播有限公司
类　　型　有限责任公司（自然人独资）
住　　所　甘肃省庆阳市西峰区兰州东路45号体育场东区105室
法定代表人　李海丹
注册资本　伍拾万元整
成立日期　2017年10月13日
营业期限　2017年10月13日 至 2027年10月12日
经营范围

登记机关

2017 年 10 月 13 日

提示：每年1月1日至6月30日为年报公示时间

中华人民共和国国家工商行政管理总局监制

营业执照

名　　称　庆阳风玖民俗文化艺术传播有限责任公司
类　　型　有限责任公司（自然人投资或控股）
住　　所　甘肃省庆阳市西峰区兰州路45号体育场东六区创新创业基地217室
法定代表人　周倩
注册资本　壹佰万元整
成立日期　2016年10月10日
营业期限　2016年10月10日 至 2036年10月09日
经营范围　民俗文化艺术品设计与销售、民俗文化艺术衍生品设计与销售、工艺礼品销售、企业形象策划、室内装修风格策划、文化艺术交流策划（依法须经批准的项目，经相关部门批准后方可开展经营活动）。

登记机关

2016 年10 月10 日

中华人民共和国国家工商行政管理总局监制

八、媒体宣传报道

陇东学院成功举办第一届大学生创新创业成果展示交流会

2016-09-13 10:30 来源：每日甘肃网

每日甘肃网讯 9月6至8日，陇东学院第一届大学生创新创业成果展示交流会在学校体育馆举行。展示会以"创新改变未来，创业成就梦想"为主题，全校19个学院的85个创新创业项目参展交流，充分展示了近年来学校创新创业工作成果。

9月6日上午9:00举行展会开幕式，党委副书记、院长郭维俊，党委副书记田雁青，党委委员、纪委书记白生君，党委委员、副院长孙鸣超、许尔忠、马悦宁出席开幕式。庆阳市科技局局长张和先，庆阳市教育局党委委员、副局长闫斐，庆阳市人力资源和社会保障局副局长董晓东，庆阳市商务局副局长安兴海等市区有关部门负责同志应邀出席开幕式。

开幕式上，许尔忠致开幕辞，许院长指出大学生是最具创新创业潜力的群体，创新创业是促进大学生全面发展的重要平台，并对创新创业工作提出四点建议。要与时俱进，发挥引领作用；要知行合一，采取务实行动；要共建共享，打造合作平台；要同舟共济，发扬伙伴精神。

张和先在开幕式上讲话，他首先对展会的举办表示热烈的祝贺，对陇东学院开展的创新创业工作给予了肯定。他指出大学生是创新创业的生力军，学校和政府应加强合作，为大学生创新创业提供充分的条件和优良的服务。

展会期间，教育部高等学校电子商务类专业教学指导委员会副主任、西安交通大学李琪教授，环县汇聚翔工贸有限公司总经理李书勤，庆阳市电子商务协会秘书长杜军旗应邀作创新创业主题报告。参展项目通过展牌展示、实物演示、现场介绍、项目推介等多种形式全方位展示了项目成果。

9月8日下午3:00，在体育馆举行了展会闭幕式，党委副书记、院长郭维俊，党委副书记田雁青，党委委员、副院长孙立峰，党委委员、纪委书记白生君，党委委员、副院长孙鸣超、许尔忠、马悦宁，党委委员、土木工程学院院长刘万锋出席闭幕式。孙立峰致闭幕辞。

孙立峰就学校创新创业工作，提出三点希望，一是希望同学积极投身创新创业活动；二是希望各学院要树立创新创业教育理念，把创新创业教育融入人才培养全过程；三是希望创新创业工作机构要以学生为主体，以创新创业项目团队为抓手，争取更大的工作成效。

闭幕式上，对评选出的优秀创新创业项目和优秀组织单位进行了表彰奖励。

(陇东学院供稿)

本篇新闻热门关键词：

新闻中心»甘肃

陇东学院推进大学生创新创业教育

2016-09-13 03:06 来源：甘肃日报 先朝阳

本报庆阳讯（记者先朝阳）9月6日至8日，陇东学院举办首届大学生创新创业成果展示交流会，以展板展示和作品演示的方式，展示了大学生的创新、创业训练项目和创业实践项目，以及学院创新工作和学科技能竞赛成果。

近年来，陇东学院高度重视创新创业教育，先后制定了学院创新创业教育改革实施方案、大学生创新创业训练计划实施管理办法，形成了学校引导、专家指导、学生自主管理的工作模式。学校还不断健全创新创业课程体系，本学期开始面向2015级所有专业的学生开设创新创业基础课程，不断深化和完善大学生创新创业教育。

截至目前，全校大学生创新创业项目共立项208项，其中78项已通过结项验收，30项被评为国家级大学生创新创业项目，20项被评为省级大学生创新创业项目；大学生创新创业基地入驻创新创业团队23个。学校还组织学生参与全国大学生"挑战杯"竞赛、全国大学生数学建模竞赛、全国大学生电子设计大赛、全国大学生创新创业大赛等活动，获得国家级奖项97项，省级奖项662项。

[责任编辑:]

庆阳陇东学院推进大学生创新创业教育
一个打广告不花钱的APP
秒赚广告
相关新闻
问政甘肃
网络问政平台

九、创新创业典型

创新创业教育教学名师马永祥简介

马永祥，男，1971 年 3 月生，汉族，中共党员，甘肃环县人。1997 年获华中农业大学农学和经济法两个学士学位，2004 年获西北农林科技大学经济管理硕士学位。陇东学院经济管理学院副院长，教授，中青年骨干教师，国家人力资源和社会保障部职业技能鉴定考评员，国家二级创新创业咨询师，甘肃省 ERP 沙盘教学名师。主要讲授创新创业项目开发与管理、企业管理学、创新创业理论与实践、ERP 等课程，从事区域经济和企业治理等研究。主持教育部教改项目 2 项，主持或参与完成甘肃省科研项目 4 项、庆阳市科研项目 5 项。获甘肃省教育厅社科成果奖和科技进步奖各 1 次，获庆阳市科技进步奖 3 次，获庆阳市社科成果奖 1 次，10 多次获得甘肃省奖励，5 次获得庆阳市奖励，20 多次受到陇东学院表彰。长期致力于区域经济和企业管理研究，为地方社会经济发展服务，在庆阳电视台开展农业农村经济发展讲座，多次对庆阳市政府公务员和中小型企业员工进行专题培训，获得一致好评。坚持创新创业实践，指导学生参加学科技能竞赛和创新创业大赛，20 多次获得省级以上竞赛优秀指导教师荣誉称号，其中 2014 年指导学生在全国大学生企业模拟经营(ERP)大赛中获国家二等奖，在第七届全国大学生企业竞争模拟大赛中获国家一等奖，第二届“中国创翼”青年创业创新大赛甘肃省决赛中获一等奖，获第三届中国“互联网＋”大学生创新创业大赛甘肃省总决赛金奖，获第四届中国“互联网＋”大学生创新创业大赛全国总决赛银奖。在《生产力研究》等学术刊物发表论文 30 余篇，出版专著 1 部。

获奖证书

马永祥 同志：

被评为2019年度甘肃省高等学校创新教育教学名师。

特发此证，以资鼓励。

证书编号：2019010

甘肃省教育厅
2019年6月28日

优秀创新创业导师苟小平简介

苟小平，甘肃静宁人，1978 年 9 月生，汉族，九三学社社员，西北师范大学体育教育专业学士，陇东学院副教授。主要讲授体操教学理论与实践、公共体育武术、跆拳道等课程。被聘为庆阳市专利科技特派员，帮助庆阳市两家企业晋升为高新技术企业。

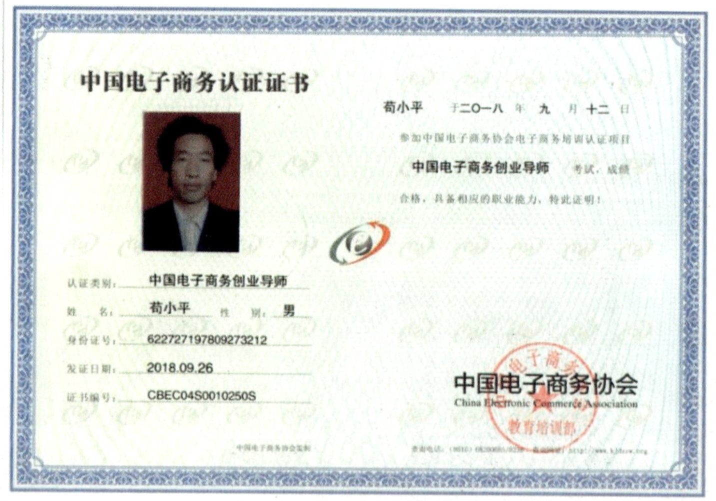

中国电子商务认证证书

苟小平 于二〇一八 年 九 月 十二 日

参加中国电子商务协会电子商务培训认证项目

中国电子商务创业导师 考试，成绩

合格，具备相应的职业能力，特此证明！

认证类别：中国电子商务创业导师

姓　　名：苟小平　性　　别：男

身份证号：622727197809273212

发证日期：2018.09.26

证书编号：CBEC04S0010250S

中国电子商务协会
China Electronic Commerce Association
教育培训部

中国电子商务协会监制

在学术刊物发表论文 30 多篇，EI 收录 10 篇；出版个人专著 1 部；发明专利授权 17 项，外观专利授权 400 多项，实用新型专利授权 200 多项，指导学生申报国家专利 300 多项。

2015 年与庆阳中庆农产品有限公司合作的项目获得庆阳市科技进步一等奖；2016 年被评为庆阳市优秀科技特派员；2016 年获得庆阳市青年科技奖；2017 年获得庆阳市青少年社会服务先进个人。

指导学生参加创新创业竞赛 20 多次，其中 2015 年指导学生仁剑等 2 人在第十届“挑战

杯”甘肃省大学生课外学术科技作品竞赛中荣获二等奖；2016 年指导学生张荣通等 5 人在“甘肃银行杯”第七届甘肃省大学生创新创业大赛中荣获一等奖；2017 年指导学生秦雪颖等 9 人在第三届“互联网＋”大学生创新创业大赛甘肃省比赛中荣获金奖；2018 年指导学生王富龙等 5 人在第八届全国大学生电子商务“创新、创意及创业”挑战赛全国总决赛获二等奖；2018 年指导学生包金朋等 3 人在首届全国体育产业创新创业大赛获三等奖；2018 年指导学生包金朋等 6 人在第四届中国“互联网＋”大学生创新创业大赛全国总决赛获银奖；2019 年指导学生李泊鹄等 9 人在“甘青宁”高校创新创业大赛中获得一等奖。

2010 年至今一直从事指导学生创新创业的培训工作，十年如一日从事发明创造的产品研发，学习电脑绘图设计知识，学习专利写作申报、答复等业务，通过庆阳市知识产权局、甘肃省知识产权局的业务培训熟练掌握了专利申报业务知识，为师生提供了专利申报的技术支持。

创新创业优秀分子魏金广简介

魏金广，男，1992 年生，甘肃民勤人，陇东学院 2016 届毕业生。武威市非物质文化遗产剪纸类代表性传承人，中华文化促进会剪纸艺术委员会会员，甘肃省民间文艺家协会会员，庆阳、武威民间文艺家协会会员。

魏金广出生于农村，自幼受外婆、母亲等老一辈剪窗花、绣鞋花的影响，开始学剪纸并逐渐表现出非凡的剪纸才艺。上大学期间，不断向周边村镇民间剪纸老艺人请教学艺，收集民间传统剪纸作品、技法等资料，逐渐创作出反映淳朴民俗的剪纸作品，且多次在全国比赛中获奖。其中，《福娃》荣获全国校园剪纸邀请赛“校园山花”金奖；《吉祥奥运》被中国剪纸文化博物馆永久收藏；《羔羊跪乳》荣获首届陇东“美丽庆阳”剪纸大赛二等奖；《让荒漠变绿洲》荣获第四届“双联”行动和精准扶贫精准脱贫美术书法摄影剪纸作品展二等奖，被甘肃省民间文艺家协会收藏；《人生如意》荣获第三届庆阳剪纸创作大奖赛三等奖；《幸福之家》荣获中国北方五市“酉鸡迎春”剪纸大赛最佳技巧奖；《宿迁民俗之二月二打仓囤》入选宿迁市全国剪纸艺术邀请赛，并荣获优秀指导教师；《大漠骆驼》荣获“潼关杯”全国剪纸邀请赛铜奖；《东方巨龙》荣获中国 · 渭南工艺性全国剪纸邀请展铜奖。魏金广剪纸工作室被评为优秀组织单位。2015 年参加首届甘肃省民间剪纸艺术培训班并结业；2017 年参加西北民族大学主办的中国非物质文化遗产传承人群研修研习计划高级研修班。

在大学期间，魏金广和一帮志同道合的同学成立了剪纸社团并担任剪纸指导老师，培养了大批剪纸爱好者。随后成功倡导并举办第一、第二届陇东学院校园剪纸大赛，极大地调动了大学生对剪纸的热情，对将剪纸艺术带入校园起到了很好的引领示范作用，得到了社会各界人士的一致好评，并被陇东地区新闻媒体广泛报道。2014 年 9 月，和团队成员一起创办大学生创新创业训练计划项目陇东民俗艺术文化园，随后项目被教育部正式批准为国家级大学生创新创业训练计划项目，入住陇东学院大学生创新创业基地。项目获第六届全国大学生电子商务“创新、创意及创业”挑战赛甘肃赛区一等奖；第二届“中国创翼”青年创业创新大赛甘肃赛区总决赛一等奖；代表甘肃省参加第二届“中国创翼”青年创业创新大赛全国总决赛，并获得“银翼”奖；参加第九届全国大学生创新创业年会。

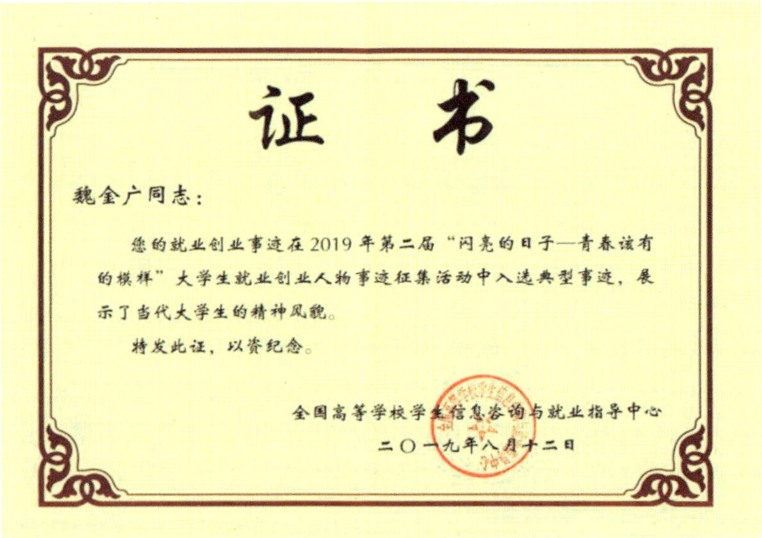
证书

魏金广同志：

您的就业创业事迹在2019年第二届“闪亮的日子——青春该有的模样”大学生就业创业人物事迹征集活动中入选典型事迹，展示了当代大学生的精神风貌。

特发此证，以资纪念。

全国高等学校学生信息咨询与就业指导中心

二〇一九年八月十二日

2016 年 3 月，临近毕业之际，在老师和学校领导的关心支持下，成功举办了魏金广个人剪纸校园作品展。受到当地社会各界的一致肯定，被授予“优秀毕业生”的荣誉称号。在学校创业中心孵化成功后，为了深爱的剪纸艺术，魏金广大学毕业后毅然回到家乡武威，成为一名剪纸传承人，致力于剪纸事业。2017 年 4 月，在庆阳、武威及民勤县文艺界领导的支持和帮助下在家乡成功举办了魏金广剪纸艺术作品展，并在民勤、武威、兰州分别成立了剪纸艺术工作室，成为武威市陇原巧手骨干，由民勤妇联组织陇原巧手剪纸培训班，五期一共培训了 250 余人。掀起了群众广泛参加剪纸活动的新高潮，让更多的人逐步认识、了解、喜欢并且热爱上剪纸艺术，他用工匠精神继承和发扬着剪纸艺术。

创新创业优秀分子周倩简介

周倩，女，2016 年 7 月毕业于陇东学院经济管理学院，现为庆阳凤玖民俗文化艺术传播有限责任公司总经理、浙江南浔浔见工艺品店负责人。在校期间，参加院系青年志愿者协会，积极参加无偿献血活动。2013 年 4 月，被共青团陇东学院委员会评为“优秀共青团员”。2014 年，创办陇东民俗艺术文化园；2016 年 3 月，项目正式被教育部批准为国家级大学生创新创业训练计划项目。2015 年 6 月，作品《花开富贵》获庆阳市首届“魅力庆阳”剪纸大赛三等奖；2016 年 6 月，作品《吉祥茶壶》获得第二届陇东学院校园剪纸大赛一等奖；2016 年 6 月，作品《党的光辉》在纪念建党 95 周年庆阳市青少年发明创作大赛青年组中获得优秀奖；2016 年 6 月，获第六届全国大学生电子商务“创新、创意及创业”挑战赛甘肃赛区决赛一等奖；2016 年 7 月，获第二届“中国创翼”青年创业创新大赛甘肃赛区总决赛一等奖，第六届全国大学生电子商务“创新、创意及创业”挑战赛全国总决赛三等奖；2016 年 9 月，代表甘肃省参加第二届“中国创翼”青年创业创新大赛全国总决赛并获得“银翼”奖。2016 年 9 月，作品《陇东婚俗》在第八届经典中国全国书画大赛中获得青年组金奖；2016 年 12 月，作品《富强之路》在甘肃省第四届“双联”行动和精准扶贫精准脱贫美术书法摄影剪纸作品展中获得三等奖；2017 年 1 月，作品《百年好合》入选中国第六届艺术大赛并获优秀奖。

人物　A04
指尖轻盈舞动　剪出艺术人生
陇东女子的江南情怀
点点滴滴　蕴蓄剪纸技艺
人物名片：
情起江南，对湖州一往情深
扎根南浔　守护传统手艺

周倩把一门手艺做到精，把一份事业做到人人称赞，除实体店的营销之外，还在淘宝、微店、抖音等平台扩大影响力，以“互联网＋实体店”的模式走出了一条手艺人创新创业、自力更生的新路子。她还把南方的文化和北方的文化相融合，创新出新的产学研一体化模式，并且还收了跟她学习手艺的“徒弟”。

十、校企合作

2019年1月，陇东学院庆阳市康乐福智能养老责任有限公司
大学生创新创业实践基地挂牌

2019年1月，陇东学院庆阳中庆农产品公司大学生创新创业实践基地挂牌

2019 年 1 月，陇东学院甘肃云中来电子商务有限公司大学生创新创业实践基地挂牌

2019 年 1 月，陇东学院庆阳澳恺食品有限公司大学生创新创业实践基地挂牌

2019 年 1 月，陇东学院甘肃亿农信电子商务有限公司大学生创新创业实践基地挂牌

2019 年 1 月，陇东学院甘肃家立方供应链有限公司大学生创新创业实践基地挂牌

2019 年 6 月，陇东学院庆阳市农科院林果花卉研究所大学生创新创业实践基地挂牌

2019 年 7 月，天津明大华中企业孵化器有限公司洽谈联合建立重点创新创业基地工作

十一、各学院创新创业风采展示

文学院

根据《国务院办公厅关于深化高等学校创新创业教育改革的实施意见》和《陇东学院创新创业教育改革实施方案(试行)》文件精神,为大力推进建设创新型大学步伐,营造浓厚的校园创新创业氛围,文学院秉着"崇尚科学,追求真知,锐意创新,迎接挑战"的宗旨,以培养学生创新精神和实践能力为目标,在短短的五年时间里,通过不断组织学生参加创新创业讲座、报告等系列活动,鼓励了一大批学生积极投身创新创业活动中去。

一、规范日常管理,完善队伍建设,鼓励大学生投身创新创业活动

为鼓励大学生投身创新创业活动,文学院配合陇东学院大学生创新创业指导中心,成立了以文学院院长杨海波教授为组长、学院所有副教授职称以上的教师为组员的创新创业专家评审小组,制定了《文学院学生创新创业管理规定》《文学院学生创新创业鼓励办法》等一系列规章制度,以班级为单位实行"一对一"的创新创业教育工作,同时制订了文学院学生创新创业方案,以学生"第二课堂活动"为主阵地,在平时的各种日常管理、思想教育活动中,积极宣传创新创业的理念,及时帮助学生了解当前的创业政策、法律法规。定期邀请社会上的创业成功人士举办"创业大讲堂"活动,激发学生创新创业兴趣,培养了一大批具有强烈的事业心、高度责任感和素质能力过硬的创新人才。通过开展创业教育讲座,组织开展创业沙龙、创业技能技巧大赛等活动以及各种竞赛等方式,把创新创业与综测、评优奖先结合起来,形成以专业为依托、以项目和社团为组织形式的"创业教育"实践群体来激发大学生的创新意识和创业精神,培养学生创业能力。

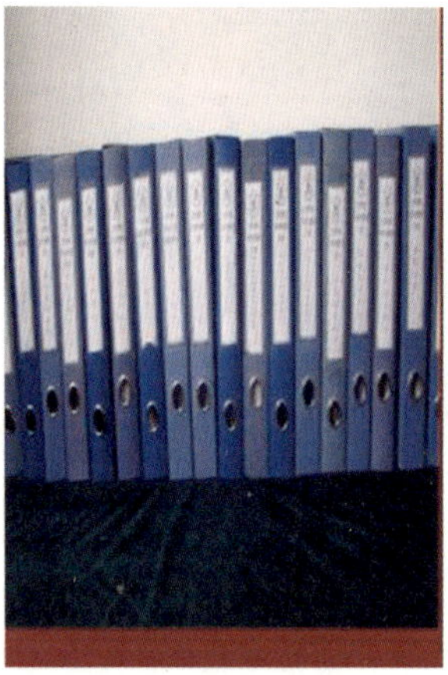

二、引导教师参与创新创业工作,构建创业教育课程体系

学院鼓励教师申报创新创业慕课、申报不同层次的创新创业指导教师,积极参与学院的创新创业工作,建立渗透创业教育内容的教育课程,在课堂上采用创业案例进行教学,向学生直观、生动地展示成功创业者的创业精神、方法、过程和规律,培养学生良好的自主创业意

识，树立全新的就业理念；启发学生的创业思路、拓宽其创业视野；提升学生创业的基本素质、能力和品质。

三、开展全程化、立体性、分层次的创业教育

各班设立创新创业委员、组建创新创业团队，积极动员、鼓励学生以参加各类创新创业活动为契机提高创新创业能力，如参加学校的创业大赛、“挑战杯”等各类大赛活动。对于参与、获奖的同学给予一定的奖励，把创新创业与综合测评、奖优评先结合起来，同时制定相应的制度配合创新创业工作的实现。根据不同年级学生也做出了明确的侧重点。针对低年级学生，重点激发他们的创业兴趣和创新意识；针对中、高年级学生，鼓励他们选修创业课程，参加各类大学生创新创业训练计划项目和大赛；对于毕业生，则要引导有创业意向的同学落实到创业行动中，并与所学专业知识相结合、与职业生涯发展相结合。

四、以特长导师制为依托，在实践中历练创新创业能力

文学院在优秀创业社团的基础上健全了金话筒节目主持协会、朗诵协会和影视话剧协会，以学生社团为阵地，广泛开展了以专业特长为基础的第二课堂文化活动，充分发挥教师队伍中节目主持教师、普通话指导教师、陇东香包文化研究人员的教学和学术特长，对第二课堂和学生创业基地进行精心指导，丰富了创新创业内涵，实现了就业拓展的领域，成为文学院创新创业工作的特色和亮点。

五、结合社会市场就业需求，实现创新创业项目的新发展

文学院文学创作社团《北地风》杂志，共创办 24 期，带动学生在《飞天》《兰州文苑》《读者》《敦煌诗刊》《甘肃日报》《平凉日报》《陇东报》等刊物上发表诗歌、散文、小说等文学作品 200 余篇(首)，150 余人次获省级和学校奖励，带动了文学院创新创业的新高潮。文学院演讲协会、朗诵协会以及影视话剧协会各吸收创新创业会员 100 多名，积极参加每学期举办的各类校级创新创业比赛。培育出了尔雅工作室、校园宅急送快递店、陇东香包文化创意经营社等一大批初露头角的创新创业人才。其中，马悦同学在 2016 年荣获"甘肃银行杯"甘肃省第七届大学生创新创业大赛宣传大使选拔赛冠军，代表学校在省级比赛中荣获三等奖。

历史与地理学院

秉承"融汇文理推动科研兴院，学科建设引领质量革命"理念、"崇尚科学、追求真知、锐意创新、迎接挑战"宗旨，以提高人才培养质量为核心、以创新人才培养机制为重点、以培养学生创新精神和实践能力为目标、以完善创新创业教育条件和政策保障为支撑，促进专业教育与科技、经济、社会紧密结合，全方位、多视角开展大学生创新创业教育工作。通过精心规划、大力支持、广泛动员参与、积极寻求指导和不断组织学生参加创新创业讲座、报告等系列活动等全面落实推进创新创业教育，鼓励和带动学生积极投身于创新创业活动，不断开创大学生创新创业教育的新局面。在大学生创新创业指导中心的精心指导与大力支持下，在全院师生的共同努力下，历史与地理学院大学生创新创业教育初现成效。

一、以创新创业教育为指引，构建"专业教育＋创新创业教育"共同体

学院以《关于深化高等学校创新创业教育改革的实施意见》为指导，以 2019 版人才培养方案修订为契机，完善本院人才培养质量标准，健全创新创业教育课程体系，调整专业课程设置，挖掘和充实各类专业课程的创新创业教育资源，构建"专业教育＋创新创业教育"共同体。在 2019 版人才培养方案中，对历史、文化产业管理、文物与博物馆学和地理科学 4 个专业都增加学生创新创业教育和创新创业竞赛的个性培养实践课程。经过统计，新教学大纲中 4 个专业创新创业课程数量达到 18 门，平均每个专业至少开设 4 门创新创业课程。重点在"导游技能创新""职业礼仪与求职策略""文化企业运营管理""会展策划与管理""文化市场调查与分析""南梁精神概论""文物鉴赏与收藏""地理空间分析""科研训练与指导""文物保护与管理""文物摄影与绘图技术"等专业课程中融入创新创业教育，构建"专业教育＋创新创业教育"共同体，增强学生专业知识和创新创业能力。

二、以创新创业能力提升为目标，实施"创新创业导师＋项目"计划

学院通过成立创新创业指导小组，推进创新创业教育落实、津贴分配、教师评优奖先重点倾向创新创业教育，探索有创意、有特色、有担当、有梦想的创新创业教育新路径，支持和动员全院师生积极参与创新创业教育，做好学生创新创业项目指导，多种措施提升创新创业效果。同时，学院实施"创新创业导师＋项目"计划推动创新创业教育全面开展和落实。通过聘请创新创业导师和遴选创新创业小组，构建创新创业项目团队。创新创业导师对创新

创业团队和创新创业项目从选题、团队、项目申报书撰写、项目路演等方面进行全方位、专业化和精准化指导和开展项目式学习，培养学生创新能力、创业意识和综合素养。

三、以学院特色平台为基础，推进创新创业教育多样化发展

学院特色平台为创新创业教育的实施提供了有力保障。学院以南梁研究中心、陇东历史文化研究中心、陇东荒漠化防治研究所、陇东文化资源调查基地、陇东历史文化展馆、地理科技馆等平台为支撑，通过组织学生开展参观学习、实地调查、科学研究、讲解服务及文创设计等实践活动了解社会发展现状及需求、掌握科学研究流程和方法、开阔文创设计思路、提升文创设计能力、增强讲解服务能力，为创新创业项目的申报和研究提供强大的能力支撑和坚实的平台保障。此外，学院还以服务地方经济发展为目标，以地方历史文化资源、特色产品挖掘为方向，通过推动产学研一体化，将研究成果与香包刺绣产品的宣传、南梁精神研究与传承、周祖农耕文化的传承相联系，实现推动创新创业教育落实和服务地方经济发展双赢目标。

四、以评优奖先、社团活动为引导，推进创新创业教育全方位发展

学生参与积极性是推进创新创业教育全面发展的核心要素。为了吸引更多学生参与创新创业项目，学院在学生中大力开展“评优奖先”活动。通过奖学金评定中优先考虑创新创业项目主持人及参加者、颁发创新创业证书、表彰创新创业先进、树立创新创业典型、评选创新创业之星、举办创新创业大赛动员会和邀请创新创业获奖者分享参赛经验和组织学生参加“甘青宁”高校创新创业大赛、“互联网＋”大学生创新创业大赛、“挑战杯”大学生课外学术科技作品竞赛等多种活动，增加学生对创新创业教育的关注，激发学生参与创新创业项目的积极性和主动性。此外，发挥社团力量，助力创新创业教育开展。通过举办大学生职业生涯规划大赛、导游大赛、创意设计大赛、微课制作大赛和创意写作等多项社团活动，多视角引导学生参与创新创业活动，全方位提升学生创新创业能力。

五、以规范日常管理和加强引导培训为抓手，鼓励学生积极参与创新创业活动

为鼓励大学生投身创新创业活动，制定了《历史与地理学院大学生创新创业制度细则》《创新创业教育班级考核细则》，将学院创新创业工作的日常管理制度化、规范化。在队伍建设方面，由石强教授、李朝阳教授、唐兆民教授、张耀宗副教授组成学生创新创业专家指导小组。实行“双轨导师制”，在学生自愿选择的基础上聘请学院各系专业老师与班主任作为学生的学业导师和班导师，与导师形成一对一指导方式，指导学生创新创业活动，对学生进行创新创业教育。

2019 年至今，学院每年都会举行关于创新创业方面的系列讲座和培训，邀请创新创业导师、优秀创新创业团队成员对广大学生，特别是低年级学生动员引导，并指导实践培训。举办创新创业讲座及培训 5 场，参加讲座培训的学生达 800 多人次。通过加强创新创业培训，极大地带动了学院学生参与创新创业活动的积极性，涌现出不少十分优秀的创新创业团队。

我院唐兆民教授被评为陇东学院创新创业导师、石彦老师被评为陇东学院创新创业优秀指导教师。何俭翔、关雪洁被评为陇东学院“创新之星”，黄菊芳、王静祎被评为陇东学院

“创新创业积极分子”。我院获得国家级大学生创新创业训练计划项目立项 1 项，省级大学生创新创业训练计划项目立项 4 项；荣获“甘青宁”高校创新创业大赛二等奖 1 项，“互联网＋”大学生创新创业大赛陇东学院初赛铜奖 2 项，甘肃省“挑战杯”大赛三等奖 1 项，陇东学院第二十届“挑战杯”大学生课外学术科技作品竞赛一等奖 1 项、三等奖 2 项，全国微课大赛优秀奖 1 项，刷新了我院创新创业项目申报纪录和创新创业竞赛获奖纪录。

学院现有的创新创业实践教学平台主要为四大展馆、特色研究中心及基地。历史文物馆、红色文化馆、学术成果馆和地理科技馆四大展馆平台为挖掘创新创业项目、培养学生的讲解和项目路演能力提供了实践平台。南梁研究中心、陇东历史文化研究中心、陇东荒漠化防治研究所、陇东文化资源调查基地为创新创业项目的选题及开展提供了条件。此外，我院还与南梁革命纪念馆、周祖陵、北石窟寺、南小河沟水土保持研究中心建立长期合作关系，为提升学生创新创业能力和实践能力提供了实践基地。

教育学院

为大力配合学校建设应用型和创新型大学的步伐，营造浓厚的校园创新创业氛围，教育学院秉着“崇尚科学，追求真知，锐意创新，迎接挑战”的宗旨，以培养学生创新精神和实践能力为目标，自 2016 年以来通过进一步细化创新创业学分认定制度，不断组织创新创业导师和学生参加学校创新创业讲座，积极参加创新创业竞赛等系列活动，对创新创业活动项目进行院内资助等方式，促进创新创业教育。

一、工作概况

学院在成立之初便拟定了《教育学院大学生创新创业学分细则》，2019 年修订为《教育学院学生创新创业学分认定实施办法》，对学生创新创业学分类型、内容和实施程序等做了进一步细化补充，并重新修订“幼儿玩教具制作”等 9 门创新创业类课程，制定课程大纲，将创新创业实践纳入最新人才培养方案中，从而使学院创新创业工作的日常管理制度化、规范化。

在队伍建设方面，学院组成以分管副院长、创新创业中心主任、创新创业导师为成员的学生创新创业专家指导小组。

实行“导师制”，在学生自愿选择的基础上聘请学院各系专业老师作为学生的创业导师，与导师形成一对一指导方式，指导学生创新创业活动，对学生进行创新创业教育。通过这种方式，学生不仅从指导老师那里学到了所需的专业知识，更扩展了自身的知识结构，增强了沟通组织能力，培养了创新意识和创业精神，提高了自身的综合素质。

二、好的做法

根据实际情况，学院领导意识到，学生在开展创新创业活动时，因为没有准确定位，很多项目不能被遴选出来。因此，为了能让学生创作出更加优秀的创新创业作品，从 2018 年起，学院遴选部分特色专业导师指导学生进行创新创业课题的研究，特别是利用学前教育专业特色，开展手工制作、创意剪纸等富有特色的创新创业项目实践研究，并取得了一定的成绩。

自 2015 年起，经过学生自行申报课题、答辩，专家小组评审，学院共获批校级大学生创新创业训练计划项目 12 项，每项资助 2 000～3 000 元；获批省级大学生创新创业训练计划项目 2 项，每项资助 10 000 元；获批国家级大学生创新创业训练计划项目 4 项，每项资助 3 000～10 000 元，共计获批资助资金约 7 万余元。为进一步引导大学生自觉走理论与实践相结合的成才之路，让大学生在实践中受教育、长才干、做贡献，提高大学生分析问题和解决问题的能力，培养应用型和创新型人才，经学校大学生创新创业指导中心批准，学院在大学生创新创业实践基地挂牌建立了创业中心，并于 2020 年 10 月在介子路社区挂牌成立手工工作坊和心理咨询服务基地，定期组织同学参与实践。学院的举措大大鼓励了广大同学，参加创新创业活动的团队越来越多。

三、主要成绩

2017 年至今，学院每年都会积极组织学生参加学校大学生创新创业指导中心举办的讲座和培训，同时要求创新创业导师、班主任、辅导员对广大学生，特别是低年级学生积极动员引导，并指导实践培训。近两年参加学校举办的各类创新创业讲座及培训近 5 场，参加讲座培训的学生达1 500多人次。自 2017 年开始，我院涌现出不少优秀的创新创业团队，对带动整个创新创业活动有着积极的影响。

在 2019 年全省大学生创新创业训练计划项目立项中，我院李丹团队的“稚子影像：儿童个性发展筑梦坊”获得了立项。在学校大学生创新创业训练计划项目立项中，我院兰妮团队、李丹团队等 2 个团队获得立项资助。在 2020 年全省大学生创新创业训练计划项目立项中，我院宣天茹团队的“校园解忧小铺”、李嘉欣团队的“无牙自习室”和王芳芳团队的“小儿益智垂钓器具”获得了立项。根据《教育部高等教育司关于公布 2020 年国家级大学生创新创业训练计划项目名单的通知》，我院 2 个项目获批国家级立项。截至目前，我院共计获准立项国家级大学生创新创业训练计划项目 4 项。

在第五届中国“互联网＋”大学生创新创业大赛甘肃赛区选拔赛陇东学院初赛中，我院寇雅馨团队的“O＋创客营：美育创域服务与拓展”项目获得金奖，另有李嘉欣团队的“校园解忧小铺”项目获得铜奖、史海莲团队的“艺蕾舞蹈工作室：点亮乡村艺术之梦”项目获得优秀奖。在第九届全国大学生电子商务“创新、创意及创业”挑战赛甘肃赛区陇东学院校赛中，我院贡去才让团队的“O＋创客营”项目获得特等奖。在第九届全国大学生电子商务“创新、创意及创业”挑战赛甘肃赛区比赛中，寇雅馨团队的“O＋创客营：美育创域服务与拓展”项目获得银奖的好成绩。

2019 年进一步依托学科竞赛，助力创新实践活动。学院积极组织开展各类学科竞赛活动，激发学生学习兴趣，培养学生创新思维、团队合作以及解决实际问题的能力，打造知识、能力、素质协调发展的创新型人才，并坚持以学科竞赛为引领，助力打造富有特色、影响广泛的品牌竞赛项目。2019 年，我院大学生学科竞赛再创佳绩，在全省首届大学生心理辅导课大赛中，卜鹏翠副教授指导的黄茜同学获得省级一等奖，贺婧菲老师指导的郁静同学获得省级二等奖。在全国首届大学生心理辅导课大赛中，卜鹏翠副教授指导的黄茜同学获得国家级三等奖，全省仅陇东学院、西北师大和城市学院三所高校并列入围三等奖。在第九届“华文杯”全国师范生学前教育教学能力测试中，彭明权副教授、张莉萍副教授指导的史海莲同学被评定为全国二等奖。在首届全国师范生微课大赛中，师晓艳、侯小林、张莉萍三位老师指导的教育学院 6 名同学的微课作品进入决赛并取得一等奖 1 项、二等奖 1 项、三等奖 1 项和优秀奖2项。2020年11月结束的第二届全国微课大赛，张丽萍老师指导的蒋欣同学作品取得特等奖。

四、实践平台

2017年，在校党委和合水县党委的高度重视和领导下，我院与合水县司法局合作建立了"陇东学院-合水县司法局心理咨询服务基地"，教育学院5名心理咨询师被聘为基地心理专家，负责基地心理咨询室建设指导、社区短期服刑人员心理档案建设与社区短期服刑人员及家属的心理帮扶教育工作。

同时，组织我院学生前往基地参加暑期社会实践活动，学生利用所学心理学知识，组织社区短期服刑人员开展团体心理辅导活动，针对儿童青少年开展一对一学习辅导和心理帮扶，实践能力得到很大提升。

在学校大学生创新创业指导中心的指导下，与周边社区积极建立合作关系，于2020年10月挂牌成立了"介子路社区O+手工坊"学生创新创业实践平台，组织我院学前教育专业学生利用周末和节假日参与社区儿童青少年手工制作实践指导，赢得社区市民一致好评。下一步计划筹建"介子路心理咨询服务中心"实践平台，以期为社区家庭教育、儿童青少年心理健康教育提供一定的帮助和促进作用。

学院还十分重视创新创业宣传力度和信息平台的拓宽，学院利用自己的微信公众号"教礼育贤"对学校、学院各类创新创业活动的实时动态进行报道，让广大学生能够在第一时间了解学院在创新创业工作方面取得的成绩，增强学院创新创业教育的氛围。另外，学院增设了短信平台、创新创业QQ群等信息平台，旨在拓宽信息发布和经验交流的平台，使广大学生能够及时了解校内外各类创新创业教育信息。

政法学院

我院重视和鼓励大学生创新创业，并在教育教学实践中不断丰富和发展创新创业教育的内涵，"与时俱进，以人为本，不懈追求，开拓创新"成为我院创新创业教育的行动指南。学院成立了由院长牵头，主管教学科研工作副院长专抓，创新创业中心主任具体管理的大学生创新创业领导小组。

为鼓励更多学生投入创新创业活动中，我院制定了《政法学院大学生创新创业管理办法》，鼓励大学生积极参加创新创业活动，鼓励更多的老师参与并指导创新创业活动，创新创业领导小组深入课堂、深入学生宿舍，全方位了解课堂教学与课余生活中创新创业教育的渗透情况。积极开展创新创业活动的宣传，并组织学生积极报名参赛，及时落实有关项目立项申请以及中期检查等工作的通知发放和材料收集，尽心尽力为学生服务。

一、凝练特色

逐步形成了依托法学应用型专业优势提升创新创业项目质量的工作思路和特色。

(1) 宣传服务类：借助法制宣传平台和政府合作，凝练宣传服务项目方向。

(2) 社区服务类：抓住法律“九进”机制和平台，凝练社区服务项目方向。

(3) 法律服务类：借助“法律援助中心”平台和“双师型”教师，凝练法律服务(线上线下咨询)项目方向。

(4) 学科竞赛类：依托法学学科竞赛平台及学院社团，凝练校级及校级以上竞赛项目方向。

二、主要成绩

(1) 第十届全国大学生电子商务“创新、创意及创业”挑战赛。积极组织学生参加此次挑战赛，我院苏琪团队以“‘A家’智能系统”为参赛项目参加此次挑战赛。

(2) 2020年大学生创新创业训练计划项目。由我院谢拓老师指导的鲍洁慧团队的“大学生社区法律服务模式创新研究——以疫情防控社区法律服务为例”项目获得了省级立项；由杨晶老师指导的廖浩松团队的“贵州土鸡养殖”项目获得了国家级立项。

(3) 开展2020年度甘肃省高校大学生就业创业能力提升工程项目申报工作。我院毛仲荣副教授申报了“陇东学院法学专业法律实践与法律服务综合平台建设工程”项目，并被我校推送到省上。

(4) 组织学生参加“互联网+”大赛。我院王录花团队以“三柒农业中心”为参赛项目参加第六届中国国际“互联网+”大学生创新创业大赛甘肃省分赛“青年红色筑梦之旅”比赛。

(5) 廖浩淞以“贵州土鸡养殖业”为参赛项目参加首届西北四省区大学生就业创业大赛创业实践组，并获校级三等奖。

(6) 夏颖以“就业创业大赛求职实践组”为参赛项目参加首届西北四省区大学生就业创业大赛求职实践组。

(7) 李金昊以“人生赛道 ”为参赛项目参加陇东学院第二届“陇匠杯”创新创意大赛新媒体赛道。

(8) 组织参加甘肃省教育厅主办的第五届全国学生“学宪法、讲宪法”活动甘肃省选拔赛，赵至正荣获演讲比赛三等奖。

(9) 组织参加由甘肃省教育厅、兰州大学联合主办的第四届“明理杯”高校中华法文化和法律知识竞赛，我校代表队获法学组金奖、非法学组优秀奖、优秀组织奖。

(10) 2021年大学生创新创业训练计划项目。由我院贺昕尧老师指导的康雄团队的“女子未孕遭虐待致死案——女性生育权保护的研究”、臧丽团队的“从扩占、闲置视角探索农村宅基地利用现状及应对措施”、巩禧龙团队的“《民法典》在大学生普法活动中的实践应用”项目获得了校级立项;孙丽娟老师指导的邵刚团队的“一往寝深:最美宿舍打造行动”项目获得了校级立项。

(11) 团队建设。2018 年陇东学院创新创业导师(第二批):谢拓、赵森丽。

三、实践实训平台

1. 法律援助工作站

陇东学院法律援助工作站经庆阳市司法局批准,2011 年成立,是庆阳市法律援助中心设在陇东学院的工作机构,也是陇东学院政法学院学生的校内实践基地。由学院兼职律师、庆阳市和西峰区法律援助中心法律援助律师担任指导教师,法学专业和其他专业的志愿者具体从事法律咨询等服务。

法律援助工作站的学生在指导教师指导下,通过向师生、其他群众提供法律咨询、代写法律文书、进行法律宣传和普法教育,锻炼学生运用法律知识服务社会的能力。

2. 模拟法庭

模拟法庭自 2011 年建成,是政法学院的实践实训平台之一。模拟法庭是根据《人民法院法庭建设标准》建设的标准化审判庭,配备有标准化的审判席、原告席、被告席、书记员席、多媒体证据展示系统和照相、摄像等设备。承担法学专业主要课程的实训教学任务,是培养法学专业学生诉讼与非诉能力的专业实训平台。

模拟法庭的主要功能是对法学专业学生进行模拟审判训练,在掌握法学基本理论素养和国家基本法律法规的基础上,通过案情分析、角色划分、法律文书准备、正式开庭等环节模拟刑事、民事、行政审判及仲裁过程,了解、熟悉法庭庭审的程序和诉讼的各个环节,调动学生的积极性与创造性,训练学生对刑事诉讼法、民事诉讼法、行政诉讼法、刑法、民法、行政法以及其他相关法律规范的理解和运用能力,培养学生实务操作能力、语言表达能力、临场应变能力和团结协作能力,提高法律文书的写作能力。

经济管理学院

为营造浓厚的校园创新创业氛围，经济管理学院秉着“崇尚科学，追求真知，锐意创新，迎接挑战”的宗旨，以培养学生创新精神和实践能力为目标，在过去的这一年时间里，通过不断组织学生参加创新创业讲座、报告等系列活动，鼓励一大批学生积极投身到创新创业活动中。

一、规范日常管理，完善队伍建设

为鼓励大学生投身创新创业活动，我院组成以副院长马永祥教授、郭威威副教授、许捷老师、李婷老师组成的创新创业专家指导小组。实行“双轨导师制”，在学生自愿选择的基础上聘请学院各系专业老师作为学生的学业导师和班导师，让学生与导师形成一对一指导方式，指导学生创新创业活动，对学生进行创新创业教育。通过这种方式，学生不仅从指导老师那里学到了所需的专业知识，更扩展了自身的知识结构，增强了沟通组织能力，培养了创新意识和创业精神，提高了自身的综合素质。

二、建立学院品牌，强化基地建设

根据实际情况，学院领导意识到，学生在开展创新创业活动时，因为没有资金支持，很多优秀的项目被迫停止了。因此，为了能让学生创作出更加优秀的创新创业作品，从今年开始，学院领导积极寻求社会帮助，与本地优秀企业积极联系，寻求资金资助学生进行创新创业课题的研究。同时，积极推进陇东学院大学生就业创业能力提升训练基地建设。

近五年来，学院每年都组织学生申报大学生创新创业训练计划项目，以 2020 年为例，经过学生自行申报课题及学校专家小组评审，学院共评出 9 项大学生创新创业训练计划项目，其中 5 项列为省级项目、3 项被列为国家级项目，国家级和省级项目每项资助 1 000～3 000 元不等。

为进一步引导大学生自觉走理论与实践相结合的成才之路，让大学生在实践中受教育、长才干、做贡献，提高大学生分析问题和解决问题的能力，培养应用型和创新型人才，同时为推进本地经济社会的可持续发展，我院成立创新创业协会，过去的一年时间，创新创业协会广泛组织全院乃至全校爱好创新创业的同学参与实践，参加创新创业活动的团队越来越多。

三、注重引导培训，指导实地调研

学院每年都会举行关于创新创业方面的系列讲座和培训，邀请优秀创新创业团队成员对广大学生，特别是低年级学生积极动员引导，并指导实践培训。受疫情影响，这五年来，学院举办各类创新创业讲座及培训 5 次，培训人数 200 人左右。近几年来，我院涌现出不少十分优秀的创新创业团队，对带动整个创新创业活动有着非常积极的影响。

2017 年，我院马永祥教授指导的学生团队获第三届中国“互联网＋”大学生创新创业大赛甘肃省总决赛金奖。

2019 年，我院马永祥教授被评为甘肃省创新创业教育教学名师。

2019 年，我院马永祥教授参与指导主持的“静脉穿刺模型”“建邦 DPR”项目获得第五届中国“互联网＋”大学生创新创业大赛甘肃省决赛银奖。

2020 年，我院有 12 支参赛队伍在第十届全国大学生电子商务“创新、创意及创业”挑战赛甘肃赛区选拔赛陇东学院校赛获奖，其中由马永祥教授指导的“中国陇东特色产业苑”项目获得甘肃赛区三等奖、校级二等奖。除此之外，其余项目获得校级二等奖 3 项、校级三等奖 8 项。

2020 年，我院有 11 支参赛队伍在第六届中国国际“互联网＋”大学生创新创业大赛甘肃省分赛陇东学院校赛获奖，其中由马永祥老师指导的“建设好帮手”团队的“绿色智建”项目获得校级金奖，同时荣获省级铜奖；由苟小平、许捷老师指导的 2 支队伍获得校赛银奖；由李婷老师指导的 3 支队伍获校赛铜奖；由张治荣老师指导的项目获校赛优胜奖。

由我院马永祥教授主持的“基于新道 VBSE 平台的大学生创新创业能力培养实践基地建设”、毛粉兰教授主持的“地方性本科院校大学生创新创业孵化机制研究与实践”、马永祥教授主持的“应用型本科院校大学生创新创业能力培养‘四轮驱动’模式探索与实践”、许捷老师主持的“财税一体化虚拟仿真实训基地”等创新创业教育教学改革研究项目在 2019—2020 年均已陆续结项。

2020 年，由马永祥教授、郭威威副教授申请的甘肃省创新创业教育教学改革项目“校企合作创新协同育人机制研究”及甘肃省教学成果培育项目“应用型本科院校‘一擎四轮六主体’创新创业人才协同培养体系构建与实践”均在研，项目按照进度如期展开。

四、加强宣传力度，拓宽信息平台

学院还十分重视宣传力度和信息平台的拓宽。为此，学院特别组成创新创业记者团，对学校、学院各类创新创业活动的实时动态进行报道，让广大学生能够在第一时间了解学院在创新创业工作方面取得的成绩，增强学院创新创业的氛围，还在各个班级增设创新创业委员，都是旨在拓宽信息发布和经验交流的平台，使广大学生能够及时了解校内外各类创新创业活动，并积极鼓励学生投身到创新创业中。

数学与统计学院

学院教师积极参与指导大学生创新创业训练计划项目、“互联网＋”项目、电子商务大赛等各类大赛；积极申报创新创业各类项目；成立创新创业社团及大学生创新创业指导办公室；积极参加学校举办的“双创”讲座；开设有数学建模、大学数学竞赛训练、中学数学教学技能、数学实验等 14 门创新创业教育与实训选修课程及 1 门公选课程；与北京达内集团共建校企合作项目。

学院秉承“以赛促教，以赛促学”的初衷和愿景，积极发挥专业特色，体现学科优势，建设陇东学院大学数学网络学习平台，积极宣传动员学生参加全国大学生数学建模比赛和全国大学生数学竞赛，为全面测试大学生的数学知识、修养与能力，激发广大大学生学习数学的积极性，提高大学生数学综合运用能力，积极开展数学建模、数学竞赛、考研等辅导工作，成效显著，同时举办创业专题讲座及以建模为主题的青年教师实践技能大赛。

（1）2020 年全国大学生数学建模竞赛，获得甘肃赛区本科组特等奖 2 项、二等奖 6 项。

（2）2020 年第十二届全国大学生数学竞赛共 95 名学生获奖，专业组一等奖 5 名、二等奖 9 名、三等奖 15 名；非专业组一等奖 12 名、二等奖 16 名、三等奖 38 名。

（3）近年来考研录取学生 46 名。

（4）2020 年大学生创新创业训练计划项目顺利结项 3 项。

（5）2020 年大学生创新创业训练计划项目获国家级立项 1 项、省级立项 4 项。

2018 年 11 月 21 日，达内教育集团与陇东学院创新实训基地和共建专业揭牌暨产学合作协同育人项目签约仪式隆重举行。双方主要在大数据分析与开发、电商运营、云计算开发与运维三个专业方向上展开深度合作，同时就教学内容和课程体系改革、新工科建设、创新创业教育改革三个教育部产学合作协同育人项目类型签约合作。

学院与达内教育集团合作搭建创新创业教育平台，建设了大数据主机房，机位 70 个，用于满足大数据方向学生日常实训、实践需求，部署达内教学考评软件和大数据教学平台；大数据项目实验室，机位 30 个，用于满足大数据方向教学和远程项目辅导以及双师培养；大数据“双创”工作室，设置投影及办公桌椅，用于满足大数据方向学生进行创新创业项目孵化，实现了专业教育与创新创业教育互融，为大学生创新意识教育、创业技能培训、创业模拟训练和创业实践搭建了平台。

农林科技学院

为了进一步贯彻落实全国教育工作会议精神，积极推进教育部《关于大力推进高等学校创新创业教育和大学生自主创业工作的意见》，学校高度重视大学生的创新创业工作，专门成立了分管大学生创新创业工作和指导大学生创新创业实践的大学生创新创业指导中心。作为二级学院，学院领导班子也高度重视学生的创新创业工作，成立了学院创新创业工作领导小组，曹宏院长任组长，王占学书记、马剑副院长、乔岩副院长任副组长，学院办公室及学工办具体负责组织协调工作。

学院现有实验室面积 4 800 多平方米，有稳定的校内外实践基地 22 个、省级实验示范中心 1 个，为学生创业精神培养和创业能力提升搭建了训练平台。在创业教学方面设立了“大学生创新创业教育——基于‘互联网＋’视角”课程，现为农业资源与环境专业三年级 2 个班进行授课，通过理论教学和课堂活动互动，学生初步了解了创新创业，具备了一定的风险意识。

通过学院的不断努力，学生的创新创业工作稳步推进，学院现有省级创新创业导师 1 人（王锦锋），校级创新创业导师 4 人（化烨、邓惠文、王应强、马生发），组织学生积极申报大学生创新创业训练计划项目，2015 年立项 4 项、2016 年立项 1 项、2017 年立项 3 项、2018 年立项 5 项、2019 年立项 2 项、2020 年立项 6 项，其中国家级项目 1 项、2021 年储备项目 6 项。组织学生参加省、市各级创新创业大赛和各类学科技能竞赛。以赛促建，以项目申报建设促进学院的创新创业工作推进。

美术学院

美术学院积极培育大学生创新创业能力，同时发现和培养创新创业人才，探索大学生就业、创业新途径，鼓励和扶持学生自主创业，并以学生“第二课堂活动”为主阵地，提高学生的综合素质和创新实战能力，为学生搭建良好的创业平台。

（1）规范日常管理，完善队伍建设，改进硬件措施，加强校外交流与合作，鼓励师生积极投入创新创业活动。充分发挥专业优势，增强美术专业特色；用新时代的新工艺、新思想、新技术来调整、改进传统教学模式，着重培育、强化学生的原创意识，合理设计应用型创新课程，使学生能够通过教学活动加深与社会生活的接触，促使学生从多层次、多角度对问题进行辩证分析，进而达到培育美术专业学生创新思维能力的目的，为美术专业创新创业项目的开展奠定基础。

（2）举办定期和长期的创意集市，全面设计陇东学院标识系统，鼓励学生开展创新实践活动，建立校企共同管理模式。努力搭建校企合作平台，取长补短，建立并不断优化校企共同管理模式。例如，在开展设计专业的教学活动的过程中，积极与相关企业或生产商沟通与协作，邀请产品设计企业、室内装饰设计企业、家具装饰设计企业设计师参与其中，并鼓励他们提出相关建议或指导，同时，邀请他们参与实践教学方案的编制和人才培育模式的编制，保证所制订方案的可行性与有效性。要求企业设计师和教师共同评估学生的艺术设计作品，提出具有针对性的指导意见，以引导学生更好地改进自身。

（3）注重指导学生参与创新创业相关学科比赛，鼓励师生投身创新创业活动。开展创业竞赛活动，增强学生自主创业意识，结合专业的学科特征，定期组织一些创业计划竞赛活动，以激发学生的创新意识，增强学生的实践创业能力。同时，充分利用校企协作平台，鼓励学生参与企业实践和社会实践，以明确社会对艺术设计产品的要求，努力创造出更多优秀的原创作品，不断提升自我，利用优秀的创业计划方案来提升生产力，为艺术设计专业大学生创新创业项目的开展奠定基础。

（4）加强师生创新创业项目，鼓励师生投身创新创业活动。2016—2017 年我院申报的大学生就业创业能力提升工程项目——陇东民俗文化创意产业孵化园、陇东民俗文化创意产业孵化中心先后获得教育厅专项资金共 90 万。

音乐学院

五年来音乐学院的创新创业工作在校党委的正确领导下，在学校大学生创新创业指导中心的精心指导下，秉承“以服务发展为宗旨，以促进创新创业为导向”的理念，不断强化创新创业工作在学院工作中的分量和地位，拓展创新创业工作思路，健全创新创业保障机制，努力开拓创新创业渠道，提高创新创业意识、服务水平，在学院领导和全体教师的共同努力下，音乐学院创新创业工作取得了一些进展。

一、制度建设及工作安排

为了使音乐学院创新创业工作稳健有效地实施，我院组建了创新创业实践基地并组成工作小组，由副院长柴慧霞专门领导，学院创新创业中心主任王亚娟全面负责全院的创新创业工作，组织研究部署全院学生创新创业工作，同时依托学院办公室、学工办及各班主任展开创新创业工作。学院已为创新创业工作调整安排了专门的办公场所、专用的电脑、打印机等办公设备。

根据工作需要，我院先后制定了《音乐学院院创新创业工作管理办法》，为我院规范、有序地开展创新创业工作提供了制度保障。

二、加紧建设平台，加强管理水平

音乐学院是以音乐为根基，以弘扬优秀传统文化为导向，独具音乐教育和音乐文化研究特色，将创新创业工作与学院培育学科建设工作有机结合。在“大众创业、万众创新”的时代背景下，学院注重培养学生的创新意识和创业能力，鼓励学生积极开展与专业相关的创业实践活动，从创新创业课程建设、师资培养、创业导师团队以及设立专项资金等方面，积极为学生营造良好的创业环境与条件。

我院 2019 级音乐学班王伟东主持申报、王思杰老师指导的创新训练项目“传统竹笛‘吹孔’和‘膜孔’的创新改良”获批国家级大学生创新创业训练计划项目立项；2018 级音乐学班金雪主持申报、王亚娟老师指导的创业实践项目“陇影创意工坊”获批国家级大学生创新创业训练计划项目立项；2019 级音乐表演班刘青主持申报、马冲老师指导的创业实践项目“艺考学苑”获批省级大学生创新创业训练计划项目立项。

三、健全创新创业课程体系，提高创新创业工作质量

学院重视“大学生职业生涯规划与就业指导”课程，自 2019 年起开设了创新创业类的课程，已把创新创业指导课程作为一门必修课程纳入教学计划，每学期开课课时达 36 学时。

体育学院

体育学院秉承“融汇文体推动科研兴院，学科建设引领质量革命”理念、以提高人才培养质量为核心、以创新人才培养机制为重点、以完善条件和政策保障为支撑，促进专业教育与科技、经济、社会紧密结合，全方位、多视角开展大学生创新创业教育工作。通过精心规划、大力支持、广泛动员参与、积极寻求指导和全面落实推进，不断开创大学生创新创业教育的新局面。在全院师生的共同努力下，在大学生创新创业指导中心的指导与支持下，本院大学生创新创业教育初现成效。

一、以创新创业教育为指引，构建“专业教育＋创新创业教育”共同体

学院以《关于深化高等学校创新创业教育改革的实施意见》为指导，以 2019 版人才培养方案修订为契机，完善本院人才培养质量标准，健全创新创业教育课程体系，调整专业课程设置，挖掘和充实各类专业课程的创新创业教育资源，构建“专业教育＋创新创业教育”共同体。在 2019 版人才培养方案制订中，增加排球、田径、篮球、武术与健美操课程学生创新创业教育和创新创业竞赛的个性培养实践课程。增强学生专业知识和创新创业能力。

二、以学生创新创业能力提升为目标，实施“创新创业导师＋项目”计划

学院通过成立创新创业指导小组，推进创新创业教育落实、津贴分配重点倾向创新创业教育和开创有创意、有特色、有担当、有梦想创新创业教育新路子，支持和动员全院师生积极参与创新创业，做好学生创新创业项目指导，多种措施提升创新创业效果。

三、以学院特色平台为基础，推进创新创业教育多样化发展

根据专业特色，为创新创业教育的实施提供了有力保障。苟小平老师体操专项出身，根

据自身的练习及平时教学与训练的积累，获批专业方向发明专利 20 余项，在创新创业中也取得优异成绩。苟老师也带动了体育学院有创新创业想法的老师、学生投入创新创业中。为创新创业项目的申报和研究提供强大的能力支撑和坚实的平台保障。

四、以评优奖先、社团活动为引导，推进创新创业教育全方位发展

学生参与积极性是推进创新创业教育全面发展的核心要素。为了吸引更多学生参与创新创业项目，学院在学生中大力开展“评优奖先”活动。通过奖学金评定中优先考虑创新创业项目主持人及参加者、颁发创新创业证书、表彰创新创业先进、树立创新创业典型、评选创新创业之星、举办创新创业大赛动员会和邀请创新创业获奖者分享参赛经验和组织学生参加“甘青宁”高校创新创业大赛、“互联网＋”大学生创新创业大赛、“挑战杯”大学生课外学术科技作品竞赛等多种活动，增加学生对创新创业教育的关注，激发学生参与创新创业项目的积极性和主动性。

近五年来，获得国家级大学生创新创业训练计划项目立项 1 项、省级大学生创新创业训练计划项目立项 3 项；荣获“甘青宁”高校创新创业大赛一等奖 1 项、“互联网＋”大学生创新创业大赛甘肃省陇东学院初赛银奖 3 项、甘肃省“挑战杯”大赛一等奖 1 项。

电气工程学院

秉承学校的发展理念，学院成立了以寇元哲院长为组长、以分管创新创业学生工作的齐晓龙副院长为副组长、以创新创业中心主任和各系主任为组员的创新创业工作领导小组，以创新创业工作办公室作为主要职能部门，严格依据教育部、省教育厅、学校党委、学校大学生创新创业指导中心的文件精神，认真按照流程完成学生的创新创业教育、组织参加各类学科竞赛、“双创”竞赛等常规工作。

近年来，学院高度注重培养学生的创新创业综合实践能力，为学生授业解惑，从不断地实践过程中寻找突破口，引领学生进行市场分析，找到切合的创业方向。创新创业中心扎实推进创新创业相关制度建设，规范各项工作流程，营造良好的创业氛围。先后制（修）订了《电气工程学院创新创业项目管理实施细则》《电气工程学院大学生创新创业导师管理办法》《电气工程学院学生技能创新与竞赛管理实施细则》等制度。

（1）学院制订了具有我院特色的创新创业课程的人才培养方案

将创新创业课程分为理论课程、实训一体化课程、实践课程三部分，开设了电子工艺实习、机器人实训、金工实训等创新创业课程，进行 4 年的创业知识、技能方面的培训，将其纳入学分考核机制，并作为学院创新创业教育教学改革的内容之一。

学院聘任天水电气传动研究所总工程师、副总工程师及甘肃省领军人才三位专家为我院兼职创新创业导师，开展创新创业培训、产品设计包装优化、工业设计、企业融资、风险规避等指导，为创新创业活动保驾护航。

（2）学院加大对教师指导学生参加创新创业竞赛的支持力度

将教师指导大学生参加省级及以上政府部门主办的创新创业大赛项目列入教师教学考核管理中。

（3）依托社区搭建电气工程学院大学生创新创业实践平台

将创新创业培养模式与社区融为一体，让学生的创新创业作品得到一个展示，从而提高学生创新创业的积极性。通过创新创业带动地方区域的经济发展，从而推导创新、设计创新、发现创新，最终达到实现创新的目的。把创新创业的教学方法引入中小学学生的教育中，从而培养新一代对创新创业的兴趣与好奇心。将专业的理论知识、实验知识、课程设计等知识和地方经济、文化与教育融合到一起。

2016—2020 年，电气工程学院申请并获批校级大学生创新创业训练计划项目 36 项，省级大学生创新创业训练计划项目 20 项，国家大学生创新创业训练计划项目 6 项。

化学化工学院

学院成立了创新创业教育工作领导小组，院长任组长，分管教学副院长任副组长，聘任专职教师担任创新创业中心主任。

2016 年有 6 项大学生创新创业训练计划项目获准校级立项，2017 年 7 项获准立项，2020 年 7 项获准立项，在立项数目不断稳步提升的同时，我院大学生创新创业训练计划项目的质量也在不断提升和凝练。2020 年获准立项的 7 项中，武芸老师指导、杨娜娜同学负责的“制药企业中药渣制备生物炭复合材料”及何春晓老师指导、冯香香同学负责的“新型多巴胺传感器的制备及应用”2 个项目同时获 2020 年国家级大学生创新创业训练计划项目立项；李莹莹老师指导、杨颜齐同学负责的“属于你的味道——香水 DIY”及任金平老师指导、吕岩同学负责的“低温容器内支撑结构优化设计及传热研究”2 个项目同时获省级大学生创新创业训练计划项目立项。在前期工作的基础上，2021 年获准校级大学生创新创业训练计划项目立项共 10 项，并且其中有 4 位博士担任项目指导教师。

学院针对不同专业开设了适合每个专业特色的“双创”课程，制定课程教学大纲，将创新创业教育与专业教育密切结合，鼓励学生积极参与专业学科竞赛、“三创”赛、各类课外学术活动比赛，提高学生实践能力及创新能力，突显人才培养“应用性”。

信息工程学院

信息工程学院现有计算机科学与技术、电子信息工程、物联网工程、网络工程、数据科学与大数据等5个信息产业领域热门的专业，专业特色就是信息化，为突出信息化办学特色，紧紧围绕创新应用型人才的培养，在创新创业、学科技能竞赛等方面有了很大成绩。从专业的角度来讲，信息工程学院培养的学生可以完成网站搭建、电子商务平台和信息管理系统的设计与开发、电子产品综合设计、大数据分析和可视化、人工智能训练等。人工智能、大数据、深度学习、区块链这些当前流行的技术和思想在创新创业中有巨大优势。在制订人才培养方案的时候就有与创新创业方面的相关课程，专门服务创新创业和学科技能竞赛。

学院深入研究创新创业教育体系，做好顶层设计，积极学习、扎实推进创新创业相关制度建设，规范各项工作流程，营造良好的创业氛围。2019年10月，信息工程学院成立了创新创业领导小组，李相锋为组长，吕浩音、杨帆为副组长，成员为信息工程学院的全体教师，制定了《信息工程学院创新创业教育实施方案》，包括创新创业教育目标、创新创业工作的组织和具体措施等内容。

在创新创业日常工作中，通过QQ群、微信群及时传达大学生创新创业指导中心发布的各类项目申报和竞赛参与的通知，及时传达学校关于创新创业工作的最新精神，让老师和学生知道最新要参加的赛事和该阶段申请的项目，老师具体指导学生拟定项目题目和项目内容，从项目本子或项目计划书撰写、项目的实施、项目的结项、项目路演给予全面的指导，督促学生及时提交项目本子或项目计划书。按时向创新创业中心报送信息，做好学生、老师和创新创业中心的衔接工作。做好学生的创新创业教育工作，学生在成功申请大学生创新创业训练计划项目后，根据学校有关项目管理要求和项目申请书所做的承诺认真开展项目研究和建设，并接受学校、学院检查和管理。

同时，通过指导老师指导、在线讲座、创业项目实践等形式进行培养学生项目计划书的撰写、如何申报创业项目、如何参加各级创新创业大赛等。学生积极入驻"双创"基地、创客空间。学院积极鼓励专业介入学生创新创业教育，注重对学生创业项目的指导与评审，并推荐创新创业作品参加省市"计算机设计大赛""数学建模""大学生电子商务'创新、创意及创业'挑战赛""'互联网＋'大学生创新创业大赛"等竞赛。在人力、物力、财力上给予支持，并提供相应的实验场地、设备仪器等，保证项目组有足够的条件从事项目研究工作。项目通过结项验收后，积极鼓励学生将项目成果参加大学生创新创业比赛。项目团队成员要求分工明确、协同工作，项目必须在负责人毕业前结项，并加大对教师指导学生参加创新创业竞赛的支持力度。

为切实加强学生的创新创业教育，由学院领导牵头组织，创新创业导师负责学生开展创新创业项目申报和"三创"赛、"互联网＋"等竞赛的参加，聘请学院的老师担任创新创业导师，为学生的创新创业活动提供强有力的支持。学院创新创业中心负责具体的日常工作，把开展创新创业活动的各项工作落到实处，并形成全体教职员工和学生积极参与的管理体制和工作机制。

在制订各专业的人才培养方案中，都植入了创新创业类课程，每个专业都能够达到学校的7个学分的要求，学生在校期间能够受到创新创业类课程的教育。

信息工程学院的学生积极参加各类学科技能竞赛，在各类竞赛中成绩斐然，在全国大学生设计大赛中获国家二等奖2项、三等奖3项，省级一等奖2项、二等奖5项、三等奖36项；在全国大学生数学建模大赛中获省级一等奖5项；在由甘肃省教育厅、全国高等学校计算机教育研究会和甘肃省高等学校计算机类教学指导委员会主办，兰州交通大学承办的第二届全国高校计算机能力挑战赛甘肃赛区竞赛暨甘肃省"AI+"大学生创新创业大赛中，信息工程学院杨旭光、彭仁杰、杨永锋老师指导的7个学生团队分别在大数据应用赛、人工智能应用赛、嵌入式系统应用赛、数字媒体创新设计赛中获奖，其中省级二等奖4项、三等奖3项，在各个方向上均有获奖，也说明信息工程学院在各个专业的人才培养上都能齐头并进，没有偏科和落后。在第六届中国国际"互联网+"大学生创新创业大赛甘肃省分赛陇东学院校赛中，吕浩音老师指导、王宁等同学负责的项目获得校级铜奖。在第十届全国大学生电子商务"创新、创意及创业"挑战赛甘肃赛区选拔赛陇东学院校赛，杨旭光老师指导、王明杰等同学负责的项目获得校级一等奖，并获最佳创新奖；杨芳萍老师指导、王博等同学负责的项目获校级二等奖，吕浩音老师指导、贺耀民等同学负责的项目获校级三等奖，何腊梅老师指导、闫金亮等同学负责的项目获校级三等奖。信息工程学院在2016—2020年共完成陇东学院大学生创新创业训练计划项目立项15项。

同时，信息工程学院建立了自己的实践实训平台，和广州粤嵌深度合作，建立了众创空间，杰普和达内分别建立了校内创新创业实训平台和实践基地，和12家信息行业的企业合作，建立了校外实训基地。未来，金山云、华为云入驻庆阳，将进一步推动我校师生的创新创业工作取得实绩。

土木工程学院

为大力推进建设应用型大学步伐，营造浓厚的校园创新创业氛围，土木工程学院秉着"崇尚科学，追求真知，锐意创新，迎接挑战"的宗旨，以培养学生创新精神和实践能力为目标，结合专业特点，通过不断摸索，形成了融课程教学、专业渗透、实践训练为一体的多元结构的创新创业教育体系，鼓励了一大批本科学生积极投身创新创业活动中，创新创业教育取得一定成效。

一、规范日常管理，完善队伍建设

学院秉承着"创新创业、青年先行"的教育理念，院系领导高度重视创新创业教育工作，成立创新创业教育工作领导小组。院长任组长，创新创业工作主管副院长任副组长，院大学生创新创业中心主任、团总支书记、土木工程系主任、工程管理系主任、建筑与城乡规划系主任等为组员。

实行"双轨导师制"，在学生自愿选择的基础上聘请学院各系专业老师作为学生的创新创业导师，与导师形成一对一指导方式，指导学生创新创业活动，对学生进行创新创业教育。通过这种方式，学生不仅从指导老师那里学到了所需的专业知识，更扩展了自身的知识结构，增强了沟通组织能力，培养了创新意识和创业精神，提高了自身的综合素质。

二、制度健全，落实工作责任制

2019年，为进一步规范土木工程学院创新创业教育工作，学院研究并制定《土木工程学院创新创业成果管理办法》《土木工程学院创新创业实训中心管理办法》等相关制度。

学院全面落实创新创业教育责任制，将创新创业教育开展情况纳入班级、班主任、专业教师年度考核体系中。实行目标责任考核制，保证了创新创业教育活动科学化、常态化、规范化地开展。

三、建立学院品牌，强化基地建设

在创新创业工作开展伊始，学院领导就意识到创新创业基地的重要性。因此，为进一步引导大学生自觉走理论与实践相结合的成才之路，让大学生在实践中受教育、长才干、做贡献，提高大学生分析问题和解决问题的能力，培养应用型和创新型人才，学院结合学科特点及社会经济发展需求，积极筹建BIM创新创业训练基地，并于2019年完成实训基地一期建设，二期建设工作已正式启动。

四、加强宣传力度，拓宽信息平台

学院还十分重视宣传力度和信息平台的拓宽。学院特别加强了对学校、学院各类创新创业活动的实时动态报道，让广大学生能够在第一时间了解学院在创新创业工作方面取得的成绩，增强学院创新创业的氛围。另外，学院增设了创新创业QQ群，旨在拓宽信息发布和经验交流的平台，使广大学生能够及时了解校内外各类创新创业活动，并积极鼓励学生投身创新创业活动中。

五、加强理论实践融合，完善人才培养机制

学院大力推进人才培养机制的创新，把创新创业教育融入人才培养的全过程、全环节，逐步建立专业教学体系与创新创业教育相结合的培养机制。学院要求各专业进一步凝练办学特色，构建将专业实践与创新创业实践融为一体的“专业必修课、专业选修课、专业实践课”的教学模式，使专业教学与创新创业教育深度融合。学院建立校企合作的协同育人机制，促进创新型人才的培养。

六、依托校院联动，完善教学体系

根据创新创业教育目标要求，学院面向全体学生开设创新创业类课程，并纳入学分管理，与学院的创新创业课程形成依次递进、有机衔接、科学合理的创新创业教育课程群。各专业结合自身特色，形成多方参与、多层次、立体化的专业课程与创新创业教育课程有机融合的教学体系。

近五年来，共有5项大学生创新创业训练计划项目获准国家级立项，10项大学生创新创业训练计划项目获准省级立项，省级以上创新创业大赛和学科技能竞赛获奖30余项。

BIM 创新创业实训中心

依托 2018 年度甘肃省高校大学生就业创业能力提升工程“陇东地区 BIM 人才精准服务平台建设项目”建成 BIM 创新创业实训中心。

主要创新创业工作有：

(1) 场景化实训教学模式：以 BIM 毕业设计大赛激发学生学习兴趣，增强专业能力建设。

(2) 师资能力培养：利用实训中心教学资源，引入 BIM 实践教学要求，更新知识结构，提高教师的教学能力，培养一批高水平的学科带头人和具有发展潜力的教学骨干，加强“双师”型师资队伍建设，促进专业教育与创新创业教育的有机融合，为教师教研科研提供技术支持。

(3) 校企共建人才培养：通过校企合作加快学校人才培养方式改革的步伐，增强学生的自主创新能力和实际动手能力，共同培养适应新形势的具备 BIM 应用能力的建筑人才。

(4) 建设示范基地，打造优质校园：通过 BIM 实训中心的建立，促进院校的深化教育改革、提升教育能力、提升办学质量，提高学生就业率，建立全国院校示范基地，打造优质院校。

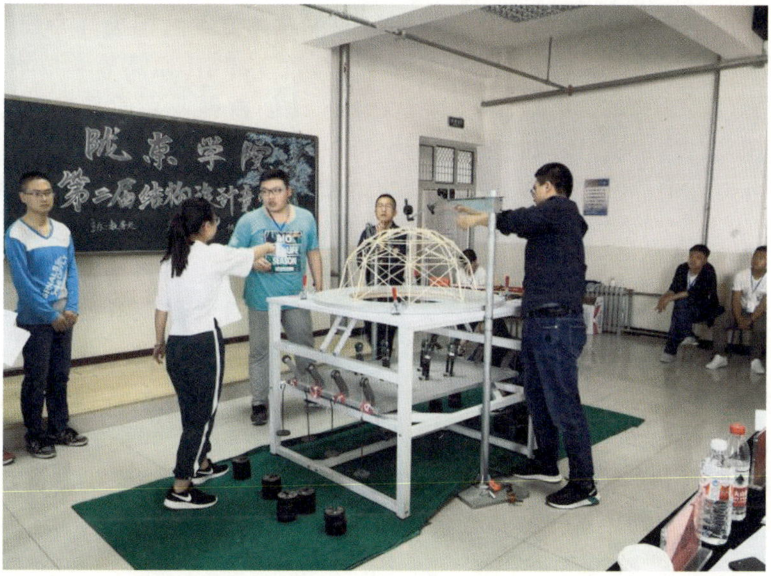

第六章　创新创业制度

陇东学院创新创业教育改革实施方案

（2021 年 10 月修订）

根据中共中央国务院《深化新时代教育评价改革总体方案》、国务院办公厅《进一步支持大学生创新创业的指导意见》（国办发〔2021〕35 号）、教育部《普通高等学校本科教育教学审核评估实施方案（2021—2025 年）》、国务院《关于推动创新创业高质量发展 打造“双创”升级版的意见》（国发〔2018〕32 号）和国务院办公厅《关于深化高等学校创新创业教育改革的实施意见》（国办发〔2015〕36 号）等文件精神，为深化我校创新创业教育改革，助推学校高质量发展，制订本方案。

一、指导思想

以习近平新时代中国特色社会主义思想为指导，全面贯彻党的教育方针，坚持社会主义办学方向，落实立德树人根本任务，服务国家创新驱动发展战略，坚持创新引领创业、创业带动就业，主动适应经济发展新常态，促进高等教育与科技、经济、社会发展紧密结合，加快培育规模宏大、富有创新精神、勇于投身实践的创新创业人才队伍，为建设创新型国家、实现“两个一百年”奋斗目标和中华民族伟大复兴的中国梦提供强大的人才智力支撑。

二、总体目标

到 2016 年年底，基本建立起我校大学生创新创业工作机构、课程体系、师资队伍、实践实训平台、实践孵化基地等有效机制和基本条件，能够比较系统地开展我校创新创业工作。

到 2020 年，完善人才培养质量标准，创新人才培养机制，改革教学方法和考核方式，建立健全课堂教学、自主学习、结合实践、指导帮扶、文化引领融为一体的创新创业教育体系，人才培养质量显著提升，学生的创新精神、创业意识和创新创业能力明显增强，投身创业实践的学生明显增加。

到 2025 年，引导全校树立科学的教育发展观、人才成长观、选人用人观，推动构建创新创业人才培养体系，努力培养担当民族复兴大任的时代新人，培养德智体美劳全面发展的社会主义建设者和接班人。

三、工作措施

（一）健全创新创业课程体系

1. 完善课程体系

建设包括创新创业基础课程、创新创业培训课程、创新创业实践实训课程在内的创新创业课程培训体系。挖掘和充实各类专业课程的创新创业教育资源，整合研究方法、学科前沿、就业指导、创业基础等方面的必修课和选修课，建成10门左右的校内课程，建立全学段依次递进、有机衔接、科学合理的创新创业教育课程群，对学生全面进行创新创业教育。

2. 提升创新创业课程信息化水平

引进尔雅、智慧树等平台优质创新创业在线课程，为学生提供一批共享的慕课、视频公开课和职业测评、创业体验等优质课程资源，用于学生在线选修学习。

3. 完善人才培养方案

所有创新创业课程纳入人才培养方案，计入专业学习总学分。按照陇东学院创新创业课程体系，从二年级开始每个学生从创新创业在线课程选修2学分的创新创业必选课程，由创新创业指导教师负责，完成在线学习。

（二）拓展创新创业实践平台

1. 开放专业实训平台

各学院创新创业实践基地和各专业实验室要全面开放，为大学生创新创业提供充足的实践条件。

2. 完善创新创业基地

大学生创新创业指导工作中心要以学生为主体，提高服务学生创新创业的能力和水平。继续改善大学生创业基地条件，完善基地功能，拓展服务领域。以大学生创新创业训练项目和“互联网+”大赛为主要抓手，开展各种形式的创新创业实践活动，争取建成国家级大学生创新创业示范基地。

3. 开发创新创业孵化基地

与庆阳市政府合作，支持有条件创业或有创业实践项目的学生入驻地方创新创业孵化基地或科技园，进行实体经营，为学生就业创业提供良好的条件、优惠的政策和“一站式”服务。积极与有实力的企业建立产学合作协同育人创新创业实践基地，强化校企合作。

（三）提升创新创业教育水平

1. 建立创新创业师资队伍

各学院通过认真遴选，配备至少1名创新创业骨干教师，聘任1名创新创业兼职教师。每年派出1名教师参加创新创业培训班或骨干研修班学习。有计划地选派教师到相关行业企业进行岗位锻炼。

2. 开展创新创业培训

根据学生的需求，通过报告会、沙龙等有效开展大学生创新创业知识、职业技能等各类培训。同时，与有条件的教育培训机构、行业协会、群团组织、企业联合开发创业培训项目，激发创业热情、提高创新意识和创业能力，帮助学生就业。

3. 开展创新创业教育改革

鼓励教师积极开展创新创业教育改革与研究，申报创新创业教学改革、产学合作协同育人项目，争取进入省级创新创业教育教学名师、创新创业教育教学团队行列，支持教师以对外转让、合作转化、作价入股、自主创业等形式将科技成果产业化，并带领学生创新创业。

（四）提升创新创业实践效果

1. 强化创新创业训练计划

按照《陇东学院大学生创新创业训练计划实施管理办法》，各学院把创新创业纳入重要的教育教学活动，鼓励支持全体师生积极参与，建设好项目库，做好项目孵化，中级以上职称教师至少每年指导1个大学生创新创业训练计划项目，每个学院每年至少培育20个校级项目、5个省级项目、2个国家级项目。通过创新创业训练计划锻炼学生创新创业的实践能力。

2. 提升创新创业大赛参赛水平

以中国"互联网＋"大学生创新创业大赛等各类创新创业大赛为抓手，各学院结合学科专业特色及优势，完善项目指导，突出特色，大力开展日常训练，形成参赛项目库，认真遴选参赛项目，提升参赛项目质量，积极推荐优秀项目参赛，通过大赛促进学生创新创业能力和教育教学质量的提升。

3. 实施"苗子"工程项目孵化

注重发现创新创业的"苗子"，有效培育和孵化。每个学院每年至少培育3～5个创新创业"苗子"，确定项目内容，组建项目团队，入驻学校创业基地进行培育，并实行持续帮扶和全程指导。大学生创新创业指导中心要建立信息化服务平台，实时提供国家及地方政策、市场动向、项目指南等信息，并做好创业项目对接、知识产权交易、工商注册、租金税收等服务。

（五）开展"青年红色筑梦之旅"活动

主动对接本地政府和有关部门，摸清乡村振兴和巩固脱贫成果需求，认真研究制订方案，牵头组建若干支"青年红色筑梦之旅"团队，以弘扬南梁精神为主题，组织学生走进革命老区、贫困地区、城乡社区开展相关活动，接受思想洗礼、学习革命精神、传承红色基因、提高实践能力，用创新创业成果服务乡村振兴战略、助力脱贫成果巩固，推动本地经济建设、政治建设、文化建设、社会建设、生态文明建设，全力打造覆盖全国范围、具有全局影响的大学生思想政治教育"大课堂"。

四、保障措施

（一）健全工作机构

根据《国务院办公厅关于深化高等学校创新创业教育改革的实施意见》，成立由院长任组长、分管副院长任副组长、相关部门负责人为成员的创新创业教育工作领导小组，建立大学生创新创业指导中心负责，教务处、学生工作部、招生就业处、团委等部门齐抓共管的创新创业教育工作机制。

成立陇东学院创新创业指导委员会，从全校遴选具有创新创业意识、素质及能力的教师组成创新创业导师专家团队，指导学生开展各种形式的创新创业活动。建立学校引导、专家指导、学生自主管理的工作模式。

各学院成立以二级学院院长为组长的"大学生创新创业工作小组"，负责开展本学院大学生创新创业教育和实践的具体工作。

（二）加大支持力度

学校每年设立专项资金，积极引进社会组织、公益团体、企事业单位和个人设立的基金，用于开展各种创新创业活动，以多种形式向自主创业大学生提供资金支持。

（三）改革学籍学分管理

支持参与创新创业的学生转入相关专业学习。对于因创业需暂停学业的学生，根据《陇东学院普通学生管理规定》，允许其申请休学创业，学制延长 2～5 年。

将学生创新创业实践纳入学分认定范围。具体认定依据《陇东学院大学生创新创业学分认定及置换管理办法（试行）》执行。

（四）实行激励奖励制度

教师指导学生进行创新创业实践活动计入工作量，具体按照《陇东学院大学生创新创业训练计划实施管理办法》计入课时。指导学生参加学科技能竞赛获奖的，参照《陇东学院大学生学科技能竞赛管理办法》进行奖励。把教师创新创业纳入学校教学科研表彰奖励，对优秀的创新创业单位和指导教师进行表彰奖励。

对学生开展的各项创新创业活动或成果，按照《陇东学院大学生创新创业训练计划实施管理办法》《陇东学院大学生学科技能竞赛管理办法》《陇东学院大学生创新创业成果奖励资助办法（试行）》进行奖励。在奖（助）学金评定和其他评先奖优活动中，同等条件下参与创新创业活动的学生优先考虑。

（五）纳入教学单位业绩考核评价机制

把创新创业工作纳入《陇东学院教学单位业绩考核试行办法》范围，增加创新创业考核项目，按照《陇东学院大学生创新创业工作考核办法（试行）》执行。

陇东学院大学生创新创业训练计划实施管理办法

（2021 年 10 月修订）

为贯彻落实全国教育大会和新时代全国高等学校本科教育工作会议精神，根据《国务院办公厅关于深化高等学校创新创业教育改革的实施意见》（国办发〔2015〕36 号）、《国家级大学生创新创业训练计划管理办法》（教高函〔2019〕13 号）要求，深入推进大学生创新创业训练计划工作，深化高校创新创业教育改革，提高大学生创新创业能力，培养适应创新型国家建设需要的高水平创新创业人才，结合我校实际情况，制定本办法。

一、指导思想

以习近平新时代中国特色社会主义思想为指导，以培养大学生创新创业能力为宗旨，遵循“兴趣驱动、自主实践、重在过程”原则，通过资助大学生参加项目式训练，推动学校创新创业教育改革，改革人才培养模式，培养大学生“独立思考、善于质疑、勇于创新和敢闯会创”的意志品质，适应创新型国家建设需要的高水平创新创业人才。

二、工作思路

以学校为管理主体，以学院为实施主体，以学生为实践主体，健全组织机构，完善激励政策，投入扶持资金，强化导师作用，共同完成项目申请、项目实施及项目结项，有效提升师生的创新创业能力。

三、项目设置

大学生创新创业训练计划分三种类型：

（1）创新训练项目：学生个人或团队在指导教师指导下，自主完成创新性研究项目设计、研究项目实施、研究报告撰写、成果（学术）交流等工作。

（2）创业训练项目：学生团队在指导教师指导下，完成商业计划书编制、可行性研究、企业模拟运行、创业报告撰写等工作。

（3）创业实践项目：学生团队在学校指导教师和企业指导教师共同指导下，基于前期创新创业训练项目的成果，开发具有市场前景的创新性产品或者服务，开展创业实践活动。

四、组织机构

大学生创新创业训练计划实施学校和学院两级管理。

（一）领导小组

（1）校级领导小组：主管创新创业工作的副院长为组长，大学生创新创业指导中心主任为副组长，日常管理机构为大学生创新创业指导中心，负责相关文件的制定、项目的评审、过程的监管、经费的审核、指导教师工作量的认定等工作。

（2）院级领导小组：二级学院院长为组长，主管创新创业工作的副院长为副组长，负责学院创新创业工作的宣传、动员以及项目的申报、遴选、管理、检查和指导，组织项目实施。

（二）专家组

（1）校级专家组：由学校创新创业导师库成员组成，负责省级和国家级项目的立项评审、中期检查及结题验收等工作。

（2）院级专家组：由二级学院副教授以上职称的教师组成，负责学院校级项目立项评审、推荐、中期检查及结题验收等工作，向大学生创新创业指导中心报备项目实施材料。

五、项目实施

（一）项目申报

学校每年至少组织一次项目申报。学生确定项目及指导教师后向所在学院提出申请，经学院初评，根据分配名额，统一择优上报。学校组织专家对各学院申报的项目进行评审，公示无异议后批准，各学院负责实施。

（二）申报条件

（1）项目负责人和项目组成员要品学兼优、学有余力，有较强的独立思考能力和创新意识，对科学研究、科技活动或社会实践有浓厚的兴趣。

（2）项目负责人主要为大学 1～3 年级在校学生。鼓励不同学院、不同年级、不同专业的学生交叉组队。每个团队不超过 5 人，要求分工明确、有机协同，项目完成时间为 1 年，项目必须在负责人毕业前完成结题验收。

(3) 原则上项目负责人和项目组成员不得同时参与多个创新创业项目，已获得项目资助且未结题者不得参与申报新项目。

(4) 项目立项之后，负责人不得随意变更。

(5) 项目小组可根据项目需要聘请1名责任心强、学术水平高、治学严谨且具有中级职称以上的教师担任指导教师，在指导教师的指导下完成项目，也可独立自主完成项目。

(6) 原则上每个项目小组只能聘请1名指导教师，每名指导教师指导项目不得超过2项，有项目未通过结题验收而被终止的指导教师三年内不得指导大学生创新创业训练计划项目。

(7) 指导教师要切实发挥科学指导作用，对学生项目的执行全过程负责，精心指导，认真填写《大学生创新创业训练计划项目实践工作手册》，按期完成项目结项。

(三) 阶段性检查

学校、学院采取多种形式对项目进展情况进行阶段性检查或不定期抽查。检查的主要内容有项目实施进展情况、阶段性成果、经费支出情况等。对进展未达到预期目标的项目调整项目资助经费，提出整改或终止实施的意见。

(四) 结题验收

校级项目由学院负责结题验收和答辩。省级以上项目由学校组织结题验收和答辩。

每个项目须提交项目结题总结报告表、工作手册、各项研究成果（如研究论文、研究报告、软件、独立经营情况等）以及在实施过程中的各种原始资料。由学校组织专家评审，评选优秀项目。

(五) 成果归属

研究成果属学校、项目小组与指导教师共同所有，项目负责人须向指导教师提供详尽的技术资料。

六、保障措施

(一) 经费保障

项目实施的经费来源有两部分：一是上级主管部门下拨的专项经费；二是学校的支持经费。经费按照学校财务制度相关规定管理，大学生创新创业指导中心根据项目经费预算、项目实施类别、项目预期成果等实行绩效划拨项目经费额度，确保专款专用。经费使用范围必须符合学校的财务规定，只限于实施项目所需的开支，如购买（复印）图书、资料、药品及耗材，参加学术会议、学术交流、发表学术论文、专利申请等。阶段性检查不合格的项目做终止处理，对阶段性检查优秀且确实具有很好研究前景的项目可视具体情况追加经费。指导教师应积极指导学生使用经费，但不可使用学生的研究经费。项目阶段检查和结题时，项目负责人要提供经费使用明细，以确保项目经费的合理使用。

上级主管部门下拨的专项经费专款专用。根据经费数额合理分配，动态调整。以创新训练项目资助经费为基数，创业训练项目资助经费为其2倍，创业实践项目资助经费为其3倍，项目经费由学院审批，项目负责人根据项目实施需要合理安排使用。

学校拨款用于奖励资助项目成果。每年11月份由学生提出奖励申请，学院审核，大学生创新创业指导中心予以奖励，具体见《陇东学院大学生创新创业成果奖励资助办法》。项目研究经费可分两批报销。阶段性检查通过后可以报销经费的40%，待结题验收后可报销剩余的 60%。

（二）条件保障

批准实施的项目所在学院应在人力、物力、财力上给予大力支持，并提供相应的实验场地、设备仪器等，保证项目组有足够的条件从事项目的研究。

七、奖惩机制

(1) 学生参加“大学生创新创业训练计划”获得相应的创新创业学分，具体见《陇东学院大学生创新创业学分认定及置换管理办法》。

(2) 学生参加“大学生创新创业训练计划”所获得的成果（论文、软件系统、硬件实物等）可以作为参加课外科技活动或学科竞赛的作品参赛。

(3) 学校每年评选大学生创新创业训练计划优秀成果 5～10 项，对优秀的学生和指导教师给予表彰和奖励，学生可优先申请评选“双创之星”。

(4) 对通过结题验收项目的指导教师，校级项目每项计 10 学时，省级项目每项计 12 学时，国家级项目每项计 15 学时，同一项目以最高级别计学时，不重复累计。

(5) 各学院“大学生创新创业训练计划”项目完成情况作为二级学院创新创业经费下拨的重要依据。

(6) 未通过验收的项目，项目负责人在三个月之内整改，达到验收标准，可再次提出验收申请，如仍未通过验收，项目撤销，指导教师三年之内不得再承担该类项目的指导，并不能取得相应指导工作量。如发现弄虚作假者，一经查实，撤销项目，追回资助经费，取消其以后参与创新创业项目的资格，并按情节轻重给予相应的校纪校规处理。

陇东学院创新创业导师管理办法

（试行）

第一章　总　　则

第一条　为进一步深化高校创新创业教育改革，服务创新驱动战略，为建设创新型国家培养创新型科技人才，充分发挥创新创业导师对创新创业工作的指导和引领作用，根据中共中央国务院印发的《深化新时代教育评价改革总体方案》《国务院关于推动创新创业高质量发展打造“双创”升级版的意见》（国发〔2018〕32 号）、《国务院办公厅关于深化高等学校创新创业教育改革的实施意见》（国办发〔2015〕36 号）、《教育部关于大力推进高等学校创新创业教育和大学生自主创业工作的意见》（教办〔2010〕3 号）和《甘肃省深化高等学校创新创业教育改革实施方案（试行）》文件精神，结合我校实际，特制定本办法。

第二条　本办法所指的创新创业导师（以下简称导师）是由学校选聘并纳入创新创业导师库管理，在国家法律和法规规定许可的范围内，以独立身份开展创新创业宣传、创新创业课程讲授、创新创业项目指导、创新创业项目评审和参与学校创新创业活动的校内外人员。

第二章 导师的选聘与解聘

第三条 选聘条件

（一）遵守国家法律法规，具备良好的思想政治素质和职业道德。熟悉国家相关政策法规，熟悉企业管理、市场运作、技术创新，对科技、经济、市场发展有预判能力。

（二）具有较强的社会责任感和奉献精神，愿意贡献时间、精力、智慧和经验，指导帮扶大学生创新创业，为大学生创新创业提供公益性服务。

（三）有较强的专业基础和良好的语言表达能力，能服从相关安排，积极配合学校开展大学生创新创业指导和服务活动。

（四）有资金、技术、市场等资源的投融资机构和管理咨询机构的资深专家、知名企业家、理工农医法等学科领域学术带头人和创业成功校友。

（五）具有企业经营管理经验，在大学生创新创业指导、培训、创办或管理企业等方面有丰富经验或专业教育背景。

（六）具有副教授及以上职称并指导大学生开展创新创业项目的专兼职教师或有创新创业教育背景，取得职业生涯规划师、就业指导师和创业指导师等相关资质的教师。

（七）在"互联网＋"等创新创业大赛中获省级银奖以上奖项的主要指导老师。

第四条 遴选方式

导师的遴选主要通过推荐、自荐和邀请等方式进行，由本人填写《陇东学院大学生创新创业导师推荐表》，经学校审核，培训后聘任，由学校颁发"陇东学院创新创业导师"聘书。校内导师聘期 3 年，校外导师聘期 2 年，并纳入创新创业导师库管理。

第五条 导师库管理

导师库实行动态管理，学校每年根据新报名的导师人选遴选充实导师库。

第六条 导师解聘

大学生创新创业指导中心每年对导师工作情况进行量化考核。有下列情况之一者自动解聘：

（一）1 年内没有参与任何创新创业指导活动者。

（二）以导师名义，从事有损政府公信力或有损学校声誉者。

（三）泄漏指导对象商业秘密，造成不良影响者。

（四）本人申请不再担任导师者。

第三章 导师的权利与义务

第七条 导师的权利

（一）导师发现所指导项目的项目负责人有弄虚作假行为或有涉及国家法律和法规禁止的内容或领域，导师有权提出项目终止的提议。

（二）导师对学校提出的超出服务范围的不合理要求有权拒绝执行。

（三）校内导师指导项目，每个项目按校级 10 学时、省级 12 学时和国家级 15 学时计入工作量。项目获奖按照学校教学成果认定。

第八条 导师的义务

导师在聘期内的服务坚持公益性和有偿服务相结合，其服务内容如下：

（一）讲授课程。校内导师要承担校内创新创业通识课、专创融合课的授课任务。

（二）公益讲座。导师每年要为学生开展1次公益讲座。

（三）项目培训和项目评审。导师每年指导1次创新创业项目专题培训或参与2次创新创业项目评审或检查。

（四）参与大学生创新创业指导中心组织的其他创新创业相关活动。

（五）校外导师协助建立1家以上校外实践基地或推介专家、企业开展校企合作。

第四章　导师考核及激励措施

第九条　建立导师评价体系。

学校建立导师工作档案，对导师的每次活动都进行记录，实行量化考核，同时做受众评价调查。对在创新创业服务指导活动中积极主动、成绩突出的导师由学校予以表彰并授予优秀创新创业导师荣誉称号，并优先续聘为创新创业导师。对于导师指导或参与的创新创业教育教学成果及奖励按照学校相关规定纳入职称评定。

第十条　导师参加创新创业讲座、培训、项目论证、咨询诊断等非公益性活动，参照学校课时津贴发放标准和国家相关规定支付导师劳务报酬。

第十一条　加强导师宣传推介。通过各类新闻媒体，组织推介活动，宣传推广导师工作业绩。定期举办大学生创新创业导师讲堂、论坛、沙龙等活动，搭建导师服务交流平台，扩大导师的社会影响力。

第五章　附　　则

第十二条　导师只为创业者提供项目指导、生产经营政策咨询和决策建议等参考意见，不得替创业者做决定。创业者所做出的决策以及由此产生的经济、法律后果与导师无关。

第十三条　导师对创业者项目进行直接或间接投资属个人行为，所产生的经济、法律后果由导师自行承担，与学校无关。

第十四条　本办法由大学生创新创业指导中心负责解释。

第十五条　本办法自发布之日起施行。

陇东学院创新创业工作考核办法

（试行）

为进一步深化我校创新创业教育改革，提升大学生创新创业能力，激励广大师生积极参与大学生创新创业活动，不断推进我校创新创业工作扎实开展，确保创新创业教育工作顺利实施，特制定本办法。

一、考核依据

以习近平新时代中国特色社会主义思想为指导，全面贯彻落实《国务院关于推动创新创

业高质量发展 打造“双创”升级版的意见》(国发〔2018〕32 号)、《国务院办公厅关于深化高等学校创新创业教育改革的实施意见》(国办发〔2015〕36 号)、《教育部关于大力推进高等学校创新创业教育和大学生自主创业工作的意见》(教办〔2010〕3 号)和《甘肃省深化高等学校创新创业教育改革实施方案(试行)》文件精神,依据《陇东学院创新创业教育改革实施方案》的要求,设置合理评价标准,突出能力培养,着力增强学生的创新精神、创业意识和创新创业能力,造就善于创新、敢于创业的时代新人。

二、组织领导

由陇东学院创新创业教育工作领导小组安排,领导小组办公室(大学生创新创业指导中心)具体负责实施。

三、考核原则

考核工作坚持目标导向原则;坚持客观、公正、公开和实事求是的原则;坚持激发工作活力和推动工作开展的原则。

四、考核内容

考核内容为“组织领导、创新创业教育、创新创业实效、日常工作成效、整体评价”五个方面。(详见《陇东学院创新创业工作考核指标体系》)

五、考核程序

(1) 自评:每年 11 月底各学院准备相关资料,按照《陇东学院大学生创新创业工作考核指标体系》自查自评,并向大学生创新创业指导中心提交工作总结、考核材料附件和自评得分表。

(2) 复评:每年 12 月初大学生创新创业指导中心组织复评,组织安排各学院集中汇报交流展示,学校创新创业工作领导小组依据各学院现场汇报及提供的资料做出整体评价。

(3) 汇总结果:由大学生创新创业指导中心结合复评得分和整体评价给出考核成绩。

六、考核要求

(1) 考核是对各二级学院创新创业教育工作的全面检查,各二级学院要高度重视,将考核作为创新创业教育工作成效检验和成果展示的平台。

(2) 各二级学院要严肃纪律,按照《陇东学院创新创业工作考核指标体系》的有关要求,客观、公正地做好考核工作。要严格对照考核指标,认真总结、据实自评,按时上报材料。

(3) 各二级学院要对照考核指标体系中的各项指标逐项、逐条自查。考核达标的,要总结经验、巩固提升;未达标的,要积极采取措施、查漏补缺,推动我校创新创业教育工作再上新台阶。

七、考核结果及运用

实行百分制量化考核,并将得分纳入陇东学院教学单位工作业绩考核。

附件:陇东学院创新创业工作考核指标体系

附件

陇东学院大学生创新创业工作考核指标体系

指标	评分内容及评分标准	分值	自评	复评
组织领导（5分）	成立创新创业教育工作领导小组	1		
	有专职教师担任创新创业中心主任，有专用创新创业工作办公场地	1		
	有经费支持创新创业	1		
	学院党政领导研究学院创新创业教育工作，将创新创业教育工作与学院重点工作同安排、同部署	1		
	学院网站、新媒体等设有创新创业教育专栏，有浓厚的创新创业教育氛围	1		
“双创”教育（40分）	制定大学生创新创业教育等相关制度	4		
	将创新创业教育纳入人才培养方案，创新创业类课程达7学分	4		
	开设专创融合、思创融合和赛创融合等创新创业类课程，每门加1分	10		
	组织开展创新创业教育培训、讲座、沙龙和报告会等活动，每次加1分	5		
	聘请知名科学家、创业成功者、杰出校友或企业家等各行各业优秀人才担任创新创业导师，每人加1分	4		
	入选创新创业教育导师库，国家级每人加3分，省级每人加2分，校级每人加1分，同一人不累积	3		
	获教育部或人社部等部门认证的“双创”教育导师资质，每人加1分	2		
	创新创业教育著作、教材，每部加1分	2		
	创新创业教育慕课，每门加1分	2		
	创新创业教育教学名师，每人次加1分	1		
	创新创业教育教学团队，每项加1分	1		
	创新创业教育试点专业，每个加1分	2		
“双创”实效（40分）	学生获得各级各类创新创业大赛奖项，国家级每项加10分，省级每项加5分，校级每项加1分，同一项目不累积	10		
	学生获得学科技能竞赛奖项，国家级每项加6分，省级每项加3分，校级每项加1分，同一项目不累积	6		
	创新创业项目储备达10项以上	4		
	大学生创新创业训练计划项目立项，国家级每项加3分，省级每项加2分，校级每项加1分，同一项目不累积	8		
	建立校内外创新创业教育实践实训基地或平台，每个加1分	3		
	入驻校内外“双创”实践基地，每个项目加1分	2		
	成立创新创业社团、创新创业俱乐部或承办全校性的创新创业活动，每次加1分	2		
	学生注册公司，每个加1分	2		
	师生创新创业教研论文每篇加1分	2		
	有专业科任教师到行业企业挂职锻炼、兼职或离岗创业。	1		
日常工作（10分）	创新创业指导中心依据日常工作记录，未按要求报送材料每次扣0.5分，扣完10分为止	10		
整体评价（5分）	学校创新创业工作领导小组依据各学院现场汇报及提供的资料做出整体评价	5		